主　编　刘小成　魏俊杰　叶　碧

编　委 （按姓氏笔画排序）

马丽敏　叶　碧　刘小成　沈茂生　张　铉

郑红梅　赵言领　贵志浩　徐裕敏　魏俊杰

# 中国传统文化概论

（第2版）

主 编⊙刘小成 魏俊杰 叶 碧

ZHEJIANG UNIVERSITY PRESS
浙江大学出版社
·杭州·

**图书在版编目（CIP）数据**

中国传统文化概论／刘小成，魏俊杰，叶碧主编
. —2 版. —杭州：浙江大学出版社，2023.7（2024.7 重印）
ISBN 978-7-308-23915-8

Ⅰ.①中… Ⅱ.①刘… ②魏… ③叶… Ⅲ.①中华文
化—概论 Ⅳ.①K203

中国国家版本馆 CIP 数据核字（2023）第 105260 号

**中国传统文化概论**（第 2 版）

ZHONGGUO CHUANTONG WENHUA GAILUN

刘小成　魏俊杰　叶　碧　主编

| | | |
|---|---|---|
| 责任编辑 | 陈丽勋 | |
| 责任校对 | 朱　辉 | |
| 封面设计 | 雷建军 | |
| 出版发行 | 浙江大学出版社 | |
| | （杭州市天目山路 148 号　邮政编码 310007） | |
| | （网址：http://www.zjupress.com） | |
| 排　　版 | 杭州青翊图文设计有限公司 | |
| 印　　刷 | 杭州宏雅印刷有限公司 | |
| 开　　本 | 710mm×1000mm　1/16 | |
| 印　　张 | 20 | |
| 字　　数 | 376 千 | |
| 版 印 次 | 2023 年 7 月第 2 版　2024 年 7 月第 2 次印刷 | |
| 书　　号 | ISBN 978-7-308-23915-8 | |
| 定　　价 | 59.00 元 | |

# 高校传统文化教学的"论"与"教"

## ——基于"中国传统文化概论"教学实践的思考

## （代序）

高校传统文化教学实践已有多年，但"怎么论""怎么教"的问题仍为学界关注，相关的探索从未停止过。"怎么论"属内容组织问题，"怎么教"属教法运用问题，两者各有特定要求，但都受制于、统一于目标。因此，谈中国传统文化教学的"论"与"教"，首先应明确目标是什么、该如何确立目标。

### 一、确立"论""教"目标

学生的学习在知、情、意等的相互作用中展开和推进，知识的获取、能力的形成、心理的完善都在这三者的相互作用中实现。以此来看，中国传统文化教学首先要让学生有所"知"，了解中国传统文化的基本状况、主要特点，理解重要概念和基本精神等；在此基础上培养学生热爱中国优良传统、热爱中华民族、热爱伟大祖国的情感，增强民族自豪感；进而坚定弘扬中华优秀传统文化、实现中华民族伟大复兴的志向，并能为此而努力奋斗。按这样的思路确定目标虽无新意，但无疑是正确的，它既没有把学习过程简单化，也没有把教学目标单一化，以促进人的全面发展为目的的课程教学目标，应该是多因素构成的整体。

把握学生的学习心理可以帮助我们认识目标的构成，分析社会现实和时代要求则有助于我们认清目标应该是什么。

中国自鸦片战争之后，无数仁人志士为拯救山河破碎、大厦将倾的祖国，前仆后继踏上救亡图存、振兴中华之路。经过几代人艰苦卓绝的斗争，终于建立了人民当家作主的社会主义共和国，进入新时期后又确立了以经济建设为中心、坚持改革开放的基本国策和科教兴国战略。勤劳聪慧的中国人很快掌握了先进的科学技术。在市场和科技的共同推动下，我国经济持续高速发展,总量跃居世界第二。可就在经济一路高歌猛进的过程中,我国社会却出现了精神萎缩、道德失范、人性堕落等令人不安的现象;"呲必中国"、西风弥漫更是让人忧心忡忡,因为它表明"中国文化遭遇到了深刻的身份合法性危机……中国的地位被废黜,尊严被践踏,中国文化的精神与价值在西化的语境中渐渐飘逝"①。中国走向何方? 中国应成为什么样的国家? 历史性的大问题再次摆在了人们面前。2012 年 11 月底,当选中共中央总书记不久的习近平在国家博物馆参观《复兴之路》展览后,以"中国梦"作了明确回答——"实现中华民族伟大复兴"。② "复兴"说明中华民族有过繁荣富强、辉煌灿烂的历史,衰落是后来发生的事。培育和践行社会主义核心价值观,是推进中国特色社会主义伟大事业,实现中华民族伟大复兴中国梦的战略任务。社会主义核心价值观从国家、社会、个人三个层面提出了价值要求,回答了建设什么样的国家和社会、培养什么样的人等重大问题,既具有鲜明的时代特征,又充分体现中国传统文化精髓和中华民族精神。践行社会主义核心价值观,必须从中华优秀传统文化中汲取营养。习近平总书记在党的二十大报告中指出:"中华优秀传统文化源远流长、博大精深,是中华文明的智慧结晶,其中蕴含的天下为公、民为邦本、为政以德、革故鼎新、任人唯贤、天人合一、自强不息、厚德载物、讲信修睦、亲仁善邻等,是中国人民在长期生产生活中积累的宇宙观、天下观、社会观、道德观的重要体现,同科学社会主义价值观主张具有高度契合性。"理解中华优秀传统文化蕴含的天下为公、民为邦本等思想,有助于理解和践行社会主义核心价值观。践行社会主义核心价值观,是对中华优秀传统文化的传承与升华,目的是实现中华民族伟大复兴的中国梦。既然如此,我们就应该弄清楚中华优秀传统文化是怎么样的,优秀在哪里,并把引导学生践行社会主义核心价值观作为教学目标的重要内容。

确定目标还应考虑学生特点。加强中国优秀传统文化教育是各级各类学校的共同任务,但要求各有不同。教育部 2014 年颁发的《完善中华优秀传统文化教育指导纲要》对大学阶段提出的要求主要是:深入学习中国古代思想文化的重要典籍,深刻认识中华优秀传统文化是中国特色社会主义植

---

① 王岳川:《发现东方》,北京大学出版社 2011 年版,第 10 页。

② 张烁、兰红光:《习近平在参观〈复兴之路〉展览时强调 承前启后 继往开来 继续朝着中华民族伟大复兴目标奋勇前进》,《人民日报》2012 年 11 月 30 日,第 1 版。

根的沃土,正确把握中华优秀传统文化与中国化马克思主义、社会主义核心价值观的关系,坚定为实现中华民族伟大复兴的中国梦不懈奋斗的理想信念。由此不难看出,重典籍、重探究、重理想信念是大学阶段传统文化教育的基本特征,落脚点在践行社会主义核心价值观、实现中华民族的伟大复兴上。

根据上述分析,我们对中国传统文化教学目标作如下概括:组织学生认真学习重要典籍,认识中华优秀传统文化的基本特点和精神价值,激发爱国主义情感和民族自豪感,提升自身的人文素养;注重思辨能力培养,引导学生关注现实与人生,增强践行社会主义核心价值观的自觉性和实现中华民族伟大复兴的使命感。

### 二、厘清"论"的思路

目前,编撰出版的中国传统文化教材数量不少,内容、体例与风格也各有不同。有的从传统文化的历史演进、基本精神、文化类型等方面予以系统论述;有的在阐述传统文化基本精神的基础上,选取有代表性的专题(龙文化、节日文化、建筑文化等)加以深刻剖析,期求"具体生动,以小寓大"之功;有的在传统文化的现代性转化方面深下功夫;等等。我们认为,从教学的目标要求看,传统文化教材的编写应注意以下几点:一是以社会主义核心价值观为依据,发挥中华优秀传统文化在促进社会文明、推进文化创新方面的积极作用。习近平总书记在党的二十大报告中指出:"实施公民道德建设工程,弘扬中华传统美德,加强家庭家教家风建设,加强和改进未成年人思想道德建设","在全社会弘扬劳动精神、奋斗精神、奉献精神、创造精神、勤俭节约精神,培育时代新风新貌"。挖掘中国传统文化中不懈奋斗、乐于奉献等精神内涵,弘扬中华传统美德,有助于推动社会的文明进步,"培育时代新风新貌"。这种"古为今用"的价值取向并不脱离实际,因为传统之所以是传统,就因为它仍在流传中,对当代人的思想行为仍起着潜移默化的影响作用,"真正有生命的传统文化一定是活在当下的,是一种在当代人的日常生活中仍然被践行、被奉行的价值观"①。当然,传统并不都是积极的,需要依据社会主义核心价值观,做好去粗取精、汰劣扬优工作。二是揭示中国传统

---

① 陶东风:《核心价值观建设不可或缺的两翼》,《中国青年》2014年第13期,第6页。

文化源远流长的连续性、博大精深的丰富性和深刻性。源远流长的连续性表明中国传统文化从起点开始就一直延续着,那么,这个起点是什么? 为什么会有那么强大的生命力? 历史地看,中国传统文化的丰富性与其精神融入历代中国人的生产、生活密切相关,生活的丰富性保全了传统文化的丰富性,并且赋予了它历久弥新的生命活力;中国传统文化具有思想的深刻性,历代思想家、史学家、文学家对它进行了精心的提炼和生动的传达,并以典籍形式保存下来,流传后世,给世世代代中国人带来精神启迪和思想营养。正是中国人独特的生活方式和汗牛充栋的典籍为中国传统文化源远流长而不断、博大精深而不枯提供了保证。三是注重经典阅读。现今大学生从小学起就开始接受中国传统文化教育,再加上生活的熏陶,对传统文化已有一定积累。在这种情况下,高校传统文化教学应注意避免简单重复,把典籍学习作为重点,以史为经,以类为纬,把那些有代表性的典籍片段编入教材,配以解读点评,帮助学生理解经典要义。

基于上述考虑,本教材内容将作如下编排。

1.天地人和的农耕文化

中国独特的地理环境和自然条件孕育了农耕文化。农耕文化培育了中国人民勤俭、厚道、仁和的品质,奠定了以伦理为核心的文化传统和家国一体的社会结构的基础,不少影响深远的观念如"和""孝""仁"等均形成于农耕文化,中国古代科技也与农耕文化密切相关。农耕文化是中华文明的根基,追求天地人和是农耕文化的显著特征。

2.天下一家的伦理文化

中国传统伦理文化由农耕文化孕育而成。农耕需要人,人由父母生养而来,与父母、与兄弟姐妹有着难以割舍的血缘关系,并随人口增多而形成族的组织。当这种以血缘为纽带的族组织及其行为规范成为社会制度时,就形成了伦理文化。伦理文化以血缘为纽带、以"孝"为核心,传统社会中的各种关系比如君臣、夫妇、兄弟等都带有鲜明的伦理性,以至于天下都成为"四海之内皆兄弟"式的一家。

3.因革损益的制度文化

健全完善的制度是社会稳定和发展的基础,制度文化体现了社会的发展水平和为政者的治理理念。中国古代典章制度内容丰富,职官制度、选举制度、礼仪制度和法律制度是其中的重要部分。职官制度包含中央官制和地方官制等体系,选举制度经历了察举制、九品官人法、科举制等阶段,礼制主要包含"五礼",法制主要体现在律典方面。中国历代制度,有因袭,也有损益,并在此过程中推动社会发展。

**4.和而不同的生活文化**

生活文化以人的衣食住行为主要内容,既是文化创造的方式之一,也是文化传承的重要途径。文化只有成为人们的生活方式才有旺盛的生命力,才会绵延不绝。中国传统生活文化以农耕生活为基础,受制于伦理文化。无论是服饰、饮食、民居等,还是与此密切相关的社会习俗,都与农耕生活方式密切相关,都带有鲜明的伦理色彩。中国传统生活文化的显著特点是和而不同,既具有鲜明的地方特色和社会伦理特征,呈现出丰富多彩之态;又都以中国传统伦理道德为基本色调,讲礼仪、重和谐,与西方的生活文化迥然有别。

**5.形意相融的汉字文化**

中国传统文化能绵延不绝、生生不息,汉语汉字起着重要作用。汉字既是中国传统文化的重要内容,又是文化传承的重要工具。中国汉字是古人从仰观俯察天地自然中获得启示,依类象形、以形表意而成就的符号,与农耕文化关系密切。汉字传承着中国文化,对中国人的思维方式和心理品质影响深刻,堪称中国人的精神家园。汉字也是华夏民族几千年的文化瑰宝,具有很高的艺术价值。

**6.经世致用的史学文化**

中国古代史学成就辉煌,涌现了数量庞大的史籍,这些史籍是中国传统文化的重要载体。史籍是史学文化的重要组成部分,但史学文化不限于印刷成册的史籍,它还包括古人的治史态度和精神、修史目的与原则。经世致用是中国史学文化的主要目的和特点。

**7.多元融合的思想文化**

思想文化是中国传统文化的精华,为后人提供了精神营养,培育着中华民族精神。中国古代思想文化非常丰富,既有主流,也有支流,但主流从不排斥支流。儒道释、兵法墨等虽有碰撞、冲突,但最终走向共存融合,形成了多元融合、主流突出、辉煌灿烂的思想文化。

**8.崇中尚和的审美文化**

和思想文化追求精深相比,审美文化推崇精神自由。中国传统审美文化所推崇的自由,是有序、和谐的自由,与农耕文化、伦理文化、生活文化、思想文化等具有本质的一致性,是天人合一思想的审美表现。中国传统审美文化的各种形式都追求"中和之美",即使是批判现实,也都"哀而不伤,怨而不怒",艺术地表现着中华民族平和、宽容的品性。

9.辩证求中的思维方式

中国人思维方式的显著特点是辩证求中,它形成于并支配着中国古人的文化实践,对凝聚、发展中国传统文化精神起着重要作用。辩证思维方式坚持整体性、发展性和对立统一性,相反相成、物极必反、虚实相生、天人感应等都是辩证思维的具体表现。求中的思维方式表现为中国人在认识和解决问题时,往往采取不偏不倚立场,并强调抓对立面转化中的节点,把握事物发展的度。"执两用中"是古代朴素辩证思维的特殊表现。

10.务实致用的科技文化

中国古代创造了辉煌的科技成就,"四大发明"为其中的重要代表,陶瓷制造、青铜器铸造、玉器制作等工艺技术精湛,"古代科技四大学科"(农学、医学、天文学、算学)也取得了突出成就。受中国传统文化的影响,古代科技形成了鲜明的特点,其中关注现实应用、讲求"天人合一"等传统直至今日仍具有启示意义。

上述内容编排具有以下特点:一是把农耕文化当作中国传统文化的土壤。伦理文化、生活文化直接由它孕育而成,思想文化、思维方式等也都与它血脉相连、精神相依。二是突出了"和"的特点。"和"是中国传统文化的精髓,上述所列各种文化,都以"和"为指归,都是"和"的具体表现。三是注重文化创造与文化传承的有机结合。文化发展的动力在创造,生命力在传承。上述各种文化并不是孤立的存在,它们之间有着内在的联系,既体现着文化创造,又表现为文化传承,是一个创造中有传承、传承中有创造的整体。

中国传统文化博大精深,底蕴深厚,形态丰富,任何一本教材都不可能将其尽数囊括。因此,揭示中国传统文化发展的连续性、思想的深刻性、形态的丰富性、传承的多样性是教材编撰的重要任务。我们所作的也仅仅是一种探索,这种探索还应当继续。

**三、探索"教"的方法**

把教师编撰的教材应用到师生双方互动的教学活动中,方法是至关重要的因素,也是体现教师主导作用的重要方面。方法运用的基本原则是切合:切合教学内容,切合学生思维。中国传统文化是历史性存在,其成果产生的背景与现今社会差异甚大,用什么样的方法才是恰当的呢? 任何单一的方法恐怕都难以达到目标，因此，我们主张在结合上下功夫、在经典上花力气、在交流上用心思。

1. 在结合上下功夫

注重结合是中国传统文化教学行之有效的常用方法，教育部颁发的《完善中华优秀传统文化教育指导纲要》中也特别强调了这一点，但怎样结合仍是需要解决的问题。我们认为，针对"00后"大学生开设的中国传统文化课程，教学中应注重以下几个方面的结合：一要注重日常生活与传统文化的结合。中国传统文化虽然历史悠久，但已融入中国人的日常生活中，即使当代中国人的日常生活（尤其是广大农村地区的日常生活），仍带有鲜明的传统印记。教学中应注意这一点，从考察当代中国人的日常生活方式入手，揭示其与中国传统文化的渊源关系，让学生感受中国传统文化生生不息的生命力，引导学生理解讲仁爱、重民本、守诚信、崇正义、尚和合、求大同的价值追求。二要注重知识传授、学生体悟与精神揭示相结合。中国传统文化知识丰富、内涵深厚，教学中应注意通过知识内涵的分析，引导学生理解中国文化精神；通过文化现象的溯源，引导学生把握中华民族一以贯之的可贵品质；通过情境的描述性再现激发学生的想象，引导他们体悟中华民族的坚强意志；通过问题设计启发思考，培养学生的探究精神，这一点很重要，因为"老师不是牧师"，让学生自己把问题"想明白的过程"是一种很好的促进学生"成长的过程"。[①] 三要注重课堂讲授与实践活动相结合。课堂教学是主渠道，系统学习传统文化知识、掌握核心概念、理解基本精神是课堂教学的主要任务；同时要联系当地实际，通过点上的考察和面上的观察，了解传统文化流传的现实状况，增强弘扬中华优秀传统文化的责任感和使命感，积极投身于文化建设。

2. 在经典上花力气

注重经典学习是大学生传统文化教学的特殊要求。落实这一要求需要解决两个问题：学哪些经典？如何学这些经典？对于学哪些经典的问题，我们主张选学那些对中国人的思想行为产生重要影响，能激发学生爱国情、报国志、上进心且充满辩证思想的经典，比如《论语》《孟子》《荀子》《礼记》《老子》《庄子》等。在这方面，可供选择的余地很大，但学生的学习时间是有限

---

① 陈来、甘阳主编：《孔子与当代中国》，生活·读书·新知三联书店2008年版，第296-297页。

的,因此,怎么学经典是一个直接关系学习效果的大问题。我们认为,经典学习不在多,而在精;不能止于知,而要进乎悟。基于此,我们认为让学生抄写经典是比较好的方法,但要求应具体,比如,要求他们在方格本子上手抄;一个学期不少于5000字;对手抄的经典原文要会读、会讲解,经典名句要会背,能联系实际谈认识;最好能对某部经典作分类抄写,像《论语》的抄写,可以专门抄写孔子谈个人修养的章句,或孔子谈处理人际关系的章句,或谈社会管理的章句。总之,抄写经典要让学生独立完成,让经典入脑入心,避免敷衍了事。从实践看,这种做法对学生的压力并不大,但要求却不低,也不单一,学生从中可以得到汉字书写、文言阅读、意义理解等多方面的训练,具有一举多得之功效。

3. 在交流上用心思

气氛沉闷是当前高校课堂教学中普遍存在的问题。我们认为,要让传统文化教学的课堂气氛活跃起来,教师应从两个方面努力:一方面,课堂讲述应达到思想性、逻辑性和生动性的统一。另一方面,要精心组织课堂交流。事实证明,讨论交流能使学生在课堂上人在心在,思维活跃。从中国传统文化的教学内容看,课堂交流可以随机进行,也可以单独安排。随机进行的交流主要根据课堂教学中的具体内容来安排,比如,可以让学生谈谈他们亲身感受过的传统生活方式,或谈谈现实中体现传统美德、传统精神的生动事例。这种交流方式比较简单,学生只要讲出自己的所见所闻即可。难度大一点的是辩论,教师可以从所讲的典籍中选出一句话,让学生随机组成正方、反方进行辩论,比如"无友不如己者"(《论语·学而》)、"不患人之不己知"(《论语·学而》)、"报怨以德"(《老子》第六十三章)、"夫唯不争,故天下莫能与之争"(《老子》第二十二章)等等。类似这样的话很容易引起辩论,通过辩论可以使学生加深对原句的理解,学会在特定语境中认识含义,交流看问题的思想方法。单独安排的活动可以有小组交流、班级交流两种形式。小组可以按典籍组织,比如《论语》学习小组、《老子》学习小组等,由学生自己选,选定之后集中精力学,并与手抄经典活动结合起来。同组人学的典籍相同,又有手抄为基础,有感受、有体会,因而也更有利于交流启发。但一个小组的人数不宜太多,要保证每个人在一节课时间内都有发言机会。班级交流由小组选代表参加发言,要求每人发言不少于3分钟,发言按读原文、解大意、谈认识的步骤进行,必须用讲的方式而不能照着准备好的稿子读,并要求发言者姿态大方、声音洪亮,等等。在此基础上,任课教师要及时作出点评,实现师生互动。从教学实践看,这样的安排是可行的,而且能达到预期目标。

中国传统文化课程的教学探索没有止境,因为听课对象各有不同,教师的认识也在提高。良好的教学效果只能产生于不断的教改探索中。

叶　碧　刘小成　魏俊杰
2023 年 3 月 12 日

# 目　　录

第一讲　天地人和的农耕文化 ……………………………………… 001
　　第一节　中国农耕文化的形成 ………………………………… 002
　　第二节　中国农耕文化的景观 ………………………………… 006
　　第三节　中国农耕文化的影响 ………………………………… 013

第二讲　天下一家的伦理文化 ……………………………………… 026
　　第一节　中国传统社会的结构与伦理特征 ………………… 026
　　第二节　中华民族的传统美德 ………………………………… 032

第三讲　因革损益的制度文化 ……………………………………… 044
　　第一节　中国古代的职官制度 ………………………………… 044
　　第二节　中国古代的选举制度 ………………………………… 052
　　第三节　中国古代的礼制和法制 …………………………… 059

第四讲　和而不同的生活文化 ……………………………………… 076
　　第一节　中国古代的衣食住行 ………………………………… 076
　　第二节　中国古代的民俗文化 ………………………………… 087
　　第三节　中国古代生活的文化特征 ………………………… 092

第五讲　形意相融的汉字文化 ……………………………………… 106
　　第一节　汉字的起源和形体演变 …………………………… 106
　　第二节　汉字的构造与特点 …………………………………… 114
　　第三节　汉字的文化功能 ……………………………………… 120

第六讲　经世致用的史学文化 ……………………………………… 131
　　第一节　中国传统史学的嬗变 ………………………………… 131

第二节　中国传统史学的特点 ……………………………………… 139
第三节　中国史学的优良传统 ……………………………………… 143

第七讲　多元融合的思想文化 ……………………………………… 154
第一节　儒家思想 …………………………………………………… 154
第二节　道家思想 …………………………………………………… 166
第三节　墨、法、兵家思想 ………………………………………… 172
第四节　古代思想的融合与演进 …………………………………… 179

第八讲　崇中尚和的审美文化 ……………………………………… 190
第一节　中国古代审美文化的发展演变 …………………………… 190
第二节　中国古代审美文化的主要形态 …………………………… 192
第三节　中国古代审美文化的主要形式 …………………………… 200

第九讲　辩证求中的思维方式 ……………………………………… 225
第一节　思维与思维方式 …………………………………………… 225
第二节　中国传统思维方式及其特点 ……………………………… 228
第三节　中国传统思维方式的成因和影响 ………………………… 243

第十讲　务实致用的科技文化 ……………………………………… 252
第一节　四大发明 …………………………………………………… 252
第二节　中国古代的工艺技术 ……………………………………… 258
第三节　中国古代的农业科技、天文学与数学 …………………… 265
第四节　中国古代科技文化的特点 ………………………………… 270

附　孔氏南宗文化 …………………………………………………… 284
第一节　孔氏南宗家世 ……………………………………………… 284
第二节　孔氏南宗家庙 ……………………………………………… 288
第三节　南宗祭孔 …………………………………………………… 291
第四节　孔氏南宗的文化传承 ……………………………………… 295

再版后记 ……………………………………………………………… 303

初版后记 ……………………………………………………………… 305

# 第一讲
# 天地人和的农耕文化

文化具有无处不在、无所不包的特性,这为人们从不同角度理解其含义提供了条件。我们从文化是人类特有的现象、是人区别于动物的标志的角度,把文化理解为"人类实践及其成果"。在这一解释中,关键词是"实践"和"成果"。和动物的生命活动不同,人类实践的本质特点是有意识性,表现为人类在从事实践活动时,既有明确的目的,又能遵循客观规律,是合目的性与合规律性的统一,充分显示着人自身的力量。从这个角度看,文化是展现和确证人的自身力量的活动,农耕活动自然也是这样的活动。

探讨农耕文化,首先要知道何谓"农"。《说文解字》解释说:"耕也。从晨,囟声。"而对于"耕",《说文解字》释为:"犁也。从耒,井声。一曰:古者井田。""耒"是殷商时期主要的劳动工具,用于深耕翻土。组成"耕"字的"井"指田地。西周时期,纵横的路渠把土地分隔成一个个方块,形状像"井"字,故称"井田"。以此来看,"农"的本义是指人用工具去耕地翻土,以培植农作物,获取粮食。对"农"的这一含义,《汉书·食货志》讲得更明确:"辟土殖谷曰农。"而所谓的"辟土"就是"耕",可见"农"总是同"耕"联系在一起的,两者互不分离。

从上述关于"农耕"的词义解释看,所谓"农耕文化",就是指围绕粮食生产而进行的实践活动及其成果。农耕实践活动包括开荒、翻土、下种、育苗、灌溉、施肥、收割,以及农具制作、牲畜饲养等,成果包括粮食、农具、农作物生长的各种知识,农业生产的各种技术、经验及理论,劳动组织形态,与农耕生产相关的自然知识等,内容十分丰富,形式异常多样。

我们的祖先为什么要从事农耕生产?中国的农业实践取得了哪些成果?对中国文化的发展产生了怎样的影响?这些都是本讲需要弄清楚的问题。

## 第一节　中国农耕文化的形成

从史书中可知,旧石器时代的人类经历过漫长的采集生活,以最容易得到的果实、块根等为食物来源。后来,随着人口的逐渐增加,仅靠采集植物已难以满足人的生存需要,于是人类不得不从事与野兽作斗争的狩猎活动,并学会制造石器和用火。再后来,人类又选择了农耕生存之路。对这一选择,学术界作出过多种解释。有人认为,在当时的自然条件下,仅靠采集、狩猎和捕捞获取食物已经无法满足人们的生活需求,应当通过可以周而复始的植物栽培来补充食物。也有人认为,通过植物栽培来满足生活需要的方式,比采集、狩猎的生活方式更安全,也更安定。还有人认为,植物栽培可在同一个地方重复进行,能有效提高单位面积产量,从而缓解人口不断增加带来的压力,等等。[①] 这些看法都有一定道理,但恐非根本原因。因为生活在海岛上、冰雪覆盖之地的人,同样面临人口增加带来的资源匮乏、生计维艰等问题,想必也有栽培植物的强烈愿望,但他们终究没能走上农耕生产道路,为什么? 因为植物栽培需要有相应的土壤、气候和水等条件来保证,而海岛和雪地等环境无法提供满足植物栽培、生长的条件。古代先民之所以选择农耕文明的发展道路,正是因为有相应的自然环境为植物栽培、生长提供了条件。

### 一、中国的地理环境

地理环境是指环绕人类生存的各种自然条件的总和,包括气候、土地、水文、地形、地貌、矿藏及动植物资源等。对于中国古代的地理环境特点,我们可从整体地貌、河谷地貌两个方面去作一番考察。

(一)整体地貌特征

在地理学中,地貌与地形概念的内涵相同,都是指地表各种形态(山地、丘陵、高原、平原、盆地等)的总称。因此,人们往往将这两个概念合起来称地形地貌。中国的地形地貌呈现以下特点。

---

① [美]斯卡托·亨利:《农耕文化起源的研究史》,晓石摘译,《农业考古》1990年第1期,第26-33页。

一是四周受阻。中国多山地,占全国总面积的 33%,若把丘陵、比较崎岖的高原加在一起,山区面积约占全国陆地面积的三分之二。其分布状况大致如下:北部和西部(黑龙江、内蒙古、甘肃、新疆等)有大兴安岭、阴山、阿尔泰山脉、天山山脉、昆仑山脉等,还有被称为死亡之海的塔克拉玛干沙漠;西南有号称"世界屋脊"的青藏高原、喜马拉雅山脉、横断山脉;东部和南部是浩瀚无垠的太平洋。中国的版图,北、西、南三面都是如同屏障和墙垣的地形构造,其间虽有一条狭窄的穿越边疆、连接外部世界的"丝绸之路",但在古代仍属干寒荒凉之地,道阻且长,很难行走。

二是西高东低。中国地势总体上呈现自西向东层层下降态势,略呈三级阶梯分布:第一级阶梯以青藏高原为主体,平均海拔在 4000 米以上;第二级自青藏高原以东、以北至大兴安岭、太行山、巫山一线,平均海拔 1000~2000 米,其间有内蒙古高原、黄土高原、云贵高原,以及塔里木盆地、四川盆地等;第三级自第二级阶梯以东到海岸地带,平均海拔在 500 米以下,包括东北平原、华北平原、长江中下游平原等。西高东低的地势对气候产生了直接影响:地势低的地方多雨湿润,地势高的地方少雨干旱;海拔高的地方寒冷,海拔低的地方温暖。

(二)河谷地貌特征

中国的地理环境还有一个十分奇特的现象是,黄河与长江两条大河贯穿于四周封闭、西高东低、三级阶梯的地势中。黄河发源于中国第一级阶梯的青海省巴颜喀拉山脉,流经青海、四川、甘肃、宁夏、内蒙古、陕西、山西、河南、山东等省区,中有洮河、湟水、无定河、汾河、渭河、洛河、沁河等重要支流,流域面积 75 万平方千米。长江发源于中国第一阶梯的青海省唐古拉山脉,流经青海、西藏、四川、云南、重庆、湖北、湖南、江西、安徽、江苏、上海等省区市,中有雅砻江、岷江、沱江、嘉陵江、乌江、湘江、汉江、赣江、青弋江、黄浦江等重要支流,流域面积 180 万平方千米。这两条大河自西向东奔流而下,它们所携带的泥沙到了下游,因地势平坦、河面宽阔、流水缓慢而积淀成辽阔广袤的冲积大平原。从中国的整体地形地貌看,因黄河、长江的作用而形成的冲积大平原,日照充足,雨水丰沛,四季分明,气候温暖湿润,土地肥沃,特别适合于农作物栽培。

由上可知,农耕文化是我们的祖先根据中国独特地理环境选择发展道路的必然结果,体现着中华民族的生存智慧和勤劳品质。

## 二、中国农耕文化的形成

说到中国的农耕文化,不能不提及传说中的三位先贤:伏羲氏、神农氏、有巢氏。

伏羲氏,亦称庖牺氏、包牺氏等,《左传》《庄子》《史记》等典籍对他都有记载。传说伏羲氏带领人们用兽皮缝制衣服,抵御寒冷,结网打鱼,驯养野兽(这是家畜的由来)。伏羲氏带领人们完成了从狩猎向畜牧养殖业的过渡。可以想见,当年伏羲氏为了解决家畜的食料,或许进行过种草之类的尝试,并且取得了成功。否则,畜牧养殖业很难获得发展。从这个意义上讲,伏羲氏所开创的畜牧养殖业为植物栽培实践积累了一定经验。[①]

神农氏是中国农耕的创立者,《周易·系辞下》云:"包牺氏没,神农氏作,斫木为耜,揉木为耒,耒耜之利,以教天下,盖取诸《益》。"这里提到了古代翻土的农具——耒耜,它由耒(曲柄)和耜(耒耜下端的起土部件)组成。神农氏砍削树木做成起土部件,曲转木材做成曲柄,以方便耕种,并以此教导天下百姓学会制作农具,提高生产效率。远古时候,五谷和杂草往往生长在一起,哪些可以作为粮食、哪些可以作为草药没人分得清。神农氏为此跋山涉水遍尝百草,对植物进行分辨。从神农氏发明农耕技术、医术、历法和九井相连的水利灌溉技术看,他在伏羲氏完成从狩猎向畜牧养殖业过渡的基础上,完成了向农业种植业的过渡,成为中国农耕文化的开创者。

有巢氏是原始巢居的发明者。传说他从鸟类在树上架巢的现象中得到启发,将朝上敞开的鸟巢翻过来,用树枝和藤条构架,这就是最初的房屋。《韩非子·五蠹》篇中说:"上古之世,人民少而禽兽众,人民不胜禽兽虫蛇。有圣人作,构木为巢以避群害,而民说之,使王天下,号之曰有巢氏。"韩非子的这段话字数不多,内容却很丰富,告诉我们:最初建房的主要原因是避禽兽之害;房子为木结构,形似鸟巢;发明这种房屋的是有巢氏;人们因为学会建造这种房屋而备感欣喜,拥戴有巢氏为天下王。这里,表面上还看不出巢居与农耕的关系,但细细一想便不难发现两者之间的内在联系。因为农耕中的植物栽培需有一定周期,这就要求人们定居,以完成植物栽培过程,而定居就少不了要建房。因此,即使最初的筑巢而居不是为了农耕,却也为农

---

① 任继周、张自和:《华夏农耕文化探源——兼论以粮为纲》,《世界科技研究与发展》2003年第25卷第2期,第21-26页。

耕者所必需。所以我们把有巢氏列为对农耕文化的发生有重大贡献的先民之一。

远古先民学会了牲畜饲养、植物栽培和房屋建造之后,就开始走上农耕文明的发展道路,中华民族的历史由此翻开了崭新的一页。

从出土文物看,中国的农耕最早可追溯到距今 1 万年左右的时代。在距今约 1 万～1.2 万年的时候,"气候的波动,必然造成中国动植物资源的巨大变化。动物的减少尤其是各种易猎可食动物的大幅减少,使中国南北两地的居民面临着越来越大的生存压力。而这一阶段一开始的急剧升温及以后的渐趋稳定,为谷物驯化的成功提供了良好的气候条件。正是在这一阶段,中国南北两地几乎同时进入了原始栽培农业的诞生阶段"①。到了距今约 7000 年的时候,中国已有相当发达的原始农业,这在仰韶文化、河姆渡文化等遗址中可以看出。

仰韶文化是黄河中下游地区新石器时代的文化,因其遗址位于河南省三门峡市渑池县仰韶村而得名。仰韶文化是一个以农耕生产为主的文化生态,其村落选址一般在河流两岸较高而平坦的地方,因为这种地方土地肥美,有利于农业、畜牧,取水、交通也很方便。仰韶文化的农业生产以种植粟类作物为主,这在仰韶文化遗址中多有发现。此外还有耐旱作物黍、稻谷及白菜等。从出土文物看,仰韶文化采用刀耕火种的方法和土地轮休的耕作方式,加工粮食使用石磨盘、石磨棒和木杵、石杵等。家畜饲养业在这个时期已有明显进步,饲养的家畜有猪、狗、羊、鸡和马等。

河姆渡文化是长江下游地区新石器时代文化,因在浙江余姚河姆渡第一次被发现而得名。河姆渡文化主要分布在杭州湾南岸的宁绍平原及舟山岛,反映了约 7000 年前长江下游流域人们的生存情况。在河姆渡遗址中,人们得到的最重要的发现是大量人工栽培的稻谷,不少考古学者据此认为它是中国乃至世界稻作文化的最早发源地。此外,河姆渡遗址中还有橡子、菱角、桃子、酸枣、葫芦、薏米等遗存和藻类植物遗存。河姆渡遗址中也有大批农业生产工具,其中最具代表性的是耒耜,生活用具以陶器为主,也有少量木器。河姆渡的村落遗址中有许多房屋建筑基址,其形式和结构与北方地区同时代的半地穴房屋有明显不同,主要是一种栽桩架板高于地面(底层

---

① 胡敏月、安成邦:《中国农业起源研究综述》,《安徽农业科学》2007 年第 35 卷第 25 期,第 8008 页。

透空)的干栏式建筑,构件主要有木桩、圆木、长方形木材、带丫杈的柱子和地板等。此外,河姆渡遗址还有迄今为止最早的水井遗迹。陶器上刻有稻穗和猪的图像,说明当时的家畜饲养已经比较发达。河姆渡出土的文物还说明当时的手工业也比较发达,比如制陶业、纺织业、骨器制作、竹木器加工等。

从仰韶文化、河姆渡文化看,中国原始农业在距今 7000 年时已达到相当成熟的状态,当时人们的吃、住等最基本的生存问题,都是通过农业生产来解决的。农作物在黄河流域以粟居多,在长江流域以稻为主。耒耜等农业生产工具在这一时期已普遍使用,饲养猪、狗、鸡等的畜牧业这时也得到相应发展。此后,中国的农业不断发展,农作物品种不断增多,生产工具和生产技术越来越先进,形成了源远流长、生生不息、蔚为壮观的农耕文化景观。

## 第二节　中国农耕文化的景观

"景观"一词往往使人想到自然风景。自然风景固然可以是景观,但景观并不限于自然风景。自然风景如果没有与人发生一定联系也难以称为景观,"风景不单纯是一个自然的事物,它主要是人们用以满足自身基本欲望和社会需要的手段的产物。风景与其说是自然所提供的一种形式外表,不如说它更主要是文明继承和社会价值的体现"①。只有与人发生联系或由人所创造、可供人观赏的风光景物,才可称为景观。景观的基本特征是形象性、可观赏性。"可观赏性"一方面是指它具有可感的形式,另一方面是指它能给人带来情感愉悦。农耕文化景观与自然景观的区别在于,它是人类创造的产物,体现着人的本质力量、生活方式和情趣,但它又与自然密不可分,是人与自然相互作用的结果,并且总是与自然相互辉映、相映成趣。没有自然景观就没有农耕景观,农耕景观是镶嵌在大自然中的奇葩。农耕景观多种多样,这里我们只选取其中的几种作一介绍,以增强人们对农耕文化的感性认识。

---

① 〔英〕托尼·纽拜:《对于风景的一种理解》,载中国社会科学院哲学研究所美学研究室编《美学译文(2)》,中国社会科学出版社 1982 年版,第 181 页。

## 一、村落

在中国文化中,村落是农耕景观集中而鲜明的综合性表现形式。《现代汉语词典》把"村落"解释为"村庄",又把"村庄"解释为"农民聚居的地方"。村落随着农耕实践的推进而形成。农作物的种子播种入土之后,需要人去持续培育,直到成熟、收割。这样,人就随着种子的入土而被固定在某一地,开始修建房屋而定居。随着人口的增多,房屋也开始增多,逐渐形成村落。由此可见,方便农耕、人口集聚、房屋成群是村落构成的基本要素。西安半坡遗址所呈现的状貌基本上就是这样的。

半坡遗址是属于黄河流域仰韶文化的一个村落遗址,从丰富的出土文物中,我们可以想见六七千年前人们的生活情景。整个村落中心有一个大广场,广场四周分布着若干居住群落,房子有圆形、方形和长方形,有的是半地穴式建筑,有的是地面建筑。在这些建筑中有储藏东西的窖穴,还有呈长方形的家畜饲养圈栏。房屋的周围有人工挖掘的宽大壕沟围绕,沟外是墓地和烧制陶器的窑场。半坡村落附近还有一条河,为人们取水提供了方便。当时,村落周边是茂密的森林,其中有大量可被利用的动植物资源。沿河两岸的土地土层很厚,非常适合农作物栽培,对原始农业来说,这是十分有利的自然条件,或者说,正是因为这些极有利于农耕的自然条件,才有半坡村落的形成。在出土的文物中,有不少石斧、石锄、石铲、石刀、陶刀、石磨盘、石杵等农耕生产工具,还有粟粒和储藏东西的窖穴,而大墓葬群的存在,说明人们在此已繁衍生息了很久。

原始村落的基本状貌至今仍被保留下来不是偶然的,而是农耕实践的基本规律使然。以现在的滚龙坝村为例,该村位于湖北省恩施市崔家坝镇东南部一个山间平地,拥有耕地 3700 多亩。滚龙坝村四面环山,尖龙河、洋鱼沟两条河流经其间。村中房屋基本上由封火砖墙、石砌天井、抱厅冲楼、书房绣阁、正房偏屋、猪栏牛舍、火炕杂间等组成,大多为明清古建筑,其间石板小道相连,间以古树幽竹,与山水和谐成趣,构成一幅美丽画卷。四周山势形态各异,拱卫着大片良田。阡陌旁古树参天,其中有树龄长达 550 多年的青檀和树龄长达 600 多年的银杏,它们是村落历史久远的见证。巨大古银杏掩映下的几十处古墓,形态各有千秋,从碑文中可知,距今已有 360 多年。

村落的农耕文化景观,在中国古代文学中多有描述,陶渊明的《归园田居》（其一）就是一个典型的例子，诗中这样写道："方宅十余亩，草屋八九间。榆柳荫后檐，桃李罗堂前。暖暖远人村，依依墟里烟。狗吠深巷中，鸡鸣桑树颠。"在陶渊明的笔下，农耕村落的景观是那么的恬静幽美、清新诱人。

## 二、梯田

相对于村落对农耕文化景观的综合性表现来讲，梯田更直接地表现着农耕景观。梯田是在丘陵山坡地上修筑的条状阶台式断面的田地，是人类改造自然、利用自然取得成功的壮举，体现着农耕者的勤劳勇敢和聪明才智。事实证明，梯田对治理坡地水土流失、保产增收具有十分显著的作用。我国就有不少著名梯田，比如云南哈尼梯田、广西龙脊梯田、江西江岭梯田、福建尤溪梯田、浙江云和梯田等。这里介绍其中几种。

云南的哈尼梯田距今已有1300多年历史，空间上呈现森林—村庄—梯田—水系垂直分布的形态特点，并形成系统内部独特的能量和物质流动。这样的空间布局具有保持水土、保证村寨安全、维持系统稳定和自我净化等功能。哈尼梯田种植的水稻品种多达195个。哈尼族人还发明了独特的水量分配方式，即分水木刻、分水石刻和沟口分配等，按每片梯田的实际需水量进行分水，从而既可使高山梯田水量适度，又能保证低山稻田灌溉，开创了山区水利灌溉之先河。由于梯田长年流水不断，稻田适合养鱼养鸭，鱼鸭又可以起到除草、捕虫、施肥等作用，通过鸭群、鱼类又使整个系统活跃起来，形成一个动态的多级食物链结构和动植物循环利用系统，是一种典型的生态农业。哈尼梯田最高级数达5000级左右，坡度最高达75度，梯田、云海、蘑菇房聚落浑然一体，人文和自然景观交相辉映。2010年6月，哈尼梯田被联合国粮农组织列为全球重要农业文化遗产保护试点。[①]

广西龙脊梯田始建于元朝，有"梯田世界之冠"的美誉。龙脊梯田坐落在越城岭大山脉之中，四面高山阻隔，但其间溪流众多，水源充足。龙脊梯田形状如链似带，从山脚盘绕到山顶，小山如螺，大山似塔，层层叠叠，高低错落。特别引人注目的是，在这个梯田世界里，最大的一块田不过一亩，大多是只能种一两行禾苗的"带子丘"和"蚂拐（即青蛙）一跳三块田"的碎田块。可以想见，当年的壮民和瑶民凭着原始的刀耕火种方式在深山开垦梯

---

① 沈镇昭、隋斌主编：《中华农耕文化》，中国农业出版社2012年版，第89-91页。

田的劳动是何等的艰难,精神又是何等的坚忍。龙脊梯田的主要农作物是水稻。人们在这里建造的房屋,都是依山而筑的吊脚楼,错落有致的山寨与大山融为一体,古朴清雅,画意十足,给人以返璞归真、回归自然之感。

浙江省丽水市云和梯田主要分布在云和县崇头镇周围高山上,海拔跨度为 200～1400 米,垂直高度 1200 多米,跨越高山、丘陵、谷地三个地质景观带,最多有 700 多层,是华东最大的梯田群。梯田区域内溪流潺潺,水系发达,水源充足,水质甘甜,溪流自上而下汇入崇头溪。云和有开犁习俗,早年云和的官员在春耕开始之际,都要先到城郊的"先农坛"祭祀,然后由县官带头下田耕地,以示官府对农业生产的重视。开犁习俗寄托了人们美好质朴的愿望,具有丰富的文化内涵。

### 三、水利工程

农耕离不开水,但水有两面性:或有利,或有害。水利工程就是人们为利用水力资源和防止水的灾害而修建的专门建筑。自古以来,黄河上下、大江南北水灾彼落此起,是世界上遭受自然灾害最为深重的地区之一,华夏儿女同大自然进行了数不清的搏斗。由此,中华民族形成了十分强烈的水患意识,兴修了无数类型不一的水利工程,这些水利工程是农耕文化的有机组成部分,在农业生产中发挥着积极的保障和促进作用。

#### (一)都江堰

都江堰是我国古代著名的水利工程之一,坐落在成都平原西部的岷江上,秦昭王时在蜀郡太守李冰父子的主持下兴建而成,是迄今为止留存时间最久、目前仍在使用、以无坝引水为特征的宏大水利工程。都江堰的主要设施在岷江江心,以竹笼装卵石,堆砌成鱼嘴形态的分水工程,下接金刚堤,使岷江在此分为外江和内江两股水流。外江原系岷江正流,在下游辟有许多灌溉渠道,兼具排洪作用;内江在灌县(今都江堰市)城西南凿玉垒山成宝瓶口,由此向下辟为走马河、蒲阳河及柏条河,穿入成都平原,成为灌溉兼通航运的渠道;同时还建造了平水槽、飞沙堰等工程,使进入内江过多的洪水漫过而入外江,以确保内江灌溉区的安全。都江堰的修建,起到了涝季分水、旱季引水的作用,从而使成都平原成为旱涝保收的天府之国。都江堰的创建,以不破坏自然资源,充分利用自然资源为人类服务为前提,变害为利,使人、地、水三者高度协调统一起来。都江堰科学处理鱼嘴分水堤、飞沙堰泄洪道、宝瓶口引水口等主体工程的关系，使其相互依赖，功能互补，形成布局合理的系统工程，共同发挥分流分沙、泄洪排沙、引水疏沙的重要作用，使其枯水不缺，洪水不淹，有效地消除了水患。

（二）郑国渠

秦王政元年（前246），秦王采纳韩国人郑国的建议，并指派郑国，由他主持兴建郑国渠，经过大约10年的建造才得以完工。郑国渠以泾水为水源，用以灌溉渭水北面的大片农田。这一水利工程根据关中平原西北略高、东南略低的地势，在礼泉县东北的谷口开始修建了一条向东延伸的干渠，使源于陕西北部群山中的泾水流入洛水中，长达三百余里，形成了可灌溉农田四万余顷的自流灌溉系统。郑国渠建成后，效益十分明显。对此，《史记·河渠书》是这样记载的："渠就，用注填阏之水，溉泽卤之地四万余顷，收皆亩一钟。于是关中为沃野，无凶年，秦以富强，卒并诸侯，因命曰'郑国渠'。"郑国渠修成之后，灌溉面积达四万余顷。由于有了这条渠，当地粮食产量大大提高，比当时黄河中游的一般亩产要高好几倍，关中于是成为沃野，且"无凶年"，秦国因此而日益富强，最终吞并了各个诸侯国，统一了中国。可见，为着农业增收而修建的郑国渠，不仅改变了关中的农业生产面貌，使雨量稀少、土地贫瘠的关中变得富庶，而且具有重大的政治意义，成为秦国统一天下的重要基础。

（三）坎儿井

坎儿井是干旱地区的劳动人民创造的一种地下水利工程。中国境内的坎儿井主要分布在新疆、甘肃等地。坎儿井的主要工作原理是利用山体的自然坡度，将春夏季节渗入地下的雨水、冰川和积雪融水引出地表进行灌溉，以满足生产生活需要。完整的坎儿井系统主要包括竖井、暗渠、明渠和涝坝（小型蓄水池）四个组成部分。该系统减少了水的蒸发，使地下水得到充分利用，可有效地保护当地的生态环境。

浙江姜席堰介绍

### 四、节气与农事活动

在漫长的农业生产实践中，中国古代先民在千变万化的自然界中不间断地进行观察、总结，观察万物的荣枯盛衰，发现了地球与太阳相对运行的规律，进而发明了使用至今的二十四节气，并把二十四节气与农事活动结合起来编成歌,以便人们根据季节变化做好农事,比如"立春春打六九头,春播备耕早动手""清明春始草青青,种瓜点豆好时辰""谷雨雪断霜未断,杂粮播种莫迟延""小暑进入三伏天,龙口夺食抢时间""白露夜寒白天热,播种冬麦好时节"等。这种根据节气特点编成的歌谣,简洁生动,通俗易记,便于传播,对农业生产能起到直接的指导作用。

不少地方常在某些时节举行隆重的农事活动仪式。立春为一年农事之始,各地都有形式不同的迎春活动。其中,鞭春牛活动是这样的:用竹篾扎成牛状,以纸糊好,内装花生、核桃、枣,立春之日用鞭击牛,击破之后,人们争食散出之果以庆贺春季之到来。浙江衢州九华乡有一项"立春祭"活动,主要内容有祭拜春神句芒、迎春接福祈求五谷丰登、扎春牛、演戏酬神、踏青、鞭春牛等。"二月二"被有的地方定为春耕春播开始的时间,家家户户都举行隆重的仪式。这一天,天刚蒙蒙亮,农妇们从灶膛里扒出青灰,装满一簸箕,在院前的空地上撒上一个又一个"粮仓",以此祈祷当年"五谷丰登"。画匠们从农妇手中接过簸箕在空地上轻轻转一圈,用青灰勾画出均匀饱满的圆圈。孩子们起床后用青灰在圆心撒上一圈,于是就有"二月二,龙抬头。大仓满,小仓流"的农谚。有的地方则举行试犁仪式。人们拿着牛轭走进牛栏,把牛轭往牛颈上一放,表示耕牛拉着牛轭耕田犁地之状,预示新的一年开始播种五谷了,千万不要错过耕种的时机。

在生产过程中,古人发明了众多的生产工具,如耒耜、耕犁、筒车、耧车、风谷车、铁锹、镰刀等。劳动场面是农业生产的重要景观,应用农具进行劳动往往带有更多的劳动的快乐,其中充分体现了人的创造性。古代农具可分为取水设备、耕翻平整土地的农具、播种农具、中耕除草农具、收获农具等,在此对筒车、耕犁和耧车作简要介绍。筒车是一种灌溉农具,在一个大的转轮周围系上许多竹筒或木筒,安置在水边,转轮一部分没在水中,水流激动转轮,轮上的筒就连续不断地依次汲水注到岸上的田地里。犁是常见的耕具,出现很早,战国时期已有铁犁,只是使用不便,且数量极少。西汉中期,铁犁得到较迅速推广。汉代使用的是直辕犁,多采用

古代农具简介

二牛抬杠的耕作方法。唐代出现了曲辕犁,又称"江东犁",晚唐文人陆龟蒙在《耒耜经》中详细介绍了曲辕犁的结构,宋代时曲辕犁得到普遍应用。耧车属于播种农具,汉武帝时期,搜粟都尉赵过推广耧车,提高了播种效率。东汉崔寔《政论》说:"其法三犁共一牛,一人将之,下种挽耧,皆取备焉。日

种一顷,至今三辅犹赖其利。"

### 五、文学艺术

中国传统文化中的农耕景观在文学艺术中得到了富有韵味的表现。

在我国第一部诗歌总集《诗经》中就有很多描写农耕的诗篇。《豳风·七月》反映了农夫一年四季的劳动生活。春天开始下田干活,"同我妇子,馌彼南亩",还要修剪桑树,采桑养蚕,"蚕月条桑,取彼斧斯,以伐远扬,猗彼女桑""女执懿筐,遵彼微行,爰求柔桑";秋天,纺织做衣,收割稻谷,贮藏粮食,"载玄载黄,我朱孔阳,为公子裳""八月其获""九月筑场圃,十月纳禾稼";冬天,忙于打猎、维修宫殿和凿冰等,"一之日于貉,取彼狐狸,为公子裘""我稼既同,上入执宫功。昼尔于茅,宵尔索绹""二之日凿冰冲冲,三之日纳于凌阴"。农夫们终年辛劳,却过着"无衣无褐,何以卒岁"的生活。《周南·芣苢》记录了妇女采摘芣苢的生动场面,诗篇用"采之""有之""掇之""捋之""袺之""襭之"来写妇女们采摘芣苢时的熟练动作,让人"恍听田家妇女,三三五五,于平原绣野、风和日丽中群歌互答,余音袅袅,若远若近,忽断忽续,不知其情之何以移,而神之何以旷"[1]。

陶渊明写农耕的诗更是充满诗情画意,令人心驰神往。在他笔下,"暧暧远人村,依依墟里烟"的农居是那么恬静而富有诗意,"采菊东篱下,悠然见南山"的农作是那么的朴素自然而令人倍感惬意,"日入相与归,壶浆劳近邻"的邻里感情又是那么的淳朴和睦。特别是他的《桃花源记》,虽属虚构,却也写出了人们心目中理想的田园生活。在这个世外桃源村,"土地平旷,屋舍俨然,有良田美池桑竹之属。阡陌交通,鸡犬相闻。其中往来种作,男女衣着,悉如外人。黄发垂髫,并怡然自乐"。这种宁静幸福的农耕生活,不只是陶渊明的追求,也是历代农耕人的理想。由于有了陶渊明的创作,人们对理想田园生活的追求变得更为清晰,甚至形成了文人士大夫向往田园生活的风气。唐代诗人王维隐居于辋川别业,就是效仿陶渊明的实践。这里有斤竹岭、木兰柴、椒园、漆园、辛夷坞等景点,一看到这些景点名称,人们就能感受到田园野趣之风韵。诗人还写了一首题为《辋川别业》的诗,表达自己在这里生活的心情:"不到东山向一年,归来才及种春田。雨中草色绿堪

---

① 方玉润:《诗经原始》,中华书局1986年版,第85页。

染,水上桃花红欲然。优娄比丘经论学,伛偻丈人乡里贤。披衣倒屣且相见,相欢语笑衡门前。"清代姚鼐的《山行》则为我们展现了繁忙热闹的春耕景象:"布谷飞飞劝早耕,春锄扑扑趁春晴。千层石树通行路,一带山田放水声。"

不仅仅是文学,绘画、雕塑、音乐、舞蹈等艺术形式,也都有大量反映农耕生活的艺术作品,"牛""犁""蓑衣""笠帽""锣""鼓""唢呐""灯"等,往往会在各种反映农耕生活的艺术作品中充当重要角色。特别是年画、剪纸、农民画、蜡染等民间艺术,其农耕意味更是浓得化不开。这些民间艺术具有因材施艺、质朴率真、随意大方、热烈夸张、象征寓意等特点,充分反映了农民淳朴、热情、活泼的性格和生产生活态度,深为广大农民所喜爱。

中国自古以来以农立国,耕耘畜养绵延不绝,在这年复一年、秋收冬藏的农耕实践中,华夏民族的祖先创造了灿烂辉煌的中国农耕文化。农耕实践中形成了无数的景观,如村落、梯田、水利工程、农事活动、文学艺术等。面对这些景观,我们可以感受到农耕文化的丰富内涵,也可以感受到古人的无穷智慧。

## 第三节　中国农耕文化的影响

可以肯定地说,农耕文化对中国社会的影响是全面而深刻的,但我们需要弄清楚这种影响究竟有多全多深,以及应该如何认识这种影响等问题。大家知道,农耕是围绕植物栽培而展开的活动,而植物栽培又从种子入土开始。为了说清楚农耕文化对中国社会的影响,我们就从种子入土开始说起。

当人们亲手把种子播入自己开垦出来的土地中时,自己就被固定在了那片土地上。因为种子入土之后的生长、成熟全过程,都离不开人的劳作:松土、除草、浇水、施肥等等,直到成熟、收割、入仓。当人们切身感受到收获粮食、满足生活需要的喜悦之后,对从事农作物生产意义的认识就会得到巩固,于是开始重复原先做过的农活,久而久之,就形成了相对稳定的生产模式。人也因此而被固定在某一地,并为方便生产生活计,开始建造更为牢固的房屋。

随着农耕技术、建房技术逐渐趋于成熟,家庭也开始朝着更为稳定的方向发展。古代的农耕生产往往以一家一户为基本生产单位,生产力的提高和发展主要取决于人本身。这样,增加人口就成为农耕民族延续和扩大生产的根本因素。基于这一事实,农耕民族特别看重人口的繁衍生殖,把添丁作为扩大劳动力、壮大农耕生产能力的最直接、最可靠的方式。人口的增多又带来了两个后果:一是家庭内部关系的多层化,祖辈、父辈、子孙辈同处一室,凭借血缘关系维系和稳定家庭;二是对耕地、住房的需求不断增强,随着农田面积的逐步增加、房屋的逐渐增多,村落规模也逐渐扩大。在不断推进的农耕实践中人们还发现,利用牲口可以有效提高生产效率,于是开始圈养牛马等,并根据牲口的特点制造新的劳动工具,改进原有的劳动工具。

人口的增加催生了农耕生产的需求,牲口的饲养和劳动工具的改进大大提高了农耕生产能力,但某一地区的自然资源总是有限的,于是就有一部分人携家带口离开故乡到外地寻找新的生存空间,开垦新的土地,于是就有新农田、新村落的出现。如此循环不已,农耕区域不断扩大,农耕村落不断增多,乃至遍布全国。

风雨难测,稼穑艰难。人们要推动农业生产,改善生活质量,就需要掌握自然气候的变化规律,掌握良好的耕作技术,需要在一块土地上精心耕耘,经历耘田、播种、灌溉、施肥、除虫害、收获等过程。与此同时,家族逐渐形成与发展,村落逐渐发展。这样的过程也孕育了传统的社会形态与古人的思想观念。

### 一、农耕文化对社会形态的影响

农耕文化影响了古代的社会形态,孕育了耕战与耕读的传统。根据农耕生产特点,人们创建了与之相适应的社会形态,这就是以家庭为基础的社会形态。从中国农耕文化形成与发展状况的描述中可以看出,我们的祖先在农耕生产的基础上建构农耕社会形态,是一件很自然的事。农耕社会形态表现在物质生产方面,以一家一户为单位、以简单劳动工具为依托,以"事父母、畜妻子"和"幼有所养、老有所终"为目的。在农耕社会中,家庭是最基本,也是最重要的组成部分。表现在人口再生产方面,它根据自然经济模式的要求,把添丁作为扩大劳动力、壮大家庭势力的直接方式,每一个家庭都竭力通过人口增殖来发展自己的力量,视"无后"为最大不孝。家庭成员持续增加,村落随之扩大,但人与人之间的关系并未变得松散。因为人们看重血缘关系,血缘把所有成员紧紧地联系在一起,组成利益共同体,同时也把年龄最大的长辈推到至尊地位,使他们拥有最终话语权,在大家议论纷纷、意见不一致的时候,长者说的话能起到一锤定音的作用。当这种血缘关系、辈高为尊成为一种社会共识并被固定下来之后,就形成了氏族制。整个过程如果用简单的图式来表示的话,大致是这样的:植物生长周期—定居形成村落—人口增加、扩大村落—形成氏族制。

中国的历史发展说明,上述观念和方法不仅支配着家庭形态建设,也直接影响着国家形态建构,中国传统文化中独特的"家国一体"政治结构就是这样形成的:由家庭而国家,国家混合在家庭里。在这方面,孔子倍加推崇的周朝就是一个十分典型的例子:周天子在家庭层面是族长,在国家层面则是天子;与他有直接关系的人,在家庭层面是兄弟、庶子、姻亲,在国家层面则是诸侯;在家庭层面为诸侯的庶子、兄弟,在国家层面则是大夫。所有人"进"而为国家的大小头领,"退"而为家庭一员。人与人之间的血缘关系就这样扩展到了政治领域,家庭的扩大成了国家,国家的缩小成了家庭。古人所谓的"天下之本在国,国之本在家,家之本在身"(《孟子·离娄上》),正是对这种"家国一体"社会结构的高度概括。

农耕是古代的主要生产方式,古代社会因而形成了"耕战"和"耕读"的传统,这两种传统长期存在,产生了深远的影响。所谓"耕战",就是实现耕与战、农与兵的结合,耕以图存,战以强国,两者不可偏废。"耕战"的形成与特定的历史环境有关。春秋战国时期是攻伐兼并之战的高潮期,打赢了就可以获得大片土地,从而扩大自己国家的疆域;打输了则往往割地求和。耕战就是在这种背景下形成的,并为政治家、思想家所特别看重。《管子·治国》指出:"夫富国多粟生于农,故先王贵之。凡为国之急者,必先禁末作文巧。末作文巧禁则民无所游食,民无所游食则必农。民事农则田垦,田垦则粟多,粟多则国富。国富者兵强,兵强者战胜,战胜者地广。"这段话揭示了垦田、富国、强兵与拓疆的内在联系,表现了重耕战的思想观念。商鞅是耕战思想的实践者,他大力推行以"垦草务农"为中心的土地政策,并编立户籍,将五户农民作为"伍",十户作为"什",使农民羁属于农田,寓兵于农,将全体农民组成"三军":壮男为一军,壮女为一军,男女之老弱者为一军,从而形成了全民皆兵的"耕战"体制。[1] 秦国之所以能够一统天下,耕战的推行是一个重要原因。此后,耕战思想在中国传统文化和社会建设中发挥着重要作用。

---

[1] 任继周:《论华夏农耕文化发展过程及其重农思想的演替》,《中国农史》2005年第2期,第54页。

"耕读"也是中国古代的优良传统。它强调耕田与读书的结合,耕以事稼穑满足生命需要,读以知诗书满足精神需要;耕强调做事,读注重做人,两者不可偏废。明末清初理学家张履祥在《训子语》里就特别强调这一点,他告诫说:"读而废耕,饥寒交至;耕而废读,礼义遂亡。"相比较而言,古代知识分子更看重"耕读",这与他们的物质生活相对较好有关。也正因为如此,"中国的耕读文化孕育了众多的农学家,产生了大量的古农书……古代的农书大都出自过耕读生活的知识分子之手。他们熟悉古代典籍,有写作能力,又参加农业生产,有农业生产知识,具备写作农书的条件","耕读文化也影响了文学艺术。知识分子通过耕读,接近生产实际,接近农民,写出了一定程度上反映农村生活,反映农民喜怒哀乐的作品"①。

尽管如此,"耕读"并没有止步于知识分子阶层,作为一种价值观念的"耕读",它已深入老百姓当中,人们将其和"耕战"合在一起作为动员令和训示语:"耕战"以保家卫国,"耕读"以齐家治国。

### 二、农耕文化对思想观念的影响

农耕文化对中华民族的思想观念产生了既深刻又广泛的影响,中国传统文化中的"仁""孝""和"等重大观念,都源于农耕文化,直接由农耕文化所培育。

我们先来看"仁"的观念。从字形上看,"仁"由"人"字旁加"二"组成,可以理解为"二人",即人与人之间的关系。人与人之间的关系应该是怎样的?《说文解字》把"仁"解释为:"亲也。从人从二。"而对这个"亲"字,《说文解字》的解释是:"至也。"也就是"到"。什么东西"到"? 清代段玉裁在《说文解字注》中解释说:"情意恳到曰至。父母者,情之至者也,故谓之亲。"可见,作为"亲"的"至"是指情感、情意到达对方,而父母的情感最易到达子女,他们想的、做的都是为了子女,这样的情感就是"爱"。孔子正是基于此而在回答樊迟什么是"仁"的提问时,直截了当地说"爱人"(《论语·颜渊》)。应当看到,这种以"爱人"为核心的"仁"的思想观念,其产生与农耕文化有直接关系,农耕文化中一家一户的生产单位就是产生"仁"的直接土壤,因为在这样的生产单位中,成员之间通过血缘这条纽带组成了一个整体,而父母与子女

---

① 邹秀德:《中国的"耕读文化"》,《中国农史》1996 年第 3 期,第 12 页。

之间的情感又是最真挚、最恳切的。

还有一个与农耕生产直接相关的体现"仁"的例子是"让畔"。对此,司马迁在《史记·周本纪》中就有记载:"西伯阴行善,诸侯皆来决平。于是虞、芮之人有狱不能决,乃如周。入界,耕者皆让畔,民俗皆让长。"汉代王充在《论衡·是应篇》也讲到此种情形:"男女异路,市无二价,耕者让畔,行者让路。"两位先哲说到的"让畔"涉及中国历史上的一个典故,典故与虞、芮二君入周处理争端一事有关。黄河边上的虞国和芮国为了两国交界处的一片肥美土地而争执不下。于是虞、芮二君渡过黄河,进入周地。到了周地,看到田块与田块之间都留下宽宽的田塍。两个正在耕田的老农互相推让着,甲让乙多往自己这边耕一点,不要留下太宽的田塍;乙则对甲说,那是你的地,不要劝我多耕。这就是"耕者让其畔"(据说保留至今的田塍就是这样来的)。虞、芮二君继续往前走,看到有位年轻人因事急奔跑把一个小孩撞倒在地,年轻人急忙上前去扶,小孩不等人扶就赶紧爬起,一跌一撞地忍痛往家跑,年轻人要背小弟弟回家,小孩则说自己没事,让他抓紧赶路,这就是所谓的"行者让其路"。此后,虞、芮二君又目睹了夜不闭户、路不拾遗的情形。看到这种情形,虞、芮二君惭愧不已,回去之后便以礼让的方式解决土地争端。这种时时处处替别人着想的行为就是"仁"的表现。它源于农耕实践,渗透在农耕社会的方方面面,并为历代中国人所传承、弘扬,以至成为人类宝贵的精神财富。

再来看"孝"的观念。从字形上看,"孝"字由"老"和"子"构成。《说文解字》对"孝"的解释是:"善事父母者。从老省,从子;子承老也。"农耕社会以一家一户为生产单位,一个人年纪大了,干不动了,由其子女抚养,这是天经地义的事,子女赡养父母即"承老","承老"就是"孝"。以此来看,"孝"是农耕社会发展的必然要求。那么,怎样才算"孝"? 或者说,"子承老"该怎么"承"? 对此,孔子有不少论述,他否定了当时"以养为孝"的流行观念,指出:"今之孝者,是为能养。至于犬马,皆能有养;不敬,何以别乎?"(《论语·为政》)在孔子看来,"养"只是"孝"的基础,"敬"才是"孝"的关键,否则,人与动物就没有什么区别。由此出发,孔子分析了"孝"的种种表现,其中包括"竭其力"(《论语·学而》)以侍奉父母,以"敬"而"不违""劳而不怨"(《论语·里仁》)的态度对待父母,以"父母在,不远游,游必有方"(《论语·里仁》)的方式守护父母,即使在父母去世后也要以"三年"之期恪守父道(《论语·学而》)。总之,在孔子看来,"孝"是一种包含深厚情感的行为,在这一点上,它和"仁"有本质上的一致性。从《说文解字》对"仁"和"孝"的解释看，它们呈现相互补充的关系："仁"是"亲"、是"至"，即情感至，而父母的情感最容易到达子女身上，这就是"亲"；而"孝"则强调子女要以"敬"的态度"承老""善事父母"。

"孝"的"子承老"是否仅限于"家"？不能简单化地看待这个问题。因为任何家庭都是社会的组成部分，人也只能是社会的一分子，而中国古代的农耕社会又具有"家国同构"的特征，这就使"孝"的问题变得复杂起来。在中国古代社会，"孝"往往和"忠"联系在一起。不可否认，"忠""孝"分属两个不同范畴："忠"属于政治范畴，臣子、百姓对君要"忠"；"孝"属于伦理范畴，晚辈对长辈要"孝"。但在中国传统文化中，这两个范畴的东西，却被巧妙地结合在一起了，这恐怕也是中国文化深刻奥秘的表现之一。那么，它们又是怎样结合的呢？其根本途径在于"家国同构"的社会政治结构。因为君即长，所以对"长辈"的"孝"也就很自然地转化为"忠"；反过来，对君主的"忠"往家庭方面一退也就成了"孝"。于是，"孝"这种伦理情感，也就因此而顺理成章地转化成了忠于国家的政治观念。说中国的政治是一种伦理政治，其因也在于此。

顺着这一思路我们还可以思考一个问题："忠"与"孝"的连接和转化究竟有什么好处，为什么历代统治者都津津乐道于此。简单地说，就是"忠"与"孝"的连接与转化，可以有效维护社会稳定，通过"孝"，让各个家长、族长来承担维护稳定的责任，否则就是不"忠"。从这个角度看，教育子女懂得"孝"也就是"忠"。在中国传统社会，只要长者一出面，一般问题都能得到解决，激烈的政治矛盾因为转化为亲情关系而得到平息，天下因此太平。于是就出现了这样的情形：为了家的太平，父劝子、妻励夫，产生了父慈、子孝、妇从的伦理观念。这种伦理观念又与君惠、臣忠、民顺的观念构成对应关系。从这种对应关系中，我们不难看到，家的太平直接关系到国的太平，这大概就是所谓的"以孝治天下"。

最后来看"和"的观念，它也与农耕实践直接相关。农作物的生长是一个自然而然的发展过程，但这个过程需要有相应的自然条件为其提供保证，比如土壤、阳光、水等等。农业生产一旦遇到干旱、洪涝等自然灾害，粮食就要减产甚至颗粒无收，人就要挨饿，而这种挨饿的处境要等到来年才有希望改变。或许正因为如此，我们的祖先才那么敬畏"天"，并且由敬畏而顺从"天"，由顺从而亲和"天"。在经历了因天灾而来的生命煎熬、因风调雨顺五谷丰登而来的生活喜悦的感受之后，人们深刻认识到了人与自然必须和谐相处的道理。农作物的生长周期较长，需要人经常去管理，也正是在这一过程中，人们逐渐认识和掌握了自然环境影响农作物生长的基本规律，进而形成不同于航海民族、游牧民族的文化心理。

东汉许慎在《说文解字》中把"和"解释为"相应也，从口禾声"。值得注意的是，这个作为声旁的"禾"并不仅仅起着标示"和"的读音作用。《说文解字》在解释"禾"时，有"凡禾之属皆从禾"的定论。而所谓的"禾"，许慎解释为"嘉谷也"，是一种"二月始生，八月而孰"的农作物。这样看来，"禾"的本义指农作物应该是没有疑义的。那么，"禾"又是怎么跟"和谐"联系起来的呢？个中道理也不复杂，因为农作物的生长，从种子的发芽到农作物的生长再到成熟，整个过程所体现的就是顺乎自然的和谐；农作物年复一年、周而复始、生生不息的生长状态，也是一种和谐。我们的祖先把这种现象称为和谐，是否仅仅反映古人对大自然的风调雨顺、阴阳协调之和谐的认识呢？当然不是。农作物的生长、成熟与丰收，自然条件固然是一个十分重要的方面，人对自然规律（包括种子、季节、土壤等的特性）的把握，也是一个十分重要的方面。农作物生长之和，实是一种天、地、人之和，是人们遵循自然规律、利用自然规律、协调人的生产与自然规律之间关系的结果。从这个角度看，中国古人对和谐的认识，是他们在农业生产实践中形成的，农耕实践是和谐观念形成的土壤。

从自身的亲身经历出发认识世界、认识社会、认识人生，是中国人认识世界万物、体悟社会人生的方法特点，这在"和"的认识上表现得尤为突出。中国古人论"和"，常常将其和饮食联系一起，这在中国古籍中可以找到不少例子。《尚书·说命》中有"若作和羹，惟尔盐梅"的句子，意思是要做好羹汤，关键是调和好咸（盐）酸（梅）二味。这里的"和"被当作衡量"羹"做得好不好的标准。另据《左传·昭公二十年》记载，晏子在回答昭公提出的"和"与"同"有什么区别时说，"和如羹焉"，也是把"和"同饮食联系在一起。这种把"和"与饮食联系在一起的方法，正是农耕生活的直接反映，因为农耕生活是以"事父母，畜妻子"为直接目的的活动，饮食对农耕民族来讲具有特别重要的意义，"民以食为天"的说法就证明了这一点。西周太史伯则从万物生长角度来说"和"，他指出："夫和实生物，同则不继。以他平他谓之和，故能丰长而物归之，若以同裨同，尽乃弃矣。故先王以土与金木水火杂，以成百物。"（《国语·郑语》）史伯这段话的深刻之处，表现在他对形成"和"的规律的认识和把握,这就是"和实生物,同则不继"。什么是"和实生物"呢？史伯解释说:"以他平他谓之和,故能丰长而物归之。"所谓"以他平他",是指用一种事物去"平"另一种相对立的事物,从而促使事物的产生(即生物),这就是和。与此相反的则是"同则不继",因为"以同裨同"就是同一事物的简单相加或重复,如同"二女同居",不能孕育新生命一样,其结果必然是"尽乃弃矣"。史伯就是这样,从人们习见的万物生长现象入手,对"和"的内涵作了深入浅出的阐述。

人们从农耕生产、生活中发现了"和"的规律之后,就把它作为原则和目标来处理人与自然、人与社会、人与人、人自身的各种关系,儒家为此提出了"中和"观念。所谓"中和",按照《中庸》的解释,是"中"与"和"的融合。其中的"中",是指"喜怒哀乐之未发"时人的心性之本然、稳定状态,亦即一种自然、浑然的和谐状态;"和"则是指人的各种心理因素由内而外表达时所产生的"发而皆中节"的效果。所谓"中节",是指人的心意表达、行为方式符合客观规律,符合社会规范,恰到好处,无过与不及。"中"与"和"关系密切,"一在内,一在外;一在主体,一在客体;一主静,一主动,是其不同之处。但作为和谐的内涵又都一致,在这个意义上,可以说'中'是内之'和','和'是外之'中',中是主体内心之和,和是客体外在之中;中是静态之和,和是动态之中"①。按照这种"中和"的原则去为人处世、治国理政、改造自然,就能创造一个人尽其才、物尽其用、天下为公的大同世界和正己修身、安人达人、天下一家的和谐世界。

"和"是中国传统文化的核心概念,我国古代先哲对此论述颇多,且有相当深度。西方先哲对和谐也有不少论述,如果把这两者放在一起加以比较的话,我们会发现以下特点:第一,无论是中国还是西方,和谐都是人类共有的文化心理和共同的目标追求。古代中外先哲从政治、经济、文化、社会等多个方面对和谐进行了探索,认为和谐是以统一、平衡、有序为基本特征的状态,这种状态的形成又以多种因素的并存为前提,没有多样性及多样性的统一就无所谓和谐。第二,中国人和西方人对和谐的认识各有特点,这种不同的特点与其所处的不同文化背景直接相关。在中国的农耕文化中,人们的生产范围相对固定,生产方式比较简单,对自然的依赖性大,播下的是植

---

① 周来祥:《和·中和·中——再论中国传统的和谐精神及其审美特征》,《文史哲》2006 年第 2 期,第 89 页。

物种子,收获的是植物果实,中间需要适当的阳光雨露,而且需要遵循自然的周期性变化。在这种情况下,中国人所倡导的和谐,是通过把自己融入对象而形成的和谐,无论是儒家所要求的个人融入社会,还是道家所追求的个人融入自然,都呈现出主动融入而非积极征服所形成的和谐。西方的海洋文化则不同,无论是捕捞还是航海,人们为了生存而展开的活动,常常需要付出生命的代价。为此,西方人冒着生命的危险,抱着征服大海的志向,去认识大海,提高自身的生存能力。他们或者认为,和谐是一种数,是自然而然地存在着的,人只要掌握了这种数,就能获得和谐(这显然是一种通过获知而达和的和谐观);或者认为和谐是对立斗争的结果,人应当有敢于斗争的勇气、善于斗争的智慧,否则就难有和谐(这里体现的是一种通过斗争而达和的和谐观);或者认为和谐是对立统一的产物,在这种统一中包含着对立的方面,但对立的方面又不独立存在,而是相互联系、相互作用的(这是一种化对立为统一而达和的和谐观)。与中国古代农耕文化所强调的融入式和谐观相比,西方的海洋文化更注重通过斗争去征服对象,使对象服从自己,我们可以把这种和谐观称为征服式和谐观。尽管如此,我们仍认为中西不同的和谐观,对我们追求和谐目标都是有启示意义的,特别是在经济一体化、信息全球化的时代,从中西传统文化的比较中获得追求、创造和谐的启示,会显得更为重要。

以上我们分析了中国农耕文化中孕育和发展起来的"仁""孝""和"三种观念。在中国传统文化中,这三种观念各有不同内涵,又相互补充,从而构成了一个整体:从"亲情"开始的"仁",到"承老"为主的"孝",共同的目的是"和"。"和"支配着"仁"与"孝","仁"与"孝"成就着"和"。中华文化绵延了数千年,"仁""孝""和"的观念始终没有中断,原因何在?原因在于它形成于中国农耕民族的生产中,融汇在中国老百姓的日常生活中,发展在以农耕为基础的社会环境中。任何思想观念,只有当它融入百姓的日常生活当中时,成为百姓生产、生活的一部分时,才有生命力,才会生生不息、绵延不绝。"仁""孝""和"等孕育于农耕生产生活的观念,就因为它内化成了一种文化基因,内化成了老百姓日用而不觉的存在,所以才始终保持旺盛的生命力。

# 本章小结

中国古人从独特的地理环境出发，选择农耕作为主要的生产方式。中国的农耕最早可追溯到距今 1 万年左右的时代，到了距今约 7000 年的时候，已有了相当发达的原始农业，这在仰韶文化、河姆渡文化等遗址中可以看出。在生产与生活中，形成了丰富多彩的农耕文化景观，传统村落古朴而美好，梯田和水利工程充分展现了古人的聪明才智，农事活动仪式体现了对美好生活的期待，所有这些都在文学艺术中得到了诗意的呈现。农耕生产和与之相适应的生活方式对中国社会产生了深远影响，它影响了古代的社会形态，孕育了耕战与耕读的传统，影响了古人的思想观念，促进了"仁""孝""和"等观念的形成。

小测验

思考练习

1. 中国农耕文化的主要特点是什么？
2. 简述"耕读"的内涵。
3. 中国农耕文化对中华民族思想观念的影响主要有哪些？

参考书目

梁漱溟：《中国文化要义》，商务印书馆 2021 年版。

冯天瑜、何晓明、周积明：《中华文化史》，上海人民出版社 2010 年版。

吕思勉：《中国通史》，中华书局 2015 年版。

经典阅读

## 管仲《管子》(节选)

凡有地牧民者,务在四时,守在仓廪。国多财则远者来,地辟举则民留处;仓廪实则知礼节,衣食足则知荣辱;上服度则六亲固,四维张则君令行。故省刑之要,在禁文巧;守国之度,在饰四维;顺民之经,在明鬼神,祗山川,敬宗庙,恭祖旧。不务天时则财不生,不务地利则仓廪不盈。野芜旷则民乃菅,上无量则民乃妄,文巧不禁则民乃淫,不璋两原则刑乃繁。不明鬼神则陋民不悟,不祗山川则威令不闻,不敬宗庙则民乃上校,不恭祖旧则孝悌不备。四维不张,国乃灭亡。(《牧民第一》)

粟也者,民之所归也;粟也者,财之所归也;粟也者,地之所归也。粟多则天下之物尽至矣。故舜一徙成邑,二徙成都,三徙成国。舜非严刑罚重禁令,而民归之矣,去者必害,从者必利也。先王者善为民除害兴利,故天下之民归之。所谓兴利者,利农事也。所谓除害者,禁害农事也。农事胜则入粟多,入粟多则国富,国富则安乡重家,安乡重家则虽变俗易习、驱众移民,至于杀之,而民不恶。此务粟之功也。上不利农则粟少,粟少则人贫,人贫则轻家,轻家则易去,易去则上令不能必行,上令不能必行则禁不能必止,禁不能必止则战不必胜、守不必固矣。夫令不必行,禁不必止,战不必胜,守不必固,命之曰寄生之君。此由不利农少粟之害也。粟者,王之本事也,人主之大务,有人之涂,治国之道也。(《治国第四十八》)

管仲:《管子》,房玄龄注释,刘绩增注,明天启五年沈鼎新花斋刻本。

## 《诗经》(节选)

七月流火,九月授衣。一之日觱发,二之日栗烈。无衣无褐,何以卒岁?三之日于耜,四之日举趾。同我妇子,馌彼南亩,田畯至喜。

七月流火,九月授衣。春日载阳,有鸣仓庚。女执懿筐,遵彼微行,爰求柔桑。春日迟迟,采蘩祁祁。女心伤悲,殆及公子同归。

七月流火,八月萑苇。蚕月条桑,取彼斧斨,以伐远扬,猗彼女桑。七月鸣鵙,八月载绩。载玄载黄,我朱孔阳,为公子裳。

四月秀葽,五月鸣蜩。八月其获,十月陨萚。一之日于貉,取彼狐狸,为公子裘。二之日其同,载缵武功,言私其豵,献豜于公。

五月斯螽动股,六月莎鸡振羽。七月在野,八月在宇,九月在户,十月蟋蟀入我床下。穹窒熏鼠,塞向墐户。嗟我妇子,曰为改岁,入此室处。

六月食郁及薁,七月亨葵及菽。八月剥枣,十月获稻。为此春酒,以介眉寿。七月食瓜,八月断壶,九月叔苴。采荼薪樗,食我农夫。

九月筑场圃,十月纳禾稼。黍稷重穋,禾麻菽麦。嗟我农夫,我稼既同,上入执宫功。昼尔于茅,宵尔索绹。亟其乘屋,其始播百谷。

二之日凿冰冲冲,三之日纳于凌阴。四之日其蚤,献羔祭韭。九月肃霜,十月涤场。朋酒斯飨,曰杀羔羊。跻彼公堂,称彼兕觥,万寿无疆。(《豳风·七月》)

鲁洪生主编:《诗经集校集注集评》,中华书局2017年版。

### 陶渊明《陶渊明集》(节选)

#### 桃花源记

林尽水源,便得一山,山有小口,仿佛若有光。便舍船,从口入。初极狭,才通人。复行数十步,豁然开朗。土地平旷,屋舍俨然,有良田美池桑竹之属。阡陌交通,鸡犬相闻。其中往来种作,男女衣着,悉如外人。黄发垂髫,并怡然自乐。

见渔人,乃大惊,问所从来。具答之。便要还家,设酒杀鸡作食。村中闻有此人,咸来问讯。自云先世避秦时乱,率妻子邑人来此绝境,不复出焉,遂与外人间隔。问今是何世,乃不知有汉,无论魏晋。此人一一为具言所闻,皆叹惋。余人各复延至其家,皆出酒食。停数日,辞去。

#### 归园田居(其一)

少无适俗韵,性本爱丘山。

误落尘网中,一去三十年。

羁鸟恋旧林,池鱼思故渊。

开荒南野际,守拙归园田。

方宅十余亩,草屋八九间。

榆柳荫后檐,桃李罗堂前。

暧暧远人村,依依墟里烟。

狗吠深巷中,鸡鸣桑树颠。

户庭无尘杂,虚室有余闲。

久在樊笼里,复得返自然。

李公焕笺注:《笺注陶渊明集》,元刊本。

## 王维《王维集》(节选)

### 渭川田家

斜光照墟落,穷巷牛羊归。

野老念牧童,倚杖候荆扉。

雉雊麦苗秀,蚕眠桑叶稀。

田夫荷锄立,相见语依依。

即此羡闲逸,怅然吟《式微》。

王维:《王摩诘诗集》,明刊本。

## 储光羲《储光羲诗集》(节选)

### 田家即事

蒲叶日已长,杏花日已滋。

老农要看此,贵不违天时。

迎晨起饭牛,双驾耕东菑。

蚯蚓土中出,田乌随我飞。

群合乱啄噪,嗷嗷如道饥。

我心多恻隐,顾此两伤悲。

拨食与田乌,日暮空筐归。

亲戚更相诮,我心终不移。

储光羲:《储光羲诗集》,《文渊阁四库全书》本。

## 辛弃疾《稼轩词》(节选)

### 西江月·夜行黄沙道中

明月别枝惊鹊,清风半夜鸣蝉。稻花香里说丰年,听取蛙声一片。

七八个星天外,两三点雨山前。旧时茅店社林边,路转溪桥忽见。

邓广铭笺注:《稼轩词编年笺注》,上海古籍出版社1993年版。

# 第二讲
# 天下一家的伦理文化

中国地处亚欧大陆东端,相对独立的地理环境,形成了中国独特的文化。中国古代以农业生产方式为基础,以家庭为生产单位,形成聚族而居的生活方式。在这种生活方式下,以血缘关系为纽带,以血缘家族组织社会,逐渐形成以宗法为主体的社会结构,表现为天下一家的伦理文化。

## 第一节　中国传统社会的结构与伦理特征

人类进入文明社会以后,就以一定的关系结合为社会群体,不同的社会群体有着不同的生活方式,形成不同的文化形态。在与西方文化的比较之下,中国文化形态的独特性得以凸显。梁漱溟和费孝通两位学者,都通过比较中西文化的差异,揭示中国传统社会的内在结构。关于中国传统社会结构的理论,无疑当推梁漱溟的"伦理本位"和费孝通的"差序结构"最具影响力。此以"伦理本位"和"差序结构"为理论基础,论述中国传统社会的伦理特征。

### 一、伦理本位的社会构造

对于传统中国社会结构的基本特征,梁漱溟提出了"伦理本位"的论断。所谓伦理本位的社会结构,是指这种社会结构的伦理关系始于家庭血缘关系,同时又涵盖了整个社会的人际关系,整个社会关系体现为伦理关系的网络和伦理情谊的生活习俗,国家政治、社会经济、人际交往都纳入伦理关系之中。

中国传统社会就是以伦理为本位的社会,这是梁漱溟在对比中西文化后提出的见解。中西社会在文明演进的过程中,形成了不同文化形态。在梁漱溟看来,宗教问

梁漱溟和《中国文化要义》

题成为中西文化的分水岭。西方社会进入中世纪以后，就以基督教为中心，以集团生活偏胜。中国传统社会则以非宗教的伦理教化为中心，家族生活偏胜，由家庭生活推演出伦理本位，以伦理组织社会。中国的这种以家族体系组成的社会，就是所谓的宗法社会。

中国传统社会的关系，以家庭中的父子、兄弟、夫妇关系为坐标，全部社会关系也都以此为依据加以建构，以父子关系定君臣、官民的上下关系，以兄弟关系定朋友、同事之间的平辈关系，以夫妇关系定社会上的男女关系，从而将个人、家庭、社会、国家都纳入这个社会关系网之中。在中国，人一生下来，便无一例外地要落入伦理关系中，承担这种伦理关系所要求的人与人之间的义务，以及付出与此相应的情谊。中国古代的伦理关系并非仅仅是温情，更重要的是义务。每一个人对于各个层面、各个方面的伦理关系，都负有相应的义务；并且，每一个人也都有理由要求伦理关系中的其他人，对自己承担相应的义务。中国古代的整个社会就是以这样的伦理关系组织起来的，全部社会关系都被家庭化。所以，自古以来中国就有"天下一家""四海兄弟"之说。

中国传统社会政治上具有鲜明的"家国同构"特征，按照"君君、臣臣、父父、子子"的政治架构建立起社会等级秩序，而维系这一社会秩序存在的即是人与人之间的伦理关系，从而纳国家政治于伦理之中。

经济上同样带有鲜明的伦理特征。在中国传统社会，父子、夫妇情如一体，财产是不分的。在一个大家族中，父母在堂，则兄弟不分财产；祖父在堂，则祖孙三代都不分财产，分则视为违背伦理。传统社会以家庭、家族为经济单位，从而使得中国社会经济关系呈现伦理化特征。在伦理化的经济生活中，财产不为个人独有，有时也非个体家庭所有，凡是在其伦理关系中的都有份，都不能独有。

传统社会的伦理化，还表现在日常生活中人们情感上的相互抚慰，具有浓厚的温情脉脉之氛围。在传统社会，家庭在人们生活中占有十分重要的地位。家庭关系是天然的基本关系，基于血缘基础的伦理亲情为最真切的情感。中国传统习俗还将这种情感向外投射，将家庭骨肉之谊推于其他，对"老吾老，以及人之老；幼吾幼，以及人之幼"的倡导就说明了这一点。在中国古代，人与人之间的关系往往注重伦理的调节，重视亲戚、乡党之情谊。

在中国传统社会，伦理有宗教之用，以道德代替宗教。道德通俗化，形见于风尚，即成了礼俗。伦理秩序初非一朝而诞生，它是一种脱离宗教而自然形成于社会的礼俗。儒家把古宗教转化为礼，设为礼乐揖让以涵养理性，安排伦理名分以组织社会。以伦理为本位的社会构造，人生落实在伦理关系之中，纳国家政治于伦理之中，社会经济、日常生活皆被伦理化，从而形成"家国同构""天下一家"的社会结构。

### 二、差序格局的社会结构

差序格局是费孝通旨在描述亲疏远近人际格局时所用的概念。这种"差序格局"，如同水面上泛开的涟漪一般，由自己延伸开去，一圈一圈，按照同自己距离的远近来划分亲疏。费孝通是以西方社会结构为参照，来分析中国传统社会结构的。他认为，西方社会中人与人之间的关系可称为"团体格局"，每个人往往处于由若干人组成的团体中。团体格局中，有家庭和国家两个界限分明的团体单元，但传统中国社会的家和国的内涵有明显不同。在西方社会，家庭包括夫妇和未成年的孩子，一般不会包含有直接亲属关系的其他成员。在西方国家里，人民无法逃出国家这个团体之外，他们不能把国家看成每个分子谋利益的机构，国家是通过法律、国会等维系这个团体运行的机构。在团体格局中，每个人在人格上是平等的，每个团体分子在关系上也是相等的。

与西方的团体格局比较，中国传统社会以血缘关系和地缘关系为基础，人际关系的结构则是差序格局。对于"差序格局"，费孝通用了一个形象的譬喻来解释："我们的社会结构本身和西洋的格局是不相同的，我们的格局不是一捆一捆扎清楚的柴，而是好像把一块石头丢在水面上所发生的一圈圈推出去的波纹。每个人都是他社

费孝通和
《乡土中国》

会影响所推出去的圈子的中心。被圈子的波纹所推及的就发生联系。"①中国传统社会的人际关系，就像是这种丢石头于水面而形成的同心圆波纹，这些关系之中有亲疏远近的差别。"差序"，表示以己身为中心的关系中，有亲有疏、有近有远、有重有轻，各层次之间的地位是不平等的。按照与自己亲疏远近关系所构成的人际格局，就是一种差序格局。

中国传统社会的家庭亲属关系，以生育和婚姻事实所发生的关系为依

---

① 费孝通：《乡土中国》，生活·读书·新知三联书店1985年版，第23页。

据。每个家庭内部,人们按祖、父、己、子、孙等辈分将亲属加以排列,同辈中按亲疏远近确定顺序名位。不同家庭之间的婚姻关系,也按亲疏远近建立交往关系。这样一来,由生育和婚姻所结成的网络,就可以一直外推,甚至可以包括整个民族的所有人。由此,"家"的界限就变得模糊不清,家成为极具"伸缩能力"的单位:"'家门'可以指伯叔侄子一大批,'自家人'可以包罗任何要拉入自己的圈子、表示亲热的人物。自家人的范围是因时因地可伸缩的,大到数不清,真是天下可成一家。"①由上可知,中国传统社会天下一家的差序格局是由自我为中心向外不断扩展而形成的:由己到家,由家到国,由国到天下,一圈一圈地向外推出去,构成远近亲疏的伦理关系网络。

从思想文化看,中国传统社会的差序格局,体现的是儒家的伦理思想。费孝通说:"我们儒家最考究的是人伦,伦是什么呢? 我的解释就是从自己推出去的和自己发生社会关系的那一群人里所发生的一轮轮波纹的差序。"②由此来看,伦是等差的次序,人际关系存在着亲疏、远近,传统社会结构的差序格局本质上体现的是人与人之间的伦理关系。儒家伦理的"差序格局",是通过君臣、父子、夫妇、兄弟、朋友等"五伦"表现出来的。《孟子·滕文公上》言:"孝以人伦,父子有亲,君臣有义,夫妇有别,长幼有序,朋友有信。"儒家所讲的"五伦",主要从家庭成员的血缘关系中推导出来,君臣、朋友关系实际上是父子、兄弟关系的延伸。由己向外推,以构成社会的差序格局,这种格局是由私人关系编成的网络,此网络的每一个结都由一种道德规范维持着,比如"父子有亲,君臣有义,夫妇有别,长幼有序,朋友有信"中的"亲""义""别""序""信"就是道德规范。由此可见,中国传统社会的道德价值标准是不能超脱于差序的人伦而存在的。

### 三、中国传统社会的伦理特征

费孝通从结构功能主义的视角出发,提出中国传统社会结构是差序格局;梁漱溟则从历史文化视角出发,提出中国传统社会结构是伦理本位。这两种学说是解释中国传统社会结构极具影响力的理论。应当看到,这两种理论既存在共通之处,也存在较大分歧。

伦理本位和差序格局的学说,都是针对中国传统社会结构的理论,都是

---

① 费孝通:《乡土中国》,生活·读书·新知三联书店 1985 年版,第 23 页。
② 费孝通:《乡土中国》,生活·读书·新知三联书店 1985 年版,第 25 页。

在审视中西文化的差异中提出来的,都认识到中国传统社会结构具有伦理特征。梁漱溟认为中国传统社会以伦理教化为中心,家族生活偏胜,因此社会缺乏公德,也缺乏国家观念。费孝通认为传统中国社会结构是差序格局,人们缺乏团体和社会公德,家和国的界限也是模糊的。

伦理本位和差序格局两种理论最大的分歧在于对中国人行为取向的判断不同。费孝通认为中国人是自私的,其行为可概括为"自我主义";梁漱溟认为中国人不自私,而是"互以对方为重",其行为取向可概括为"集体主义"或"利他主义"。在梁漱溟看来,伦理的实质是私人之间的义务关系、情谊关系。在伦理本位的社会结构中,中国人的行为呈现出"互以对方为重"的特征。伦理本位和差序格局之所以存在这样的分歧,主要在于两者研究的社会结构的基本单位不同。梁漱溟以家庭为社会结构的基本单位,来看当时社会的人伦关系,故得出"伦理本位",重视私人间的义务和情谊。费孝通以个人为社会结构的基本单位,来看当时个人与社会关系,故得出"差序格局",认为个人是自私的,以自我为中心的。

中国古代的家族是以血缘为单位的,是父系的,是家庭的综合体。与西方社会对比,中国传统社会以家庭为基本单位,具有同一血缘关系的父系构成家族,每一宗族群聚而居,有着共同的土地财产,有着共同的祭祀祖宗。不同家族通过婚姻而发生关系,遂演成"天下一家"。在家天下的政治架构下,国成为帝王之家,人与人之间的关系也是一种伦理关系。在家庭内部,由父子、兄弟、夫妇的伦理关系构成;扩大到家族以外,则以父子关系定君臣、官民的上下关系,以兄弟关系定朋友、同事之间的平辈关系,以夫妇关系定社会中的男女关系,整个社会关系通过君臣、父子、夫妇、兄弟、朋友等"五伦"表现出来。由此可以说,中国传统社会是以伦理为本位的、家国同构的社会。

家、家族和宗法制

中国传统社会的伦理,是通过"礼"来落实的,此"礼"具有鲜明的等级特征。《礼记·哀公问》载:"民之所由生,礼为大。非礼无以节事天地之神也,非礼无以辨君臣上下长幼之位也,非礼无以别男女父子兄弟之亲、昏姻疏数之交也。"这就是说,礼可以建立和谐的秩序,使社会伦理化。《荀子·王制》曰:"有天有地,而上下有差。明王始立,而处国有制。夫两贵之不能相事,两贱之不能相使,是天数也。势位齐而欲恶同,物不能澹则必争,争则乱,乱则穷矣。先王恶其乱也,故制礼义以分之,使有贫富、贵贱之等,足以相兼临者,是养天下之本也。"荀子此论,就为贵贱有别的礼制提供了理论基础。在家族内部,通过具体的"礼"来区分尊卑、长幼、亲疏。存在于社会中的区分贵贱、上下的"礼",与存在于家族中的这种"礼"具有同样的功用,是维持社会秩序、家庭秩序所不可或缺的手段。在历史学家瞿同祖看来,"君之所以成其为君,臣之所以成其为臣,父子、兄弟、夫妇之所以成其为父子、兄弟、夫妇,便是因为君守君之礼,臣守臣之礼,父子、夫妇、兄弟无不各有其礼";"'父慈、子孝、兄良、弟悌、夫义、妇听、长惠、幼顺、君仁、臣忠',仁、忠、慈、孝属性只是君臣父子的美德(即所谓义也),如何才能达到这些属性,自然非礼不可"。[①] 可以说,中国传统社会的伦理最终是通过尊卑、贵贱、长幼、亲疏有等差的"礼"来维持的。

在中国古代,以"礼"入"法",强制"礼"在社会上落实,以严守"忠""孝"等伦理道德。中国的家族是父家长制的,一切权力都掌握在父家长的手中,家族中所有人口,都在他的权力之下。父母有支配和惩罚子女的权力,即使子女成年以后,依然不能坚持自己的意志。在父家长制的权力下,"孝"是子女对父母应尽的绝对义务。典型的孝子受到父母的惩罚不但不逃避,并且应当受之怡然,"挞之流血,不敢疾怨,起敬起孝"(《礼记·内则》)。不孝在法律上是极重大的罪,处罚极重,《孝经》云:"五刑之属三千,罪莫大于不孝。"历代法律对于不孝罪的处治,都采取加重主义。例如,骂人在常人不算一回事,但骂祖父母、父母便是列入不孝重罪的死罪,在"十恶"之内。中国古代的君臣关系,如同家庭中的父子关系,对国君不"忠",如同对父母不"孝"。不忠罪的处治,不仅当事人会被处以极刑,还可能株连家人或族人。中国古代的法典,以"十恶"为不可赦免的重罪,"十恶"即谋反、谋大逆、谋叛、恶逆、不道、大不敬、不孝、不睦、不义、内乱。由"十恶"罪名可见,这些重罪基本上都与违背"忠""孝"等伦理道德有关。因此,在传统法律的强制下,"忠""孝"等伦理道德落实到人们日常行为之中。

中国传统社会总体上呈现鲜明的伦理特征,但在不同历史阶段又有不同特点。大致说来,先秦时期为贵族宗法制,按照血缘关系区别亲疏,以维系贵族内部的秩序。汉唐时期为门第宗族制,以大地产庄园经济为基础,通过仕宦途径和婚姻关系来维护门第,形成"官有世胄,谱有世官"的局面。宋

---

① 瞿同祖:《中国法律与中国社会》,商务印书馆 2017 年版,第 318-319 页。

元明清时期为庶民宗族制，地权相对分散，"人无贵贱，往往皆有常产"，科举制度成为选任官吏的基本制度，庶民可以通过科举进入官僚阶层。

# 第二节　中华民族的传统美德

中华民族的传统美德，是中国传统伦理文化的精华，是传统伦理规范体系的基本内核。在中国古代，不同学者对伦理规范体系有不同的总结，他们各自提出了不同的核心价值理念，提炼出不同的道德纲领条目。孔子以仁为最高道德准则，以孝、悌为仁的根本，常将智、仁、勇三者并举，在此基础上提出礼、义、忠、恕、信等德目。《管子》一书提出礼、义、廉、耻"四维"，孟子提出仁、义、礼、智的"四端"。汉代以来，有仁、义、礼、智、信"五常"；宋代以来，又有孝、悌、忠、信、礼、义、廉、耻"八德"。这些伦理道德的纲领条目，都是从不同的角度对传统美德的概括。

中国传统美德的德目，大致在先秦时期就已提出，其中尤以《论语》所提出的德目最为丰富。《论语》是中国传统伦理思想的重要源头之一，后来的伦理学说大都受到《论语》的影响。因此，以《论语》为中心，兼及其他经典著作，综合中华传统道德条目及其伦理体系的内在关联，可以概括出六种重要的传统美德：仁爱孝悌、明智勇为、循礼行义、尽忠守信、尚廉知耻、克己内省。这六种美德，构成中国传统伦理体系中最重要的德目。阐释这六种美德，可以明晰传统伦理核心概念的内涵。

## 一、仁爱孝悌

"仁"是孔子思想体系中的核心概念，是极为重要的道德准则。仁爱思想为后世儒家学者所继承，以"仁"统摄其他德目，成为传统伦理思想的核心和总则。孟子曰：

内圣外王

"仁也者，人也。合而言之，道也。"（《孟子·尽心下》）可见，"仁"所赋予的道德内涵就是做人的基本道理，因而成为伦理道德的核心。"仁"字，从字形结构来说，从人从二，会意，意为人与人之间的相处关系，这种关系就是一种人伦关系。《论语》记载樊迟问仁，孔子答曰"爱人"。在《论语》中，"仁"又被赋予"爱"的道德内涵。

在儒家的思想体系中，仁爱并非无差别的爱，而是一种有亲疏之别的爱，儒家的仁爱思想体系呈现由亲至疏、由人到物的不同层次。《说文解字》

释"仁"曰"亲也",《中庸》曰"仁者,人也,亲亲为大"。可见,仁者爱人,首先就是从亲爱自己的亲人开始,然后再推及其他人。在自己的亲人关系中,有父子、兄弟等不同,由此而产生孝悌。《论语》中就特别强调了孝悌与仁的内在联系,这种联系表现为"孝弟也者,其为仁之本与"(《论语·学而》),认为孝悌是仁的根本。

由"孝悌"之道进一步扩展,产生君臣、父子、兄弟、夫妇、朋友等"五伦"关系,遂有"忠恕"之道。在五种人伦关系中,亲人关系中的父子、兄弟、夫妇关系,扩展到社会关系中的君臣、朋友、男女关系。"忠恕"之道就是在将仁爱由亲人关系扩展到社会关系的过程中形成的,这也是"仁者爱人"的体现。在此基础上的进一步发展,就是孔子所说的"泛爱众,而亲仁"(《论语·学而》)。"泛爱众"如何爱?孔子仍基于"仁"而指出"夫仁者,己欲立而立人,己欲达而达人"(《论语·雍也》),又曰"其恕乎!己所不欲,勿施于人"(《论语·卫灵公》)。孟子更明确地指出"老吾老,以及人之老;幼吾幼,以及人之幼",这是孟子对"泛爱众"的具体解释。古代先哲的这些论述,都强调要推己及人,由爱己爱亲而扩展至爱众。仁爱是中华民族传统美德的集中体现,许多传统美德或为成仁的修养功夫,或为仁德的具体条目,它们都以仁爱为中心展开。

**二、明智勇为**

孔子将智、勇与仁相并而称,说"知者不惑,仁者不忧,勇者不惧"(《论语·子罕》)。《中庸》中将智、仁、勇称为三达德。这说明智、仁、勇三者,在中国传统伦理道德体系中具有很高的地位,同时也有着内在联系。用今天的话来说,智、仁、勇分别包含道德知识、道德情感(境界)、道德意志三方面的内涵,而知、情、意三者在人的心理结构体系中是相互联系的。一个人要达到仁的道德境界,具备仁爱之心,就需要有明智的认识和勇为的意志。明智是知仁的过程,勇为是践仁的表现。

孔子认为,不能择仁而处,不可谓智,他说:"里仁为美。择不处仁,焉得知?"(《论语·里仁》)在智与仁的关系方面,孔子把仁作为一个人聪明不聪明、有没有智慧的判断标准,换一角度看,聪明有智慧的人必将以仁为目标。这就把智与仁的内在联系揭示了出来:仁是智的目标,智是仁的基础。在孔子的论述中,仁与智常常是并举的,其言"仁者安仁,知者利仁"(《论语·里仁》),"知者乐水,仁者乐山。知者动,仁者静。知者乐,仁者寿"(《论语·雍也》),这里"知"与"智"相通,即对道德知识的认知。"智者"就在于能对道德的善恶是非作出正确的判断,故孔子言"知者不惑",孟子曰"是非之心,智也"。孔子还为人们指明了达到智与仁的途径,他认为,达智达仁需要为学,故言"好学近乎知"(《中庸》);又曰"我非生而知之者,好古,敏以求之者也"(《论语·述而》);"默而识之,学而不厌"(《论语·述而》)。孔子的弟子子夏也说,"博学而笃志,切问而近思,仁在其中矣"(《论语·子张》)。以上这些言论,都是在说由学而明智。

《中庸》中视智、仁、勇为三达德,言"知耻近乎勇"。知耻是对善恶是非的辨别,有了正确的价值判断,就能作出正确的道德行为。智、仁、勇三者,仁是目的,智是仁的基础,勇是仁的保证。知仁基础上,践行仁的勇,可分勇气和勇为两个层次,勇气内在于心,勇为外在于行,它们既是道德意志的体现,也是道德实践的反映。孔子曰"仁者,必有勇"(《论语·宪问》),表明"勇"体现"仁"的价值追求。《周易》中的"天行健,君子以自强不息",体现的是刚健有为的勇气。孟子云"富贵不能淫,贫贱不能移,威武不能屈",展现的是勇为的品格。勇为,就是道德意识转化为实际行动,即德性化为德行,也就是践仁、行仁,故《中庸》说"力行近乎仁"。

### 三、循礼行义

在以《论语》为代表的儒家经典中,"仁"是道德伦理核心,也是一种道德境界和道德意识,它内在于心。由"仁"而求外在的表现则是"礼",裁断"礼"是否合宜的法度或原则是"义"。荀子曰:"君子处仁以义,然后仁也;行义以礼,然后义也;制礼反本成末,然后礼也;三者皆通,然后道也。"(《荀子·大略》)"仁""礼""义"在传统的经典著作中常常并举,分别成为传统伦理体系中最为重要的德目之一。

"义"是制"礼"的原则,"礼"是具体的行为标准。在古代典籍中,常有将"礼""义"相提并论的情况。孔子说"君子义以为质,礼以行之"(《论语·卫灵公》),君子行事应该以"义"为实质,而行事当有一定的外在标准,这个外在标准就是"礼"。维持社会秩序一般有"礼"和"法"两种方式,但法律的执行成本很高,没有相应的机构和专门的人员就无法执行到位。而且在儒家学者看来,以礼维系社会的效果更好,故孔子曰:"道之以政,齐之以刑,民免而无耻;道之以德,齐之以礼,有耻且格。"(《论语·为政》)也就是说,礼能让人心归服,让人自觉地遵守社会规范。

仁是内在的德性涵养,礼是体现仁的外在标准。义是实践中的当下判断,将仁贯穿其中,并使行为符合礼的规范。义是制礼的原则,是礼的尺度,因此若要成仁守礼,还须行义。"义"是合宜的意思,行义就是为人行事恰到好处。义是仁的体现,是践行仁德的原则,故"仁""义"常并称。孔子曰:"君子之于天下也,无适也,无莫也,义之于比。"(《论语·里仁》)君子为人行事贵在合于义。《礼记·礼运》说:"仁者,义之本也。"可见,仁义相互关联,而义以仁为本。

**四、尽忠守信**

孔子说:"主忠信,徙义,崇德也。"(《论语·颜渊》)可见,孔子视忠信为美德之一。"忠信"作为中国传统伦理中的重要德目之一,是与他人交往中应该具备的美德,与"仁"的内在要求也是统一的。郭店楚简有《忠信之道》篇,其中有言"忠,仁之实也"。可见,一个人要想成为达仁的君子,需要通过忠信这一修养才能获得。

忠作为一种重要美德,其内涵需要辨析。秦汉以后,人们往往把"忠"理解为狭义的"事君不欺",这样"忠"的对象就限制在"君"上了,于是就有"愚忠"的贬义说法。但在先秦的经典中,"忠"的对象并不限定于君,而是一个人与任何人交往中都应该具备的品德。《论语·学而》载曾子言:"吾日三省吾身:为人谋而不忠乎? 与朋友交而不信乎? 传不习乎?"这里就把"忠"与"信"并举,"忠"是"为人谋"所需要的品质,"信"是"与朋友交"应有的德性。朱熹《论语集注》中解释"忠""信"曰:"尽己之谓忠,以实之谓信。"可见"忠"是尽己之力为人谋事。从字形结构来说,"忠",从中从心,就是要把心的位置摆正,能够实事求是,客观公正。《论语》中又把"忠"与"恕"相提并论,于是有"忠恕"之道的说法。"恕"字,从如从心,就是"将心比心",因此称之"推己"。孔子说:"其恕乎! 己所不欲,勿施于人。"(《论语·卫灵公》)可见,孔子所说的"恕"就是"推己"。"忠恕"之道,不仅包括"推己"之"恕",还包含"尽己"之"忠"。由此来看,人们论"忠恕"之道,常言"推己"而不言"尽己",是不确切的。

忠的德性是贯穿于言行中的,孔子说"君子有九思""言思忠"(《论语·季氏》),又说"言忠信,行笃敬"(《论语·卫灵公》),可见言语行动都出于内心公正而能尽己之力。在忠信这一相关联的美德中,忠是信的基础,信是忠的外显。孔子说:"弟子入则孝,出则弟,谨而信,泛爱众,而亲仁"(《论语·

学而》）。可见，信又是与孝悌一样，是仁德的内在要求。孔子又说："君子义以为质，礼以行之，孙以出之，信以成之。君子哉!"（《论语·卫灵公》）可见，信与礼、义等美德一同构成君子成仁的要求。忠信是人的美质，故"子以四教：文、行、忠、信"（《论语·述而》）。君子当博学于文，约之以礼，其大要归于忠信。

### 五、尚廉知耻

廉、耻是中国传统伦理中的重要德目，在《管子》中与礼、义组成"四维"，荀子将其作为一个词组与礼义、辞让并举。自宋代后，廉、耻与孝、悌、忠、信、礼、义构成"八德"。如果说仁是道德的最高准则，礼、义、忠、信、智、勇是仁的要求或体现，那么廉、耻则是道德的底线。廉耻是做人的基本要求，只有尚廉知耻，才能行事方正，保持自己的名节和尊严。若一个人不能守廉耻之德，就有可能为所欲为，破坏道德规范，这样的人一多，社会秩序就无法维持。

廉自汉代起就与孝并举，那时的察举就有举孝廉。"廉"作为一种德性，表示为人方正，有节操，有操守。孔子说："古之矜也廉，今之矜也忿戾。"（《论语·阳货》）可见，廉是方正的德性，与忿戾而心不得其正相对。由于廉有"方正"之义，由此引申出为官者的一种基本道德规范，就是清廉、公正。清廉是为政之本，也是为官最基本的道德要求。为官者能够做到廉洁奉公，就是一个有操守的人，这样的人就能够做到不取不义之财。廉还引申出收敛、俭约之义。孔子说"奢则不孙，俭则固。与其不孙也，宁固"（《论语·述而》），又说"礼，与其奢也，宁俭"（《论语·八佾》）。孔子反对奢侈，倡导俭约，认为俭约也是廉德的体现。

耻是人的羞愧之心。一个人为保持人格尊严，能从感情上自觉排斥不道德的行为，自然也就不会去做不道德的事。知耻是一种道德感，它能使人自觉守住道德底线，与此相反，无耻就会突破道德底线。子贡问怎样才可称为"士"，孔子的回答是："行己有耻，使于四方，不辱君命，可谓士矣。"（《论语·子路》）在这里，孔子将羞耻之心视为"士"的首要条件，提出只有道德上具有耻辱感和自律性的，才能称为"士"。其实也不仅仅是"士"要有羞耻之心，每个人也都应有羞耻之心，羞耻之心是一个人最基本的人格要求。顾炎武认为，礼、义、廉、耻，"四者之中，耻尤为要"（《日知录·廉耻》），"士而不先言耻，则为无本之人"（《亭林文集·与友人论学书》）。勇为是践仁的表现，孔子言"知耻近乎勇"(《中庸》),知耻就接近于将德性付诸实践而化为德行。知耻是实现仁、义、礼、智、忠、信的基础和保障。

### 六、克己内省

道德修养的提高,需要明智知仁和勇为践仁。这种德性的修养在己不在人,只有经过内心德性的自我完善才能成仁。孔子曰,"为仁由己""克己复礼为仁"(《论语·颜渊》)。所谓"克己复礼",是指克制自己的欲望,约束自己的行为,使自己的言行符合礼的要求。一个人一旦这样去做,就是仁的表现。可见,成仁的功夫,全靠自己。一个人要想达到仁的境界,就应当通过己身心性修养的提高,即"克己"去完成。成仁须学,然学必由己。孔子曰:"仁远乎哉?我欲仁,斯仁至矣。"(《论语·述而》)这表明,成仁不难,关键在于自己的努力修行。

提高自身的道德修养,需要掌握一定的修养方法,自省是重要的方法。孔子言,"见贤思齐焉,见不贤而内自省也"(《论语·里仁》),"内省不疚"(《论语·颜渊》)。孔子门人曾子也说,"吾日三省吾身:为人谋而不忠乎?与朋友交而不信乎?传不习乎?"(《论语·学而》),都是强调自我内心的不断反省。

自我反省主要从两个方面进行,一是防止过错出现,再是有过错及时改正。常言道,祸从口出,为防止出现过错,主要在于慎言。孔子说,"敏于事而慎于言"(《论语·学而》),"先行其言而后从之"(《论语·为政》),"讷于言而敏于行"(《论语·里仁》),"君子于其所不知,盖阙如也"(《论语·子路》),都是从慎言来说的。这里的"先行其言而后从之"的意思是,先做所说的,然后再说出来,简单地说,也就是先做后说。所谓"君子于其所不知,盖阙如也",意思是君子对于自己所不知道的,应当保持沉默。从人际交往角度看,慎言的关键在于不言人之短,不扬己之长,故朱熹教导家人说:"慎勿谈人之短,切莫矜己之长。"(《朱子家训》)孔子教人,不仅要慎言,同时要慎行,他说:"多闻阙疑,慎言其余,则寡尤;多见阙殆,慎行其余,则寡悔。"(《论语·为政》)一个人如果在言行上能够谨慎从事,就可以避免过错出现。

人非圣贤,孰能无过。有了过怎么办?首先要内省,其次要勇于及时改正,同时还要注意避免重犯。在内省中,人是面对自己进行检讨的,因而容易发现自己存在的过错。但更重要的是,有错勇于及时改正,不能让错误的行为继续存在,以免造成更大危害;并能从中吸取教训,避免重复犯错,故孔子希望人们"过,则勿惮改"(《论语·学而》),强调"不迁怒,不贰过"(《论语·雍也》)。若有过错而不能悔改,那才是真正的过错,孔子就是这样说的:"过而不改,是谓过矣。"(《论语·卫灵公》)有了过错,不要隐瞒,让人知道,这才有利于改过自新,故孔子云:"丘也幸,苟有过,人必知之。"(《论语·述而》)不仅如此,有些过错,即使不是自己所犯,发现别人有过,也能自省、鉴戒,故孔子说:"三人行,必有我师焉:择其善者而从之,其不善者而改之。"(《论语·述而》)

总体来看,中国传统伦理体系以仁为核心,以孝、悌为根本,以智为前提,以勇为实现途径,以礼、义、忠、信为表现或要求,以廉、耻为底线,以克己、内省为修行方式。在这个传统伦理体系中,各德目不是单独存在的,而是相互密切联系的。一个完善的人格,是各种美德的集中体现。

# 本章小结

中国传统社会是以伦理为本位的、家国同构的社会。梁漱溟、费孝通都通过比较中西文化的差异,分别以"伦理本位"和"差序格局"来揭示中国传统社会的内在结构,这种结构表现出鲜明的伦理特征。中国传统社会以家庭为基本单位,具有同一血缘关系的父系构成家族。在"家天下"的架构下,国家政治、社会经济、日常生活都纳入伦理关系之中。中国传统社会的伦理通过"礼"来落实,无论是在家族内部,还是在整个社会关系中,都通过具体的"礼"来区分尊卑、长幼、亲疏,以维持家庭秩序、社会秩序。中国传统伦理文化的精华表现为中华民族的传统美德。综合中国传统道德条目及其伦理体系的内在关联,可将传统美德概括为仁爱孝悌、明智勇为、循礼行义、尽忠守信、尚廉知耻、克己内省,这些美德构成中国传统伦理体系中重要的德目。

小测验

## 思考练习

1. 中国传统社会结构的基本特征是什么？
2. 中华民族的传统美德有哪些？它们各自的内涵是怎样的？

## 参考书目

朱熹：《四书章句集注》，中华书局 1983 年版。

梁漱溟：《中国文化要义》，商务印书馆 2021 年版。

费孝通：《乡土中国》，生活·读书·新知三联书店 1985 年版。

瞿同祖：《中国法律与中国社会》，商务印书馆 2017 年版。

陈少峰：《中国伦理学史新编》，北京大学出版社 2013 年版。

## 经典阅读

### 《论语》(节选)

子曰："学而时习之，不亦说乎？有朋自远方来，不亦乐乎？人不知，而不愠，不亦君子乎？"（《学而》）

子曰："君子食无求饱，居无求安，敏于事而慎于言，就有道而正焉，可谓好学也已。"（《学而》）

子曰："君子不器。"（《为政》）

子贡问君子。子曰："先行其言而后从之。"（《为政》）

子曰："君子周而不比，小人比而不周。"（《为政》）

子曰："君子之于天下也，无适也，无莫也，义之与比。"（《里仁》）

子曰："君子怀德，小人怀土；君子怀刑，小人怀惠。"（《里仁》）

子曰："君子喻于义，小人喻于利。"（《里仁》）

子曰："君子欲讷于言而敏于行。"（《里仁》）

子曰："质胜文则野，文胜质则史。文质彬彬，然后君子。"（《雍也》）

子曰："君子博学于文，约之以礼，亦可以弗畔矣夫！"（《雍也》）

子曰："君子坦荡荡，小人长戚戚。"（《述而》）

棘子成曰:"君子质而已矣,何以文为?"子贡曰:"惜乎,夫子之说君子也! 驷不及舌。文犹质也,质犹文也。虎豹之鞟犹犬羊之鞟。"(《颜渊》)

子曰:"君子成人之美,不成人之恶。小人反是。"(《颜渊》)

季康子问政于孔子。孔子对曰:"政者,正也。子帅以正,孰敢不正?"(《颜渊》)

曾子曰:"君子以文会友,以友辅仁。"(《颜渊》)

子曰:"君子和而不同,小人同而不和。"(《子路》)

子曰:"君子上达,小人下达。"(《宪问》)

曾子曰:"君子思不出其位。"(《宪问》)

子曰:"君子道者三,我无能焉:仁者不忧,知者不惑,勇者不惧。"子贡曰:"夫子自道也。"(《宪问》)

子路问君子。子曰:"修己以敬。"

曰:"如斯而已乎?"曰:"修己以安人。"

曰:"如斯而已乎?"曰:"修己以安百姓。修己以安百姓,尧舜其犹病诸?"(《宪问》)

子曰:"君子义以为质,礼以行之,孙以出之,信以成之。君子哉!"(《卫灵公》)

子曰:"君子病无能焉,不病人之不己知也。"(《卫灵公》)

子曰:"君子求诸己,小人求诸人。"(《卫灵公》)

子曰:"君子不以言举人,不以人废言。"(《卫灵公》)

子曰:"君子谋道不谋食。耕也,馁在其中矣;学也,禄在其中矣。君子忧道不忧贫。"(《卫灵公》)

子夏曰:"百工居肆以成其事,君子学以致其道。"(《子张》)

子贡曰:"君子之过也,如日月之食焉:过也,人皆见之;更也,人皆仰之。"(《子张》)

杨伯峻:《论语译注》,中华书局 1980 年版。

### 《孟子》(节选)

孟子曰:"君子所以异于人者,以其存心也。君子以仁存心,以礼存心。仁者爱人,有礼者敬人。爱人者,人恒爱之;敬人者,人恒敬之。有人于此,其待我以横逆,则君子必自反也:我必不仁也,必无礼也,此物奚宜至哉? 其自反而仁矣,自反而有礼矣,其横逆由是也,君子必自反也:我必不忠。自反而忠矣,其横逆由是也,君子曰:'此亦妄人也已矣。如此,则与禽兽奚择哉?于禽兽又何难焉?'是故君子有终身之忧,无一朝之患也。乃若所忧则有之:舜,人也;我,亦人也。舜为法于天下,可传于后世,我由未免为乡人也,是则可忧也。忧之如何?如舜而已矣。若夫君子所患则亡矣。非仁无为也,非礼无行也。如有一朝之患,则君子不患矣。"(《离娄下》)

杨伯峻:《孟子译注》,中华书局 1960 年版。

### 《荀子》(节选)

材性知能,君子小人一也;好荣恶辱,好利恶害,是君子小人之所同也;若其所以求之之道则异矣:——小人也者,疾为诞而欲人之信己也,疾为诈而欲人之亲己也,禽兽之行而欲人之善己也。虑之难知也,行之难安也,持之难立也,成则必不得其所好,必遇其所恶焉。故君子者,信矣,而亦欲人之信己也;忠矣,而亦欲人之亲己也;修正治辨矣,而亦欲人之善己也。虑之易知也,行之易安也,持之易立也,成则必得其所好,必不遇其所恶焉。是故穷则不隐,通则大明,身死而名弥白。小人莫不延颈举踵而愿曰:"知虑材性,固有以贤人矣。"夫不知其与己无以异也。则君子注错之当,而小人注错之过也。故熟察小人之知能,足以知其有余,可以为君子之所为也。譬之越人安越,楚人安楚,君子安雅,是非知能材性然也,是注错习俗之节异也。

仁义德行,常安之术也,然而未必不危也。污僈突盗,常危之术也,然而未必不安也。故君子道其常,而小人道其怪。(《荣辱》)

梁启雄:《荀子简释》,中华书局 1983 年版。

### 《大学》《中庸》(节选)

大学之道,在明明德,在亲民,在止于至善。知止而后有定,定而后能静,静而后能安,安而后能虑,虑而后能得。物有本末,事有终始。知所先后,则近道矣。

古之欲明明德于天下者,先治其国。欲治其国者,先齐其家。欲齐其家者,先修其身。欲修其身者,先正其心。欲正其心者,先诚其意。欲诚其意者,先致其知。致知在格物。物格而后知至,知至而后意诚,意诚而后心正,心正而后身修,身修而后家齐,家齐而后国治,国治而后天下平。自天子以至于庶人,壹是皆以修身为本。其本乱而末治者否矣。其所厚者薄,而其所薄者厚,未之有也。(《大学》)

君子素其位而行,不愿乎其外。素富贵,行乎富贵;素贫贱,行乎贫贱;素夷狄,行乎夷狄;素患难,行乎患难;君子无入而不自得焉。在上位不陵下,在下位不援上。正己而不求于人,则无怨。上不怨天,下不尤人。故君子居易以俟命,小人行险以徼幸。子曰:"射有似乎君子,失诸正鹄,反求诸其身。"(《中庸》)

朱熹:《四书章句集注》,中华书局 1983 年版。

### 《孝经》(节选)

仲尼居,曾子侍。

子曰:"先王有至德要道,以顺天下,民用和睦,上下无怨。汝知之乎?"

曾子避席曰:"参不敏,何足以知之?"

子曰:"夫孝,德之本也,教之所由生也。复坐,吾语汝!身体发肤,受之父母,不敢毁伤,孝之始也。立身行道,扬名于后世,以显父母,孝之终也。夫孝,始于事亲,中于事君,终于立身。

"《大雅》云:'无念尔祖,聿修厥德。'"(《开宗明义》)

子曰:"教民亲爱,莫善于孝。教民礼顺,莫善于悌。移风易俗,莫善于乐。安上治民,莫善于礼。

"礼者,敬而已也。故敬其父则子悦,敬其兄则弟悦,敬其君则臣悦。敬一人而千万人悦,所敬者寡,而悦者众。此之谓要道也。"(《广要道》)

汪受宽:《孝经译注》,上海古籍出版社 2004 年版。

### 颜之推《颜氏家训》(节选)

夫风化者,自上而行于下者也,自先而施于后者也。是以父不慈则子不孝,兄不友则弟不恭,夫不义则妇不顺矣。父慈而子逆,兄友而弟傲,夫义而妇陵,则天之凶民,乃刑戮之所摄,非训导之所移也。

笞怒废于家,则竖子之过立见;刑罚不中,则民无所措手足。治家之宽猛,亦犹国焉。

孔子曰:"奢则不孙,俭则固;与其不孙也,宁固。"又云:"如有周公之才之美,使骄且吝,其余不足观也已。"然则可俭而不可吝已。俭者,省约为礼之谓也;吝者,穷急不恤之谓也。今有施则奢,俭则吝;如能施而不奢,俭而不吝,可矣。(《治家》)

颜之推撰,王利器集解:《颜氏家训集解》,中华书局 1993 年版。

### 顾炎武《日知录》(节选)

《五代史·冯道传》论曰:"'礼义廉耻,国之四维。四维不张,国乃灭亡。'善乎,管生之能言也!礼义,治人之大法;廉耻,立人之大节。盖不廉则无所不取,不耻则无所不为。人而如此,则祸败乱亡亦无所不至。况为大臣,而无所不取,无所不为,则天下其有不乱,国家其有不亡者乎!"然而四者之中,耻尤为要。故夫子之论士曰:"行己有耻。"孟子曰:"人不可以无耻。无耻之耻,无耻矣。"又曰:"耻之于人大矣,为机变之巧者,无所用耻焉。"所以然者,人之不廉而至于悖礼犯义,其原皆生于无耻也。故士大夫之无耻,是谓国耻。……

罗仲素曰:"教化者,朝廷之先务;廉耻者,士人之美节;风俗者,天下之大事。朝廷有教化,则士人有廉耻;士人有廉耻,则天下有风俗。"(《廉耻》)

顾炎武著,黄汝成集释:《日知录集释》,上海古籍出版社 2006 年版。

# 第三讲
# 因革损益的制度文化

典章制度是中国传统文化的重要组成部分,这方面的文献记载极为丰富,纪传体史书中的"书志"是专门记载典章制度的篇章。《通典》《文献通考》及其续作,诸"会要""会典"等典制体史书,都是专门记载典章制度的著作。中国古代典章制度涉及范围很广,政治、经济、社会、文化各领域都有相应的制度,本讲仅择要讲述职官制度、选举制度、礼仪制度和法律制度。孔子曾言:"殷因于夏礼,所损益可知也。周因于殷礼,所损益可知也。"(《论语·为政》)可见,孔子已认识到三代礼制的损益。中国古代的制度,历代有因袭,也有损益。因革损益是中国传统制度文化的重要特点,本讲着重讲述历代制度的变迁。

## 第一节　中国古代的职官制度

职官制度是有关国家行政机构组织的制度,是制度文化极为重要的部分。中国历代的官制十分复杂,既有中央官制,也有地方官制;既有文官制度,又有武官制度;既有汉民族政权的官制,也有少数民族政权的特殊官制。另外,监察制度、官品制度、俸禄制度、考课制度等,也是职官制度的组成部分。本节仅扼要讲述历代中央和地方的重要官职及其变迁,略涉武官制度。对于少数民族政权的特殊官制及监察等制度,限于篇幅,不再一一讲述。

### 一、中央官制

一般认为,夏朝是中国历史上的第一个王朝。据文献记载,夏代的官吏多称为"正"。殷商的职官,文献记载有"宰""三公""卿士"等官,甲骨文、铜器铭文中载有尹、臣正、小臣等官。"宰"原为主掌膳食之官,商代已参与国家机务。

西周的官制,文献和铜器铭文都有记载,有太师、太保、卿士等官。《汉书·百官公卿表上》记周代官制曰:"天官冢宰,地官司徒,春官宗伯,夏官司马,秋官司寇,冬官司空,是为六卿,各有徒属职分,用于百事。太师、太傅、太保,是为三公,盖参天子,坐而议政,无不总统,故不以一职为官名。又立三少为之副,少师、少傅、少保,是为孤卿,与六卿为九焉。"《周礼》又名《周官》,是中国古代最早的官制之作。《周礼》《汉书》记载的周代官制虽不尽可信,但对后世职官的设立影响很大。

春秋、战国时期,王室衰微,诸侯国各有一套官制。一般,诸侯国于国君之下设"相",有相、相邦、丞相、冢宰、太宰、令尹等不同名称。"相"原为宾赞之官,任以传导威仪之事,至春秋时期成为辅助政务的官名。这一时期,还有掌民事的司徒,掌刑法的司寇,掌建筑营建的司空,掌军政的司马、将军、尉等。

秦统一后,中央官制确立了三公九卿制。三公为丞相、太尉、御史大夫。丞相辅助皇帝处理万机,位居百官之首。太尉掌军事,为最高军事长官。御史大夫为副相,助丞相处理国政,并掌监察。九卿为奉常、郎中令、卫尉、太仆、廷尉、典客、宗正、治粟内史、少府。据《汉书·百官公卿表上》记载,奉常掌宗庙礼仪,郎中令掌宫殿掖门户,卫尉掌宫门卫屯兵,太仆掌舆马,廷尉掌刑辟,典客掌诸归义蛮夷,宗正掌皇室亲属,治粟内史掌谷物和财货,少府掌山海池泽之税。

汉初继承了秦朝的"三公九卿"制,后有所变更。汉武帝时,省太尉,置大司马掌军事。汉成帝时,改御史大夫为大司空。汉哀帝时,改丞相为大司徒。汉景帝、汉武帝时,变更九卿名称,奉常改称太常,郎中令改称光禄勋,典客先后改称大行令、大鸿胪,治粟内史先后改称大农令、大司农。汉初有中尉,汉武帝改称执金吾,掌徼循京师,地位与九卿同。从汉武帝开始,皇权强化,相权逐步削弱,出现以丞相为首的外朝官,以皇帝左右侍从构成的内朝官。丞相渐变为听命于内朝的执行官,失去参与最高决策的权力。侍从皇帝左右的士人和宦官,如尚书、侍中、中书、散骑、中常侍、给事中等,因出入禁中之便,形成所谓的"内朝"。

汉代宫省制度和宿卫体系

东汉初年,大司徒改称司徒,大司马改称太尉,大司空改称司空。太尉位列三公之首,司徒位列司马之下,"三公"依次为太尉、司马、司徒。东汉"三公"徒有虚位,只有加"录尚书事",才能参与国政。尚书起源于战国,为主管文书的内侍机构,秦汉为少府的属官。汉武帝时,尚书地位提高,掌收纳章奏和出示诏命。东汉置尚书台,台设尚书令、仆和六曹尚书,协助皇帝处理事务,名义上仍属少府,实质上则为近臣,形成"政归台阁"的局面。

魏晋南北朝的官制从三公九卿制向三省六部制过渡。曹魏时,尚书台脱离少府,成为最高行政机关,尚书令便是宰相,其下仆射为副相。南朝梁时,尚书台改为尚书省,北魏孝文帝时也改称尚书省。中书官名,始于西汉,为内廷宦官机构,主官为中书令。三国魏文帝时,改秘书为中书,为决策机构,置中书监、中书令。魏晋之际,置中书省。魏晋以后,中书省逐渐取代尚书省而掌握政治实权。南北朝时,中书省的权力逐渐转移到接近皇帝的中书舍人之手。侍中始于秦代,为皇帝的侍从。东汉时,置侍中寺,隶属少府,为皇帝正式的顾问处。西晋时,改侍中寺为门下省。门下省的长官为侍中,另有黄门侍郎、散骑侍郎、散骑常侍、给事中等。北魏时,录尚书事、尚书令仆仍为宰相,而侍中、黄门侍郎以处机近,掌有实权,有"小宰相"之称。魏晋南北朝时期,九卿的职权逐渐被尚书夺去,其组织和职能调整很大,至隋唐演化为九寺。

隋唐时期,确立了三省六部制。隋统一南北后,设置尚书、门下、内史、秘书、内侍五省,后二省地位较低。尚书省的令、仆,门下省的纳言,内史省(即中书省)的监、令,并为宰相。唐代三省确定为中书省、门下省、尚书省。中书省起草政令,门下省审议政令,二省为决策机构。尚

凤凰池

书省是执行具体政令的机构,下辖六部。唐代实行集体宰相制度,政事堂是三省议事的地方。唐初,三省的长官中书令、侍中、尚书令并为宰相。唐太宗时,授中央较低的官员以"同中书门下三品"或"同中书门下平章事"为宰相职衔。唐玄宗后,"同中书门下平章事"成为宰相的正式称呼。尚书省掌实权的是尚书左、右仆射,下辖六部;六部以尚书为长官,侍郎为副。六部之设,始于东汉初年尚书台下六曹。隋初,六部为吏部、礼部、兵部、度支、都官、工部;至唐,改度支为户部,改都官为刑部,为吏、户、礼、兵、刑、工六部。吏部掌官员的授予、封爵、考课等,户部掌民政、财政、税收等,礼部掌礼仪、学校、外交等,兵部掌军籍、武选、兵器等,刑部掌律法、判决、审计等,工部掌土木兴建、屯田、漕运等。

宋代中央官制保留了三省制的形式,但有名而无实任,实际上掌握权力的是"二府三司"。二府为政事堂和枢密院,政事堂掌管政务,枢密院掌管军事。政事堂设于禁中,由中书门下平章事行宰相事,以参知政事为副相。枢密院长官为枢密使,地位略低于宰相,枢密副使地位与参知政事相当。三司为盐铁、户部、度支,其长官称"三司使",掌财政,号曰"计相",地位次于宰相。自宋神宗"元丰改制",宋代中央官制屡有变更。北宋时,宰相权力被削弱,无权过问军政与财政大权。南宋后,宰相也有兼枢密使者,兼有兵权。

元代在忽必烈即位后,实行"汉法",设中书省,长官中书令由皇太子兼任,实际长官为左、右丞相,以右为上,平章政事为副相。中书省下设吏、户、礼、兵、刑、工六部,各部以尚书为长官,侍郎为副。元代仍以枢密院掌军政,有枢密使(或枢密知院)、枢密副使等官。元代有御史台,掌监察,有御史大夫、御史中丞等官。

明初中央官制继承了元代制度,设中书省,置左、右丞相,下辖六部。明洪武十三年(1380),废丞相,六部直接向皇帝负责。随后,明仿宋代殿阁制度,设华盖殿、武英殿、文华殿、文渊阁、东阁等,殿、阁设大学士、学士。殿、阁设于皇宫之内,故称"内阁"。最初,大学士职责仅是备顾问。明成祖时,大学士开始参与机务。此后,大学士职权渐重,班次位列六部之上,成为实际上的宰相。首席大学士称"首辅",权力最重。

清代在顺治帝定都北京以后,仿明制,建立内阁制度。内阁为最高政务机关,设大学士、协办大学士、学士等官。清初,以中和殿、保和殿、文华殿、武英殿、文渊阁、东阁的大学士为内阁官员之衔。乾隆年间,废中和殿,增体仁阁,形成"三殿三阁",沿用至清末。清代又设立南书房、军机处,内阁的权力不断被削弱。康熙时,设立南书房,选派翰林入值,草拟诏令,以备顾问,后渐成中枢。雍正时,设立军机处,管理军政大事,皇帝指定亲王、大臣入值,称军机大臣。此后,内阁地位虽高,但无实权,议政决策转至军机处。清代沿用明制,仍以六部掌国家行政。明代六部直属皇帝,有一定决策权。清代六部听命于内阁或军机处,只从事行政工作。

中国古代的中央官制,先秦时期为世官制。世官制又称世卿世禄制,官吏具有世袭官制的特权。春秋、战国时期,由世官制向官僚制演变。秦汉时期,中央官制确立了三公九卿制。魏晋南北朝时期,由三公九卿制向三省六部制演变。隋唐时期,三省六部制确立。宋元时期,中央官制在三省六部制的基础上有所损益。明清时期,中央官制为内阁制。

## 二、地方官制

夏商时期的地方官制,缺乏文献记载。西周实行分封制,周天子把王畿以外的土地分封给诸侯国君,诸侯国君又把国都以外的土地分封给卿大夫,卿大夫把采邑以外的土地分封给士。周初大封诸侯,依《尚书》和金文来看,封爵有侯、男。此后,逐渐形成公、侯、伯、子、男五等爵制。

春秋时期,出现了县。县的长官,晋国、齐国称大夫,鲁国、卫国称宰,楚国称公。春秋末期,出现了郡。《左传·哀公二年》载,晋国大夫赵简子言,"克敌者,上大夫受县,下大夫受郡"。可见,郡的地位不如县。当时郡并不统辖县,郡的长官也缺乏文献记载。战国时期,各国普遍实行县制、郡(都)制,以郡统县之制逐渐形成。县的长官,齐国仍称大夫,其他各国一般称令。齐国置都,长官称大夫;其他各国置郡,郡的长官称守。

秦统一后,郡县制在全国推行。郡的长官称郡守,佐官有郡丞、都尉,边郡还有长史。京师为帝王所居,比一般郡的地位重要,以内史治京师。内史的地位要高于一般的郡太守,秩禄相当于九卿,可参与朝政。县的长官,万户以上的称县令,万户以下的称县长。县的佐官有县丞、县尉。道是与县同级的政区,一般设于有少数民族聚集的边郡之内,长官之称与县同。

两汉时,采取郡国并行的体制。皇帝直辖之地实行郡县制,郡县的官制继承了秦制。西汉初,仍以内史管辖京师。汉景帝时,分为左、右内史。汉武帝时,改右内史为京兆尹,改左内史为左冯翊,又置右扶风,合称"三辅"。东汉都洛阳,治京师的长官称河南尹,原西汉的"三辅"仍然保留。汉代的郡太守品秩是二千石,后世常以二千石代指地方郡守。西汉初,建立一些诸侯王国,以部分郡县属之。王国之内,诸侯王行政建制效仿汉中央官制,以内史管辖王国都城附近,较远之地则置支郡统辖。汉景帝平定七国之乱后,令诸侯王不得治民,以内史治民,改王国丞相为相,省御史大夫、廷尉等官,王国的地位等同于郡。汉成帝时,省王国内史,以王国相治民。汉代与县同级的政区有侯国、道,道与秦制同。侯国为列侯的食邑,有相等官。

魏晋南北朝时期,地方行政区为州、郡(国)、县三级制。州之名由来已久,《尚书·禹贡》《周礼·职方氏》《尔雅·释地》各有九州的记载。汉武帝时,置十三刺史部,通称"十三州",每州设置刺史一人,负责监察所在州部的郡国。西汉末,州制发生了变化,改刺史部为州。刺史为监察官,更名州牧后,州为行政区,州牧则为地方最高行政官。东汉光武帝时,州改为刺史部,复置刺史。东汉末,州由监察区转变为统郡的行政区,魏晋南北朝时期普遍实行州、郡、县三级制。州的长官一般称刺史,特殊情况下称州牧,州的佐官有别驾、治中、主簿等。曹魏、西晋时,京师所在州级政区,以司隶校尉统辖。曹魏初年,"三辅"皆改用郡名,分别为京兆郡、冯翊郡、扶风郡。这一时期,各政权京师所在的郡级政区皆称尹,如有河南尹、丹阳尹、京兆尹、魏尹等。西晋时,改王国相为内史。郡、县官制与两汉大体相同。

隋代为州(郡)、县两级制。隋初罢郡,以州统县。州的长官为刺史,京都所在的雍州为雍州牧,州的佐官有长史、司马、录事参军等。隋炀帝时,改州为郡,以郡统县。郡的长官为太守,京都所在的郡级政区为京兆尹,郡的佐官有丞、尉等;又加置通守,位次太守。隋代县官制度,相沿无大变。

唐初,恢复以州统县。州的长官仍为刺史,佐官为别驾、长史、司马、录事参军等。唐玄宗时,唐代京都及陪都所在雍州、洛州、并州分别改为京兆府、河南府、太原府,长官称牧,由亲王遥领,实际主政者分别为上都京兆尹、东都河南尹、北都太原尹。唐代后期,增设凤翔、成都、河中、江陵、兴元、兴德等府,各府皆置尹,无挂名的牧。府尹之下有少尹,其余官佐与州略同。唐代不论大县、小县,长官皆称县令,佐官有丞、尉、主簿等。唐太宗时,设置道,以巡察使、按察使或巡抚使监察地方。中唐以后,道由监察区向行政区性质转化,道设观察使、转运使等。随着社会动乱,许多节度使兼任观察使、安抚使、经略使等,将道的权力集于一身。以节度使为长官的道——方镇,由节度使、副大使知节度事主政,佐官有行军司马、副使、判官、推官等。安史之乱后,刺史往往带上防御使、团练使等使衔,地方行政权旁落至节度使、观察使等使手中。

宋代地方行政大体分路、州(府、军、监)、县三级。各路设安抚使、转运使、提点刑狱使、提举常平使,各路长官称为监司,四司俗称为帅司、漕司、宪司、仓司。转运使承唐制而来,掌一路军、民、财、刑等大权,后其权力逐渐被其他三司所分,仅掌一路之财赋。宋太宗时,设提点刑狱使,掌一路刑罚之事。宋真宗时,设安抚使,为一路最高长官,掌一路兵民之事,佐官有副使、判官。宋神宗时,设提举常平使,后常置常废,南宋时稳定下来,掌一路之赈灾、盐铁专卖等事。各路之下设府、州、军、监。府是特殊地位的州,京都、陪都、皇帝驻跸过或担任过节度使的州为府。军等同于下州,与军事无关。州级政区长官为知府(州、军、监),一般以朝官担任,流动与轮换较快,佐官有通判、录事参军、判官、推官等。各府、州、军下设县，监之下不一定设县。各县实际长官为知县，佐官有县丞、主簿、尉等。

元代实行行省制，省下设路、府、州、县。省是中央行政机构，中书省是元代行政的中枢。中书省称都省，又称"腹里"，直辖今北京、天津、河北、山东、山西及内蒙古大部分地区。行中书省本是中央派出处理地方的行政机构，后来常设不废，成为地方行政机构，简称行省或省。行中书省的官员与中书省同，置左、右丞相，以平章政事为副相，有左丞、右丞、参知政事等佐官。元代各路置总管府，设达鲁花赤、总管，达鲁花赤由蒙古人担任，佐官有同知、治中、判官等。府（州）设达鲁花赤、知府（或府尹、知州或州尹），佐官有同知、判官、推官等。县设达鲁花赤、知县，佐官有县尹、县丞等。

明代改行省为承宣布政使司，习惯上称省，设南北二京和十三布政使司。南北二京不设布政使司，有时以分巡道（又称分司）掌管京畿地区。每省区设承宣布政使、提刑按察使、都指挥使三司管辖，三司互不统属。承宣布政使司俗称藩司，管理民政和财政，长官为左、右布政使，佐官有左右参政、左右参议等。提刑按察使司俗称臬司，管理司法和监察，长官为按察使，佐官有副使、佥事等。都指挥使司俗称都司，管理军政，长官为都指挥使，佐官有同知、佥事等。省区下设府、州、县。府的长官为知府，佐官有同知、通判、推官等。州有直属于布政使司的直隶州和隶属于府的属州，长官为知州，佐官有同知、判官等。县的长官为知县，佐官有县丞、主簿等。明前期设立总督、巡抚为监察官，后执掌军权，明后期成为凌驾于三司之上的封疆大吏，并演化为总督节制巡抚。

清代沿袭元明之制，以省为高层政区。清代省的长官为总督和巡抚。总督俗称"制台"或"大帅"，地位最高，一般兼管两省，也有管三省或一省的。巡抚仅管一省，俗称"抚台"。清中期后，设置提督学政，号称"学台"，地位与督、抚平行。清代承明制，仍设布政使司、按察使司等官，成为督、抚佐官。清代在各省设道，分守道和巡道两种，守道驻守一定地方，巡道分巡于所管区域。道有道员，为督、抚的派遣官，不属于行政区划官员。省之下行政区为府、州、县，官制与明代基本相同。

中国古代的地方官制，西周时期实行分封制，或称封建制。春秋、战国时期，在实行封建制的同时，县、郡先后产生。秦朝确立郡县制，两汉时期郡国并行。魏晋南北朝时期，地方实行州、郡（国）、县三级制。隋代实行州（郡）、县两级制，唐初延续，后逐渐形成道——方镇、州、县三级制。宋代实行路、州(府、军、监)、县三级制。元、明、清总体上实行行省制,而三代省制也有一定差别。

### 三、古代官制的特点

第一,中国古代的中央官制存在着由内向外、由微转贵的特点,这与适应君主专制的需要有关。中国古代君主的权力没有权限,君主为了加强自身的权力而削弱相权,往往内朝官转变外朝官,由内侍君主的微臣演变为掌握实权的宰相。古代君主私人的、亲近的微臣渐渐取得权力,攫取本为宰相所有的权力,最后转变为名副其实的宰相。内朝的微臣转变为宰相后,则成为外朝官。秦汉时期,以丞相为首的三公在外朝处理各类政务。汉武帝时,原属少府掌图书、章奏的尚书渐受重用,外朝三公的权力日趋削弱,内朝的尚书逐渐侵蚀宰相职权。至曹魏时,尚书令则成为宰相。中书、侍中也本是皇帝侧近的微臣,后来如尚书逐渐侵削相权,中书令、侍中最终成为宰相。明初废宰相,皇帝直辖六部。随后,以大学士在内廷办事,协助皇帝处理章奏文书,称内阁大学士。内阁大学士只是五品官,但因身为皇帝顾问,渐掌实权,以后就成为实质的宰相。清代军机处的形成过程,又与明代内阁形成的经过相似。中国历史上的中央职官实际为君主的需要而设,内侍君主的微臣往往能够取得信任,君主通过任用微臣而削弱相权,达到君主专制的目的。

第二,中国古代的地方行政制度存在着由虚入实、由高降低的特点,这与适应中央集权的需要有关。随着行政制度的变迁,地方官制也发生变化。中国古代的高层政区都是由监察区或军区演变而来,政区长官也由中央派遣的官员转变而来。秦朝确立了郡县制,但至西汉郡的数量逐渐增多,于是在郡之上设立监察区州。至东汉末年,州则转变为郡之上的行政区,州的长官刺史也由中央派遣的监察官转变为地方的行政官,郡的级别则由高降低。魏晋南北朝时期,州的幅员越来越小,数量越来越多,以至州和郡的大小、数量相当,隋代则废郡为州。唐代设立的道,本是州之上的监察区,后来与方镇结合而成为高层政区,州的级别由高降低。宋代为削弱方镇的权力,将民政、财政、军政等分开,由此产生新的路制。元代行省是在中原用兵之时中央临时派出机构,后来则成为高层政区,路的级别由此降低。至明代,废路为州。明清时期的督、抚辖区,经过调整回到省的框架之中,督、抚则成了省一级政区的长官,原设布政使司、按察使司的级别则降低。历史上,中央为加强对地方的管理,派遣官员监察地方,或因军事需要而设立中央临时派出机构,这些监察区、军区并非行政区,后来皆由虚入实,成为地方行政区,中央派出的这些官员则转变为地方行政官。随着新的政区建立,原有政区及其官员的级别随之降低,地方官制也因此而变化。

第三,中国古代官制存在"旧名不废,新职日加"的问题,官僚机构日趋繁复。曹魏时,尚书台从少府中独立出来,九卿的职权多转归尚书诸曹,尚书台成为总理全国政务的机构,尚书令也具有宰相之实。然而三公九卿没有随着尚书令和尚书台的存在而废去。西晋建立后,太宰（原称太师）、太傅、太保、太尉、大司马、大将军、司徒、司空八公并置。太宰、太傅、太保俗称三太,地位最高,但没有任何实权,完全是老臣的荣誉称号。大司马、大将军是授予镇守地方重臣的荣誉称呼。太尉、司徒、司空合称三司,有可能会参与政务。后来,三司也成为虚衔,相权完全转移到尚书、中书、门下三省。唐代实行三省六部制,六部基本上承担了原九卿的执掌,但由九卿演变而来的九寺仍与六部共存。对于唐代设官的重复,杜佑《通典·职官典》曾言其"旧名不废,新职日加"。宋代官制冗官冗员较唐代更为严重,中央实际权力转移至"二府三司",三省并未废去,虽有尚书令、中书令、侍中,但不参与朝政。至清代,军机处设立后,内阁制仍旧存在。不仅中央官制存在重叠叠加的问题,地方官制也是如此。如宋代州的长官为"权知某军州事",简称"知州",宋代虽有知州,但州的原有长官刺史并不废去,变成只领俸禄的虚职。

## 第二节　中国古代的选举制度

西周时期实行世官制,通过血缘家族和身份等级确定各级官吏的任命,将官职限定在贵族范围内,由贵族子弟世代继承祖上的官位,这样的官吏任用方式也称世卿世禄制。春秋时期,世官制仍是官员产生的主体,选贤任能的选官制也成为官吏的来源之一。战国时期,比较重视官吏的选拔,游说、推荐、招贤、养士是各国官吏的重要来源。至秦代,以军功爵制和辟田制为选官依据。军功爵制是指立军功可拜爵,爵位达到一定级别可做官。辟田制是指积极从事农业生产可获官职,纳粟买官是其内容之一。察举制、九品官人法和科举制是秦代以后选官的主要途径,下文着重讲述。

### 一、察举制和九品官人法

汉代官吏的任用方式有察举、征辟、任子、纳赀等方式,以察举最为重要。征辟制是汉代自上而下选任官吏的制度,地位仅次于察举,分为征召和辟召。征召是由皇帝对特殊才学之士的召聘,有时派特使巡行天下采访之。辟召是由中央或地方官员直接选自己僚属的办法。任子、纳赀是荫官、捐官的办法。任子制由世官制转变而来,是任用子弟为官的制度。据《汉官仪》记载,"吏二千石以上视事满三年,得任同产若子一人为郎"。汉代还有"入粟拜爵"的纳赀制度,爵到某种等级可以授官。

察举制是通过推荐的方式选拔官员,分为诏举和常举两种。诏举又称特举、特科,是皇帝下诏征取人才的办法,在诏令中对主司察举者的资格、科目、标准,以及被举的人数或户口的比率加以规定。如汉武帝建元元年(前140)诏举,"诏丞相、御史、列侯、中二千石、二千石、诸侯相,举贤良方正直言极谏之士"(《汉书·武帝纪》)。诏举是不定期的选举,所取人才有时破格擢用。常举是地方政府选举人才向中央推荐的办法,起初是诏令规定,以后成为定期的选举。两汉最重要的"州举茂才""郡举孝廉"即是由地方的州、郡主其事,推荐下级僚属或庶民任官。因为每岁根据一定的法令举行,故常举又称为岁举。不论是诏举还是常举,被举的人到中央之后还要经过复试。一般诏举者由天子亲加考试,称为策试,应试者的对答称为对策。常举者分科目依照规定加以复试。

在汉代察举常科中,"孝廉"是最重要且得人最多的一科,"孝"是指孝敬父母,"廉"是指清正廉洁。汉代"孝廉"大部分是通儒学官员的子弟。"孝廉"出身的官吏,被认为是"正途""清流",被举后一般进入郎署作郎中。"秀才"也是重要的常科,又作"茂才"或"茂材"。与"孝廉"为郡举不同,"茂才"是州举且数目较少。"茂才"所举多为现任官吏,因本身资历高,被举后多起用为县令,有许多升至高位。有不少人先举"孝廉",再举"茂才"。除秀才、孝廉,"察廉""文学博士弟子""光禄四行"诸科,也属于常举。

两汉时,制科在察举制中地位十分重要,出了许多名人,包括晁错、董仲舒、公孙弘等。"贤良方正"是最主要的特科,多与"直言极谏"相连,这是皇帝"求言"的一种方式,目的是广泛听取对国政的意见。"贤良方正"科的"举主"很广泛,包括中央和地方的高官,王侯、三公、将军、中二千石、州牧、郡守等。被举者按等第授官,高者有为"九卿"者。"贤良文学"也是常见的特科,选才标准是品德与文才兼备,又有良好的经学底蕴,主要荐举对象是儒生。除以上两科,"直言极谏""孝弟力田""明经""明法""明阴阳灾异""勇猛知兵法"也是特科。

东汉后期,官僚集团滥用权力,选举权被少数大臣、望族控制,被察举者也大都名不副实,故当时有言:"举秀才,不知书;察孝廉,父别居。寒素清白浊如泥,高第良将怯如鸡。"(《桓灵时童谣》)由此,社会上出现了"四世三公""累世公卿"的官僚集团。于是,汉代选官制度的原则受到挑战,新的选官制度因之而起。曹魏初年,九品官人法产生,改变了原有的选官格局。魏晋南北朝时期,察举制依然存在,但其地位和作用已经下降。

东汉的最后一年即汉献帝延康元年(220),魏王曹丕采纳了吏部尚书陈群的建议,实行九品官人法。九品官人法又称九品中正制,是魏晋南北朝时期主要的选官制度。中正是中正官,各州设大中正官,各郡设小中正官,负责各地人物的品评,作为吏部任命官员的依据。中正官是由州、郡长官推举德才并优的人担任,由司徒府选定任命。

九品官人法的实行,将官员选拔和任用联系在一起。以九品的等级形式,区分人才的优劣品第;以官署的重要性与否,确定其需要人才的品级。在选举中,郡中正官所定的"乡品"送州大中正,经过评定后送至中央司徒府,司徒府所决定的为最终的"乡品"。司徒府将人事资料送到尚书台中的吏部尚书,由吏部尚书依"乡品"等资料,授给实官,官有"官品"。任官者的"官品"须与其"乡品"相适应,"乡品"高的,起家官一般为"清官",升迁较快;"乡品"低的,起家官一般为"浊官",升迁较慢。中正评议人物三年清定一次,对品第进行调整,对所评议人物可予以升品或降品。

各地向朝廷提供本籍士人的资料主要有三项:一是家世,又称"簿阀"或"簿世",也就是家庭出身和家庭背景,主要有父祖辈的资历仕宦和爵位高低等情况。二是状,即个人道德才能的总评语,一般是很简单的一两句话。三是品,即确定品级。品分为九等,由来已久,班固《汉书·古今人表》已将人分九等。中正评定的品级虽分九等,大的类别却只有两类,即上品和下品。一般没人能评上一品,二品、三品为上品。品最初是根据状决定的,但状只考虑才德,品却参考家世资历。西晋时,家世已经成为品第高低的主要依据,状的作用就不大了。出身寒门,状的评语再高也只能定在下品;出身世族,状不佳也能位列上品,于是形成"上品无寒门,下品无势族"(《晋书·刘毅传》)的局面。

九品官人法本意在为国家选拔合格的人才,后来渐渐生出弊端,人才评价机制为世族所垄断。九品官人法与袭爵等制度相结合,人才选拔和任用制度受到世族的控制,世族阶层地位日趋巩固,由此出现了"公门有公,卿门有卿""贱有常辱,贵有常荣"(《晋书·文苑传·王沈传》)的局面。九品官人法丧失了人才选拔的初衷,从而退出了历史舞台。

**二、科举制**

隋唐至明清时期,官员选拔、任用的主要方式是科举制。隋唐时期,虽然科举出身的官员比重逐渐上升,进士受到重视,但科举取士在仕途所占的比例不是很大。科举之外,隋唐还有门荫、杂色入流(吏职积劳授官)等途径授官。门荫又称恩荫,即汉代的任子制,由世袭制演变而来,子孙可凭父祖的地位享受入学、入仕等方面的特殊待遇。自魏晋以来,官员分成九品,九品以内为流内,九品以外的吏职为流外。吏职通过积劳授官,由流外升入流内叫入流。自宋代以后,科举的地位越来越高,但没有完全排除恩荫等选官途径。

科举制是通过分科考试来选拔官吏的制度。科举考试大的方面可分为制科和常科。制科又称特科,由皇帝临时下诏设定科目,不定期举行,有官职者也可应试,有贤良方正、直言极谏、博学鸿词等名目,所选为特殊人才。下文所讲的科举制主要就常科而言,先讲述唐代的科举制,再述唐以后的变迁。

科举制兴起于隋代,至唐代逐渐完善。唐代科举虽然标榜公平,但对考生资格也有一定限制。主要有三类人不能参加考试:一是触犯法律者;二是工商之子;三是州县小吏。另外,已经入仕的官员一般不能参加常科。唐代科举的应试者主要由两部分人组成,即"生徒"和"乡贡"。中央官学国子监、弘文馆、崇文馆,以及各地州、县学馆的学生,称为"生徒"。他们在校内考试合格,即可参加尚书省举行的考试,即"省试"。不在学馆的普通读书人,可以向本籍所在州、县提出参加科举考试申请,即"投牒自举",经州、县考试合格后,举送到尚书省应举,这类应举者称为"乡贡"。

唐代科举考试常见的科目有秀才、明经、进士、明法、明书、明算等科,以进士、明经最受重视。秀才科是最高科等,考试严格,很难取中,后遂废绝。明经主要考帖经、墨义,重在测试对经书的记诵能力,较易应对,故有"三十老明经"之说。进士科主要考时务策、帖经、杂文,杂文为主要录取标准。唐玄宗天宝以后,杂文专试诗赋,进士科实际上成为文学之科。因进士科难度较大,录取不易,故登第者有"登龙门""五十少进士"之称。

唐代科举正式考试是每年十月在礼部(开元之前在吏部)举行,答题时间是一天。一般在日暮后燃尽三根木烛,必须交卷。省试被录取称为"及第",第一名称"状元"。新科进士互称"同年"。主考官称"座主"或"座师",被录取的考生自称是他的"门生"。科举及第后,只是取得了入仕的出身,即具备了做官的资格,要真正获得官职,还要到吏部参加专门的诠选。选试包括身、言、书、判四个方面。先考书、判,即考查书写工整、文理通达的程度;再考身、言,即观察其是否相貌端正、口齿清晰。选试通过后,所授不过是八、九品的官职。

宋代科举制比唐代严格,范围和规模也有所扩大。宋代的科举考试增加到三级,除了州试、省试,还增加了殿试。省试合格者可以参加殿试,殿试由皇帝亲自主持,被录取的名义上成为"天子门生"。宋太宗时,把殿试录取的进士分为三甲,即赐进士及第、赐进士出身、赐同进士出身三个等级。一甲赐进士及第三人,第一名称状元,第二名称榜眼,第三名称探花。宋代考生通过殿试后,便取得做官资格,不必经毕吏部加试。

宋代在科举管理制度方面进行了一些改革,实行锁院、糊名、誊录等,加强了对考试环节的规范管理。唐代考试不锁门,考卷不密封。宋代为了防止考生与考官联手作弊,考生进入考场后,除了监考人员,任何人不得进入,即锁院,考试完毕才开锁放行。糊名就是贴盖考卷上的考生姓名,加强了试卷的保密性。誊录就是由专人重新誊抄试卷,保证阅卷、评卷的公平性。

元代每三年举行一次科举考试,分乡试(行省考试)、会试(礼部考试)、御试(殿试)三级。各级考试都是把蒙古人、色目人与汉人、南人分开考,蒙古人、色目人考试内容比较容易,汉人、南人考试内容比较难。发榜时,蒙古人、色目人列为一榜,称"右榜";汉人、南人列为一榜,称"左榜"。如果蒙古人、色目人愿意参加汉人、南人的考试,取中后授予的官职可提高一等。这些规定体现了蒙古统治者在科举考试中推行民族歧视政策。

明代科举制在唐宋的基础上加以调整,清代袭用。明代以前,非由学校出身也可以由乡贡参加考试。自明代,非由学校出身者则不能参加科举考试。明清时期,学校分国家和地方两类,国家的学校称国子监,地方的学校有府学、州学、县学。国子监是全国最高学府,其学生称监生。监生肄业,不参加科举考试,也可以直接做官。要做高一些的官,要参加进士考试。学生进入府、州、县学之前称童生,经考试录取后称生员(俗称"秀才")。府、州、县生员成绩优异者,升入国子监读书,称为贡生,又称贡监,有岁贡、优贡、拔贡、恩贡等类。府学、州学的生员成绩优异者,国家发给伙食补助,这类学生称为廪生。有些地方学校可视条件,在规定名额之外,再增加一些非廪膳名额,称为增生。府、州、县学廪生、增生之外的生员,称为附生。

明清时期,有了生员的身份,就可以参加科举考试。首先是乡试,每三年举行一次,因考期在八月而称"秋闱"。乡试由各省主持,在各省的贡院举行。乡试取中的称为举人,第一名举人俗称"解元"。中了举人后,可以参加会试。会试在乡试次年的二、三月,是由礼部主持的全国性考试,故又称"春闱"或"礼闱"。会试的第一名,俗称"会元"。最后是殿试,名义上由皇帝亲自主持。明清殿试的性质与宋代一样,仅排进士的名次,不淘汰会试已经录取的进士,进士三甲的名称也与宋代相同。明清时,新考中的进士参加翰林院专门考试即"馆选",考取后成为庶吉士,在翰林院继续学习三年。学成以后,成绩优秀的,可以在翰林院任官,次一等的充任给事中、御史等官。自明英宗后,非进士不入翰林,非翰林不入内阁。由此,经过馆选的庶吉士被视为储相,即未来的宰相。

明清科举考试主要是考经义,在儒学经典"四书五经"范围内出题。经义的解释,如"四书"以朱熹的注为准,考生只能背诵经书的内容,以注疏的语言解释经义。考试的形式,规定必须用"八股文"的文体作文。八股文又称"八比文""制艺""制义""时艺""时文"等。一篇文章开始须有破题、承题等,然后有提比、中比、后比、束比四部分作为议论,每部分都有两股相比偶的文字,共计八股。每部分之间须用固定的虚词"今夫""苟其然""也乎哉"等连接。这从形式到内容,都禁锢了知识分子的思想,只能揣摩古人的语气去宣扬纲常伦理道德。至清末,八股取士的弊端日益为人们所认识。1905年,废除科举制。

### 三、古代选举制度评议

先秦时期,官员大多是世袭的。秦代以后,先后有察举制、九品官人法、科举制等选拔官员的制度。这些选举制度设立的初衷是选拔贤能,在选贤任能方面发挥过一定的作用。由于制度自身的缺陷,久而久之逐渐失效,不但不能公正地选才,甚至走向自己的对立面,最终先后退出了历史舞台。

察举制突破了先秦时期的官位世袭制,打破了汉初军功阶层一统天下的局面,扩大了官员的选拔范围,打开了寒门子弟的上升渠道。在察举制下,各地优秀的人才有机会参与政治,他们被举荐到统治阶层中,多少能够改善统治集团的结构,在一定程度上促进了社会阶层的流动。察举制奠定了科举制的基础,考试制度可追溯至东汉顺帝时确立的察举考试,科举制的常科、制科与察举制的常举、制举有一定的渊源关系。经过长期的酝酿,科举制在察举制的旧壳中脱颖而出。可以说,科举制是在改革察举制基础上形成的。

东汉后期,吏治腐败,朋党勾结之风盛行,察举制的缺陷也逐渐暴露。汉代,同年被察举者之间互称"同岁",同岁者关系密切,日后以私情连举者屡见不鲜。不少士人为挤入察举,送礼行贿,伪饰德操,沽名钓誉,也是司空见惯的。更重要的是,举主与举子之间渐渐形成特殊关系,举子视举主为恩主,生为之报恩,死为之服丧。官僚与举子结成一团,利用察举巩固权势,增加自己的政治势力。在此基础上,察举制促成了世族的形成,并为世族所操纵,成为世族把持政治的工具。

九品官人法的创立,试图弥补察举制的不足,将官员选拔分化为人才评价和人才任用两个环节,目的在于专门考察个人的才德,选拔合适的人才,并置于合适的官位上。然此法创建不久,便沦为世族把持政治的工具。自西晋以后,大小中正官为世族所垄断,他们趋炎附势,在选举中只重家世,不重才德,偏袒世家,私其所亲,以致定品失实。九品官人法致使世家大族子弟多登上品,寒门子弟仕进无路,成为维护世族特权的工具。故清代史学家赵翼评九品官人法曰:"高门华阀有世及之荣,庶姓寒人无寸进之路,选举之弊,至此而极。然魏晋及南北朝三四百年,莫有能改之者,盖当时执权者即中正高品之人,各自顾其门户,固不肯变法,且习俗已久,自帝王以及士庶皆视为固然,而无可如何也。"(赵翼《廿二史札记》卷八"九品中正"条)

无论是世卿世禄制还是察举制、九品官人法,都最终导致少数人享受特权,形成贵族或世族主导的社会。科举制设立了官员选拔的客观标准,为士人提供了相对平等的竞争机会。这就鼓励读书人努力向学、刻苦自励,"万般皆下品,唯有读书高"成为普遍的观念,又有"朝为

《神童诗》简介

田舍郎,暮登天子堂"的诗句。贫寒子弟经过苦读,也能够取得成功,进入仕途,甚至可以获得高官厚禄。科举制为社会中下层人士提供了上升通道,促进了社会各阶层的流动,也扩大了统治的基础。科举考试不仅考儒家经典,也考诗赋、杂文,唐代以来诗歌的繁荣与文学的发展,与科举也有直接的联系。

统治者通过科举,将读书人网罗在自己的统治之下,稳固了自身的统

治。如唐太宗看到考生排队入考场,不禁高兴地说:"天下英雄入吾彀中矣。"(王定保《唐摭言》卷一"述进士"条)这个"彀",就是牢笼的意思。君主把科举当作笼络读书人的工具,读书人把科举当成入仕的途径,"学得文武艺,卖与帝王家"也就成了读书人唯一的出路。还有一批读书人为求功名,一生应考,却屡考不中,白首穷经,这是个人的悲剧,也是科举考试带来的消极影响。科举考试的内容主要是儒家经典和诗赋,将人们吸引到读经书、作诗文上来。明清又用刻板的八股文体写作,这就把人们的思想禁锢于一定的范式之中。读书人通过科举,考取功名,最终是参与国家治理。然而,无论经学的德治理想,还是诗赋的抒情言志,都难以使国家治理走向法治的轨道,也使读书人不太可能去研究社会和科学技术,以致社会发展停滞不前。

## 第三节　中国古代的礼制和法制

在中国古代,礼制和法制是维护社会秩序、指导日常行为的规范,也是典章制度的重要组成部分。礼是伦理道德的表达,是积极的规范;法具有外在的强制性,是消极的处罚。对礼与法的不同,贾谊曾说过:"夫礼者,禁于将然之前;而法者,禁于已然之后。"(《汉书·贾谊传》)在中国古代,礼制和法制交相并用、相互配合。中国古代礼制和法制的内容极其庞杂,本节不可能全面详细地讲述,只能择要介绍其大略。本节从"五礼"的角度讲述礼制,这并不意味着历代礼制没有变迁。孔子曾言三代礼的损益,三代之后礼制也有比较大变化。法制部分的内容,本节按照时代先后讲述其变迁过程。

### 一、古代的礼制

中国古代礼制起源甚早,周礼奠定了后代礼制的基础。古代典籍中,《周礼》《仪礼》《礼记》合称"三礼","三礼"记录和保存了许多周代的礼制,被历代视为礼制的经典著作。"礼"被尊为"礼经",为"五经"之一,对中国礼制产生了深远的影响。按照"三礼"的说法,古代礼制的内容大致可归纳为五个方面:一是用于祭祀的吉礼;二是用于丧葬的凶礼;三是用于军事的军礼;四是用于接待使臣、宾客的宾礼;五是用于朝会、燕飨、册命、乡饮、婚嫁的嘉礼。此即所谓的"五礼"。"五礼"是中国礼制最基本的内容,历代制定礼仪和编写礼书,基本不出"五礼"的范围。下文按秦蕙田《五礼通考》的编排,依次讲述吉礼、嘉礼、宾礼、军礼、凶礼。杜佑《通典》200卷,其中"礼典"占100

卷，由此可见古代礼制的烦琐。古代礼制的仪式形式繁缛、程序复杂，限于篇幅，不作展开，下文着重讲述中国古代礼制的主要构成体系。

吉礼是"五礼"之冠，主要是对天神、地祇、人鬼的祭祀典礼。古人特别重视祭祀，《左传·成公十三年》称："国之大事，在祀与戎。"《礼记·祭统》载："礼有五经，莫重于祭。"可见，古人把祭祀看作关系到国家安危的头等大事，将吉礼列于五礼之首。《礼记·礼运》曰："夫礼，必本于天，殽于地，列于鬼神。"在古人看来，祭祀可以沟通天地神灵和先祖，以祈福、禳灾。而且，帝王对天地的祭祀隐含着君权的神圣性，宗族对先祖的祭祀则可体现家族的父权。祭天神包括祭祀昊天上帝、日月星辰、雨师等，祭地祇包括祭祀社稷、五岳、山林川泽、四方百物等。古代多数时期，天子分别在国都南郊圜丘、北郊方丘举行祭天、祭地大典。圜同圆，圜丘就是圆形的祭坛。古人认为天圆地方，圆形是天的象征，方形是地的象征。明代改圜丘为天坛，改方丘为地坛，清代沿袭明制。社稷是土神、谷神的合称，也是国家的象征。祭祀社稷的活动在社稷坛举行，目的是祈求五谷丰登。祭人鬼主要是祭祀先王、先祖等。按周礼规定，天子立七庙，诸侯立五庙，大夫立三庙，士立一庙，庶人无庙。南北朝以后，按照官品的高下确定庙祭的礼仪。两宋以来，平民可在宗族的祠堂祭祀祖宗。另外，古代还有祭祀先圣先师等礼制。官方祭孔始于西汉初年，南北朝后太学内立庙祭祀，后来各地州学、县学也立庙祭祀。

嘉礼是用来沟通人际关系、联络感情的礼。据《周礼·春官·大宗伯》的记载："以嘉礼亲万民：以饮、食之礼，亲宗族兄弟；以昏、冠之礼，亲成男女；以宾射之礼，亲故旧朋友；以飨、燕之礼，亲四方之宾客；以脤、膰之礼，亲兄弟之国；以贺庆之礼，亲异姓之国。"可见，嘉礼包含的内容比较广泛，大凡饮食、成年、结婚、贺庆等礼仪，都在此范围内。饮食之礼不是日常家居的饮食，而是宗族内的逢祭宴饮、以时宴饮的礼仪。乡饮酒礼是尊贤敬老之礼，作为推行教化的手段，包含着选拔贤能、款待贤者等意。古人到了成年后，要举行成人礼，男子二十而冠，女子十五而笄。举行冠礼、笄礼后，言行举止要受到礼的规范与约束，也可以谈婚论嫁了。按照《仪礼·士昏礼》对婚礼的记载，婚前有纳采、问名、纳吉、纳征、请期、亲迎"六礼"，正婚有同牢、合卺等礼，婚后有妇见舅姑、妇馈舅姑等礼。另外，帝王即位、帝王诞辰、建元改元、册封太子、册拜王侯、天子纳后、太子纳妃、君臣上朝、节日朝贺等礼仪，都属于嘉礼的内容。

宾礼是邦国间的外交往来及接待宾客之礼。先秦时，宾礼用于特定的范围。《周礼·春官·大宗伯》记载："以宾礼亲邦国:春见曰朝,夏见曰宗,秋见曰觐,冬见曰遇。"这里的宾礼特指邦国之间的交往之礼。按周礼规定,王畿之内的诸侯朝觐天子,一年四次,春朝、夏宗、秋觐、冬遇;王畿之外的诸侯,视距离远近,一年一朝或数年一朝。自秦代以后,皇帝派使者至藩属国,外来使者朝贡、觐见及相见之礼都归入宾礼。先秦时,人与人相见的礼节主要有跪拜礼和揖礼。按照周礼,跪拜礼有稽首、空首、顿首等九种。稽首是最隆重的跪拜礼,是臣拜君之礼;空首是君对臣的回礼;顿首是用于地位相等者之间的跪拜礼。唐宋以后,由于桌椅等家具的普及,人们不再席地而坐,一般多行揖礼;跪拜礼主要用于对君、父等尊长行礼,如清代觐见皇帝行"三跪九叩礼"。揖礼为宾主相见时的抱手礼,因身份、地位不同而用礼有所区别。随着时代变化,烦琐的古礼很难适应人际交往,相见之礼日趋简化。

军礼是军旅操练、征伐之礼。《周礼·春官·大宗伯》又载:"以军礼同邦国:大师之礼,用众也;大均之礼,恤众也;大田之礼,简众也;大役之礼,任众也;大封之礼,合众也。""大师之礼"是军队征伐行动,"大均之礼"是征收赋税,"大田之礼"是定期狩猎,"大役之礼"是营建土木工程,"大封之礼"是整修疆界。大师、大均、大田、大役、大封,都属于军礼。古代军队的操练大多在校场上举行;训练的成果,每年通过阅兵来体现。天子亲临校阅,称为"亲讲武"。古代军事征伐有相关的礼仪,出征前要举行祭天、祭地、告庙和祭军神等祭祀活动,祭祀后举行誓师典礼。凯旋后,要告奠天地、祖先,并有献捷、献俘之礼,然后君主宴享功臣,论功行赏。军队打了败仗,以丧礼迎接,称"师不功",或称"军有忧"。

凶礼是哀悯吊慰忧患之礼,包括丧礼、荒礼、吊礼等。《周礼·春官·大宗伯》又载:"以凶礼哀邦国之忧:以丧礼哀死亡,以荒礼哀凶札,以吊礼哀祸灾。"丧礼是有关丧事的礼仪。《周礼》《仪礼》《礼记》这三部"礼经",记载丧礼的内容最多。中国古代是重视孝道和等级的社会,丧礼不仅可以倡导孝道,也可以显示人的身份等级。如孔子曾言:"三年之丧,天下之通丧也。"(《论语·阳货》)父母去世,子女要守孝三年,以此来彰显孝道。又如《礼记·曲礼下》载:"天子死曰崩,诸侯曰薨,大夫曰卒,士曰不禄,庶人曰死。"仅从去世的称谓上,就能看出身份等级的不同。荒礼是遇到饥荒和疫病时所行之礼,如"君膳不祭肺,马不食谷,驰道不除,祭事不县,大夫不食粱,士饮酒不乐"(《礼记·曲礼下》)。吊礼是遇到水灾、旱灾、日食、月食、地震等各种灾异进行的哀悼、吊唁和慰问,一般会有祈禳仪式,祈求祛除灾祸。

礼在中国古代政治、社会生活中占有极为重要的地位。荀子曾言:"礼有三本:天地者,生之本也;先祖者,类之本也;君师者,治之本也。"(《荀子·礼论》)中国古代的礼制正是处理人与神、人与鬼、人与人的三大关系而制定的。不仅如此,礼制把神权、族权、君权结合起来,以维护君主制和父家长制。在中国古代礼制的庞大体系中,等级观念贯穿始末,其最核心的内容就是遵循"尊尊""亲亲"的原则来正名分、定等级,以调适统治阶级内部的关系,建立稳定的统治秩序。根据这种原则确立的礼制,起到标识社会成员身份高低贵贱的作用,刻意造成全社会尊卑有序、贵贱有别、亲疏有分、高低不等的等级秩序。如此一来,礼制深入社会生活的各层面,社会秩序呈现出清楚整齐、等级分明的有序系统,古代社会的阶级统治就得以巩固了。正是由于礼制有此功用,历代统治者都采取"以礼治国",不遗余力地推行礼治。①

**二、古代的法制**

据史籍记载,夏、商、周三代已有法律。《左传·昭公六年》载:"夏有乱政,而作《禹刑》;商有乱政,而作《汤刑》;周有乱政,而作《九刑》。"后世把《禹刑》《汤刑》《九刑》合称"三辟",即三种法律。三代君主或重要臣属主要是通过誓、诰、命等形式进行立法,其部分文字保留在《尚书》中。《尚书》中的《吕刑》虽非法典,但可反映西周时的法律原则、司法制度和赎刑。《吕刑》记载有"五刑",分别为:墨,即刺刻面额,染以黑色;劓,即割鼻;剕,即断足;宫,即阉割;大辟,即处死。后来,在"五刑"的基础上,增加赎、鞭、扑、流等四种刑罚,合称"九刑"。

春秋、战国时期是中国古代成文法制定和公布的时期。春秋时,郑国子产"铸刑书",将成文法铸于鼎上,公布于世;郑国邓析写了一部刑书,刻在竹简上,称为"竹刑"。晋国"铸刑鼎",铸范宣子所作的刑书。此后,楚国、燕国、韩国也公布了成文法。进入战国,各国任用法家人物进行变法,他们十分注重法的制定和颁行。在各国颁布的成文法中,最具有代表性的是魏国李悝编订的《法经》。《法经》共有六篇,依次为《盗法》《贼法》《囚法》《捕法》《杂法》《具法》。《法经》虽是维护统治特权的工具,但首创了保护私有财产的法律规范。商鞅携李悝《法经》入秦,在秦孝公支持下主持变法。商鞅变

---

① 魏向东、严安平:《中国的礼制》,中国国际广播出版社 2010 年版,第 3-4 页。

法之后,秦国颁布的《秦律》,基本上是李悝、商鞅制定的法律体系。战国时期的法律以刑罚为主,刑罚大致可分徒刑、肉刑、死刑三种。徒刑是指服苦役,刑期有一到五年不等。肉刑是指伤残人的肢体,有黥(墨刑)、劓、刖(剕刑)、宫等刑。死刑有斩首、腰斩、剖腹、弃市、车裂、烹等。

秦统一后,把秦国的法律在全国推行。秦代法律以法家理论为指导,受儒家思想影响较小,重视以法律手段调整社会关系,具有轻罪重刑的特点,是着重维护中央集权、君主专制、等级特权的制度。秦代法律形式有律、令、式等。律是通过正式立法程序制定、颁布、实施的法律文件,具有稳定性、规范性和普遍实用性。令是君主就一时之事而以命令的形式发布的法律文件,比"律"更有效力。秦始皇为提高君主命令的至上性,改"命为制,令为诏"(《史记·秦始皇本纪》),从此"制""诏"作为皇帝的命令,成为法律的形式,具有最高的法律效力。式是朝廷统一颁布的官吏审理案件的准则,以及书写审讯笔录等法律文书程式。秦代的法律形式多种多样,内容丰富,奠定了后世法律形式的基础。

西汉初,萧何等参照秦律制定了《九章律》。《九章律》在《法经》"六篇"基础上增加了《户律》《兴律》《厩律》,合为九章。其后,西汉又制定了《傍章律》《越宫律》《朝律》,与《九章律》合有 60 篇,统称为汉律,共同构成了汉代法律的基本内容。汉代法律的基本形式为律、令、科、比。律、令的形式与秦代同。科是从秦代"课"发展而来的,是针对某一类事项制定的单行法规。比又称"决事比",是指在法律没有明文规定的情况下,比附援引以往典型案例作为裁判依据。汉代"独尊儒术"后,给法制带来的最大影响是"春秋决狱"。春秋决狱是指在审判案件时,抛开法律,将《春秋》等儒家经典的经义作为定罪量刑的根据,重视以犯罪者的主观动机("心""志")定罪。春秋决狱把儒家尊卑贵贱的等级观念融合到法律制度中,破坏了成文法的权威性,往往成为司法官吏主观臆断和陷害无辜的口实。

魏晋南北朝时期,制定的较有影响的法律有《魏律》《晋律》《北齐律》。魏明帝时,在汉《九章律》的基础上制定了《魏律》(《新律》)18 篇。《新律》改《具律第六》为《刑名第一》,这种体例结构为后世所沿袭。晋武帝泰始初年,对《新律》加以修订,为《泰始律》,又称《晋律》。《晋律》以礼入律,把纲常礼教全面贯彻于法典中,罪刑标准儒家化。西晋以后,东晋和南朝一直沿用《晋律》。北齐时,制定新律,史称《北齐律》。《北齐律》在篇章结构、重要制度等方面都是隋唐法典的蓝本。从北魏末年开始,出现"以格代科"现象,

"格"逐渐取代"科"，成为律的重要补充形式。这一时期，官僚贵族的特权在法律上进一步强化，这体现在"八议"入律和"官当"制度等方面。"八议"是皇亲国戚、皇帝故旧等八种权贵人物犯罪后，交由皇帝裁决，或有减轻处罚的特权。《周礼》已有"八议"，此与儒家讲贵贱有别相关。"八议"入律后，贵贱不同罚，轻重各有异，把先秦以来官僚、贵族的特权制度化、法典化。"官当"是官僚犯罪后，允许他们以其官职折抵罪责，折当刑罚。"八议"入律和"官当"制度，集中反映了统治阶层以法律维护自身利益的意志和要求，后为隋、唐、宋等王朝所沿袭。

中国古代的法制，至隋唐时期已经详备和成熟。隋文帝开皇初年修订了《开皇律》，确立了死、流、徒、杖、答"五刑"制度。《开皇律》吸收北齐的反逆、不孝等十条重罪而加损益，正式定为"十恶"罪，此后历代承袭，成为定制。唐代多次修订律典，其中最重要的成果为《唐律疏议》。唐高宗永徽四年(653)，制定《永徽律疏》，后世称之为《唐律疏议》。《唐律疏议》共12篇，其特色体现在以下几个方面：第一，结构严谨，各篇律条的排序有内在的逻辑性；第二，将律文和疏议有机结合于一体，创造了一种新的法典编纂方法；第三，将儒家思想法律化，将法律制度儒家化，使法律制度与儒家思想相交融，使中国古代法律制度自成一统；第四，疏文记述了主要法律制度发展沿革，对中国古代的法律理论进行了总结和研究，推动了中华法系的理论化发展。《唐律疏议》是中国历史上最有影响的法律经典，是中国法制史上的里程碑。唐律充分体现了儒家贵贱有等、亲疏有分的思想，不仅赋予贵族、官僚法律上的种种特权，就是普通人也以身份确定罪名和量刑，实行同罪异罚。唐律以礼入法，儒家思想成了唐律的灵魂，伦理道德规范披上了法律的外衣，从而使唐律成为推行纲常礼教、巩固等级制度的工具。唐代除了编纂律典，还编纂了大量的令、格、式等，确立了律、令、格、式四种最基本的法律形式。

唐代后期开始编纂"刑律统类"，将律、令、格、式、敕混为一体，分门编排，改变了秦汉以来法典编纂的传统，后人简称为"刑统"。五代以后，"刑统"取代了"律"，成为主要的法典。宋太祖建隆年间，修成《宋建隆重详定刑统》，简称《宋刑统》，这是中国历史上第一部由朝廷刊版印行的法典。《宋刑统》律例合编的体例，是后世法典如《大明律例》《大清律例》的渊源。宋代立法活动、立法形式还有编敕和编例。敕是以皇帝名义随时发布的诏令。编敕于唐代已有，是将过去历年散敕编纂，使其具有普遍适用效力。例，是断例,是由中央机关或皇帝审断的案例,被相继沿用,成为惯例。编例是将原本临时性的断例,上升为具有普遍效力的法律形式。

元代重要的法典《大元通制》《至正条格》,实际上是将单行法规和断例加以整理而成的各种法规汇编。元代法律形式极不规范,从一开始就极力排斥汉族原有的法律体系,始终没有按唐宋的传统而修订类似的律典。明代重要的法典是明太祖时修订的《大明律》,清代在《大明律》的基础上纂成《大清律》。明清法律都加重了对反抗专制统治和破坏纲常伦理秩序行为的处罚,严刑惩罚异端思想。因思想言论触讳而处以刑罚,是专制制度的重要特征,其主要表现是大兴文字狱。中国传统社会,文人因作品中的字句而被罗织罪名,构成冤狱,被称为文字狱。文字狱历朝皆有,明清尤其严重。推行文字狱的实质是

瞿同祖《中国法律与中国社会》结论

为了巩固专制统治,力图用高压手段,加强思想文化专制,禁锢人们的思想和言论。

### 三、古代礼法的结合

礼与法共同构成维持社会等级秩序的规范,不可或缺。在古代,礼与德是密不可分的,德是礼的道德内涵和内在精神,礼是德的形态表现和规范性表达。礼既然是行为规范,与法也有关系。中国古代早期的法律以习惯法为主,"刑"泛指与刑罚相关的法律规范。由于礼与德的关系、刑与法的关系,早期的文献常将礼与刑相举,或德与刑并论。汉代以后,以礼入法,中国法律儒家化,礼与法结合得更加紧密。

孔子作为儒家的创始人,其言论对后世儒家化的法律产生重要影响。孔子言:"道之以政,齐之以刑,民免而无耻;道之以德,齐之以礼,有耻且格。"(《论语·为政》)可见,孔子认为德、礼之治优于政、刑之治,道德礼教的效果要比刑罚更好。孔子又言:"礼乐不兴,则刑罚不中。"(《论语·子路》)孔子于此又把礼乐看成刑罚得当与否的前提或基础。在孔子思想的影响下,"德主刑辅"成为汉代以后法律的特色。孔子还说:"其身正,不令而行;其身不正,虽令不从。"(《论语·子路》)在此,孔子把人的地位看成是首要的,得人重于法令,德治重于法治。此后,荀子提出"有治人,无治法"(《荀子·君道》),进一步阐述了"人治"思想。儒家"德治""人治"的思想并不排斥法律,而是主张"德主刑辅"。然而,由于君主的权力没有受到法律的限

制,"德治""人治"最终不可避免地倒向君主专制。

《礼记·曲礼》记载:"礼不下庶人,刑不上大夫。"这里所说的"庶人"是指平民,"大夫"是泛指大夫以上贵族、官僚。由此可见,礼与刑都是维持社会秩序的规范,平民百姓与官僚贵族不是平等对待的。荀子也有类似的观点,其言:"听政之大分,以善至者待之以礼,以不善至者待之以刑。"(《荀子·王制》)荀子是从人是否具有德性而用礼、刑。《礼记·乐记》又载:"礼节民心,乐和民声,政以行之,刑以防之。礼、乐、刑、政,四达而不悖,则王道备矣。"在儒家的礼学经典中,也记载到礼乐与政刑可相互配合,并行不悖。同样重视礼治的荀子,并没有忽视用法。荀子提出,"人君者,隆礼尊贤而王,重法爱民而霸"(《荀子·强国》);又言,"治之经,礼与刑,君子以修百姓宁。明德慎罚,国家既治,四海平"(《荀子·成相》)。可见,荀子认识到礼与刑应当兼用。结合《礼记》《荀子》全书来看,以荀子为代表的儒家学者主张以礼治国,礼主刑辅。

先秦儒家治国思想,理论上是德礼为主,政刑为辅,可称为"德主刑辅"或"礼主刑辅"。先秦"德主刑辅"的思想为汉代的儒家所继承,董仲舒明确提出"刑者德之辅,阴者阳之助也"(董仲舒《春秋繁露·天辨在人》)。不仅如此,董仲舒还说:"王者欲有所为,宜求其端于天。天道之大者在阴阳。阳为德,阴为刑。刑主杀而德主生。"(《汉书·董仲舒传》)董仲舒以"天道"为理论基础,用宇宙论来论证统治秩序,赋予"德主刑辅"以神圣性。西晋制定《泰始律》,明显以"德主刑辅"思想为指导。至唐代立法,"德主刑辅"在律典中完全确立,《唐律疏议》于开篇《名例》中即言:"德礼为政教之本,刑罚为政教之用,犹昏晓阳秋相须而成者也。"在"德主刑辅"思想指导下,中国古代的"礼"与"法"紧密地结合在一起。

儒家主张德礼为主,政刑为辅,但以德或礼维持社会秩序,主要靠人们的自律,难以有广泛的社会效应;而以刑或法维持社会秩序,依靠他律,通过强制手段使人们服从,效果明显。儒家在汉代获得独尊地位以后,为增强"礼"在维持社会秩序方面的强度和广度,遂以"礼"入"法"。汉代以后,历代的法典皆出于儒者的手笔,这无疑使儒家思想支配一切法典,把礼的原则和精神编入法律。"春秋决狱""八议入律""十恶不赦"等,都是以礼入法的具体体现。以礼入法后,礼制在社会上得以强制推行,从而使社会礼教化。礼与法都是社会规范,礼是借助教化及社会制裁的力量来维持,法是借助法律制裁来执行。同一规范,在利用社会制裁时为礼,用法律制裁时便成为法。同一规范,可以既存于礼,又存于法,礼与法遂同时并存,相互配合。①

# 本章小结

中国古代典章制度内容丰富,职官制度、选举制度、礼仪制度和法律制度是传统制度文化的重要部分。中国历代制度,有因袭,也有损益。中国古代的中央官制先后出现过世官制、三公九卿制、三省六部制、内阁制等阶段,地方官制经历了封建制、郡县制、州郡县制、州县制、道州县制、路州县制、行省制等阶段,选举制度主要有过察举制、九品官人法、科举制等阶段,后一制度都是在前一制度基础上逐渐演变而成的。中国古代的礼制,从内容大致可归纳为吉礼、嘉礼、宾礼、军礼、凶礼五个方面,"五礼"在历代也有变迁。中国古代的法制变迁主要体现在律典方面,历史上曾先后出现《九刑》《法经》《秦律》《汉律》《魏律》《晋律》《北齐律》《开皇律》《唐律疏议》《宋刑统》《大元通制》《大明律》《大清律》等重要律典,以《法经》《唐律疏议》等影响深远。

小测验

思考练习

1. 中国古代的官制有哪些特点?
2. 如何评价中国古代的选举制度?
3. 如何认识中国古代的礼制和法制?

---

① 瞿同祖:《中国法律与中国社会》,商务印书馆 2017 年版,第 370 页。

## 参考书目

李林甫等：《唐六典》，陈仲夫点校，中华书局 1992 年版。

长孙无忌等：《唐律疏议》，中华书局 1983 年版。

谢俊美、田玉洪：《中国古代官制》，中国国际广播出版社 2010 年版。

魏向东、严安平：《中国的礼制》，中国国际广播出版社 2010 年版。

瞿同祖：《中国法律与中国社会》，商务印书馆 2017 年版。

## 经典阅读

### 杜佑《通典》（节选）

秦悼武王二年，始置丞相官，以樗里疾、甘茂为左右丞相。庄襄王又以吕不韦为丞相。及始皇立，尊不韦为相国，则相国、丞相皆秦官。金印紫绶，掌丞天子，助理万机。秦初有左右，至二世，复有中丞相。

汉高帝即位，一丞相，绿绶，以萧何为之。及诛韩信，乃拜何为相国。何薨，以曹参为之。孝惠、高后置左右丞相。文帝二年，复置一丞相，丞相月俸钱六万。成帝绥和元年，御史大夫何武建言："古者民谨事约，国之辅佐，必得贤圣，然犹则天三光，备三公官，各有分职。今末俗之弊，政事烦多，宰相之才不能及古，而今丞相独兼三公之事，所以大化久未洽也。宜建三公官，定卿大夫之任，分职授政，以考功效。"于是上拜曲阳侯王根为大司马，而何武自御史大夫改为大司空，皆金印紫绶，比丞相，则三公俱为宰相。至哀帝，复罢大司空。元寿二年，更名丞相为大司徒。初，汉制常以列侯为相，唯公孙弘布衣，数年登相位，武帝乃封为平津侯，其后为故事。至丞相而封，自弘始也。白事教令，称曰君侯。《春秋》之义，尊上公谓之宰，言海内无不统焉。故丞相进，天子御座为起，在舆为下。丞相有病，皇帝法驾亲至问疾，从西门入。及瘳视事，尚书令若光禄大夫赐以养牛、上尊酒。凡丞相府，门无阑，不设铃鼓，言其大开，无节限。

后汉废丞相及御史大夫，而以三公综理众务，则三公复为宰相矣。至于中年以后，事归台阁，则尚书官为机衡之任。至献帝建安十三年，复置丞相，而以曹公居之。又有相国。

魏黄初元年,改为司徒。而文帝复置中书监、令,并掌机密,自是中书多为枢机之任。其后定制,置大丞相,第一品。后又有相国,齐王以司马师为之,高贵乡公以司马昭为之。

晋惠帝永宁元年,罢丞相,复置司徒。永昌元年,罢司徒并丞相,则与司徒不并置矣。其后或有相国,或有丞相,省置无恒,而中书监、令常管机要,多为宰相之任。自魏晋以来,相国、丞相多非寻常人臣之职。

……

隋有内史、纳言,是为宰相,亦有他官参与焉。

大唐侍中、中书令是真宰相。其余以他官参掌者,无定员,但加同中书门下三品、及平章事、知政事、参知机务、参与政事及平章军国重事之名者,并为宰相,亦汉行丞相事之例也。自先天之前,其员颇多。景龙中,至十余人。开元以来,常以二人为限,或多则三人。天宝十五年之后,天下多难,勋贤并建,故备位者众。然其秉钧持衡,亦一二人而已。旧制:宰相常于门下省议事,谓之政事堂。至永淳二年七月,中书令裴炎以中书执政事笔,其政事堂合在中书,遂移在中书省。开元十一年,张说奏改政事堂为"中书门下",其政事印亦改为中书门下之印。(《职官三》)

杜佑:《通典》,中华书局1988年版。

## 顾炎武《日知录》(节选)

秦置御史以监诸郡。汉省,丞相遣史分刺州,不常置。武帝元封五年,初置十三州刺史,各一人。魏、晋以下,为刺史持节都督。隋文帝开皇三年,罢郡,以州统县,自是刺史之名存而职废。后虽有刺史,皆太守之互名,非旧刺史之职,理一郡而已。由此言之,汉之刺史犹今之巡按御史,魏、晋以下之刺史犹今之总督,隋以后之刺史犹今之知府及直隶知州也。(《隋以后刺史》)

知县者,非县令,而使之知县中之事,杜氏《通典》所谓检校、试摄、判知之官是也。唐姚合为武功尉,作诗曰:"今朝知县印,梦里百忧生。"唐人亦谓之"知印",其名始于贞元已后。其初尚带一"权"字。《白居易集》有《裴克谅权知华阴县令制》,曰:"华阴令卒,非选补时。调租勉农,政不可缺。前镇国军判官、试大理评事裴克谅,久佐本府,颇有勤绩,属邑利病,尔必周知。宜假铜墨,试其才理,待有所立,方议正名。"是权知者,不正之名也。至于普设知县,则起自宋初。……

建隆三年,始以朝官为知县,其间复参用京官或幕职为之。《宋史》言:

"宋初,内外所授官多非本职,惟以差遣为资历。建隆四年,诏选朝士,分治剧邑。大理正奚屿知馆陶,监察御史王祐知魏,杨应梦知永济,屯田员外郎于继徽知临清。常参官宰县自此始。"又曰:"初,州郡多阙官,县令选尤猥下,多为清流所鄙薄,每不得调,乃诏吏部选幕职官为知县。"自此以后,遂罢令而设知县,沿其名至今。(《知县》)

宋叶适言:"五代之患,专在藩镇。艺祖思靖天下,以为不削节度则其祸不息,于是姑置通判,以监统刺史而分其柄;命文臣权知州事,使名若不正、任若不久者,以轻其权。监当知榷税,都监总兵戎,而太守者块然徒管空城、受词诉而已。诸镇皆束手请命,归老宿卫,昔日节度之害尽去。而四方万里之远,奉尊京城,文符朝下,期会夕报,伸缩缓急,皆在朝廷矣。"是宋初本有刺史,而别设知州以代其权。后则罢刺史而专用知州,以权设之名为经常之任矣。(《知州》)

唐制,京郡乃称府。至宋,则潜藩之地皆升为府。宋初太宗、真宗皆尝为开封府尹,后无继者,乃设权知府一人,以待制以上充。崇宁三年,蔡京"乞罢权知府,置牧、尹各一员。牧以皇子领,尹以文臣充。"是权知府者,所以避京尹之名也。今则直命之为知府,非也。(《知府》)

顾炎武著,黄汝成集释:《日知录集释》,上海古籍出版社2006年版。

## 卫宏《汉旧仪》(节选)

丞相、刺史常以秋分行部,御史为驾四封乘传。到所部,郡国各遣吏一人迎界上,得载别驾自言受命移郡国,与刺史从事尽界罢。行载从者一人,得从吏所察六条。刺史举民有茂材,移名丞相,丞相考召,取明经一科,明律令一科,能治剧一科,各一人。诏选谏大夫、议郎、博士、诸侯王傅、仆射、郎中令,取明经。选廷尉正、监、平案章,取明律令。选能治剧长安、三辅令,取治剧。皆试守,小冠,满岁为真,以次迁,奉引则大冠。(卷上)

官事至重,古法虽圣犹试,故令丞相设四科之辟,以博选异德名士,称才量能,不宜者还故官。第一科曰德行高妙,志节清白。二科曰学通行修,经中博士。三科曰明晓法令,足以决疑,能案章覆问,文中御史。四科曰刚毅多略,遭事不惑,明足以照奸,勇足以决断,才任三辅剧令。皆试以能,信然后官之。第一科补西曹南阁祭酒,二科补议曹,三科补四辞八奏,四科补贼决。其以诏使案事御史为驾一封,行赦令驾二封,皆特自奏事,各以所职劾中二千石以下。选中二十书佐试补令史,令史皆斗食,迁补御史令史。其欲

以秩留者,许之。岁举秀才一人,廉吏六人。(卷上)

孙星衍等辑:《汉官六种》,周天游点校,中华书局 1990 年版。

## 房玄龄等《晋书》(节选)

(刘)毅以魏立九品,权时之制,未见得人,而有八损,乃上疏曰:

臣闻:立政者,以官才为本,官才有三难,而兴替之所由也。人物难知,一也;爱憎难防,二也;情伪难明,三也。今立中正,定九品,高下任意,荣辱在手。操人主之威福,夺天朝之权势。爱憎决于心,情伪由于己。公无考校之负,私无告讦之忌。用心百态,求者万端。廉让之风灭,苟且之欲成。天下汹汹,但争品位,不闻推让,窃为圣朝耻之。

夫名状以当才为清,品辈以得实为平,安危之要,不可不明。清平者,政化之美也;枉滥者,乱败之恶也,不可不察。然人才异能,备体者寡。器有大小,达有早晚。前鄙后修,宜受日新之报;抱正违时,宜有质直之称;度远阙小,宜得殊俗之状;任直不饰,宜得清实之誉;行寡才优,宜获器任之用。是以三仁殊途而同归,四子异行而均义。陈平、韩信笑侮于邑里,而收功于帝王;屈原、伍胥不容于人主,而显名于竹帛,是笃论之所明也。

今之中正,不精才实,务依党利;不均称尺,务随爱憎。所欲与者,获虚以成誉;所欲下者,吹毛以求疵。高下逐强弱,是非由爱憎。随世兴衰,不顾才实,衰则削下,兴则扶上,一人之身,旬日异状。或以货赂自通,或以计协登进,附托者必达,守道者困悴。无报于身,必见割夺;有私于己,必得其欲。是以上品无寒门,下品无势族。暨时有之,皆曲有故。慢主罔时,实为乱源。损政之道一也。

......

由此论之,选中正而非其人,授权势而无赏罚,或缺中正而无禁检,故邪党得肆,枉滥纵横。虽职名中正,实为奸府;事名九品,而有八损。或恨结于亲亲,猜生于骨肉,当身困于敌雠,子孙离其殃咎。斯乃历世之患,非徒当今之害也。是以时主观时立法,防奸消乱,靡有常制,故周因于殷,有所损益。至于中正九品,上圣古贤皆所不为,岂蔽于此事而有不周哉,将以政化之宜无取于此也。自魏立以来,未见其得人之功,而生雠薄之累。毁风败俗,无益于化,古今之失,莫大于此。愚臣以为宜罢中正,除九品,弃魏氏之弊法,立一代之美制。(《刘毅传》)

房玄龄等:《晋书》,中华书局 1974 年版。

### 张廷玉等《明史》(节选)

科举必由学校,而学校起家可不由科举。学校有二:曰国学,曰府、州、县学。府、州、县学诸生入国学者,乃可得官,不入者不能得也。入国学者,通谓之监生。举人曰举监,生员曰贡监,品官子弟曰荫监,捐赀曰例监。同一贡监也,有岁贡,有选贡,有恩贡,有纳贡。同一荫监也,有官生,有恩生。(《选举一》)

科目者,沿唐、宋之旧,而稍变其试士之法,专取四子书及《易》《书》《诗》《春秋》《礼记》五经命题试士。盖太祖与刘基所定。其文略仿宋经义,然代古人语气为之,体用排偶,谓之八股,通谓之制义。三年大比,以诸生试之直省,曰乡试。中式者为举人。次年,以举人试之京师,曰会试。中式者,天子亲策于廷,曰廷试,亦曰殿试。分一、二、三甲以为名第之次。一甲止三人,曰状元、榜眼、探花,赐进士及第。二甲若干人,赐进士出身。三甲若干人,赐同进士出身。状元、榜眼、探花之名,制所定也。而士大夫又通以乡试第一为解元,会试第一为会元,二、三甲第一为传胪云。子、午、卯、酉年乡试,辰、戌、丑、未年会试。乡试以八月,会试以二月,皆初九日为第一场,又三日为第二场,又三日为第三场。

初设科举时,初场试经义二道,《四书》义一道;二场,论一道;三场,策一道。中式后十日,复以骑、射、书、算、律五事试之。后颁科举定式,初场试《四书》义三道,经义四道。《四书》主朱子《集注》,《易》主程《传》、朱子《本义》,《书》主蔡氏传及古注疏,《诗》主朱子《集传》,《春秋》主左氏、公羊、谷梁三传及胡安国、张洽传,《礼记》主古注疏。永乐间,颁《四书五经大全》,废注疏不用。其后,《春秋》亦不用张洽传,《礼记》止用陈澔《集说》。二场试论一道,判五道,诏、诰、表、内科一道。三场试经史时务策五道。

廷试,以三月朔。乡试,直隶于京府,各省于布政司。会试,于礼部。主考,乡、会试俱二人。同考,乡试四人,会试八人。提调一人,在内京官,在外布政司官。会试,礼部官监试二人,在内御史,在外按察司官。会试,御史供给收掌试卷;弥封、誊录、对读、受卷及巡绰监门,搜检怀挟,俱有定员,各执其事。举子,则国子生及府、州、县学生员之学成者,儒士之未仕者,官之未入流者,皆由有司申举性资敦厚、文行可称者应之。其学校训导专教生徒,及罢闲官吏,倡优之家,与居父母丧者,俱不许入试。

试卷之首,书三代姓名及其籍贯年甲,所习本经,所司印记。试日入场,讲问、代冒者有禁。晚未纳卷,给烛三枝。文字中迴避御名、庙号,及不许自序门第。弥封编号作三合字。考试者用墨,谓之墨卷。誊录用硃,谓之硃卷。试士之所,谓之贡院。诸生席舍,谓之号房。人一军守之,谓之号军。

试官入院,辄封钥内外门户。在外提调、监试等谓之外帘官,在内主考、同考谓之内帘官。廷试用翰林及朝臣文学之优者,为读卷官。共阅对策,拟定名次,候临轩。或如所拟,或有所更定,传制唱第。

状元授修撰,榜眼、探花授编修,二、三甲考选庶吉士者,皆为翰林官。其他或授给事、御史、主事、中书、行人、评事、太常、国子博士,或授府推官、知州、知县等官。举人、贡生不第,入监而选者,或授小京职,或授府佐及州县正官,或授教职。

此明一代取士之大略也。终明之世,右文左武。然亦尝设武科以收之,可得而附列也。(《选举二》)

张廷玉等:《明史》,中华书局 1974 年版。

## 《周礼》(节选)

大宗伯之职,掌建邦之天神、人鬼、地示之礼,以佐王建保邦国。

以吉礼事邦国之鬼神示。以禋祀祀昊天上帝,以实柴祀日、月、星、辰,以橁燎祀司中、司命、风师、雨师。

以血祭祭社稷、五祀、五岳,以狸沉祭山林、川泽,以疈辜祭四方、百物。

以肆、献、裸享先王,以馈食享先王,以祠春享先王,以禴夏享先王,以尝秋享先王,以烝冬享先王。

以凶礼哀邦国之忧:以丧礼哀死亡,以荒礼哀凶札,以吊礼哀祸灾,以桧礼哀围败,以恤礼哀寇乱。

以宾礼亲邦国:春见曰朝,夏见曰宗,秋见曰觐,冬见曰遇,时见曰会,殷见曰同,时聘曰问,殷眺曰视。

以军礼同邦国:大师之礼,用众也;大均之礼,恤众也;大田之礼,简众也;大役之礼,任众也;大封之礼,合众也。

以嘉礼亲万民:以饮、食之礼,亲宗族兄弟;以昏、冠之礼,亲成男女;以宾射之礼,亲故旧朋友;以飨、燕之礼,亲四方之宾客;以脤、膰之礼,亲兄弟之国;以贺庆之礼,亲异姓之国。(《大宗伯》)

杨天宇译注:《周礼译注》,上海古籍出版社 2016 年版。

## 班固《汉书》(节选)

凡人之智,能见已然,不能见将然。夫礼者禁于将然之前,而法者禁于已然之后,是故法之所用易见,而礼之所为生难知也。若夫庆赏以劝善,刑罚以惩恶,先王执此之政,坚如金石,行此之令,信如四时,据此之公,无私如天地耳,岂顾不用哉?然而曰礼云礼云者,贵绝恶于未萌,而起教于微眇,使民日迁善远罪而不自知也。孔子曰:"听讼,吾犹人也,必也使毋讼乎!"

为人主计者,莫如先审取舍;取舍之极定于内,而安危之萌应于外矣。安者非一日而安也,危者非一日而危也,皆以积渐然,不可不察也。人主之所积,在其取舍。以礼义治之者,积礼义;以刑罚治之者,积刑罚。刑罚积而民怨背,礼义积而民和亲。故世主欲民之善同,而所以使民善者或异。或道之以德教,或驱之以法令。道之以德者,德教洽而民气乐;驱之以法令者,法令极而民风哀。哀乐之感,祸福之应也。

秦王之欲尊宗庙而安子孙,与汤武同,然而汤武广大其德行,六七百岁而弗失,秦王治天下,十余岁则大败。此亡它故矣,汤武之定取舍审而秦王之定取舍不审矣。夫天下,大器也。今人之置器,置诸安处则安,置诸危处则危。天下之情与器亡以异,在天子之所置之。汤武置天下于仁义礼乐,而德泽洽,禽兽草木广裕,德被蛮貊四夷,累子孙数十世,此天下所共闻也。秦王置天下于法令刑罚,德泽亡一有,而怨毒盈于世,下憎恶之如仇雠,祸几及身,子孙诛绝,此天下之所共见也。是非其明效大验邪!人之言曰:"听言之道,必以其事观之,则言者莫敢妄言。"今或言礼谊之不如法令,教化之不如刑罚,人主胡不引殷、周、秦事以观之也?(《贾谊传》)

班固:《汉书》,中华书局 1964 年版。

## 长孙无忌等《唐律疏议》(节选)

夫三才肇位,万象斯分。禀气含灵,人为称首。莫不凭黎元而树司宰,因政教而施刑法。其有情恣庸愚,识沈愆戾,大则乱其区宇,小则睽其品式,不立制度,则未之前闻。故曰:"以刑止刑,以杀止杀。"刑罚不可弛于国,笞捶不得废于家。时遇浇淳,用有众寡。于是结绳启路,盈坎疏源,轻刑明威,大礼崇敬。《易》曰:"天垂象,圣人则之。"观雷电而制威刑,睹秋霜而有肃杀,惩其未犯而防其未然,平其徽纆而存乎博爱,盖圣王不获已而用之。古者大刑用甲兵,其次用斧钺;中刑用刀锯,其次用钻笮;薄刑用鞭扑。其所由来,亦已尚矣! 昔白龙、白云,则伏牺、轩辕之代;西火、西水,则炎帝、共工之年。鹈鸠筮宾于少皞,金政策名于颛顼。咸有天秩,典司刑宪。大道之化,击壤无违。逮乎唐虞,化行事简,议刑以定其罪,画象以愧其心,所有条贯,良多简略,年代浸远,不可得而详焉。尧舜时,理官则谓之为"士",而皋陶为之;其法略存,而往往概见,则《风俗通》所云"《皋陶谟》:虞造律"是也。律者,训铨,训法也。《易》曰:"理财正辞,禁人为非曰义。"故铨量轻重,依义制律。《尚书大传》曰:"丕天之大律。"注云:"奉天之大法。"法亦律也,故谓之为律。

昔者,圣人制作谓之为经,传师所说则谓之为传,此则丘明、子夏于《春秋》《礼经》作传是也。近代以来,兼经注而明之则谓之为义疏。疏之为字,本以疏阔、疏远立名。又,《广雅》云:"疏者,识也。"案疏训识,则书疏记识之道存焉。《史记》云:"前主所是著为律,后主所是疏为令。"《汉书》云:"削牍为疏。"故云疏也。

昔者,三王始用肉刑。赭衣难嗣,皇风更远,朴散淳离,伤肌犯骨。《尚书大传》曰:"夏刑三千条。"《周礼》"司刑掌五刑",其属二千五百。穆王度时制法,五刑之属三千。周衰刑重,战国异制,魏文侯师于里悝,集诸国刑典,造《法经》六篇:一、《盗法》;二、《贼法》;三、《囚法》;四、《捕法》;五、《杂法》;六、《具法》。商鞅传授,改法为律。汉相萧何,更加悝所造《户》《兴》《厩》三篇,谓《九章之律》。魏因汉律为一十八篇,改汉《具律》为《刑名第一》。晋命贾充等,增损汉、魏律为二十篇,于魏《刑名律》中分为《法例律》。宋、齐、梁及后魏,因而不改。爰至北齐,并《刑名》《法例》为《名例》。后周复为《刑名》。隋因北齐,更为《名例》。唐因于隋,相承不改。(《名例》)

长孙无忌等:《唐律疏议》,中华书局 1983 年版。

# 第四讲
# 和而不同的生活文化

在漫长的历史进程中，中国人形成了独特的生活文化。传统的日常生活就像一条河流，贯通着中华民族的过去和现在，最真实地映照出民族性格和民族文化，以最可靠的方式使中华文明传承至今。日常生活的范围很广阔，但主要的内容是衣食住行、婚丧嫁娶和岁时节庆等。

## 第一节　中国古代的衣食住行

我们的日常生活中，最基本的内容就是衣食住行。衣食住行不仅为每个人所必需，而且也是社会物质发展水平的重要体现。随着社会的发展，不同时代的衣食住行也不断发生变化，因而有衣食住行的古今差别；不仅如此，即使同一时代，衣食住行也因阶层不同、地区不同、民族不同而显现出各自的特点。可以说，中国古人的衣食住行是中国传统社会文化最鲜明的体现，集中地反映出中国传统社会的伦理特征、价值取向和思想观念。

### 一、服饰

中国古代文明发展迅速，国力强盛，这在服饰上也有鲜明体现，"衣冠王国"的称誉就说明了这一点。服饰是传统文化的重要组成部分，文化的多样性在服饰上表现为它的模式和特色往往因民族、地区、时代的不同而不同。需要指出的是，这里所说的服饰不仅指人们平常所穿的服装，还包括人的头、手、颈、脚、胸等部位所佩戴的各种饰物，我们将其分为首服、身服与佩饰三个方面加以介绍。

（一）古代主要服饰

1. 首服

首服是指人们头上的冠带服饰。中国传统社会男女首服差异很大。古代成年男子一般按照身份地位的不同而戴冠、冕、弁、帻等首服。冠、冕、弁各有不同,但都是贵族男子的首服,其中"冠"是三者的总称。古代男子20岁行冠礼,表示他开始步入成年男人之列。古人将戴冠看成一种"礼",出门、待客都必须戴冠,当冠而不冠就是"非礼"。冠有多种,有小冠、进贤冠、獬豸冠等,用于不同的场合。至明代,在唐、宋时期君民共用的幞头的基础上发展而成的乌纱帽,以漆纱制成,圆顶,帽体前低后高,成为官员佩戴的首服。冕,是天子、诸侯、卿大夫在典礼、祭祀等重大场合所戴的首服。冕顶有长方板,称为"綖",后高前低,略向前倾,据说是为了警示戴冠者:虽身居显位,也要谦卑恭让。綖的前端缀有数串小的圆玉珠,谓之"旒"。一般天子以五色十二珠为饰,诸侯以三色九珠为饰。后来,只有帝王才能戴冕有旒,于是"冕旒"就成了帝王的代称。弁,也是贵族戴的比较尊贵的首服,有爵弁、皮弁之分。冕和冠只是贵族、官员的首服,而老百姓只能用布帛包头,称为巾。战国时韩人以青巾裹头,称为苍头;秦国以黑巾裹头,称为黔首。到东汉末年又出现了以葛布制作的葛巾,用整幅细绢制成的幅巾以及由巾演变而成的一种帽,称为"帻"。至东汉末年,巾帻受到王公贵族的青睐,士庶皆服。

古代女性的首服常见的有笄、簪、钗、步摇、华胜、巾帼等。女子成年,行"笄礼",《礼记·内则》云:"女子……十有五年而笄。"笄礼在许嫁后出嫁前举行,一般是15岁,如果一直未许人,则推迟到20岁行笄礼。簪是笄的发展,由金、银、玉、牙、玳瑁等制成凤凰、孔雀的形状,非常精美。钗是由两股簪交叉组合而成的一种头饰,以钗贯发可使发型更为稳固,也可使人更显美观。步摇是在顶部挂珠玉垂饰的簪或钗,刘熙《释名》:"步摇,上有垂珠,步则摇动也。"巾帼是汉代命妇所佩的一种貌似发髻的饰物,多以丝帛、鬃毛等制成假发,内衬金属框架,用时只要套在头上,再以发簪固定即可。由此,"巾帼"一词也成为妇女的代称。

2. 身服

相传从黄帝时期,中国服饰的特有样式就产生了。《周易·系辞下》有这样的记载:"黄帝、尧、舜垂衣裳而天下治。"这里的"衣裳"是服饰的总称。

先秦时期,中国正式形成了服饰的两种基本形式:一种是上衣下裳制,另一种是衣裳相连制。春秋以前多为上衣下裳制,当衣裳并举时,衣指上衣,裳指下衣。宽大轻松、没有袖端的上衣叫"衫",后来发展成衣裳相连的长衫。裳指下衣,古代的裳就是裙,男女皆服。春秋战国时,出现了一种衣、裳相连的服装——深衣。深衣含有被体深邃之意,故得名。深衣一般是交领右衽、宽服大袖、腰部束带、下摆不开衩,分为曲裾和直裾两种。古代冬季御寒的衣服最常见的是裘,其中狐裘和豹裘最为珍贵,为达官贵人所服,鹿裘、羊裘比较普通。裤在古代写作"袴""绔"。古代的裤子没有裆,只有两个裤筒,套在腿上,上端有绳带系在腰间。到了后代,裤子增加了裤裆,长的叫"裈",短的叫"犊鼻裈"。裤子的材料有毛皮的,一般为穷人所穿;有纨(白色细绢)的,为富人所穿,所谓"纨绔",是有钱人的服饰,代指不务正业的富家子弟。

先秦时期,女子身服与男子的差别不大。春秋战国时,上衣下裳相连的深衣兴起,女子穿的深衣是长衣大袖的形制。到汉代,深衣逐步变为女子的礼服,平时家居多穿襦裙。襦裙是中国妇女服饰中最主要的形式之一。上襦极短,只到腰间,为斜领、窄袖;裙子很长,下垂至地。唐代妇女流行小袖长裙服装,年轻女性流行穿红色的石榴裙。宋代的女装流行瘦、细、长,与以前各个时期不太相同。元、明时期的女装,大抵效仿唐宋,上衣下裙,大同小异。至清代,汉族妇女仍着小袖衣和长裙等明代款式,而满族妇女着旗装。

3. 佩饰

古人十分重视身上的佩饰,不仅用以美化自身外形,而且借以标志身份等级。常见的佩饰有玉、珠、刀、帨等。玉是最重要的佩饰,为贵族富豪所有,《礼记·玉藻》称"古之君子必佩玉"。古人的佩饰常有警醒作用,如佩弦、佩韦。《韩非子·观行》记载:西门豹之性急,故佩韦以自缓;董安于之性缓,故佩弦以自急。古人还喜欢在身上佩戴香袋,古称容臭,后称香囊,里面放香草香料,类似后代荷包的样子。如秦观《满庭芳》有"当此际,香囊暗解,罗带轻分"之句。《红楼梦》中林黛玉为贾宝玉做香囊,说明香囊在很长的历史时期内都受到男女青年的喜爱,而且有寄情作用。

(二)古代服装的变革

中国服装史上,因多民族融合等因素,经历了五次大的服装变革。

第一次是在战国初期,即赵武灵王的"胡服骑射"之举。战国时期,位于西北的赵国,经常与东胡、楼烦两个相邻的民族发生军事冲突。这两个民族都善于骑马射箭,能在崎岖的山谷地带出没,而中原民族习于车战,只能在平地采用防御阻挡,而无法驾车进入山谷地带进行对敌征战。公元前307年,赵武灵王决定进行军事改革,训练骑兵制敌取胜。而要发展骑兵,就需进行服装改革,具体的做法是学习胡服,吸收东胡族及楼烦人的军人服式,废弃传统的上衣下裳,将传统的套裤改为合裆裤,合裆裤能够保护大腿和臀部的肌肉皮肤在骑马时少受摩擦,而且不用在裤外加裳即可外出,将西北狩猎民族的裤褶、带钩、靴等服饰引入中原,在功能上是极大的改进。赵武灵王进行的服装改革,在中华服饰史上是一件巨大的功绩。

第二次是在魏晋南北朝时期。魏晋南北朝时期的男子服装以长衫最有时代特色,相对于深衣而言,魏晋时期的长衫没有祛(祛是收敛袖口的袖头)。由于不受衣祛限制,这个时期的服装日趋宽博。一时,上至王公名士,下及黎民百姓,均以宽衣大袖为尚,褒衣博带成为这一时期的主要服饰风格。《晋书·五行志》云:"晋末皆冠小而衣裳博大,风流相仿,舆台成俗。"其中以文人雅士最为喜好并穿出特色,甚者袒胸露臂,披发跣足,以示不拘礼法,潇洒脱俗。《晋记》载:"谢鲲与王澄之徒,摹竹林诸人,散首披发,裸袒箕踞,谓之八达。"《宋书·五行志》写道:"晋惠帝元康中,贵游子弟相与为散发倮身之饮。"这一时期民族间的频繁交往促进了各民族服饰的大融合,北方少数民族的服装对汉族服装产生了强烈的冲击乃至使之改变服装风格,最典型的就是裤褶与裲裆。裤褶是上衣下裤的服式,被称为裤褶服。上衣类似汉族长袍,不同的是左衽,腰间束革带;下衣着裤,区别于汉族的裙裳。裤褶虽然方便,但是作为礼服,两条裤管分开仍使汉人难以接受,于是,有人在此基础上,将裤脚加肥,外观如裙,形制还是裤,行动方便。裲裆也是北方少数民族的服装,由军戎服中的裲裆甲演变而来。裲裆既保暖,又不会限制手臂的活动,灵活方便。这种服式沿用至今,如今称作马甲、背心或坎肩。

第三次是在唐朝。唐朝是中国古代最繁荣、开放的历史时期,也是中国服装史上广泛吸纳异族服装的时期。各种频繁的对外交流促成了服饰的丰富多彩,胡服和西域服饰极大地丰富了唐代服饰。唐代男子头戴幞头,身穿圆领袍衫,下配乌皮六合靴,这一装束洒脱飘逸,又不失英武之气,是汉族与北方民族融合而产生的服饰。唐代女子服饰主要可分为襦裙服、男装、胡服三种配套服饰。襦裙服主要为上着短襦或衫,下着长裙,佩披帛,加半臂,足登凤头丝履或精编草履。唐代女子喜欢上穿短襦,下着长裙,裙腰高至腋下。裙子的制作面料多为丝织品,但用料却有多少幅之别,通常以多幅为佳。孟浩然诗"坐时衣带萦纤草,行即裙裾扫落梅",可见裙身之长;孙光宪词"六幅罗裙窣地,微行曳碧波",可见裙身之丰。

第四次是在清朝。由满族贵族建立的清王朝,从一开始就以剃发改装作为政治统治与压迫的手段。满族入关后,令汉族人民剃发易服,"衣冠悉遵本朝制度","不随本朝之制度者,杀无赦"。满族男子的发式与前朝截然不同,要剃去额前头发,后面梳成一个大辫。对于不留这种发式的汉人——"留头不留发,留发不留头"。经过严酷措施,汉族男子穿上了满装,蓄了辫子,满族服饰进而成为主流。清朝的长袍、马褂、凉帽也成为大多数西方人眼里的中国服饰。

第五次是辛亥革命后。服装设计中吸收西方服饰元素,推动了服饰风格的演变。如男子的中山装,女子的改良旗袍,都是中西合璧的新式服装。和西服敞领不同,中山装是封闭的立领,自然庄重,更加衬托出东方人的气质与风度。民国改良旗袍在清朝传统旗袍的基础上,吸收了西方服装立体造型原理,变成了一种中西合璧、具有民族特色的女装样式,从而被世界服装界誉为"东方女装"的代表。

### 二、饮食

饮食对中国人来说,不仅是为了满足生理的基本需求,也是精神生活的重要组成部分。吃,是本能,但如何吃,却是文化。千百年来,中国的医家、养生学家、儒家、道家、佛家等,将中医营养学、阴阳五行、伦理道德、饮食审美等多种文化元素融入传统饮食,形成博大精深的饮食文化。我国饮食之考究,烹调技术之高超,是早已闻名世界的。中国近代著名革命家、政治家孙中山先生曾说过:"我中国近代文明进化,事事皆落人之后,惟饮食一道之进步,至今尚为文明各国所不及。中国所发明之食物,固大盛于欧美;而中国烹调法之精良,又非欧美所可并驾。"(孙中山《建国方略》)孙中山一生为革命奔走,足迹遍至中国,在海外游踪也极广,因此他的评价具有世界性的眼光,充分说明了中国传统饮食文化的独特魅力。中国传统饮食取材广泛,烹饪方式多样,技艺精良,其间包含着丰富的文化内涵。

(一)饮食材料

中国约在新石器时代就已经产生了原始农业。在夏商周时期,人们逐渐放弃狩猎和采集的生产方式而以作物栽培为主,谷物粮食开始取代猎物和野果,成为人们饮食生活中的主粮。"五谷"是古代粮食作物的统称,其所包括的品种,最主要的说法有两种:一种是"黍、稷、麦、菽、麻"为五谷;另一种是"稻、黍、稷、麦、菽"为五谷。黍即现代北方的黍子,又叫黄米,色黄而黏。稷是今天的小米,北方称为谷子。在相当长的历史时期里,稷是最重要的粮食,为"五谷"之长。古代以"社稷"代表国家,"社"代表土地神,"稷"是谷神。麦分大麦、小麦、杂麦,菽是豆类的总称,麻是麻类植物的籽实。在夏商周时期,人们已经开始种植瓜果蔬菜。当时不仅有长年固定的菜圃,还有季节性的菜田。从《诗经》《周礼》等书中可以看出,野菜、野果在人们饮食原料中占很大的比例。当时还没有植物油,也没有炒菜,当时吃菜的方法,一般是煮成汤或制成腌菜。同时,畜牧业也有一定的规模,现在常见的马、牛、羊、鸡、犬、猪,在当时已经非常普遍饲养,但饲养量还不充足,百姓是很少食用的。孟子提出的"七十者可以食肉矣"在当时还是个理想状况,只有王室贵族才能时常享用,因此先秦时期将士大夫以上称"肉食者"。

汉武帝时,张骞通西域,凿通了一条"丝绸之路",使西域的许多食物原料传入我国,如菠菜、黄瓜、胡萝卜、芹菜、豌豆、蚕豆、苜蓿、莴苣、大蒜、大葱、葡萄、石榴、芝麻、核桃等,大大丰富了中国汉民族菜肴的品种,使餐桌上的野菜变为种植的蔬菜。香料和佐料品种的增多,也改变了过去一些菜的做法。

唐宋时期,随着农业的发展,小麦的产量超过了稷,从而取代稷成为北方的主要粮食作物,这也导致了北方主食结构的变化,面食成为北方主食结构中的主要食品。唐宋时期的面食叫"饼",样式繁多,有蒸饼、炊饼、煎饼、胡饼和汤饼等。唐代的蒸饼类似于现在的馒头,是唐代人的主食。炊饼是宋代的面食,由唐代的蒸饼发展而来。煎饼与今天的煎饼相似,胡饼则类似于今天的烧饼。汤饼是煮面,包括热面和冷面(冷淘)。唐宋时期的菜肴用料如果蔬、肉类、鱼类较前代更为丰富,品种繁多。中国传统的煎、炒、炸、炙等技术日臻成熟。"炒"出现于魏晋南北朝,在唐代得到推广,在宋代得以普及。

明清时期,小麦、水稻等传统粮食作物的产量大幅度增加,马铃薯、甘薯、玉米、番茄、辣椒、花生、花菜等从美洲或南洋引进,使饮食的原料更加丰富。但主食仍以面食、面点、米饭、粥等为主,东西南北风味各异,品种花样更加丰富,数不胜数。

一直到现代,中国人的主食仍沿用传统,一般是米饭、面食和糕点三大类。而米饭和面食又有地域之分,南方人好米饭,米饭包括大米饭、小米饭、黍米饭等多种,其中以大米饭为主。北方喜面食,包括馒头、饼、包子、饺子、油条、馄饨、麻花、面条和窝头等。糕点的种类则更多,但无论南方或北方,它都是一种辅助性的食品。

中国传统的饮品是茶和酒,两者都有悠久的历史,并形成了博大精深的茶文化和酒文化。中国是茶的故乡,至今已有 4000 多年的历史。西汉时,茶开始正式成为一种饮品。至唐代,饮茶之风在士大夫之间流行,陆羽写《茶经》,将修身养性的理论引入茶道,认为饮茶是一种精神享受,饮茶一时成为时尚,陆羽被尊为“茶圣”。到宋代,饮茶风气已遍及大江南北,百姓家家备有茶茗,客来敬茶成为习俗。士大夫更是把饮茶视为高雅行为,常将饮茶写入文章、诗词,从而大大提高了饮茶的文化品位。明清时期,茶叶品种更加丰富,制茶工艺更加精细,饮茶风气更为普遍,并逐渐成为人们的生活必需品。

至于酿酒的历史,可以说是非常悠久的,与种植生产同步。商纣王曾“以酒为池,悬肉为林”,足见饮酒风气之盛。古代的酒一般是黍、秫煮烂后加上酒母酿成的,成酒的过程很短,而且没有经过蒸馏,酒精含量较低,远不能跟现在的白酒相比。至宋代,酿酒技术趋于成熟,烈性酒开始出现,酒的品种日益增多。酒酿成时汁与渣滓混在一起,是混浊的,若经过过滤,除去酒糟,就清澈了,所以古人常说浊酒、清酒。显然,浊酒比较低级,所以古人以清酒为贵。至明清时期,传统酿酒业达到鼎盛,酒的种类、品质、产量都空前提高,酒也走上了普通百姓的餐桌。古人喝酒要行令,以增加筵席中的热闹气氛,加上文人的推波助澜,形成了独具民族特色的酒文化。

(二)饮食习惯

1.从一日两餐到一日三餐

中国古代先民在每日饮食的次数和时间安排上,也服从农耕文化的需要,形成自己的饮食习惯。先秦时期,人们“日出而作,日落而息”,一日两餐。第一顿饭叫“朝食”,又叫“饔”,约在上午九点吃。第二顿饭叫“哺食”,又叫“飧”,约在下午四点吃。“哺食”一般是把“朝食”剩下的饭热一下吃。当时生产条件困难、农作物产量低,取火、做饭劳时费力。两顿饭不需照明,减少生火做饭次数,节约时间、食物,不误农时。直到今天晋、冀、豫交界的山区,以及鲁西南部分区域的农民,还保留每日两餐、晚餐吃剩饭的习惯。到汉代以后,一日两餐才渐渐变为一日三餐。

### 2. 从分食到合餐

从商周开始,中国人的饮食采取的是分食制,那时还没有桌椅板凳,人们吃饭只能坐在席子上进行,饭菜放在食案上,一人一案,无法进行合餐。后来由于"五胡乱华",以及唐朝开放的文化政策,胡族的合餐制开始进入中原大地,但并没有普及。到宋代,由于椅子的普及,大家可以围着一张桌子吃饭,合餐渐渐增多。到明清时,合餐已经成为主流。

### 3. 以热食、熟食为主

以热食、熟食为主,是中国传统饮食习俗的一大特点,这和中国文明开化较早和烹调技术的发达有关。《吕氏春秋·本味》说:"水居者腥,肉玃者臊,草食者膻。"热食、熟食可以"灭腥去臊除膻"。古人发现,加热不仅可以去除腥味,而且还能增加食物的鲜味,"一热三分鲜""趁热吃"是餐桌上的常用语;而且食物煮熟之后,易于咀嚼,容易消化。因此,无论是贵族还是平民百姓,餐桌上都散发出热气腾腾的香味。

### 4. 以植物性食料为主,取材广泛

自古以来,中国人都是以粮食为主,以蔬菜、肉食为辅的饮食结构。孙中山先生在《建国方略》中讲:"中国常人所饮者为清茶,所食者为淡饭,而加以菜蔬豆腐。此等之食料,为今日卫生家所考得为最有益于养生者也。"

这种以植物为主的饮食习惯也促成了筷子的产生。火发明后,在吃烫热的食物时,人们常用木棍来辅助,随着时间的推移,木棍发展成为今天的筷子。筷子是与中国人的饮食习惯相适应的。因为中国人肉食较少,且切成小块,用刀叉不方便,用筷子就方便得多,而且筷子在夹炒熟的蔬菜时也有得天独厚的优势。

中国人民由于几千年来自给自足的小农经济及生活水平的普遍低下而形成了崇尚节俭朴素的传统生活伦理。中国人的食谱广泛,能食者皆食,毫无禁忌,举凡野菜、谷皮,莫不可以食用,所谓"菽藿糟糠",都是穷人充饥的粮食。在肉食方面,则不仅仅是吃肉,内脏及全身可以食用的部分,都被烹饪成美味。许多西方人看来不可食的物品,经过中国厨师的精心制作,就会变成让人一见而食欲顿开的美味,真可以说是"物尽其用"。

### 三、居住

《周易·系辞下》曰:"上古穴居而野处,后世圣人易之以宫室,上栋下宇,以待风雨。"我们的祖先,最早是穴居,从原始人利用天然崖洞以避雨雪风寒,发展到平地上建造浅穴式的房屋,在相当长的历史时期中,人们的居住一直都没有脱离一个"穴"字。《孟子·告子下》有"傅说举于版筑之间"的说法,从中可知,夯土、版筑的技术在那时已经产生,这些技术的出现使得建造坚固、保温、防暑的房屋成为可能。经过漫长的发展演变,古代建筑形成了自己鲜明的特色。

**(一)古代建筑的基本样式**

中国古代建筑的外观设计由屋顶、屋身和台基组成。屋顶的特征最明显,主要有悬山、硬山、卷棚、攒尖、歇山、庑殿等多种类型。这些屋顶线条柔和优美,檐角如鸟翼伸展,称为"飞檐"。在结构设计上,中国古代建筑以木构架为主要结构方式,常见的有抬梁式和穿斗式两种。它们以立柱和横梁组成骨架,建筑的全部重量都由柱子来承担,故能做到"墙倒屋不倒"。除了梁柱,古代木结构中还有一种特殊的结构部件,叫斗拱。斗拱位于柱子承接屋顶的部分,由若干方木与横木层叠而成,用以支撑伸出的屋檐,并将其重量转移到柱子上。后来,斗拱由承重构件慢慢向装饰件转变,至明清时已成为纯粹的装饰件。

在布局设计上,大至宫殿,小至住宅,中国的古代建筑都是一种庭院式结构。这种庭院式结构的建筑以院子为中心,四周建筑物都面向院子。由若干庭院组成的建筑群,一般都有显著的中轴线。在中轴线上布置主要建筑,两侧次要建筑呈对称布置,以走廊连接各个建筑个体,并以围墙围绕四周。这种建筑以"间"为房屋的基本单位,几间连成一座房屋,几座房屋组成一个院落。通常院落前面还有门、阙、牌坊、照壁等附属建筑。

在装饰上,主要体现在梁枋、斗拱和檩椽部分,综合运用了各种工艺及雕刻、绘画、书法等艺术加工手法。所谓"雕梁画栋",就是形容这一装饰特色。还有额枋上的牌匾、柱上的楹联、门窗上的棂格等,都是富有民族特色的建筑装饰形式。在色彩设计上,以颜色鲜艳、五彩缤纷、富丽堂皇而著称。当然,也有徽派青瓦白墙这种比较古朴素雅的色调风格。

### (二)民居

中国古代民居一般由院墙、院门、庭院、堂、室、房等组成,朝向基本上都是坐北朝南。堂前有阶梯,左右各一,称西阶、东阶。古人在室外尊左,因此西阶是宾客走的。堂有东、西两面墙,称作东序、西序;堂的南面没有墙,只有两根柱子,称为东楹、西楹。堂因为没有南墙而显得敞亮,故又名堂皇。堂是房屋的主人平时活动、行礼、接待客人的地方。堂后是室,为主人休息、睡觉之处,也是一户人家最隐私的地方。要入室必须先登堂,所以孔子说:"由也,升堂矣,未入于室也。"(《论语·先进》)

同为院落式住宅,但由于地域辽阔,气候和地理环境差异较大,南北方的住宅又有很大不同。北方庭院宽阔,如北京四合院,四面房屋都隔开一定距离,用游廊连接;南方住宅正房和厢房密接,屋顶相连,在庭院上方相聚如井口,这种住宅俗称"四水归堂"。而这种狭窄的庭院被形象地称为"天井"。

中国各地区
居住习俗

室内家具方面,南北朝以前没有桌、椅、凳,人要坐只能坐在地上。为卫生起见,在地上铺张席子,所以古人常说"席地而坐"。由于席地而坐,因此古人的坐姿也与现代人不同。古人坐时并非以臀部着地,而是两膝着地,两脚的脚背朝下,臀部落在脚跟上,现在韩国、日本还保留着这种坐法。如果将臀部抬起离开脚跟,上身挺直,就叫长跪,也叫跽。跽是表示对别人的尊敬,是一种礼貌,也是将要站起身的准备姿势。如果有尊者进来或者走到跟前来,就用"避席"来自表谦卑,而且要伏地。相反,"箕踞"是一种很不礼貌的坐姿,也叫"箕"或"踞",其姿势为两腿平伸,上身与腿成直角,形似簸箕。

古代的床与现代的床不同,古代的床主要是供人坐的。大约到东晋,床已是坐、卧两用了。《世说新语·雅量》就有这样的记载:"王家诸郎皆可嘉。闻来觅婿,咸自矜持,唯有一郎在东床坦腹卧,如不闻。"可见此时的床可以卧,但它是置于客厅的,跟睡觉的床不一样。到南朝末期,有了专门的坐具(胡床),床已经开始演变为贵族阶层睡觉的用具。到唐朝,椅子已经普及,床变成老百姓睡觉的用具,从杜甫《新婚别》"结发为君妻,席不暖君床"的诗句中即可看出。

富有中国特色的家具还有屏风。早期的屏风有挡风的实际功能,后来屏风逐渐成为装饰品,起到点缀环境、美化居室的作用,营造出一种宁静、和谐的家居氛围。

### 四、出行

#### (一)出行方式

中国古代出行方式主要包含步行、车马、肩舆、舟船等。

中国古人对走路的动作分辨得很细，《释名》云："两脚进曰行。徐行曰步，疾行曰趋。疾趋曰走。奔，变也，有急变奔赴之也。"这里需要说明的是"趋"。在他人面前趋，也就是紧走几步，表示对对方的尊敬。在君王面前，趋是不可少的。如果谁被批准免去这一礼节，那就是非常显赫的荣耀。如萧何就是历史上第一个被允许入朝不趋的。除了趋之外，古代对步行还有一些规定，如《礼记·曲礼》有"行不中道，立不中门""入临(进门凭吊死者)不翔(不大摇大摆地走)"等说法。

车马是中国古代陆行的主要工具，主要有马车和牛车。王室富贾多使用马车，车辆制作考究，装饰华美，是财富和地位的象征。用马驾车，从文献上看，常见的是驾四马，当然驾三马、驾两马也有，驾四马叫驷，驾三马叫骖，驾两马叫骈。因为古代以四马为常，所以古人常以"驷"为单位计数车马。《论语·季氏》说"齐景公有马千驷"，不只是说他有 4000 匹马，还意味着他有 1000 辆车。牛车也是自古就有的，《周易·系辞下》云："服牛乘马，引重致远，以利天下。"牛车多用于载物。在马车受重视的时代，牛车被认为是低贱的。但在魏晋以后坐牛车变得时髦起来，这既与江南地区少马多牛有关系，也与当时的士族崇尚黄老之学、追求恬淡清闲的生活有关。

肩舆就是今天所说的轿子、滑竿，原为上山时所用。自唐代开始，肩舆渐渐成为贵族出行乘坐的工具。跟肩舆相似的还有腰舆，肩舆是二人或多人前后上肩抬；腰舆不上肩，两人前后用手抬。腰舆较矮，因高仅及腰而得名。

中国古代水行的主要工具是木质的舟船，最原始的渡水工具应该是天然具有浮力的东西，如葫芦、树木等。《庄子·逍遥游》言，"今子有五石之瓠，何不虑以为大樽而浮乎江湖"，瓠就是葫芦，几个连在一起就可以渡河过水了。孔子云"道不行，乘桴浮于海"(《论语·公冶长》)，"桴"就是今天的筏，用几根树木或竹子用绳子绑好即成。独木舟问世后，才算是真正出现了船，《周易·系辞下》中说"刳木为舟，剡木为楫"，也就是将木头挖空做成舟，切削木头做成桨。商周时期，木板船开始出现，东周时期制造了楼船，唐宋时发明了轮桨，明代制造出宝船。

交通有着鲜明的地域性，俗话说"南船北马"，意思是南方人出行主要用船，北方人主要骑马。在中国广袤的土地中，有云贵高原的马帮，有沙漠中的驼队，有黄河上的羊皮筏，有长江的竹筏。大家因地制宜，形成了不同的交通民俗。

### （二）古代交通设施

交通设施指道路、桥梁及与之相关的设备，如驿站、长亭、短亭等。先秦典籍中多有道路的记载，如《国语·周语》中说："九月除道，十月成梁。"说明周代有按时修整道路和修建桥梁的规定。又如《诗经·小雅·大东》所说"周道如砥，其直如矢"，反映的是周代地面平坦的路况。又古时有路旁植树的习惯，《国语·周语》中说："列树以表道。"在路边植树的用途有三个：一是保护路基；二是使行人避免风吹日晒；三是具有标志性作用，迷路的人们，只要看到成排的树木，便会自然地找到道路。

古代为了传递文书方便，加强道路供给，制定了馆驿制度。孔子曾说："德之流行，速于置邮而传命。"（《孟子·公孙丑章句上》）置、邮就是古代的驿站名称。秦汉之际，这种道路上的馆舍统称为"亭"。《释名》说："亭，停也，人所停集也。"意思是亭就是供行人停下来休息的地方。汉代平均十里一亭。至隋唐时，继承和发展了南北朝时期驿传合一的制度，"驿"代替了以前的"邮""传""亭"等称呼。唐代的驿站空前繁荣，每隔三十里就设有一个驿站，供过路官员和邮差休息。

## 第二节　中国古代的民俗文化

结婚要拜堂，婴儿要做"百日宴"，清明时节祭祖先，中秋团圆吃月饼，这些日常生活中的常见习俗在中国均由来已久，且代代相传，不曾中断，是中国文化的重要载体。从传统的婚丧嫁娶和岁时节庆中，人们可以看出中国古代民俗文化的独特性和传承性。

### 一、古代的婚丧嫁娶

婚丧嫁娶是人类生活的重要内容，表现出对人生、家庭、社会等问题的思考,于成熟的礼仪形式中启迪世人。依据《礼记》,婚礼为"礼之本",丧礼及祭祀则蕴含"慎终追远"之义,均寄托了丰富的情感内容和文化内涵。

(一)古代的婚姻习俗

《礼记·昏义》云:"昏礼者,将合二姓之好,上以事宗庙,而下以继后世也,故君子重之。"可见,婚姻首先承担着传宗接代、发展家族的重要使命。《昏义》又云:"男女有别而后夫妇有义,夫妇有义而后父子有亲,父子有亲而后君臣有正。故曰:'昏礼者,礼之本也。'"正因婚姻是人伦之始,婚礼在礼制中具有重要作用,所以古人极为重视婚礼,创设一套婚姻礼仪,形成了独具特色的传统婚姻礼俗。婚姻习俗包含婚前礼、正婚礼和婚后礼。

婚前礼即订婚礼,主要体现于"六礼"。"六礼"创始于周代,《仪礼》记载:"昏有六礼,纳采、问名、纳吉、纳征、请期、亲迎。"纳采即男方家请媒人前往女方家表示求婚之意,就是俗称的"提亲""说媒"。纳采须以雁为贽礼,后面的几项礼仪也大多须用雁作礼物(只有纳征可以不用雁)。问名,俗称讨八字、合婚,即求婚成功后男方派人询问女方"生辰八字"。所谓"生辰八字",和我国传统历法密切相关。我国古代以干支纪年、纪时,天干、地支相配组成的60组名目及其顺序分别指代一定的年、月、日、时。每一个人的出生年、月、日、时由四组干支指代,这就是"生辰八字"。后来,问名发展为"换帖"。纳吉,俗称"订婚""订亲"。男方得到女方生辰后在家庙进行占卜,若卜得吉兆,男方就要再备雁礼派人告知女方,表示婚约已成,女方则设宴酬答;若得凶兆,即告知女方,终止订婚。纳征,又称"纳币""下聘礼""过大礼"等。请期,俗称"择日子""送日子"等,即男方择定迎娶吉日,委托媒人征求女方同意。亲迎,又称"迎亲""完婚",即新郎亲自率领人马到女方家迎娶新娘。先秦时期,"婚"字写作"昏",意为"阳往而阴来",所以迎娶新娘须在黄昏以后甚至是黑夜,乘墨车,着黑衣,执烛前往,至今我国部分地区仍保留着这种婚俗。后来,这种"崇黑"的习俗逐渐被"尚红"所取代,迎娶也改为在白天进行。

正婚礼包含拜堂、沃盥、同牢合卺与馂余设袵。拜堂习俗,唐朝时文献已有记载。至宋代,拜堂之风盛行于士庶之间,已有夫妇互拜之礼。习见的拜堂程式是"一拜天地,二拜高堂,夫妻对拜",盖取谢天地、敬父母、相敬爱之意。沃盥指夫妇沐浴以洁身,这是一种净化的仪节,表示把一切污秽与厄运洗净,有新的开始之意。同牢指新婚夫妇共食一牲,合卺指夫妇同饮。古时剖一瓠为两瓢,新婚夫妇各执一瓢,斟酒以饮,故称之为"合卺"。馂余指吃剩下的食物,设袵即"铺床"。

婚后礼包含妇见舅姑、妇馈舅姑、舅姑飨妇、归宁。媳妇称公公为"舅",称婆婆为"姑",拜舅姑就是新媳妇拜见公婆的礼仪。妇馈舅姑,指新妇过门后第二天,向舅姑进献酒、食,行馈食之礼。舅姑飨妇是公婆以"一献之礼"慰劳新妇,《礼记·昏义》记载:"厥明,舅姑共飨妇以一献之礼,奠酬。舅姑先降自西阶,妇降自阼阶,以著代也。"归宁指成婚之后,新女婿携礼品,随新娘第一次回娘家,拜谒妻子的父母及亲属。

婚姻的礼仪不仅有神圣庄严的一面,也有轻松愉快的一面。整个婚礼过程中,除了主要的仪节,还有许多辅助的婚姻杂俗,如撒帐、传席、闹洞房等。这些婚俗大多寓意吉祥,表达对新人美好的祝愿。

除了传统明媒正娶的婚姻形式,还有一些少数民族的婚姻方式很独特。如瑶族谈婚的主要方式是"讴莎腰",即通过唱歌选择自己的心上人。对歌可以在节日,也可以在劳动时隔山对歌,最盛行的是晚上到女方家窗前对歌。瑶族少女长到18岁左右,晚上即有男青年上门唱歌,姑娘如果对唱歌的男子有情意,即和他对唱;如果无意,她即默不作声地从窗口传出火把,意思除了表示谢绝求爱,还表示善良的姑娘希望这位小伙子不要气馁,拿火把照路,去别处寻觅姑娘谈情说爱。

### (二)古代的丧葬习俗

"丧",是指哀悼死者的礼仪,"葬"是指处理死者遗体的方式,儒家自古以来就强调"养生丧死",所以丧葬是中国人非常重视的一件大事,子女总是尽其所能地为亲人安排后事。我国民间习俗认为,凡人享年50岁以上因老、病而死,都算寿终,称"喜丧"。对于这种正常的死亡,家人早有准备。寿衣寿材早已做好,孝子在死者临终前日夜守候,以尽孝心。

治丧程序主要包含初终、入殓、出殡和丁忧守孝。初终之时,古礼有"属纩",就是用新蚕丝、新棉花试验死者还有无鼻息。接下来是"复"礼,也就是招魂,一般是家人到屋上或者高坡,朝祖先发源地呼唤死者。复礼是亲属希望亲人魂归的仪式,其后还要检查死者的鼻息、脉搏。接着便是"初哭",家人、亲属围在死者身旁号哭。死者的亲属自死者断气起即开始居丧,男子不穿华丽衣服,穿草鞋;女子脱去彩色衣服,摘除身上的装饰品,并各依服制穿孝服,戴孝帽,直到除灵为止。孝服也有规定,也就是传统的"五服"制度。

"五服"指的是以亲疏为差等的五种丧服,分别是斩衰、齐衰、大功、小功、缌麻。入殓分"小殓"和"大殓"。"小殓"是为死者穿上入棺的寿衣,大殓指死者入棺仪式。出殡是指送葬的仪式。《礼记·王制》载:"天子七日而殡,七月而葬;诸侯五日而殡,五月而葬;大夫、士、庶人三日而殡,三月而葬。"秦汉以后,平民死后三五天就下葬。西汉以后,受佛教的影响,又有"做七"和"百日"的习俗,每逢七天一祭,以"五七"为重。至百日,家人再次对死者进行祭奠。至此,丧礼基本结束。

五服简介

灵柩入土后,孝子返回家中,拜送宾客,正式开始守孝。古代将遭逢父母的丧事称作"丁忧""丁艰"。丁忧有相关的礼制要求,子女在家守孝三年,不能饮酒食肉,不能歌舞作乐,不能访友赴宴,不能赶考应试,不能娶妻纳妾。做官的则要辞掉官职,回家为父母服丧守孝。服丧三年,是对儿女是否孝顺的考验,给儿女的生活带来许多不便。因此,孔子弟子宰予就对此提出疑问。实际上,居丧有时候还是可以权变的,《礼记·曲礼》明确规定说:"居丧之礼,头有创则沐,身有疡则浴,有疾则饮酒食肉,疾止复初。不胜丧,乃比于不慈不孝。五十不致毁,六十不毁,七十唯衰麻在身,饮酒食肉,处于内。"也就是说,如果身有疾病,年龄老迈,可以放宽礼节。

### 二、传统岁时节庆

我国传统节日定型于隋唐两宋时期,据宋代陈元靓《岁时广记》记载,当时的节日计有元旦、立春、人日、上元、正月晦、中和节、二社日、寒食、清明、上巳、佛日、端午、朝节、天贶节、三伏节、立秋、七夕、中元、中秋、重九、小春、下元、冬至、腊日、交年节、岁除,这一序列基本上囊括了传统社会全部的重要节日,元明清时期对这一体系没有大的突破。

农历正月初一是中国传统的新年,亦称新正,今天我们称之为春节,古时称为"元旦",意为新的一年由此开始。春节是中国最盛大的传统节日,节仪习俗相当丰富,主要有祭灶扫尘、祭祖、放鞭炮、贴春联、守岁、拜年等。

正月十五是元宵节,也称上元节。自古以来元宵节就非常热闹,从辛弃疾《青玉案·元夕》(东风夜放花千树,更吹落、星如雨。宝马雕车香满路。凤箫声动,玉壶光转,一夜鱼龙舞。//蛾儿雪柳黄金缕,笑语盈盈暗香去。众里寻他千百度,蓦然回首,那人却在,灯火阑珊处。)就可见一斑,民间也有"正月十五闹元宵"的习俗。传统节目有挂灯笼、赏花灯、猜灯谜、耍龙灯、舞狮子、踩高跷等。当然,吃元宵也是元宵节最具有代表性的习俗,元宵又名"汤圆",与"团圆"音近,取团圆之意。

　　清明是我国二十四节气之一,清明前后正是春耕春种的大好时节。清明节前两日是寒食节,《荆楚岁时记》云:"去冬节一百五日,即有疾风甚雨,谓之寒食,禁火三日。"禁火和寒食折射出远古时代人们为贮存食物以度过饥荒的生活习惯,由于寒食节和清明节日期非常接近,寒

寒食节的传说

食节的活动又往往延续至清明,久而久之,这两个节日便合而为一。清明节内容很多,祭祀扫墓是其重要内容,此外还有踏青、荡秋千、蹴鞠等活动。

　　农历五月初五是端午节,又称端五节、端阳节、重午节。传说屈原于农历五月初五这一天投汨罗江自杀,楚人哀其不幸,投粽子、咸蛋于江中,以免屈原遗体被鱼龙虾蟹所食。又竞驾舟楫穿梭江面,寻觅踪迹,企盼拯救屈原,此后遂相沿成俗。农历五月正是毒瘴滋生、疾病多发的季节,而艾叶和菖蒲两种植物芬芳宜人,能驱虫去异味,是端午节的必备之物。民谚有"清明插柳,端午插艾"之说。同样,端午喝雄黄酒、佩戴香囊也为了消毒避虫、驱散瘴气。古代端午节又有"斗百草""佩香囊""系长命缕"等习俗。

　　中元节在每年农历七月十五,与正月十五的上元节(元宵节)和十月十五的下元节同为古老的传统节日。道教和佛教对这个节日有不同的解释。道教的中元节是祭祀"地官"的节日;佛教则因为"目连救母"的故事,佛教徒在这一天要举行盛大的盂兰盆会,超度饿鬼。而民间则认为七月十五是"鬼节",在这一天要祭奠家中亡人和孤魂野鬼,最隆重的风俗就是放河灯,民间习惯用木板加五色纸,做成各色彩灯,内点蜡烛,放入河中任其漂流,希望能将一切亡灵,超度到理想的彼岸世界。

　　中秋节有悠久的历史。古代帝王有春天祭日、秋天祭月的礼制。到唐代,祭月的风俗更为人们所重视,中秋节成为固定的节日。明清时期,中秋节已成为我国的主要节日之一,是仅次于春节的第二大传统节日。中秋节月亮圆满,象征团圆,因而又叫"团圆节",而中秋节的习俗也都是围绕着"月"来进行的。对于中秋的习俗,明人所著《帝京景物略》中有这样的记载:"八月十五日祭月,其祭果饼必圆,分瓜必牙错瓣刻之,如莲华。……家设月光位,于月所出方,向月供而拜,则焚月光纸,撤所供,散家之人必遍。月饼月果,戚属馈相报,饼有径二尺者。女归宁,是日必返其夫家,曰团圆节也。"

农历九月初九是传统的重阳节,《周易》把"六"定为阴数,把"九"定为阳数,九月初九是两九相重,故称"重阳",也叫"重九"。陶渊明《九日闲居》诗序中说:"余闲居,爱重九之名。秋菊盈园,而持醪靡由。空服九华,寄怀于言。"可见,魏晋时期就有在重阳节饮酒赏菊的习惯。重阳还有登高、吃重阳糕、插戴茱萸等习俗。唐代诗人王维《九月九日忆山东兄弟》:"独在异乡为异客,每逢佳节倍思亲。遥知兄弟登高处,遍插茱萸少一人。"

冬至是我国农历中一个非常重要的节气,是一年中黑夜最长的一天。古人把冬至看成节气的起点,《史记·律书》云:"气始于冬至,周而复始。"从冬至起,日子一天天长起来,相传汉代宫女做女工时,冬至后每天都要多用一根线,故民谚有"吃了冬至面,一天长一线"的说法。在古代冬至非常受重视,被当作一个较大节日,如魏晋称冬为"亚岁",南北朝称冬至为"岁首",民间称之为"小年"。直至现在,一些地方还把冬至作为一个重要的节日来过。北方地区有冬至宰羊、吃饺子、吃馄饨的习俗,南方地区在这一天有吃冬至米团、长线面的习俗。

腊八节又称"成道节"。"腊"在古代原是祭名,祭祖先称为"腊"。《说文解字》对"腊"的解释是这样的:"冬至后三戌腊祭百神。"可见汉代的腊日是冬至后第三个戌日,后来固定在十二月初八,俗称"腊八"。随着佛教的传入,腊日又被解释为佛祖释迦牟尼的成道日,故又称"成道节"。腊八节的一个重要习俗是吃腊八粥,又名"七宝五味粥",是由桃仁、松子、栗子、柿子、红豆、糯米、红枣等多种原料混合熬制而成的一种节日食品。

## 第三节　中国古代生活的文化特征

和而不同,是中国传统生活的重要文化特征。"和",体现在对"和美""和合""和谐"及天人合一的追求方面。"不同",则表现在尊卑有别的等级观念、等级制度方面,这也是中国传统生活文化所表现出的伦理特征。因此,中国古代生活文化具有以下特征:贵和尚美的审美特征,天人合一的价值理念,尊卑有别的伦理特征。

### 一、贵和尚美的审美特征

中国古代生活文化追求"和美""和合""和谐",具有贵和尚美的特征,这在衣食住行各方面都有体现。中国传统服饰注重自然美和含蓄美。在质料等方面,传统服饰注重与自然的统一,追求服饰的自然美。早期中国服饰的质料主要有两种:一是植物纤维,二是丝帛。这些质料做成的衣服穿着舒适,冬日保暖,夏日凉爽,"适身体,合肌肤"。传统服饰的风格与中国人内敛、平和、中庸的价值取向是一致的,总体风格是美观大方、含蓄雅致。与西方人突出形体的服饰文化不同,中国传统服饰提倡的是包藏而又不局限人体的舒适和含蓄。男女装都宽大合身,丝绸面料有飘动、悬垂的效果,衣物纹理清晰多变,又井然有序、动静皆宜,没有过分的突出、夸张和刻意的造型,于恬淡中给人一种含蓄、平和的美感。

中国传统饮食具有"和合"特征。首先,在食材选择上注重多样性的统一。《黄帝内经》记载:"五谷为养,五果为助,五畜为益,五菜为充,气味合而服之,以补精益气。"这表现出中国传统饮食食材来源上的多样性与统一性,十分有利于营养的均衡,鲜明地体现着"和"的特征。其次,在食品烹饪上强调"咸、苦、酸、辛、甘"的五味调和,其理论可追溯到中国古代的"五行"学说。水、火、木、金、土"五行"统摄五味,表达了味之美来源于自然的观念。为了追求饮食美味,中国人把食物的做法分为煮、烤、蒸、炒、炸五大类,由此产生了著名的具有代表性的鲁、川、粤、苏、闽、浙、湘、徽八大菜系。最后,在用餐上讲究饮食环境气氛的和谐。天伦至亲或好友知己相聚围坐在一起,边吃边笑边谈话,显得十分亲密且热闹。

中国传统建筑设计的出发点是尽量满足人的物质和精神的双重需求,将实用和审美高度统一起来,营造一种舒适和谐的居住环境。对称向心的整体布局使人感到稳定、安全,体现了农耕民族的和谐心态。木构架梁柱式的构造,可以使房屋在不同气候条件下,满足生活和生产所面临的千变万化的功能要求。曲径通幽的庭院式的组群布局、形象各异的斗拱飞檐、丰富多彩的彩绘雕饰,更给人一种心旷神怡之感。传统建筑的各种雕饰,如以"吉祥如意"为主题的"福、禄、寿、喜"及诗画装饰等,都充分体现了人与人和谐共处的理念,反映了人们对美好生活的憧憬。

在中国古代,整个交通系统以一种低碳、环保的方式与自然界保持高度和谐,不会导致能源与气候的危机。如当时的马车、帆船、轿子、纤绳等交通工具,均属环保节能、零排放的环境友好型交通方式。西周时就建立"列树以表道"的路边植树制度,唐代规定不得在官路上耕种和砍伐树木,路树缺损及时补植,后代一直沿袭这一做法,使得我国古代交通一直处于一个良性状态。

中国节庆多热闹喜庆,重视团圆和美,明显具有贵和尚美的特征。春节吃团圆饭、吃饺子、说吉利话、发压岁钱等习俗,无不寄托着人们想要过上和和美美生活的愿望。元宵吃汤圆,寓意团圆;七夕乞巧,表达了姑娘们想要心灵手巧和婚姻美满的愿望;中秋则是借赏月和吃月饼表达阖家团圆的愿望。

### 二、天人合一的价值理念

中国传统思想崇尚"天人合一",把人和天地万物紧密地联系在一起,视之为不可分割的共同体。庄子言:"天地与我并生,而万物与我为一。"(《庄子·齐物论》)人是宇宙中的存在,人与万物是伙伴关系,人应该遵循自然规律。中国古人很注意这一点,无论是交通出行,还是服饰、饮食、居住、节庆等方面,都追求人与自然的和谐。

中国传统服饰就式样、色彩、纹样而言,如皇帝冕服上绘制的十二章纹(日、月、星辰、山、龙、华虫、宗彝、藻、火、粉米、黼、黻)取象于自然;男冠女髻受鸟兽冠角的启发;"石榴裙""百鸟裙""孔雀裘"等,或是颜色,或是质料等,莫不取法自然。以上种种,既说明了古代人善于观察自然,从自然中汲取灵感,从而创造出独具特色的服饰文化,也从一个侧面反映出古代人向往自然、顺应自然,力图回归自然、融入自然的精神追求,体现着中国传统文化"天人合一"的特点。

中国饮食文化讲究就餐环境,良好的环境给人以美的享受,可以增强人的食欲。酒席欢会,需要一定的环境气氛作烘托,以达到更好的效果。古代的文人雅士,喜欢在大自然中宴饮,把酒赋诗,欣赏小桥流水、芳草萋萋的自然之美。也有的是人造的环境,如为营造雅致的情调,唐代酒楼小店都将店里的墙壁粉白,供文人墨客在上面题诗作画,宋代的酒楼则张挂名人字画;现代的饭店则将音乐、舞蹈引入餐饮活动,使客人可以一边饮食一边欣赏。无论是自然还是人为的环境,都使餐饮活动更具有审美趣味,这也体现着"天人合一"的价值理念。

中国古人重视"天时、地利、人和"的协调统一。在处理建筑与自然环境的关系时,不是持着与大自然对立的态度,用建筑去控制自然环境;相反,乃是持着亲和的态度,从而形成建筑融合于自然的设计理念。选址讲究山林风水,体现了与大自然的和谐。"坐北朝南,依山傍水"的风水观,既有物质的需求,如冬暖夏凉,光线充足,水源丰富,冬可避寒冷强劲的北风,夏可迎清凉的南风,可谓得风、得水、得光,舒适温暖;同时又有山有水,风景秀丽,环境优美,给人以精神享受。南方民居往往依地势而建,呈开放式格局,屋前屋后栽有大片树木。北方庭院式建筑是封闭式的,但庭院开阔,庭内植树种花,引自然之景于院内,显示着人对自然环境的亲近。中国传统建筑不仅重自然的山林风水,也重人工的山林风水,其目的都是构建与大自然的和谐,追求"天人合一"的境界。

中国的传统节庆活动充分体现了"天人合一"的传统。春节迎新,清明踏青、折柳、荡秋千等活动,端午赛龙舟、插艾叶菖蒲,中秋赏月,重阳登高赏菊,等等,都具有促使人们亲近自然、在自然中放松身心、感受自然的美好等作用。传统节日的有些习俗在社会发展中已被淡化,唯独亲近自然的行为始终得以延续,这也从一个侧面说明了"天人合一"思想具有强大的文化生命力。

### 三、尊卑有别的伦理特征

尊卑有别的等级制度和观念,在衣食住行和岁时节庆等方面都有体现。在服饰方面,《荀子·君道》所讲的"修冠弁衣裳,黼黻文章,雕琢刻镂,皆有等差",揭示了服饰的等级与贵贱特征。中国古代服饰的图案,"龙"的图样只能绘于皇帝、皇太子、皇太后、皇后、皇帝妃嫔、皇太子妃等皇族成员的服饰,否则就是犯上作乱。自汉唐至明清的 2000 余年间,各个朝代的服饰制度对上自天子、下至百姓的服饰式样、色彩、质地、穿着场合都有明确规定,所以贾谊《新书·服疑》中说"贵贱有级,服位有等……是以天下见其服而知贵贱",《后汉书·舆服志》也说"非其人不得服其服"。人贵衣华,人贱衣简,贵人先贵衣成了中国古代社会的服饰准则,并要求人们严格执行。对于那些违背服饰制度、不按等级规定着衣的人,官方将给予严厉惩治。唐朝的服制规定,三品才能服紫,四品服朱,六品服绿,八品服青。服装的颜色也成为地位的象征。这些都说明传统服饰中有很强的社会伦理色彩。

在传统饮食方面,饮食礼仪的涵盖面很广,按阶层划分,有宫廷皇家食礼、官府缙绅食礼、军营将士食礼、书院士子食礼、市场商贾食礼、行帮工匠食礼、城镇居民食礼和乡村农夫食礼等;按用途分,有祭神祀祖食礼、重教尊师食礼、敬贤养老食礼、生寿婚丧食礼、贺年馈节食礼、接风饯行食礼、诗文欢会食礼、社交游乐食礼、百业帮会食礼和民间应酬食礼种种,形式和内容丰富多彩。上自帝王将相,下至黎民百姓,无不与之发生广泛的联系,无不依靠它进行社会交际。在各种食礼中,都强调尊卑、长幼之别,如宴席上必须以主宾、长幼、尊卑、亲疏、贵贱排列座次,同时在饭、菜的食用上都有严格的规范,通过饮食礼仪体现等级区别。

中国传统社会是宗法等级社会,这也深刻反映在建筑中。建筑的布局、结构、高低、大小等都有严格的等级差别。如布局上,尊者位于中心建筑,地位越高,距中心越近,反之越远。如古代都城,宫城居于中轴线的核心,而皇帝的正殿又位于宫城的中心。这种对中轴线的迷恋,与中国传统文化所特有的"礼"相关,"礼"强调尊卑有序,而"中"突出了权威居中;也与中华民族在历史中形成的独特的民族心理相关,中国人追求审美心理上的平稳、沉静、自持、静穆,因此在建筑中也就强调沿中轴对称的均衡。此外,在屋顶的颜色(黄色琉璃瓦为帝王专用)、屋脊上的装饰物(品级越高脊兽越多)、基座的高度,以及房屋的开间、进深等方面都有严格的区分。

在等级森严的古代社会,统治阶级为了别尊卑、定贵贱,在交通工具上也作出严格的规定。一般来说,庶民通常是步行,或只能乘用制度允许的交通工具。车成为等级制度的一部分,历代帝王都对车服品级制度作出规定,任何人不得僭越。在统治阶级内部,乘车骑马也是分等级的。皇帝至高无上,所以车马排场也就最大。其余公侯百官依品级乘坐舆马,舆马的装饰也因品级不同而有所不同。行路之"礼"也体现着等级制度,表现为行路、行车实行交通避让或回避制度。《仪制令》规定:"贱避贵,少避长,轻避重,去避来。"

中国长期处在宗法制社会形态下,人们重血亲人伦,讲究礼教德治、长幼尊卑、贵贱有别。中国传统节日非常明显地体现着根深蒂固的宗法文化特征。很多节日都要祭祖,如春节、清明、中元节等,体现出尊祖敬宗的文化传统。崔寔《四民月令》中对春节祭祖作了这样的描述:"正月之朔,是谓正日。躬率妻孥,洁祀祖祢。及祀日,进酒降神毕,乃室家尊卑,无大无小,以次列于先祖之前,子妇曾孙,各上椒柏酒于家长,称觞举寿,欣欣如也。"通过一系列固定仪式,体现了尊尊亲亲、尊卑有别的人伦规范。春节拜年的习俗,更能看出传统社会以血缘为纽带的宗法文化的伦理特征。

# 本章小结

中国古代的生活文化内容丰富,在衣食住行和民俗等方面都具有地域性和多样性特征。服饰包含首服、身服和佩饰,设计精致,富有美感。饮食材料众多,讲究五味调和,形成了具有代表性的八大菜系。建筑以木构架为主要结构方式,典雅而宜居。交通方面"南船北马",制定了馆驿制度。婚丧嫁娶礼仪周备,岁时节庆的活动令人流连。总体考察,我们认为,中国古代生活文化具有内涵深厚的文化特征,主要包含贵和尚美的审美特征、天人合一的价值理念、尊卑有别的伦理特征等方面。在生活节奏加快、物质文化丰富、消费愿望高涨的今天,传统生活文化遇到了强大的挑战。生活中的有些礼仪在慢慢简化甚至消失,生活习俗也在慢慢地发生改变,这是正常的现象。然而,作为中国人,我们还是要注意保持传统中良好的生活习惯,发扬贵和尚美的文化精神,这对于提高我们的生活质量和文化水平都具有重要的意义。

小测验

思考练习

1.中国古今衣食住行有哪些不同?

2.中国古代婚丧嫁娶有哪些主要习俗?

3.谈谈你对中国传统生活文化和而不同特点的理解。

参考书目

华梅:《服饰与中国文化》,人民出版社2001年版。

徐静主编:《中国服饰史》,华东大学出版社2010年版。

赵荣光、谢定源:《饮食文化概论》,中国轻工业出版社2006年版。

潘谷西:《中国建筑史》,中国建筑工业出版社 2015 年版。

白寿彝:《中国交通史》,武汉大学出版社 2012 年版。

常彦主编:《民俗文化教程》,西北工业大学出版社 2010 年版。

柯玲:《中国民俗文化》,北京大学出版社 2011 年版。

钟敬文主编:《中国礼仪全书》,安徽科学技术出版社 2000 年版。

## 经典阅读

### 《荀子》(节选)

礼起于何也? 曰:人生而有欲,欲而不得,则不能无求;求而无度量分界,则不能不争;争则乱,乱则穷。先王恶其乱也,故制礼义以分之,以养人之欲,给人之求,使欲必不穷乎物,物必不屈于欲,两者相持而长,是礼之所起也。

故礼者,养也。刍豢稻粱,五味调香,所以养口也;椒兰芬苾,所以养鼻也;雕琢、刻镂、黼黻、文章,所以养目也;钟鼓、管磬、琴瑟、竽笙,所以养耳也;疏房、檖貌、越席、床笫、几筵,所以养体也。故礼者,养也。(《礼论》)

王先谦集解:《荀子集解》,沈啸寰、王星贤整理,中华书局 2012 年版。

### 《礼记》(节选)

昏礼者,将合二姓之好,上以事宗庙,而下以继后世也,故君子重之。是以昏礼纳采、问名、纳吉、纳征、请期,皆主人筵几于庙,而拜迎于门外,入,揖让而升,听命于庙,所以敬慎重正昏礼也。

......

敬慎重正而后亲之,礼之大体,而所以成男女之别而立夫妇之义也。男女有别而后夫妇有义,夫妇有义而后父子有亲,父子有亲而后君臣有正。故曰:"昏礼者,礼之本也。"

夫礼始于冠,本于昏,重于丧、祭,尊于朝、聘,和于射、乡,此礼之大体也。

夙兴,妇沐浴以俟见。质明,赞见妇于舅姑,妇执笲枣栗段修以见,赞醴妇,妇祭脯醢,祭醴,成妇礼也。舅姑入室,妇以特豚馈,明妇顺也。厥明,舅姑共飨妇以一献之礼,奠酬,舅姑先降自西阶,妇降自阼阶,以著代也。

成妇礼,明妇顺,又申之以著代,所以重责妇顺焉也。妇顺者,顺于舅姑,和于室人,而后当于夫,以成丝麻布帛之事,以审守委积盖藏。是故妇顺备而后内和理,内和理而后家可长久也。故圣王重之。(《昏义》)

王文锦译解:《礼记译解》,中华书局 2001 年版。

## 顾炎武《日知录》(节选)

汉自孝武表章六经之后,师儒虽盛,而大义未明,故新莽居摄,颂德献符者,偏于天下。光武有鉴于此,故尊崇节义,敦厉名实,所举用者,莫非经明行修之人,而风俗为之一变。至其末造,朝政昏浊,国事日非,而党锢之流,独行之辈,依仁蹈义,舍命不渝,风雨如晦,鸡鸣不已。三代以下,风俗之美,无尚于东京者。故范晔之论,以为"桓、灵之间,君道秕僻,朝纲日陵,国隙屡启,自中智以下,靡不审其崩离,而权强之臣,息其窥盗之谋,豪俊之夫,屈于鄙生之议"。《儒林传》论。"所以倾而未颓,决而未溃,皆仁人君子心力之为"。《左雄传》论。可谓知言者矣。使后代之主,循而弗革,即流风至今,亦何不可。

……

光武躬行俭约,以化臣下,讲论经义,常至夜分。一时功臣如邓禹有子十三人,各使守一艺,闺门修整,可为世法。贵戚如樊重,三世共财,子孙朝夕礼敬,常若公家。以故东汉之世,虽人才之倜傥不及西京,而士风家法,似有过于前代。

东京之末,节义衰而文章盛,自蔡邕始。其仕董卓无守,卓死,惊叹无识。观其集中滥作碑颂,则平日之为人可知矣。宋袁淑《吊古文》:"伯喈衔文以求入。"以其文采富而交游多,故后人为立佳传。嗟乎,士君子处衰季之朝,常以负一世之名,而转移天下之风气者,视伯喈之为人,其戒之哉!(卷十三《两汉风俗》)

顾炎武著,陈垣校注:《日知录校注》,安徽大学出版社 2007 年版。

## 王安石《元日》

爆竹声中一岁除,春风送暖入屠苏。

千门万户曈曈日,总把新桃换旧符。

李梦生注译:《千家诗全解》,复旦大学出版社 2007 年版。

### 孟浩然《田家元日》

昨夜斗回北,今朝岁起东。

我年已强仕,无禄尚忧农。

桑野就耕父,荷锄随牧童。

田家占气候,共说此年丰。

孟浩然撰,李景白校注:《孟浩然诗集校注》,中华书局2018年版。

### 欧阳修《生查子·元夕》

去年元夜时,花市灯如昼。

月到柳梢头,人约黄昏后。

今年元夜时,月与灯依旧。

不见去年人,泪满春衫袖。

唐圭璋编:《全宋词》第一册,中华书局1965年版。

### 纳兰性德《金菊对芙蓉·上元》

金鸭消香,银虬泻水,谁家夜笛飞声。

正上林雪霁,鸳甃晶莹。

鱼龙舞罢香车杳,剩尊前、袖掩吴绫。

狂游似梦,而今空记,密约烧灯。

追念往事难凭。叹火树星桥,回首飘零。

但九逵烟月,依旧笼明。

楚天一带惊烽火,问今宵、可照江城。

小窗残酒,阑珊灯焰,别自关情。

纳兰性德撰,赵秀亭、冯统一笺校:《饮水词笺校》,辽宁教育出版社2001年版。

### 戴表元《林村寒食》

出门杨柳碧依依,木笔花开客未归。

市远无饧供熟食,村深有纻试生衣。

寒沙犬逐游鞍吠,落日鸦衔祭肉飞。

闻说旧时春赛罢,家家鼓笛醉成围。

傅璇琮等主编:《全宋诗》第 69 册,卷三六四三,北京大学出版社 1991 年版。

### 白居易《寒食野望吟》

丘墟郭门外,寒食谁家哭?

风吹旷野纸钱飞,古墓累累春草绿。

棠梨花映白杨树,尽是死生离别处。

冥寞重泉哭不闻,萧萧暮雨人归去。(卷十二)

白居易著,谢思炜校注:《白居易诗集校注》,中华书局 2006 年版。

### 杜牧《清明》

清明时节雨纷纷,路上行人欲断魂。

借问酒家何处有? 牧童遥指杏花村。(《集外诗三》)

杜牧著,吴在庆校注:《杜牧集系年校注》,中华书局 2008 年版。

### 晏殊《破阵子·春景》

燕子来时新社,梨花落后清明。

池上碧苔三四点,叶底黄鹂一两声。

日长飞絮轻。

巧笑东邻女伴,采桑径里逢迎。

疑怪昨宵春梦好,元是今朝斗草赢。

笑从双脸生。

唐圭璋编:《全宋词》(第一册),中华书局 1965 年版。

### 杜甫《月夜忆舍弟》

戍鼓断人行,边秋一雁声。

露从今夜白,月是故乡明。

有弟皆分散,无家问死生。

寄书长不达,况乃未休兵。

杜甫著,仇兆鳌注:《杜诗详注》,中华书局 1979 年版。

## 苏轼《水调歌头》

丙辰中秋,欢饮达旦,大醉。作此篇,兼怀子由

明月几时有,把酒问青天。

不知天上宫阙,今夕是何年。

我欲乘风归去,又恐琼楼玉宇,高处不胜寒。

起舞弄清影,何似在人间。

转朱阁,低绮户,照无眠。

不应有恨,何事长向别时圆。

人有悲欢离合,月有阴晴圆缺,此事古难全。

但愿人长久,千里共婵娟。

唐圭璋编:《全宋词》(第一册),中华书局1965年版。

## 庾肩吾《岁尽应令》

岁序已云殚,春心不自安。

聊开柏叶酒,试奠五辛盘。

金薄图神燕,朱泥却鬼丸。

梅花应可折,倩为雪中看。

张溥辑:《汉魏六朝百三家集》(卷九十九),《文渊阁四库全书》本。

## 张子容《除日》

腊月今知晦,流年此夕除。

拾樵供岁火,帖牖作春书。

柳觉东风至,花疑小雪余。

忽逢双鲤赠,言是上冰鱼。

彭定求等编:《全唐诗》(卷一百一十六),中州古籍出版社1996年版。

## 曹雪芹《红楼梦》(节选)

　　且说黛玉自那日弃舟登岸时,便有荣国府打发了轿子并拉行李的车辆久候了。这林黛玉常听得母亲说过,他外祖母家与别家不同。他近日所见的这几个三等仆妇,吃穿用度,已是不凡了,何况今至其家。因此步步留心,

102

时时在意,不肯轻易多说一句话,多行一步路,惟恐被人耻笑了他去。

自上了轿,进入城中,从纱窗向外瞧了一瞧,其街市之繁华,人烟之阜盛,自与别处不同。又行了半日,忽见街北蹲着两个大石狮子,三间兽头大门,门前列坐着十来个华冠丽服之人。正门却不开,只有东西两角门有人出入。正门之上有一匾,匾上大书"敕造宁国府"五个大字。黛玉想道:"这必是外祖之长房了。"想着,又往西行,不多远,照样也是三间大门,方是荣国府。却不进正门,只进了西边角门。那轿夫抬进去,走了一射之地,将转弯时,便歇下退出去了。后面的婆子们已都下了轿,赶上前来。另换了三四个衣帽周全十七八岁的小厮上来,复抬起轿子。众婆子步下围随至一垂花门前落下。众小厮退出,众婆子上来打起轿帘,扶黛玉下轿。林黛玉扶着婆子的手,进了垂花门,两边是抄手游廊,当中是穿堂,当地放着一个紫檀架子大理石的大插屏。转过插屏,小小的三间厅,厅后就是后面的正房大院。正面五间上房,皆雕梁画栋,两边穿山游廊厢房,挂着各色鹦鹉、画眉等鸟雀。台矶之上,坐着几个穿红着绿的丫头,一见他们来了,便忙都笑迎上来,说:"刚才老太太还念呢,可巧就来了。"于是三四人争着打起帘笼,一面听得人回话:"林姑娘到了。"

黛玉方进入房时,只见两个人搀着一位鬓发如银的老母迎上来,黛玉便知是他外祖母。方欲拜见时,早被他外祖母一把搂入怀中,心肝儿肉叫着大哭起来。当下地下侍立之人,无不掩面涕泣,黛玉也哭个不住。一时众人慢慢解劝住了,黛玉方拜见了外祖母。——此即冷子兴所云之史氏太君,贾赦贾政之母也。当下贾母一一指与黛玉:"这是你大舅母;这是你二舅母;这是你先珠大哥的媳妇珠大嫂子。"黛玉一一拜见过。贾母又说:"请姑娘们来。今日远客才来,可以不必上学去了。"众人答应了一声,便去了两个。

不一时,只见三个奶嬷嬷并五六个丫鬟,簇拥着三个姊妹来了。第一个肌肤微丰,合中身材,腮凝新荔,鼻腻鹅脂,温柔沉默,观之可亲。第二个削肩细腰,长挑身材,鸭蛋脸面,俊眼修眉,顾盼神飞,文彩精华,见之忘俗。第三个身量未足,形容尚小。其钗环裙袄,三人皆是一样的妆饰。黛玉忙起身迎上来见礼,互相厮认过,大家归了坐。丫鬟们斟上茶来。不过说些黛玉之母如何得病,如何请医服药,如何送死发丧。不免贾母又伤感起来,因说:"我这些儿女,所疼者独有你母,今日一旦先舍我而去,连面也不能一见,今见了你,我怎不伤心!"说着,搂了黛玉在怀,又呜咽起来。众人忙都宽慰解释,方略略止住。

......

一语未了,只听后院中有人笑声,说:"我来迟了,不曾迎接远客!"黛玉纳罕道:"这些人个个皆敛声屏气,恭肃严整如此,这来者系谁,这样放诞无礼?"心下想时,只见一群媳妇丫鬟围拥着一个人从后房门进来。这个人打扮与众姑娘不同:彩绣辉煌,恍若神妃仙子。头上戴着金丝八宝攒珠髻,绾着朝阳五凤挂珠钗;项上戴着赤金盘螭璎珞圈;裙边系着豆绿宫绦双衡比目玫瑰珮;身上穿着缕金百蝶穿花大红洋缎窄裉袄,外罩五彩刻丝石青银鼠褂;下着翡翠撒花洋绉裙。一双丹凤三角眼,两弯柳叶吊梢眉,身量苗条,体格风骚。粉面含春威不露,丹唇未启笑先闻。黛玉连忙起身接见。贾母笑道:"你不认得他,他是我们这里有名的一个泼皮破落户儿,南省俗谓作'辣子',你只叫他'凤辣子'就是了。"

黛玉正不知以何称呼,只见众姊妹都忙告诉他道:"这是琏嫂子。"黛玉虽不识,也曾听见母亲说过,大舅贾赦之子贾琏,娶的就是二舅母王氏之内侄女,自幼假充男儿教养的,学名王熙凤。黛玉忙陪笑见礼,以"嫂"呼之。(第三回《贾雨村夤缘复旧职　林黛玉抛父进京都》)

于是吃过门杯,(刘姥姥)因又逗趣笑道:"实告诉说罢,我的手脚子粗笨,又喝了酒,仔细失手打了这瓷杯。有木头的杯取个子来,我便失了手,掉了地下也无碍。"众人听了,又笑起来。

凤姐儿听如此说,便忙笑道:"果真要木头的,我就取了来。可有一句先说下:这木头的可比不得瓷的,他都是一套,定要吃遍一套方使得。"刘姥姥听了心下战簌道:"我方才不过是趣话取笑儿,谁知他果真竟有。我时常在村庄乡绅大家也赴过席,金杯银杯倒都也见过,从来没见有木头杯之说。哦,是了,想必是小孩子们使的木碗儿,不过诓我多喝两碗。别管他,横竖这酒蜜水儿似的,多喝点子也无妨。"想毕,便说:"取来再商量。"凤姐乃命丰儿:"到前面里间屋,书架子上有十个竹根套杯取来。"

丰儿听了,答应才然要去,鸳鸯笑道:"我知道你这十个杯还小。况且你才说是木头的,这会子又拿了竹根子的来,倒不好看。不如把我们那里的黄杨根整抠的十个大套杯拿来,灌他十下子。"凤姐儿笑道:"更好了。"鸳鸯果命人取来。刘姥姥一看,又惊又喜:惊的是一连十个,挨次大小分下来,那大的足似个小盆子,第十个极小的还有手里的杯子两个大;喜的是雕镂奇绝,一色山水树木人物,并有草字以及图印。因忙说道:"拿了那小的来就是了,怎么这样多?"凤姐儿笑道:"这个杯没有喝一个的理。我们家因没有这大量的,所以没人敢使他。姥姥既要,好容易寻了出来,必定要挨次吃一遍才使得。"刘姥姥唬的忙道:"这个不敢。好姑奶奶,饶了我罢。"贾母、薛姨妈、王夫人知道他上了年纪的人,禁不起,忙笑道:"说是说,笑是笑,不可多吃了,只吃这头一杯罢。"刘姥姥道:"阿弥陀佛! 我还是小杯吃罢。把这大杯收着,我带了家去慢慢的吃罢。"说的众人又笑起来。鸳鸯无法,只得命人满斟了一大杯,刘姥姥两手捧着喝。

贾母薛姨妈都道:"慢些,不要呛了。"薛姨妈又命凤姐儿布了菜。凤姐笑道:"姥姥要吃什么,说出名儿来,我搛了喂你。"刘姥姥道:"我知什么名儿,样样都是好的。"贾母笑道:"你把茄鲞搛些喂他。"凤姐儿听说,依言搛些茄鲞送入刘姥姥口中,因笑道:"你们天天吃茄子,也尝尝我们的茄子弄的可口不可口。"刘姥姥笑道:"别哄我了,茄子跑出这个味儿来了,我们也不用种粮食,只种茄子了。"众人笑道:"真是茄子,我们再不哄你。"刘姥姥诧异道:"真是茄子? 我白吃了半日。姑奶奶再喂我些,这一口细嚼嚼。"凤姐儿果又搛了些放入口内。

刘姥姥细嚼了半日,笑道:"虽有一点茄子香,只是还不像是茄子。告诉我是个什么法子弄的,我也弄着吃去。"凤姐儿笑道:"这也不难。你把才下来的茄子把皮劁了,只要净肉,切成碎钉子,用鸡油炸了,再用鸡脯子肉并香菌、新笋、蘑菇、五香腐干、各色干果子,俱切成钉子,拿鸡汤煨了,将香油一收,外加糟油一拌,盛在瓷罐子里封严,要吃时拿出来,用炒的鸡瓜一拌就是。"刘姥姥听了,摇头吐舌说道:"我的佛祖! 倒得十来只鸡来配他,怪道这个味儿!"(第四十一回《栊翠庵茶品梅花雪　怡红院劫遇母蝗虫》)

曹雪芹:《红楼梦》,人民文学出版社 2008 年版。

# 第五讲
# 形意相融的汉字文化

　　汉字是世界上古老文字中唯一流传下来、迄今仍具有强大生命力的表意文字，它既是中国传统文化的有机组成部分，又是其不可或缺的重要载体。汉字在中国传统文化的绵延传承和中华文明的历史发展中发挥着重要作用，对中国人的思想观念、行为方式、思维品质产生了重要影响。1936年2月，著名语言学家沈兼士写了一篇《鬼字原始意义之探讨》，发表在北京大学《国学季刊》五卷三号上。文章从古文字学、古文献学、历史学和民族学等角度对"鬼"字进行深入研究，从汉字及与汉字相关学科入手，探寻汉字本身的原始意义，更进一步辨析与此汉字的原始意义所对应的人类史和社会文化史。这篇文章发表后，知名学者陈寅恪先生赞扬道："凡解释一字即是作一部文化史。中国今日著作能适合此定义者，以寅恪所见，惟公此文足以当之无愧也。"①中国的每一个汉字都凝结着深沉的社会文化背景，记录着与之相伴的一代又一代使用者的痕迹。我们借用国学大师陈寅恪之言，来表明汉字文化的重要意义。

## 第一节　汉字的起源和形体演变

　　殷商时期出现了甲骨文，这已是成熟的文字，关于这种文字的起源，存在多种说法。甲骨文出现以后，历经多种形体的演变，并且各种形体至今仍在书法艺术中得以呈现，表现出万千气象。

---

　　①　沈兼士:《沈兼士学术论文集》，中华书局1986年版，第202页。

### 一、汉字的起源

古人对汉字的起源作过广泛而深入的探索,作出的解释中影响较大的有结绳说、书契说、仓颉造字说等。

**(一)结绳说**

结绳是指以绳子打结的方式来记事。古籍中有不少关于"结绳记事"的记载,如"上古结绳而治,后世圣人易之以书契"(《周易·系辞下》);"昔者……伏牺氏、神农氏,当是时也,民结绳而用之"(《庄子·胠箧》);"及神农氏,结绳为治而统其事,庶业其繁,饰伪萌生"(《说文解字·叙》)。结绳记事的具体方法文献也有记载,唐代李鼎祚《周易集解》引《九家易》曰:"古者无文字,其有约誓之事,事大大其绳,事小小其绳,结之多少,随物众寡,各执以相考,亦足以相治也。"这段话涉及内容颇多,既介绍了结绳记事的方法,用绳的大小、结的多少来表示事物、事件的大小多少;还介绍了结绳记事的目的——订立誓约,功能相当于今天的契约文书。这种方法突破了有声语言的时空限制,能帮助双方记住当时的约定,从而达到"相治"目的。结绳标志着古人思想认识上的一大进步,说明人们已经开始意识到需要借助于某种方法来帮助记忆,并且找到了有效的方法——结绳。当然,结绳还不能算是文字本身,它只是从"无文字"过渡到"有文字"的一个环节。

**(二)书契说**

除上文已提及的《周易·系辞下》所言"上古结绳而治,后世圣人易之以书契",《尚书·序》也有伏羲氏"造书契,以代结绳之政"的记载。古代书写多用刀刻,契就是刻。既然"书契"与"结绳"之间是"易之""代之"的关系,那么,书契能算文字吗?曾宪通、林志强先生认为:"结绳之后的书契当指绘画与契刻二事……绘画和契刻已经比结绳大为进步了,但还不是真正的文字。"①契刻是指当时人们在木片或竹片上刻一些符号,用以记数和记事。从有关史料看,书契的刻画方法直接影响了后来的甲骨文,其中的一些符号也与甲骨文相关联。书契虽然还不能算是真正的文字,但它相比结绳记事已是一大进步。

---

① 曾宪通、林志强:《汉字源流》,中山大学出版社 2011 年版,第 13 页。

（三）图画说

据目前所见有关汉字的最早资料分析,汉字从原始图画发展来的说法还是有一定道理的。唐兰先生在《古文字学导论》中,曾经提出"文字的起源是图画"的主张。他认为,汉字起源于原始图画,并不是说原始的图画就是文字,而是指以原始图画为基础的象形符号与语言相对应,逐渐使这些符号成为语言的辅助工具,进而成为与语言相适应的文字。商周族徽中的动植物、太阳、月亮、山川、石斧、弓箭等图案,不少直接在造字中被采用。古文字学家认为:"用象形符号表示族名,很可能是原始表意字产生的一个重要途径。"①

（四）仓颉造字说

在各种关于汉字起源的传说中,仓颉造字是影响最大的一种。《荀子·解蔽》《韩非子·五蠹》《吕氏春秋·君守》《淮南子·修务》《论衡》《说文解字》等典籍都有相关记载。其中,东汉许慎在《说文解字·叙》中说得甚为详细:"黄帝之史仓颉,见鸟兽蹄迒之迹,知分理之可相别异也,初造书契。"又说:"仓颉之初作书,盖依类象形,故谓之文;其后形声相益,即谓之字。"许慎介绍说,仓颉是受鸟、兽留在地上之印迹的启发而开始造字的,具体方法有两种:一是"依类象形",也就是按照词义所表示事物的具体形状来构造字形,比如"日""月"等字;二是"形声相益",即用一个已有的汉字表示意义类别,再用另一个汉字表示其读音,从而合成一个新字,比如"江""湖"等字。仓颉造字之举惊天动地,《淮南子·本经训》曰:"昔者苍颉作书而天雨粟,鬼夜哭。"

仓颉何以能造出字? 传说仓颉长得很不一般,《论衡·骨相》中说他一生下来就异于常人,有四只眼睛,即所谓"仓颉四目"。这种描写过于夸张,完全不可信,但说他是黄帝的史官,则与造字有关。史官的职责是负责记录史实,自然要更多地与文字符号打交道。当社会进入部落征战与联盟之类的事务越来越多的时代,用某种符号记录史实就显得更为迫切。仓颉作为史官,感受自然会比一般人更加深刻,于是就对当时已在运用的各种符号进行搜集、整理、改造,当然也不排除他个人的创造。这或许就是所谓"仓颉造字说"所依据的客观事实,正如《荀子·解蔽》中所说,当时"好书者众矣,而

---

① 裘锡圭:《裘锡圭学术文集》(第4卷),复旦大学出版社2012年版,第33页。

仓颉独传者,一也"。就是说,当时喜欢文字的人很多,而仓颉在搜集、整理、统一写法的过程中做了很多工作,贡献也更大,再加上他又是黄帝的史官,更容易为大家所认可,所以他造字的事单独流传了下来。鲁迅在《门外文谈》中谈得更加贴近事实:"在社会里,仓颉也不止一个,有的在刀柄上刻一点图,有的在门户上画一些画,心心相印,口口相传,文字就多起来,史官一采集,便可以敷衍记事了。中国文字的由来,恐怕也逃不出这例子的。"①汉字最初虽然与众人的实践创造有关,但后来必定经过像仓颉这样杰出的人物对之进行采集、整理、改造、筛选、淘汰和增补。

从以上介绍的几种关于汉字起源的传说中,我们可以获得以下几点认识:其一,汉字的起源漫长而又复杂,迄今仍是一个未解之谜,众多传说或许不无道理,但也都带有很浓的主观色彩;其二,汉字是顺应中国古人的社会实践而产生的,无论是结绳说的"结绳而治",书契说的"代结绳之政",还是八卦说的"通神明之德""类万物之情",都说明文字因生产生活、社会治理的需要而产生,表现着中国古人对自然、社会的认识,具有鲜明的目的性;其三,关于汉字起源的说法,造字方法也是其中的内容之一,书契说的绘画与契刻,仓颉造字说的"依类象形""形声相益"等,都是古人采用的造字方法,这些方法与汉字实际相符。从传说中所涉及的造字方法中,我们不仅可以看到汉字源远流长、从未中断的历史,同时也可以看到中国古人的智慧。

传说毕竟是传说,不能等同于史料。对汉字起源的研究必须有确凿的史料和科学的方法为依据。人们今天所能看到的最古老的汉字是商代刻在甲骨上和铸刻在青铜器上的文字,汉字研究当以此为依据。

文字起源之"八卦说"
与"刻符说"

### 二、汉字的形体演变

文字是记录语言的符号,语言是人类交流的工具。汉字形成之后发生了怎样的形体变化? 这里作一简要介绍。

从形成体系的甲骨文算起,汉字已有3000多年的历史,其间经历了甲骨文、金文、小篆、隶书、楷书、行书等的形体演变。

---

① 鲁迅:《鲁迅全集》(第六卷),人民文学出版社1981年版,第90页。

### (一)甲骨文

甲骨文是殷商时期刻在龟甲或兽骨上的文字。当时,人们不理解各种自然现象和社会现象发生变化的原因,以为一切都由鬼神操纵,所以占卜之风盛行,凡祭祀、征伐、田猎、出入、年成、疾病等,都要用龟甲兽骨占卜吉凶。既卜之后,又常于龟甲兽骨上刻写卜辞,以及和占卜有关的记事文字,故甲骨文也称"卜辞"。因为发现甲骨文的河南省安阳市的小屯村在历史上被称为殷墟,所以甲骨文也叫殷墟文字或殷墟卜辞。

出土的龟甲兽骨有10余万片,单字总数3500字左右。从文字形体上看,注重象形、方多圆少、构字自由是甲骨文的主要特点。注重象形是指甲骨文的图画意味很浓,在甲骨文中表示实物之形的字,多以图画之形来表示,比如"龟""鹿""车"等字在甲骨文中都像实物之形。方多圆少是指甲骨文的笔画特点,甲骨文是用刀刻在龟甲和兽骨上的文字,所以笔画瘦削,多方折,少圆笔,即使像表示"太阳""车轮"等圆形事物的字,在甲骨文中也都呈方形之状。构字自由是指甲骨文形体不固定的特点,笔画有多有少,写法有反有正,方位有左有右,比如战车的象形字"车",有笔画较少的,也有笔画较多的;脚的象形字"止",有正写的,也有反写的;眼睛的象形字"臣",有向左的,也有向右的。

甲骨文的字体结构与后来的"六书"基本相符,其中象形、会意占比较大,形声字也有不少,假借字的运用较普遍。总体上看,"甲骨文已从多变走向相对的稳定,从独体走向合体,从衍形走向衍音,而且有一定规律,书法非常熟练且讲究技法,已是成熟的文字体系"①。

### (二)金文

金文是指铸刻在钟、鼎等青铜器上的文字。先秦称铜为"吉金",故称铸刻在青铜器上的文字为金文,也叫钟鼎文。

金文出现在商代早期,当时的个别青铜器上就铸有族徽性的单字或先人的称号。商代后期,青铜器被赋予藏礼功能,成为古代宗法礼制的物化存在,具有明贵贱、别尊卑的特殊意义,比如当时的天子是九鼎、诸侯七鼎、大夫五鼎等。铸在青铜器上的文字,内容多为对征伐、赏赐、册命、祀典、约契等的记录。殷代金文字体和甲骨文相近,铭辞字数较少。西周是铜器铭文

---

① 曾宪通、林志强:《汉字源流》,中山大学出版社2011年版,第39页。

的全盛时代。这一时期的铜器铭文不但数量多,而且篇幅也往往比较长。比较突出的,如西周前期的大盂鼎有 291 字,西周后期宣王时的毛公鼎有 499 字。春秋时期也有长篇铭文,但已不如西周时期多见。研究西周、春秋时期的文字,金文是最重要的资料。进入战国时期以后,铜器铭文发生了很大变化。大约从战国中期开始,传统形式的铭文已经变得很少见,"物勒工名"式的简短铭文则大量出现。秦汉时期的铜器铭文,除了度量衡铜器上的铭文情况比较特殊,大多数是物勒工名式的和标明器物主人或使用地点的简短铭文。

从字形上看,金文有着甲骨文所没有的特点:人们一般先用毛笔书写,再翻铸在青铜器上,因此线条肥厚粗壮、圆浑丰润,字体庄重美观,大小趋于一致,排列较为整齐。另外,金文中形声字大量增加,结构趋于稳定,这一切都说明它比甲骨文更加成熟。

(三)小篆

篆书是重要字体之一,包含大篆和小篆。大篆产生于前,又称"籀文"。许慎《说文解字·叙》指出:"及宣王太史籀,著大篆十五篇,与古文或异。"班固在《汉书·艺文志》中也有"《史籀》十五篇。周宣王太史作大篆十五篇,建武时亡六篇矣"的说法。这些说法都揭示了称大篆为籀文的原因。班固还说:"《史籀篇》者,周时史官教学童书也。"《史籀篇》在当时是用于贵族子弟识字的教材,因而对文字的规范性要求更高。大篆的字体讲究方正,线条注重匀称,结构追求整齐,但仍比较繁复,书写起来并不方便。

周王室统治力量渐趋衰微之后,诸侯列国各自为政,社会陷入混乱,"车涂异轨,律令异法,衣冠异制,言语异声,文字异形"(《说文解字·叙》),严重地影响了社会统一和人际交往。秦始皇统一天下后,"丞相李斯乃奏同之,罢其不与秦文合者。斯作《仓颉篇》,中车府令赵高作《爰历篇》,太史令胡母敬作《博学篇》,皆取史籀大篆,或颇省改,所谓小篆者也"(《说文解字·叙》)。这就是小篆的来历,它通过对大篆中较为繁复的字形的"省改",形成了一种新的标准字——小篆。作为全国统一后的通用标准字,小篆具有简化、线条化、定型化特点。简化是指小篆大大削减了籀文中重复的部分,字形更加简洁,比如小篆中的"车"就比籀文中的简洁得多。线条化是指以前文字中的圆点、团块、尖笔和粗细不同的笔道,均改为粗细一样的线条,从而增强了文字的符号性。定型化是指小篆针对以前文字或正或反、或左或右的随意布局,把每个字的写法和上下左右位置都固定下来,成为整齐划一的字体。许慎的《说文解字》所收的就是典型的小篆体。相传出自李斯之手的名篇《泰山刻石》《琅琊台刻石》《峄山刻石》等,都是非常典型的小篆字形,线条规整,字体美观。由大篆而小篆是中国历史上第一次有计划、有领导的大规模文字规范化运动,在汉字发展史上具有重大意义,它所确定的规范化原则也为后世的汉字改革提供了重要启示。

（四）隶书

秦朝的官文都用小篆书写,而民间通行的则是笔势趋直、笔画更简、书写更方便的"草篆",时称"秦隶",也叫篆隶或古隶,因为它仍带有篆意。古隶在战国晚期的秦国已经初步形成。云梦睡虎地秦墓发现的简文就是早期的隶书。事实上它已成为一种新字体,卫恒在《四体书势》中说:"隶者,篆之捷也。"意思是说,秦隶是由篆书快写而造成的。西汉初年人们仍使用秦隶,到西汉中晚期之后,隶书逐渐失去篆意而成熟,并开始盛行起来,史称"汉隶",人们所说的隶书一般是指汉隶。

和小篆相比,隶书在字形上的变化主要是:圆笔变为方笔,曲笔变为直笔,字形更显平直方正;笔画有明显的粗细提顿变化,末笔大量出现挑势,从而彻底改变了以往文字以圆转线条为特征的书写风格。汉字书写由此开始摆脱"描绘"而成为真正的符号书写,象形字不再象形,形声字也难以看出何为声符、何为义符,书史上将这些变化称为"隶变"。基于"隶变",人们将此前的文字称为"古文字",将隶书及后来的文字称为"今文字"。从这个角度看,隶书结束了千余年的古文字时代,开创了今文字格局,"隶变"成为古今文字的分水岭,在汉字的历史演变中具有极为重要的意义。

（五）草书

作为一种特定字体的草书,是在汉代才形成的,主要用于起草文稿和通信。大约从东晋时代开始,为了跟当时的新体草书相区别,汉代的草书称为章草,新体草书称为今草。

魏晋时期,受早期行书和楷书的影响,章草逐渐演变为今草。我们所能看到的王羲之的草书,大都已是今草。今草的字形多因袭章草,只是改掉了跟隶书相近的笔法,连笔较多,有时对章草笔画还略有省并。此外,也有些字形是直接由行书或楷书草化而成的。唐以后更有所谓狂草,写出来人多不能识,完全成了一种供欣赏的艺术品。

## （六）楷书

楷书由隶书发展演变而来，其特点是笔画横平竖直，结构方正，书写方便。从南北朝到唐代，楷书有"真书""正书"之称，含楷模规范之意。和隶书相比，楷书的横不再上挑，改为收锋；撇不再卷波，改为尖斜向下；钩不再是慢钩，而是硬钩；字体不再扁方，而是长方。总之，楷书的变化主要是笔形方面的变化，结构方面与隶书没有多少差别，但因为楷书比隶书好写，比草书好认，故广为人们所喜爱，自隋唐成熟之后一直应用至今。宋代随印刷术的发展，在楷书的基础上形成了一种专供印刷用的大小一致、粗细匀称的字体，后称为宋体。

## （七）行书

行书是介于楷书和草书之间的字体。草书往往以连笔引带、字体简化的方法进行书写，速度快、流畅，但有的比较难认，一旦发展到狂草，就失去了交际作用。行书则不同，它是楷书的快写，其特点是在保持楷书形体轮廓的前提下，适当运用连笔书写，省减一些笔画或偶尔加进一些草书字形。行书写起来比楷书自由流畅，但又比草书容易识别，因而深受人们喜爱，自魏晋以来一直是人们手写的主要字体。行书没有严格的书写规则，写得规矩一点，接近楷书的，或称为真行或行楷；写得放纵一点，草书味道较浓的，或称为行草。

以上我们简要介绍了汉字的形体演变情况，从中可以看出汉字发展演变的基本特点。一是社会需要是汉字发展演变的根本动力。无论是记录占卜的甲骨文，以反映重大事件为主要内容的金文，还是促进国家统一的小篆，以及推动汉字进入"今文字"时代的隶书，抑或是书写更方便、辨认更容易的楷书、行书，无一不是满足社会需要的产物。二是汉字一直坚持它的表意性特点，当汉字所表征的事物发生变化之后，人们总会及时调整它的义符，比如"炮"字，原来在用石头做进攻武器时，义符为"石"字旁，火药发明后，义符为"火"。类似的例子在汉字中可谓比比皆是。三是汉字形体发展演变的基本方向是简化和规范化。从上面介绍的情况看，汉字形体基本上以变图形为符号、删减重复的偏旁或多余的笔画、以简单的偏旁或字体代替复杂的偏旁或字体等方式发展演变着，这就是简化，是汉字形体发展演变的规律之一。汉字的简化总跟符号化的增强紧密联系在一起，在这方面，隶书是个典型例子，由它所引起的"隶变"，成为古今文字的分水岭。与此同时进行的是规范化,以统一的字形结构和形体通行于世,李斯等人所倡导和推行的"书同文"运动,都是有目的、有计划、有组织的汉字规范化工作。许慎的《说文解字》,以及后来出现的一些字书的编纂,也都对汉字的规范化作出了重要贡献。这些工作及其成果,使汉字规范化成为一种社会共识和社会制度,只有符合规范的汉字才是正确的,否则就是错字,就会造成危害。汉字形体的发展演变过程表明,汉字规范化为社会稳定、国家统一所必需,社会越是稳定统一,对字体的规范化的要求就会越高,推进力度也越大。

## 第二节　汉字的构造与特点

现行汉字的基本构成成分是笔画(亦即构成汉字字形的各种点和线),这些横平竖直的笔画是如何发展而来的?汉字是按什么方法组合成的?由此构成的汉字有什么特点?这一节将围绕这些问题进行阐述。

### 一、汉字的构造

汉字是中国古代劳动人民创造的记录语言的文字,当文字创造达到一定数量时,就有一些人开始从造字方法上进行总结,其中以"六书说"影响最为深远。

(一)"六书说"的提出

文字学上的"六书"是指古人分析汉字造字方法而归纳出来的六种条例。"六书"之名最早见于《周礼·地官·保氏》:"保氏……养国子以道,乃教之六艺:一曰五礼,二曰六乐,三曰五射,四曰五驭,五曰六书,六曰九数。""保氏"是当时负责匡正君王和掌管教育的官,"国子"是指贵族子弟。保氏对他们的教育主要是学习六门课程:礼、乐、射、驭、书、数。"六书"列在第五,但这里的"六书"究竟确指什么,《周礼》上没有解释。

西汉之后,关于"六书"的说法很多,其中影响较大的有三家:一是东汉的班固,他在《汉书·艺文志》中提出的"六书"是"象形、象事、象意、象声、转注、假借"。二是东汉的郑众,他在给《周礼·地官·保氏》注中将"六书"细目解释为"象形、会意、转注、处事、假借、谐声"。三是东汉的许慎,他在《说文解字·叙》中将六书概括为"指事、象形、形声、会意、转注、假借"。上述三家"六书"的名称和顺序有所不同。后代学者大都采用许慎的"六书"名称和班固的"六书"顺序,形成"名称以许为优,次第以班为胜"的定论。因为班固所排列的"六书"顺序更能反映文字发展的逻辑,汉字起源于图画,象形应列"六书"之首;许慎的"六书"名称更科学,这从他对"六书"名称的具体解释中可以看出。

(二)许慎的"六书"说

许慎,字叔重,汝南郡召陵(今河南省漯河市召陵区)人,东汉时著名的经学家和文字学家,当时有"五经无双"之称。他著述甚多,但完整流传的只有《说文解字》。许慎著《说文解字》有其明确的目的,他在《叙》中说:"盖文字者,经艺之本,王政之始,前人所以垂后,后人所以识古。"①《说文解字》在文字学方面的重大贡献,包括"六书"理论体系的创立、按部首编纂辞书之体例的创建、通过形音义分析文字的方法创新,以及文字的规范化等,这些贡献都堪称前无古人、影响深远。由于许慎对文字学作出了不朽贡献,后人尊称他为"字圣"。这里,我们从汉字结构角度,介绍许慎创立的"六书"理论。

前面讲到,文字学界之所以采用许慎提出的"六书"名称,是因为他的解释更科学,那么,许慎是怎么解释"六书"的呢?"周礼:八岁入小学,保氏教国子,先以六书。一曰指事:指事者,视而可识,察而可见,上下是也。二曰象形:象形者,画成其物,随体诘诎,日月是也。三曰形声:形声者,以事为名,取譬相成,江河是也。四曰会意:会意者,比类合谊,以见指㧑,武信是也。五曰转注:转注者,建类一首,同意相受,考老是也。六曰假借:假借者,本无其字,依声托事,令长是也。"(《说文解字·叙》)许慎的解释,简洁明了、通俗易懂,且有实例为证,令人信服。下面我们就在许慎定义的基础之上,对"六书"作具体分析。

1.象形

象形是指通过描摹该字所指称事物本身形状的方法来表义的造字法。用许慎的话来说就是"画成其物,随体诘诎"。这里的"诘诎"即弯曲,意思是字的笔画随着事物的形体而弯曲。比如"日"始终是圆的,造字时就画个圆;"月"有圆有缺,缺的时候多,造字时就画成月牙形;"龟"字像一只龟的侧面形状;"鱼"字就是一尾有鱼头、鱼身和鱼尾的游鱼;等等。象形字的特点是用事物轮廓表现事物特征,人们容易认识,也是汉字造字的基础。鲁迅在

---

① 许慎撰,段玉裁注:《说文解字段注》,上海古籍出版社1981年版,第763页。

《门外文谈》中就说过:"中国文字的基础是'象形'。"①说它是汉字的基础,是指汉字中其他类型的字大多是在象形字的基础上构形的,象形字在汉字构形中占有重要地位。象形造字有较大局限性,比如形体相近的事物,象形法不能作出区别;表现抽象概念的词语,用象形的方法造不出字来。因此,象形字的数量并不是很多,许慎在《说文解字》中收录的 9353 个汉字中,象形字只有 264 个(取清代学者王筠统计的数字)。

2.指事

指事是指在象形字的基础上添加指事性符号或者用抽象的示意符号来表示字义的造字法。它与象形字的区别在于:象形重在描摹原物之形状,字义指向字形所描摹的事物。指事字字形所表达的字义一般都较为抽象,或必须借助指示符号才能完整表达字义。许慎对它的解释是"视而可识,察而可见",意思是要了解这类字的字义,首先观看其形,然后再细加考察。比如"上""下",在甲骨文中它们都由一长一短两横构成,短横在上面的就是"上",短横在下面的就是"下"。类似的还有"本""末",前者表示树根,后者表示树梢。古人在造字时利用已有的象形字"木",在它的下面加一短横就表示树根的"本";在它上面加一长横就表示树梢的"末"。以上四字的一短横,都是抽象性的符号,在构字中起指事作用。但从总体上看,用简单的符号表示抽象、复杂、不能象形的意义是比较困难的,而且有些抽象的意义也很难用某个符号指点出来,所以收在《说文解字》中的指事字比象形字还要少(王筠统计只有 129 个)。

3.会意

会意是指组合两个或两个以上的表意符号来构造新字的造字法。理解会意字需要注意以下两点:一是会意字的组合方式多种多样,既可以是两个部分的组合(如武由"止""戈"组成),也可以是多个部分的组合(如"解"由"角""刀""牛"三个部分组成);二是构成会意字的部分既可以是同体的(比如"林"由两个相同的"木"字构成,"众"由三个相同的"人"字构成),也可以是异体的(如"娶"由"取"和"女"两个不同的字构成,"信"由"人"和"言"两个字构成)。这种情况说明,古人在用会意的方法造字时,思维方式已具有相当的灵活性。也正因为如此,会意字的数量远远多于象形字和指事字。清

---

① 鲁迅:《鲁迅全集》(第六卷),人民文学出版社 1981 年版,第 89 页。

代学者王筠统计，以所收字头为范围，《说文解字》中会意字有 1260 个。二是会意造字的要义在"意"上，会意字的产生表明中国汉字从重形开始走向重意，会意造字的方法也由此成为表意文字体系的重要基础。对于会意造字方法，许慎是这样解释的："比类合谊，以见指㧑。""比类合谊"中的"比"与"并"同义，也就是"合"的意思，"类"指字类，"谊"同"义"；"以见指㧑"中的"指㧑"是"指挥"的意思，也就是"指向"。由此可见，会意是将意义相关的表意符号合在一起，以造就表示新意义的字。比如"涉"由"水"和"步"合并而成，表示人的行走与"水"相关，指徒步过水；"休"由"人"和"木"合并而成，所会之意就是"人依树而息"。

4.形声

形声就是用表示事物类别的形体作为形符，用与代表事物的词的读音相同或相近的形体作为声符，兼表声义的造字法。许慎对形声的定义是："以事为名，取譬相成，江河是也。"同前面几种造字法相比，形声造字法的最大特点是有表音成分，汉字因此成了既能表意，又能表音的符号。形声造字法的另一个特点是造字方法简单，只要选择一个同音或近音的字作声旁，再配上一个适当的形旁，就能造出一个新的汉字来。比如以"鱼"字为形旁，配上不同的声旁，就有"鲤""鳗""鲫""鳝"等字；以"方"字为声旁，配上不同的形旁，就有"芳""访""防""放"等字；而且形旁与声旁在一个汉字中的位置也很灵活，有左形右声、右形左声、上形下声、下形上声、内形外声、外形内声，形符占一角（如"岛"）或声符占一角（如"旗"）等多种结构方式。因此，形声是一种高产的造字法，《说文解字》中所收形声字超过总数的 80%（王筠的统计是 7700 个）。

5.转注与假借

清代戴震对"六书"的理解有"四体二用"的说法，意思是"六书"中的象形、指事、会意、形声是造字之法，转注和假借是用字之法，因为这两种方法都没有产生新字形。

许慎对转注的定义是："建类一首，同意相受，考老是也。"对于许慎给转注所下的定义，学界历来就有不同看法，提出过形转、义转和声转等不同主张，认同较多的看法是把相同事类的字归并在一起，建立同一个部首；同一部首下的意义相同的字可以相互解释。以"考""老"为例，它们同属"老"部，可以相互解释。《说文解字·老部》对"考"的解释是"考，老也"，对"老"的解释是"老，考也"。这种相互解释就是"同意相受"，它着眼的是字与字之间的意义关系，而不是造出新字，"考"不是因为"老"而产生的新字，"老"也不是因为"考"而产生的新字。因此，将其归入用字之法是有道理的。

假借在许慎那里的定义是："本无其字，依声托事，令长是也。"意思是，语言中的某个词已经产生，但还没有代表这个词的文字符号，于是就依据这个词的读音找一个读音相同或相近的字来代表（即托事）。生活中已经有了"县令"这个词的说法，但其中的"令"却没有现成的具有县令之"令"含义的词，于是就把本义为"命令""号令"的"令"借过来，用在"县令"这个词中，不再另造新字；"长"也一样，它本来是表示"年长"的含义，人们将其借过来用在"县长"这个词中。"离（離）"和"而"等字也因为假借而产生了新的含义。"離"，《说文解字》云："黄仓庚也，鸣则蚕生。"可见，"離"的本义是一种鸟，后来被借为"分離"之"離"。"而"，《说文解字》云："颊毛也。象毛之形。《周礼》曰：'作其鳞之而。'"可见，"而"的本义是面颊上的胡须，后来被借为"而且"之"而"。由此可以看出，假借借的是被借字的声音，与被借字的意义没有什么关系。它和转注一样，也属于用字方法，而不是造字方法。假借并没有增加汉字数量，但起到了造新字的作用，可谓"不造字的造字"。

以上我们介绍了"六书"的基本情况。"六书"是以小篆为对象归纳总结出来的汉字造字、用字方法的理论，这一理论的形成和提出，使汉字形成与发展的内在规律得以显现出来，从而提高了人们对规律的把握和运用，具有重要的历史意义。应当特别强调指出的是，"六书"是前人对已有汉字规律的总结，是先有汉字后有"六书"，而不是相反。王筠《说文释例》以为："六书之名，后贤所定，非仓颉先定此例，而后造字也。"我们认同王筠的观点。汉字是我国古代劳动人民在长期的生产、生活实践中不断摸索而逐渐形成和完善起来的，具有广泛的社会性和深厚的群众基础，所以能绵延不绝且充满生机，成为中国传统文化的宝贵财富。

## 二、汉字的特点

文字是记录语言中词汇的符号。词汇由"意义"和"读音"两个要素构成，意义是词汇的内核，读音是词汇的外壳。文字既可以记录词汇的外壳——读音，也可以记录词汇的内核——意义。记录词汇读音的叫表音文字（人们一看到这个字就能读出它的音），记录词汇意义的文字叫表意文字（人们一看到字形就能懂得它的意义）。世界上的文字，基本上可以分为两大类:表音文字和表意文字。汉字的特点在于它是一种表意文字,人们看到一个汉字的时候,虽然读不出它的音,却能知道它是什么意思,甲骨文中的"日""月"就是典型的例子。世界上的许多古老文字都起源于图画文字,都具有很强的形象性,但在后来的发展中,有的失去了使用价值而停止使用,有的演变成了拼音文字,有的因变得不可识读而被其他文字取代。只有汉字在几千年的发展中从未间断过,自古至今始终顽强地维持着自己的表意特性,成为世界上最古老、最系统的表意文字。

汉字的表意性与中国古老的造字方法密切相关。对于中国古代的造字法,上文中已作分析,这里再来看看它的表意性。

象形造字法是仿照实物的形状加以描画的造字法,其描画的形状表示某种实物(而不是读音),人们一看这个符号就能直接将其和某种实物联系起来,知道它所代表的是什么实物,这就是表意。比如,甲骨文中的"人"像一个人的侧面之形,"目"像人的眼睛,"牛"从正面表现其头部(尤其是突出了它的角),"山"像起伏的山峰之形,等等。象形字的字形本身大都表现着字的本义。

指事造字法利用指示性符号标记某种客观事物、表达某种概念。也就是说,它所指向的"事"或抽象概念也是意义的直接表现。例如"刃"字,它由"刀"的象形字再加上一点构成,这一点就指出了"刃"的意义。其他像"上""下""本""末"等均是如此。可见,指事也是直接表意的造字法,只是它所指的"事"比较抽象,所以需要"察"才能见意,但"察"后所能见的仍然是"意",而不是"音"。

会意是将两个及以上的独体象形字或指事字结合在一起表示新意义的造字法,比如"从"就是将两个"人"字合在一起,表示一个人跟在另一个人后面,这就是"从"的意思。"采"是上面一个像抓东西的手("爪"),下面一个"木",两者组合在一起表示用手在树上采摘。这种"比类合谊"的方法,显现的是这个字的意义指向,与读音没有关系。

和象形、指事、会意相比,形声法造出的汉字中虽有表示读音的符号,但仍非表音文字。因为形声字是形旁和声旁的结合,并不仅仅表示读音,整个形声字所表示的依然是意义。比如"诗""词""谢""访"等,读音各不相同,但它们所表示的意义却都与"言"这个意符直接相关。形声字的这种特点使它与表音文字有了根本区别。汉字中形声字占比很高,虽然人们都十分肯定形声字中声符在造字中所起的积极作用,但就其本质而言,它仍然是表意性的。转注和假借基本上都是对已有表意汉字的灵活运用,因而也同样具有表意性。

总之,汉字的字形和字义的关系是直接的,由此形成了汉字的表意性特点。汉字的表意性突出了意义在汉字中的地位和作用,而意义又更具有共通性,汉字正是因为有此特点而成为人民团结、国家统一的重要纽带。汉字可以超越方言的阻隔,使不同方言区的人也能顺利交流,进而形成共识,统一思想认识,实现不同方言区之间的大团结。

# 第三节 汉字的文化功能

汉字一经产生就与人们的生产生活、记载历史、传承文化等息息相关。汉字本身具有丰富的内涵,兼具意美、音美和形美(鲁迅语),可在其基础上创造多种文艺形式,故汉字具备多方面的文化功能,对中国历史和社会产生了极广泛而深远的影响。

## 一、反映功能

汉字的反映功能是指汉字能把人们认识到的自然事物和社会生活表现出来,从而使后人看到某个汉字就知道它所指的事物是什么,甚至还可以从中看出当时人们的生活是怎么样的。关于汉字所反映的是什么事物的问题,我们在分析六书造字法时已举过不少例子,这里就汉字所反映的中国古代人民的生活状况作一简单介绍。

我们的祖先在远古时期有过很长时间的狩猎生活经历。在狩猎生活中,人们经常要跟飞禽走兽打交道,因而对它们的观察十分细致,并用文字将其表现出来,甲骨文中的虎、鹿、象、鸟、燕、凤等字形,就十分形象地表现了动物的形态。率、罗、狩等字形在甲骨文中传达了人们当年所采用的捕猎方式。比如,"罗"表现了"以丝罥鸟"(《说文解字》)的方式,"狩"表现了带犬捕猎的方式。

进入农耕社会之后,人们的生产方式发生了重大改变,汉字中增加了不少反映农耕生活的字。以"农(農)"字为例,它在甲骨文中从林、从辰、从手,反映了当时农耕生产的特点:除草伐木以开荒故从"林",以蜃蛤之壳为农具进行耕耨故从"辰",无论开荒还是耕耨都要用手操作,故而从"手"。其他像表示土地疆界分割意义的"畖"和"篱",表现耕作方式的"艺(藝)"(甲骨文中

的"艺"像人下蹲栽苗)和"树",表现农具的"耕"和"耒",表现粮食加工的
"舂"(《说文解字》解释为:"捣粟也。从廾持杵临臼上。午,杵省也。"),等
等,都从某个角度反映了当时农耕社会的生活状况。

　　汉字对中国古代社会的反映十分全面。它不仅反映着中国古代社会的
劳动生产状况,而且对社会生活各个方面的情况都有反映,借助汉字我们能
够全面认识中国古代社会。在衣食住行等日常生活方面,汉字用"裘""炙"
"舍""辇"等来作反映。在婚丧嫁娶方面,有表现二姓结为婚姻的"媾",也有
人死后停放灵柩以供亲友吊唁的"殡"。在社会形态方面,古代用"姓"表示
立姓从母的习俗;以手抓女人的"奴"透露着古代男尊女卑的思想。在社会
制度方面,汉字中有表现分封制度的"封",也有表现垂首屈服之形的"臣"。
在自然及科学方面,古人通过观察和认识"日""月""星"等来指导农业生产;
根据"山"的走势、"水"的流向等来安排生产生活;"骨""蛊"等字反映着古人
对人体生理和病理的认识。在思想观念方面,有表现崇祖观念的"祖"(《说文
解字·示部》:"祖,始庙也。");也有表现家庭伦理观念的"父"(《说文解字·
又部》:"父,矩也,家长率教者。从又,举杖。");还有强调道德修养的"仁"
"信""忠""孝"等。

**二、教化功能**

　　汉字不仅是学校教育的重要内容和载体,也是生活的有机组成部分和
重要工具,对人的知识增长、视野拓展、思想成长、心理成熟、思维完善等,都
具有重要作用,这就是汉字的教化功能。

　　在中国传统的学校教育中,汉字教学被摆在了首要位置。儿童入学后,
学校往往要集中一段时间教他们认识一定数量的汉字,以为其较快进入经
典阅读、较早接受伦理思想教育奠定基础。周代以《史籀篇》为儿童识字教
材,《汉书·艺文志》和《说文解字·叙》都说它由周宣王太史所作,书中收录
的文字是当时通用的大篆。为方便儿童阅读,该书四字一句,编成韵语,是
中国历史上记载最早的儿童识字课本。秦代李斯的《仓颉篇》也是当时的识
字教材,书中收录的文字为小篆,是秦为推行"书同文"国策的实际行动。西
汉以史游的《急就章》为识字教材,它用不同的字组成三言、四言或七言的韵
文,内容涉及姓名、器物、服饰、生物、礼乐、职官等方面,如一部小小的百科
全书。该书自汉至唐一直是主要的识字教材,同时也是孩童临书的范本。
唐代以后的识字教材为《千字文》《百家姓》《三字经》。《千字文》和《百家姓》

为四字一句，《三字经》为三字一句，音节整齐，内容通俗，记诵方便，流传甚广且久远，其中《千字文》通行了 1000 多年，《三字经》也使用了 700 多年。教材使用时间长、内容和形式适合儿童特点，是传统汉字教学的主要特点，这给现当代汉字教学提供了有益的启示和借鉴。

应当看到，汉字教学的教化作用是明显而深刻的。汉字是一种形体独特的表意文字，认识汉字必然要认识其形体构造方法，以及这种方法在表意中的特殊作用，认识形体构造（即汉字构成的思维方法）、理解思想内容（即汉字所表达的意义）是汉字教学的主要任务，掌握思维方法、把握思想内容是衡量一个人有没有掌握汉字的根本标准。汉字的独特构形服务于表意，一个汉字的偏旁所处的位置不同，所表达的意思就不一样，"陪"与"部"两个字都有耳朵旁，但因为耳朵旁摆放的位置不同而有不同意义；"杳""杲""旭"三个字也属于这种情况，完全相同的构字部件，因所处的位置不同而成为三个字。由此我们不难领悟到汉字构造者独特的思维方式。

通过独特形体表现特定的事物、特定的生活方式和丰富的社会信息是汉字的一大特点。"砭"字，《说文解字》解释为："以石刺病也。从石，乏声。"所谓"以石刺病"就是后世所用的针灸疗法，从这个字看，这种治病方法在中国古代早就存在。"胤"字，《说文解字》解释说："子孙相承续也。从肉，从八，象其长也；从幺，象重累也。"段玉裁《注》曰："八，分也，骨肉所传，支分派别，传之无穷。"由此不难看出，中国汉字一个个普普通通的符号中往往蕴含着丰富的人文信息。总之，汉字教学绝不仅仅是让人认识几个文字符号，而是要让人领悟其丰富而深刻的内涵，而当学习者领悟到这一切时，教化作用自然发生。

汉字的教化作用更多地发生在人们的耳濡目染中，因为汉字是记录汉语的符号，汉语与人的生活形影不离，汉字也始终相伴其中，一个人生活的各个方面、各个阶段都离不开汉字。如果说，汉语是中华民族的生活家园、精神家园，那么，汉字同样也是这样的家园。如果说，中国人就生活在、成长在汉语中，那么同样也可以说，中国人生活在、成长在汉字中。如果说，我们是被汉语包裹着，那么同样也可以说，我们是被汉字包裹着。汉字对中国人的影响是全面的，也是终生的。

地名中的文化

### 三、记录与传播功能

汉字的记录功能是显而易见的,中国古代浩如烟海的文化典籍正是靠汉字记录,才得以保存、传承、积淀,中国传统文化才显现出它的辉煌灿烂。我们应当知道,这种辉煌灿烂其实十分不易。从史料记载看,中国历代古书失传现象非常严重。历史上曾经有"六经"之说,庄子在《天运》篇中有这样的话:"孔子谓老聃曰:'丘治《诗》《书》《礼》《乐》《易》《春秋》六经,自以为久矣,孰知其故矣。'"这说明古代确实有"六经"存在,但后来变成了"五经",其中的《乐》经,史书称亡于秦,以致我们今天无法系统了解《乐》经的具体内容。其实失传的古籍远不止《乐》经,但如果没有汉字的记录,我们今天能知道的古代的人和事更是少之又少。由此不难看出汉字在中国传统文化中的重要作用。

汉字有记录功能,但记录不是目的,记录只是达到目的的一个环节、一种手段,比记录更接近目的的是传播。汉字传播的主要特点是跨时空,自古至今不间断,且能永续绵延;由内而外无阻隔,可以到达世界上每一个地方。

从时间角度看,汉字以其独特的字形传递着我们祖先对客观事物的认识和表现方法。"法"(灋)从水、从廌、从去,"从水"寄寓执法公平如水之意,"从廌、从去"意为执法当如廌(能触撞不直者的动物)一般去除奸恶。通过这个"法"字,古人就把他们的想法、做法传递给了后人。"天"是"一"下面一个"大",这个"大"字像一个正面舒展双臂的人形,上面的"一"指示人的头顶。《说文解字》解释"天"为"颠也,至高无上",段玉裁对此作了阐释:"颠者,人之顶也,以为凡高之称。……臣于君,子于父,妻于夫,民于食,皆曰天是也。"段玉裁的解释揭示了中国人的文化心理,凡高者皆可谓之天,天不仅是自然的天,也是人伦意义上的天,在中国传统文化中自然与人往往是统一的。这就是汉字字形所表达并传递给我们的意义,可以毫无愧色地说,汉字把古代灿烂的文明传递给了后人。

从空间角度看,汉字先是在本地区传播,再是向境外传播。早先,汉字随着汉民族由黄河流域向长江流域、珠江流域的迁徙而展开,也就是说,汉字在本民族区域内也有个传播过程。历史上,汉族居住的地域广阔,方言众多。在这种情况下,汉字之所以能够在不同的方言区得以传播,根本的原因在于它是一种表意文字。不管人们说什么样的方言,表意汉字都能使他们之间的交流得以顺利实现,从而促进了整个汉民族文化的形成和发展。汉字的表意特点给中国文化带来深刻影响,"使中国人得凭藉文字而使全国各地的语言不致分离益远,而永远形成一种亲密的相似","如此则文字控制著语言,因文字统一而使语言也常接近于统一。在中国史上,文字和语言的统一性,大有裨于民族和文化之统一"。①

汉字在民族地区的传播也早就开始,并对少数民族的文化发展、对多民族之间的交往产生了积极的、重要的作用。在我国古代,许多兄弟民族在创制、形成本民族文字之前,往往借用汉字进行交际,古代的匈奴、鲜卑等民族就长期借用汉字作为交际工具,并用汉字记录本民族史实、地名、人名等,形成了珍贵的民族文献(如《越人歌》《白狼歌》《蒙古秘史》等)。还有一些少数民族在不完全废弃借用汉字的情况下开始仿造本民族的文字,出现了契丹大字、西夏文、女真文等深受汉字影响又有自己特点的文字,方块壮字、方块白字和方块瑶字等则是借助汉字或汉字偏旁部首等创制的文字。少数民族借用汉字或仿照汉字创制自己的文字,对汉族文化的传播、对中华文化的统一和中华民族凝聚力的形成,起到了至关重要的作用。

汉字在境外的传播大约在公元 1 世纪就已开始,北起朝鲜半岛,南至越南,东至日本。这几个国家当时都没有自己的文字,于是就借用汉字作为记录语言的工具。越南曾在千余年的时间里把汉字作为官方文字。朝鲜曾把文言经典如"五经"、《三国志》、《文选》等作为贵族子弟学习文化的基本教材。日本最初借用整个汉字作为音符,用以记录书写日本语,后来他们又利用汉字创制了日语字母——假名,其中的"平假名"利用汉字草书创制,"片假名"取汉字楷书的偏旁创制。② 汉字在这些国家的传播产生了重大影响,形成了汉文化圈。"所谓汉文化圈,实际就是汉字的区域","迄至中西文化撞击的近代,这一文化区域所表现出的内聚力一直十分强大,并有其鲜明的特点。它不同于印度教、伊斯兰教国家,内聚力来自宗教的力量;它又不同于拉丁系或盎格鲁—撒克逊语系各国,由共同的母语派生出各国的民族语言,这一区域的共同文化根基源自萌生于中国而通用于四邻的汉字"③。

---

① 钱穆:《中国文化史导论》,商务印书馆 1994 年版,第 89 页。
② 梁宗华:《汉字的文化功能及对汉文化传播的意义》,《东方论坛》2001 年第 3 期,第 10-15 页。
③ [法]汪德迈:《新汉文化圈》,陈彦译,江西人民出版社 1993 年版,第 1 页。

由此不难看出汉字传播所带来的深刻影响。

### 四、审美与游戏功能

由于汉字具有声音、形体、意义等方面的美感,能够实现简洁凝练的表达,因此在汉字基础上形成了诗歌、书法、篆刻、对联、字谜等文艺形式,产生了多种审美效果。这些文艺形式有的成为中国人言志抒情、表现性灵的载体,有的则成为生活中的重要组成部分,其中还寄托了人们的美好愿望。在此,我们以对联、拆字和字谜为例,对汉字的审美和游戏功能进行分析。

#### (一)对联

对联是一种历史悠久的文学形式,它起源于古代"桃符"。关于桃符,《后汉书·志第五·礼仪》中有这样的解释:"以桃印长六寸,方三寸,五色书文如法,以施门户。"在古人看来,桃木具有避邪作用,故而在过年的时候将桃木做成木板,放在门的两旁,上面画着神像以驱邪。后来,人们又在桃板上写一些吉利的话,并且力求使写上去的话两两相对,以达到对称和谐的美感效果,慢慢地就形成了对联,也叫对子。对联的主要特点是对仗工整、音调和谐,形式巧妙、寓意深远的对联往往能给人留下深刻的印象。

在中国,尤其是在广大农村地区,春节贴春联一直十分流行。每年农历十二月最后一天,家家户户都要在门的两旁换上新对联,表示辞旧迎新,祈望新的一年吉祥如意。春节贴的对联都用毛笔在红纸上写。对联上的字尽量请懂书法技巧的人写,既光门楣,又表示对未来的美好祝愿,比如:"天和人和全家和,福多财多喜庆多""春风春雨风调雨顺,爱国爱民国泰民安""稻菽千重金浪起,春风万里玉梅开"。

和谚语、俗语、歇后语、吉祥语等口耳相传的语言形式不同,对联是一种书面语言,是以汉字书写的方式给人看的,所以人们在创作对联时,总是根据汉字的特点去创作。汉字在字形结构上可分为独体字与合体字,构成合体字的各个部分被称作偏旁。有人根据偏旁在结构位置上的表意特点进行对联创作,如"冻雨洒窗,东两点,西三点;切瓜分客,横七刀,竖八刀",此联据说是明代文学家蒋焘小时候参与创作的,上联为客人所出,下联为蒋焘所对,对得十分巧妙,给人留下深刻印象。有人根据偏旁与汉字之间的联系进行创作,如"天下口,天上口,志在吞吴;人中王,人边王,意图全任",这副对联据说是朱元璋攻打姑苏时在行军途中所作,上联为朱元璋所出,以"天口"二字为中心,"天下口,天上口",分别变成"吞吴";下联为谋臣刘基所对,以"人王"二字为中心,"人中王,人边王"变成"全任"二字。① 有人用拆字的方法进行对联创作,如"闻看门中月,思耕心上田",此对联中把"闻"拆为"门"和"月",把"思"拆为"心"和"田",由此构成的对联既有趣味又有意味。

对联的应用范围非常广泛,现在人们能看到的对联,不仅用于春节,还用于装饰和交际;不仅用在农户民宅的大门,也用在宫殿寺庙、亭台楼阁、府衙官邸,现在连厂房、店市等场所也都在用。对联已成为中国人喜闻乐见的文学形式。

(二)拆字

在日常生活中,人们利用汉字形体特点开展拆字的游戏活动,增添了生活的无穷乐趣。

据说当年有人送苏东坡一条鲈鱼,苏东坡让好友佛印和尚到自己家里吃"半鲁",佛印以为是吃"拌卤"。于是如约而至,东坡将烧好的鲈鱼端了上来。佛印知道东坡的拿手绝活是烧鱼,"东坡鱼"在当时也是远近闻名。于是十分愉快地和东坡对酒吃鱼。末了,佛印说,鱼也吃了,酒也喝了,你的"半鲁"怎么还不端上来? 东坡回答道:"瞧你这人,你不早吃下肚了吗?"佛印这才恍然大悟,原来这"半鲁"就是"鲁"字的上半截,是个"鱼"字。

《后汉书·五行志》中记有这样一事:汉末献帝时董卓擅权,颠乱朝纲,鱼肉百姓,引起了人民的强烈不满,京城百姓就根据董卓的名字编童谣予以诅咒:"千里草,何青青;十日卜,不得生。"这当中的"千里草",即为"董"字;"十日卜"合为"卓"字;"何青青""不得生"是说董卓虽然威势赫赫,但总逃脱不了历史的惩罚。

(三)字谜

谜语在古代称廋辞或隐语,宋、明以后又叫灯谜、灯虎、文虎等。字谜是灯谜中主要的门类之一,它是利用汉字的形体结构的变换、嫁接、取舍、拆分、组合等手法,利用汉字形、音、义的可变特点,通过会意、增损、象形等手法来制谜。制谜、猜谜都充满了乐趣,直至今日仍受到人们的欢迎和喜爱。

---

① 申小龙等:《汉字思维》,山东教育出版社2014年版,第266-270页。

《世说新语·捷悟》记载了一个经典的字谜："魏武尝过曹娥碑下，杨修从。碑背上见题作'黄绢幼妇，外孙齑臼'八字。魏武谓修曰：'解不？'答曰：'解。'魏武曰：'卿未可言，待我思之。'行三十里，魏武乃曰：'吾已得。'令修别记所知。修曰：'黄绢，色丝也，于字为"绝"。幼妇，少女也，于字为"妙"。外孙，女子也，于字为"好"。齑臼，受辛也，于字为"辞"。所谓"绝妙好辞"也。'魏武亦记之，与修同，乃叹曰：'我才不及卿，乃觉三十里。'""黄绢幼妇，外孙齑臼"充分体现了制谜者的匠心，杨修迅速猜出谜底，足以见出其思维之敏捷。

巧妙的字谜还有很多，比如：月在半天，女子并肩，火烧羊脚，鸡立水边——有好美酒；一人一口又一丁，竹林有寺却无僧，清霄不见云头月，自古春无三日晴——何等小人；我有一张弓，架着两支箭，欲射旁边人，且看如来面——佛。

汉字是中国文化的重要载体，对中国历史与社会产生了极深远的影响。汉字本身具有丰富的内涵，它反映了古代社会生活的各个方面，其内在的含义具有教化作用。汉字记录了历史，实现了文化的传承，并将中国文化向境外传播。由于汉字的独特性，古人在汉字基础上创造了众多的文艺形式。在文艺活动中，人们的情感得以抒发，身心得以愉悦，修养得以提升。自汉字产生以来，汉字文化不断创新和发展，并推动了中国文化不断发展。

# 本章小结

殷商时期，中国形成了成熟的文字体系——甲骨文。此后，汉字形体经历了金文、小篆、隶书、草书、楷书、行书等形体演变。关于汉字的造字方法，许慎《说文解字》提出的"六书"细目影响最大，其内容为：指事、象形、形声、会意、转注、假借。造字方法使得汉字形成了表意性的特点，也使得汉字体现了古人的社会生活与思想认识。汉字兼具意美、音美和形美，具备多方面的文化功能：反映功能、教化功能、记录与传播功能、审美与游戏功能等。对于具备如此多方面文化功能的汉字，我们应当深入地学习，积极地弘扬，让汉字文化发挥出更大的价值。

小测验

## 思考练习

1. 简述汉字形体演变的基本情况。

2. 汉字的特点是什么?

3. 汉字的"六书"是指什么? 它们各自的内涵是怎样的?

4. 谈谈你对汉字文化功能的理解。

## 参考书目

钱穆:《中国文化史导论》,商务印书馆1994年版。

申小龙等:《汉字思维》,山东教育出版社2014年版。

曾宪通、林志强:《汉字源流》,中山大学出版社2011年版。

王岳川主编:《中外书法名家讲演录》,北京大学出版社2008年版。

## 经典阅读

### 《周易》(节选)

上古穴居而野处,后世圣人易之以宫室,上栋下宇,以待风雨,盖取诸《大壮》。古之葬者,厚衣之以薪,葬之中野,不封不树,丧期无数。后世圣人易之以棺椁,盖取诸《大过》。上古结绳而治,后世圣人易之以书契,百官以治,万民以察,盖取诸《夬》。(《系辞下》)

王弼、韩康伯注,孔颖达疏:《周易正义》,清阮元主持刊本。

### 许慎《说文解字》(节选)

古者庖牺氏之王天下也,仰则观象于天,俯则观法于地,视鸟兽之文与地之宜,近取诸身,远取诸物,于是始作易八卦,以垂宪象。及神农氏,结绳为治而统其事,庶业其繁,饰伪萌生。黄帝之史仓颉,见鸟兽蹄迒之迹,知分理之可相别异也,初造书契。"百工以乂,万品以察,盖取诸《夬》","《夬》,扬于王庭",言文者宣教明化于王者朝廷,君子所以施禄及下,居德则忌也。

仓颉之初作书,盖依类象形,故谓之文;其后形声相益,即谓之字。字者,言孳乳而浸多也。著于竹帛谓之书,书者,如也。以迄五帝三王之世,改易殊体,封于泰山者七十有二代,靡有同焉。

周礼:八岁入小学,保氏教国子,先以六书。一曰指事:指事者,视而可识,察而可见,上下是也。二曰象形:象形者,画成其物,随体诘诎,日月是也。三曰形声:形声者,以事为名,取譬相成,江河是也。四曰会意:会意者,比类合谊,以见指㧑,武信是也。五曰转注:转注者,建类一首,同意相受,考老是也。六曰假借:假借者,本无其字,依声托事,令长是也。

及宣王太史籀,著《大篆》十五篇,与古文或异。至孔子书《六经》,左丘明述《春秋传》,皆以古文,厥意可得而说。其后,诸侯力政,不统于王,恶礼乐之害己,而皆去其典籍。分为七国,田畴异亩,车涂异轨,律令异法,衣冠异制,言语异声,文字异形。

秦始皇帝初兼天下,丞相李斯乃奏同之,罢其不与秦文合者。斯作《仓颉篇》,中车府令赵高作《爰历篇》,太史令胡母敬作《博学篇》,皆取史籀大篆,或颇省改,所谓小篆者也。是时,秦烧灭经书,涤除旧典。大发吏卒,兴役戍。官狱职务繁,初有隶书,以趣约易,而古文由此绝矣。自尔,秦书有八体:一曰大篆,二曰小篆,三曰刻符,四曰虫书,五曰摹印,六曰署书,七曰殳书,八曰隶书。(卷十五上《叙》)

许慎:《说文解字》,中华书局 1963 年版。

**黄庭坚书论**(《豫章黄先生文集》节选)

少年以此缣来乞书,渠但闻人言老夫解书,故来乞尔,然未必能别功楛也。学书要须胸中有道义,又广之以圣哲之学,书乃可贵。若其灵府无程,政使笔墨不减元常、逸少,只是俗人耳。余尝为少年言,士大夫处世可以百为,唯不可俗,俗便不可医也。或问不俗之状,老夫曰:"难言也。视其平居无以异于俗人,临大节而不可夺,此不俗人也。平居终日,如含瓦石,临事一筹不画,此俗人也。虽使郭林宗、山巨源复生,不易吾言也。"(卷二十九《书缯卷后》)

东坡先生云:"大字难于结密而无间,小字难于宽绰而有余。"宽绰而有余,如《东方朔画像赞》《乐毅论》《兰亭禊事诗叙》,先秦古器科斗文字。结密而无间,如焦山崩崖《瘗鹤铭》,永州磨崖《中兴颂》,李斯峄山刻秦始皇及二世皇帝诏。近世兼二美,如杨少师之正书、行、草,徐常侍之小篆。此虽难为俗学者言,要归毕竟如此。如人眩时五色无主(原作"王",据四库本改),及其神澄意定,青黄皂白亦自粲然。学书时时临模可得形似,大要多取古书细看,令入神,乃到妙处,唯用心不杂,乃是入神要路。(卷二十九《书赠福州陈继月》)

凡学书,欲先学用笔。用笔之法,欲双钩回腕,掌虚指实,以无名指倚笔则有力。古人学书不尽临摹,张古人书于壁间,观之入神,则下笔时随人意。学字既成,且养于心中,无俗气,然后可以作示人,为楷式。凡作字,须熟观魏晋人书,会之于心,自得古人笔法也。欲学草书,须精真书,知下笔向背,则识草书法,草书不难工矣。(卷二十九《跋与张载熙书卷尾》)

黄庭坚:《豫章黄先生文集》,《四部丛刊初编》本。

# 第六讲
## 经世致用的史学文化

　　史学是中国传统文化的重要组成部分,也是记载中国传统文化的重要载体。梁启超说:"中国于各种学问中,惟史学为最发达。史学在世界各国中,惟中国为最发达(二百年前,可云如此)。"①中国古代史学之所以发达,是因为它在古代发挥着经世致用的功能。曾国藩曾说,读书有两个门径——修身不外读经,经济不外读史。这里的"经济",是经世济民的意思。在传统学术体系中,经学、史学既有区别,也相互配合。经学偏重于内心修养,主要讲"修身"之学,注重如何做人;史学偏重于社会实践,主要讲"治平"之学,讲究如何治国、如何做事。如果说经学的重心在构建理想的道德人格,那么史学的重心则落实在经世致用。经世致用的史学在中国传统文化中具有很高的地位。

## 第一节　中国传统史学的嬗变

　　先秦时期,随着历史意识的增强,私人历史撰述开始出现,传统史学逐渐兴起。秦汉时期,创建了正史编撰体例,断代的纪传体、编年体史书对后世深有影响,传统史学走向成熟。魏晋南北朝时期,史书种类增多、数量剧增,史学独立成部,传统史学进一步发展。隋唐时期,修史制度完善,官方修史发达,史学理论总结性著作产生,典制体史书出现,历史撰述领域进一步扩大,传统史学得以完善。宋元时期,历史意识和史学意识逐渐深化,史书的体裁、体例都有发展,传统史学趋于兴盛。明清时期,有创见的叙述史著

---

①　梁启超:《中国历史研究法》,上海人民出版社 2014 年版,第 13 页。

作不多,而考史、论史成就突出,传统史学发生蜕变。

### 一、先秦史学的兴起

"史"的篆体作"肀",为手持官簿之书的意思。《说文解字》解释"史"称:"记事者也。从又持中;中,正也。"由此可知,"史"的本义是手持官簿之书以记事。关于记录史事的人,从《周官》的记载可知,周代史官有太史、小史、内史、外史、左史、右史等,他们的称呼不同,职责也各有所异。中国文明的早期,官府垄断了学校教育和一切学术文化,故有"学在官府"之说,记载历史也由官府掌控的史官负责。随着专门记载历史的史官的出现,中国史学开始萌芽。

《尚书》是中国最早的一部史书,也可以说是中国第一部古书。《尚书》汇集了上古时期的训诰和人物事迹,记载的内容主要是誓、命、训、诰一类的言辞,保存了商周时期的一些重要史料。西汉时,《尚书》有今文和古文的区别。古文《尚书》后来失传,东晋时出现了伪古文《尚书》。从《尚书》对历史的记载来看,春秋以前就已具有自觉的历史意识和历史鉴戒观念。《诗经》的一些篇章,就反映了西周初年至春秋中期的社会面貌,具有史诗的特色。由《左传》《论语》可知,在孔子以前的时代,士人多读《尚书》《诗经》,孔子也以《诗》《书》教弟子。

春秋时期,"学在官府"的格局被打破,私人的历史撰述开始出现。传至当今的《春秋》,是一部记载春秋时期历史的编年体史书,相传经孔子改编。《左传》《国语》也记载了春秋史事。《左传》记事上起鲁隐公元年,下至鲁哀公末年,内容比《春秋》更详尽。《国语》是分国记言,以记晋国史事最多。相传,《左传》是左丘明注解《春秋》的一部史书,与《公羊传》《谷梁传》合称"春秋三传";《国语》也为左丘明所作,称为《春秋外传》。其实,《左传》《国语》并非专为解释《春秋》而作,也非一人之作。

《春秋》《左传》简介

战国时期,百家争鸣的局面形成,史书体例也出现了新的形式。《竹书纪年》是战国时魏国史官编撰的一部编年体史书,具有通史性质,记载了五帝至魏襄王的历史。《世本》是战国末年编定的文献资料,具有纪传体史书的雏形,很可能出自赵国史官之手。《竹书纪年》《世本》已散佚,仅有部分佚文留存。《战国策》是一部国别体史书,主要记载战国时期策士游说活动和政治策略。《战国策》并非出于一时一人之手,大约在战国末期成书,后为西汉刘向编订而定名。

先秦时期,中国史学萌芽后,逐渐兴起。从史书体例来看,编年体(如《春秋》《左传》)、记言体(如《国语》《战国策》)史书已经形成。这一时期,还出现了通史性质的史书(如《世本》《竹书纪年》)。先秦时期,惩恶扬善的观念对中国传统史学深有影响,"君举必书"也影响到之后的修史制度。

**二、秦汉史学的成熟**

秦汉时期,《史记》创建了纪传体正史编撰范例,《汉书》创立了断代纪传体史书的规模,《东观汉记》开始了官修纪传体史书先例,《汉纪》对编年体断代史的编撰产生了重要影响,这些都标志着中国传统史学已经成熟。

司马迁的《史记》是中国史学第一部纪传体通史。司马迁,字子长,冯翊夏阳(今陕西韩城南)人,汉武帝时曾任太史令,因替李陵败降之事辩解而受宫刑,后任中书令。司马迁继承周、孔之道,勇担孔子卒后明道救世之重任,以修史为己任。他虽为李陵辩护而惨遭腐刑,却忍辱负重,撰成了中国史学上的辉煌巨著《史记》。司马迁的《史记》开创了中国纪传体正史的编撰体例,影响深远。《史记》记载了黄帝至汉武帝的历史,共130篇,其中本纪12篇、表10篇、书8篇、世家30篇、列传70篇。司马迁撰写《史记》,提出了"究天人之际,通古今之变,成一家之言"的理念。"究天人之际"是探讨天与人间治乱兴衰之间的关系。司马迁特别强调人事的重要作用,重视人心向背在历史上的作用。司马迁撰述《史记》注重总结历史经验,所言"通古今之变"就是要探究古今历史演变的趋势,让人们从中吸取历史的经验教训,知晓历史兴衰之变,而能"承敝通变""见盛观衰"。这里就充分体现了司马迁经世致用的著史思想。司马迁还吸收春秋战国以来各家之长,融会贯通,以"成一家之言"。司马迁创修的《史记》,开创了不同于百家之学的新天地,不仅做到了"成一家之言",也成为中国传统史学最优秀的著作,司马迁因此被称为中国"史学之父"。

班固的《汉书》是一部纪传体断代史。班固,字孟坚,扶风安陵(今陕西咸阳东北)人,出身儒学世家,汉明帝时曾任兰台令史。《汉书》120卷,共100篇,分纪、表、志、传四部分。班固编撰《汉书》,专写汉史,完整地记述了西汉一代的历史,注重突出皇朝史的地位,宣扬"汉绍尧运,以建帝业"的"天命"思想,歌颂汉朝的功业和它存在的合理性。《汉书》创立的纪传体断代史的体例,在构史体系上取得了突破,为后来正史所效仿。自班固《汉书》以后,历代正史多为断代史。

在两汉史学中,《史记》《汉书》代表了两汉史学发展的新高度,《东观汉记》《汉纪》也有一定地位。《东观汉记》为官修纪传体东汉史,也是最早的官修纪传体史书。

《史记》与《汉书》

荀悦的《汉纪》30 卷,是一部编年体西汉史,奠定了编年体皇朝史的编撰格局,这种体例也为后来编年体断代史所效仿。

### 三、魏晋南北朝史学的发展

随着史学著作种类的增多,史书的数量也随之剧增,史学开始脱离经学的附属而独立成部。在《汉书·艺文志》的书籍分类体系中,史书附在经学著作"六艺"类《春秋》之后,总共只有 12 种。魏晋之际,荀勖编当时的图书目录《中经新簿》,分甲、乙、丙、丁四部,史部书籍在丙部,是一个独立的部类。东晋初期,李充整理当时图书,编有《晋元帝书目》,将史部书籍置入乙部,史部书籍作为独立一部且位于经部之后的地位自此得以确立。《隋书·经籍志》分经、史、子、集四部,史部细分为 13 种。

魏晋南北朝的史书数量虽多,然而流传至今的却极少,仅有少数优秀的史学著作得以保存下来。在当时众多纪传体史书中,陈寿《三国志》、范晔《后汉书》进入"四史",沈约《宋书》、萧子显《南齐书》、魏收《魏书》进入"二十四史"之列,仅此五种保存至今。在编年体史书中,仅存袁宏《后汉纪》。

陈寿《三国志》是唯一兼记魏、蜀、吴三国史事而保存至今的著作。《三国志》65 卷,有帝纪和传,无表无志。陈寿采用纪传体,兼记分裂下的三个政权,这在纪传体中是一个新创造,在正史中享有较高地位。南朝宋时,裴松之作《三国志注》。裴松之认为《三国志》记事简略,注中补充了大量史事,而且有所考证评论,价值极高,与《三国志》相得益彰,故能相传至今。范晔《后汉书》90 卷,专记东汉一代史事,仅有纪、传,而无史志。《后汉书》书志未成,后人遂移西晋司马彪《续汉书》中的志补之,故范晔书和司马彪志合而流传至今。《三国志》《后汉书》也是二十四史的代表作,与《史记》《汉书》合称"四史"。

魏晋南北朝时期,史注成就相当突出,产生了许多的史注名作。《左传》有西晋杜预《春秋左氏经传集解》,《国语》有三国吴人韦昭《国语解》,《史记》有南朝宋人裴骃的"集解"(与唐代司马贞的"索引"和张守节"正义"合称

"《史记》三家注"），《三国志》有南朝宋人裴松之注，《水经》有北魏郦道元注。《水经注》是中国古代史注的代表作。《水经》原文极其简略，郦道元《水经注》40卷，以《水经》为纲，详细介绍了各地河流。《水经注》名为注释，实际上是一部全面系统的水道地理著作。《水经注》价值极高，是传统历史地理学中最优秀的著作。

### 四、隋唐史学的完善

隋唐时期，中国传统史学进一步完善。这一时期，史官制度和修史机构得到进一步完善，官修史书成就显著。随着魏晋以来史书种类和数量的剧增，产生了对传统史学专门性的总结著作，刘知几《史通》就是这方面的理论成果。在纪传体、编年体史书的基础上，又出现了典制体史书，杜佑《通典》开创了典制体的编撰方式。

唐太宗于禁中置史馆，命大臣撰修梁、陈、齐、周、隋五代史，以房玄龄、魏徵为总监，撰成了《梁书》《陈书》《北齐书》《周书》《隋书》，统称"五代史"。"五代史"有纪、传，无史志。唐太宗又命修《五代史志》，综叙梁、陈、齐、周、隋五代典章制度，与"五代史"纪传相配合。后来《五代史志》入《隋书》，成为《隋书》的一部分。唐初，官修史书还有房玄龄等编修的《晋书》，另有李延寿私修的《南史》《北史》。二十四史中，唐初官修的"五代史"、《晋书》，以及李延寿私修的《南史》《北史》，达到八部之多，占三分之一。

魏晋以来，史书撰述逐渐兴盛，编撰形式多样，史书数量剧增。唐代刘知几对以往史书的撰修加以研究和批判，在史学理论方面作了系统的总结，撰成了中国古代第一部史学理论著作《史通》。刘知几，字子玄，彭城（今江苏徐州）人，武则天时曾任左史、著作郎、秘书少监等职，兼修国史。《史通》共20卷，分内篇、外篇。内篇着重阐述了史书的体裁、体例、史料搜集、表述要求和撰述原则，以评论纪传体史书为主。外篇论述史官制度、正史源流，杂评史家史著得失，并表达对历史的见解。刘知几还提出了"史家三长"之说，他认为优秀的史家应该具备才、学、识"三长"。史才是指运用体裁、体例的能力和文字表述的能力；史学是指具有文献知识、社会知识、自然知识等，主要是掌握丰富的历史资料；史识是指史家的器局和胆识，以及对历史是非曲直的观察、鉴别和判断能力。刘知几"史家三长"说把史家素养问题提高到自觉的理论认识高度，具有重要的理论价值。

中唐时期，杜佑撰述的《通典》问世。杜佑，字君卿，京兆万年（今陕西西安）人，曾任户部侍郎、岭南节度使、淮南节度使等职，唐德宗时拜相，任同中书门下平章事。《通典》200卷，分食货、选举、职官、礼、乐、兵、刑、州郡、边防九门，每门又各分若干子目，子目下又分细目，全书条分缕析、结构严谨。自《汉书》以后，史书撰述基本取断代的形式，各纪传体正史或者无志，或有志也不能互相衔接。《通典》是一部通史，讲究会通，其记事上起黄帝，下至唐玄宗天宝末年，叙述了历代典章制度的源流。杜佑的《通典》开创了综合性的典制体通史，奠定了制度史撰述的基础，改变了史书的编撰格局，扩大了历史撰述的领域。

### 五、宋元史学的兴盛

宋元时期，在史书编撰上，各种体裁、体例的史书都有发展，产生了一批有影响的著作。宋元是中国传统史学的兴盛期，主要表现有以下几个方面：第一，纪传体史书继续发展，这一时期产生了《新唐书》《旧五代史》《新五代史》《宋史》《辽史》《金史》诸正史，另有南宋郑樵《通志》是纪传体通史的巨制。第二，编年体史书较隋唐时期有很大发展，私修编年体巨著司马光《资治通鉴》问世，另有李心传《建炎以来系年要录》、李焘《续资治通鉴长编》等名著。第三，典制体史书继续发展，北宋有王溥《唐会要》《五代会要》，南宋有徐天麟《西汉会要》《东汉会要》，元代马端临《文献通考》是典制体史书的巨制。宋代还设立会要所，编写历朝会要，今存有《宋会要辑稿》。第四，通史在史书撰述中的地位增强，司马光《资治通鉴》、郑樵《通志》、马端临《文献通考》三部通史，是宋元史学的代表作。第五，新体裁、新体例史书出现，袁枢《通鉴纪事本末》开创了纪事本末体史书，朱熹《资治通鉴纲目》和《伊洛渊源录》是纲目体史书和学术史性质史书的开端。

《资治通鉴》由司马光主撰，刘恕、范祖禹、刘攽分撰，是一部编年体通史巨著，代表了北宋史学的最高成就。司马光，字君实，陕州夏县（今山西夏县）人，历仕仁宗、英宗、神宗、哲宗四朝，累进龙图阁直学士。宋神宗时，司马光因反对王安石变法，离开朝廷15年，主持编撰《资治通鉴》。全书294卷，记事起于周威烈王二十三年（前403）韩、赵、魏三家分晋，止于后周世宗显德六年（959）。司马光所撰《资治通鉴》，以史学的"资治"为指导思想，以历代统治的盛衰得失为叙述中心，以"专取关国家盛衰，系生民休戚，善可为法、恶可为戒者，为编年一书"为主旨，以"监前世之兴衰，考当今之得失，嘉善矜恶，取是舍非，足以懋稽古之盛德，跻无前之至治"为目的。（《进〈资治

《通鉴》表》)司马光取得了巨大的史学成就,人们把他同司马迁相提并论,并称"两司马",将他们视为中国古代史学的两大伟人。《史记》《资治通鉴》也被称为"史学双璧",代表了中国传统史书的最高成就。

《资治通鉴》影响下的史书编撰

郑樵的《通志》是一部纪传体通史巨著,代表南宋史学的最高成就。郑樵,字渔仲,南宋兴化军莆田(今福建莆田)人,一生不应科举,刻苦为学 30 年,立志读遍古今书,毕生从事学术研究。《通志》200 卷,改书、志为略,有帝纪 18 卷、世家 3 卷、后妃传 2 卷、年谱 4 卷、略 52 卷、列传 106 卷、载记 8 卷、四夷传 7 卷。《通志》记事断限,大抵本纪从三皇到隋,列传从周到隋,二十略从远古到唐。"二十略"是全书的精华,其中氏族、六书、七音、都邑、谥、校雠、图谱、金石、昆虫草木九略为郑樵自创,具有很高价值。《通志》的编撰体现了郑樵"会通"的史学思想,他在本书《总序》提出"同天下之文""极古今之变"。

马端临《文献通考》是继杜佑《通典》之后的又一部典制体巨著,代表了元代史学的最高成就。马端临,字贵舆,饶州乐平(今江西乐平)人,宋亡,隐居不仕,历 30 余年专心著述《文献通考》。全书 348 卷,起自上古,终于南宋宁宗嘉定年间,分 24 门,就其体例与内容来看,实为《通典》的扩大与续作。此书主张"会通因仍之道",重视"理乱兴衰"和"典章经制"。马端临把自己所据的材料分为叙事之"文"和论事之"献","文"主要是史料,"献"主要是前人的议论。《文献通考》所"考"内容相当广泛,有史书考异,有史实考订,有史事评论。

### 六、明清史学的蜕变

明清时期是中国传统史学的蜕变期,官私史书数量众多,远远超过以往任何时期,考史、论史成就特色突出。官修史书仍然受到重视,其成就主要体现在前朝正史的编撰、典章制度的整理。明清之际的三大儒顾炎武、黄宗羲、王夫之对历史的考证和评论展现出新的思想特色,钱大昕、王鸣盛、赵翼的考史、论史代表了乾嘉考据史学的突出成就,章学诚《文史通义》是史学研究理论总结性的名著。明清史学由叙述史向考史、论史的转变,表明中国传统史学治学路径开始蜕变。

明清时期,官方十分重视修史,延续了唐代以来官修前朝正史的传统,产生了《元史》《明史》,入二十四史之列。《明史》全书 322 卷,编撰整齐完备,详略得体,志、表各有新意,是自五代以后诸正史中最为完善的一部。明清时期重视本朝史纂修,这方面成果集中体现在《明实录》《清实录》的编修。明代官修典制体史书的成就主要体现在《大明会典》编撰上,汇集了明代的典章制度。清代官修的典制体史书主要是乾隆时期修撰的对《通典》《通志》《文献通考》的续编,即"续三通"和"清三通",与前"三通"合称"九通"。

明清嬗代之际,社会急剧动荡,促使时人重新看待历史,产生了顾炎武、黄宗羲、王夫之三位著名的思想家。顾炎武《日知录》32 卷,编次以类相从,考证较精,撰述主旨在于明道救世、经世致用,考史、论史朴实严谨,开启了朴学之风。黄宗羲《明夷待访录》21 篇,是政论和史论结合的杰作,阐述了作者对历史的见解,对于传统的专制体制具有鲜明的批判性。黄宗羲《明儒学案》62 卷,以王守仁心学发端发展为主线,是一部系统记述明代学术思想发展演变及其流派的学术史著作,奠定了学案体史书的编撰体制。王夫之《读通鉴论》50 卷,借司马光《资治通鉴》所载史实,评论自秦至五代间社会历史,分析历代成败兴亡、盛衰得失,许多论断体现了史学家对历史的哲学思考,是中国古代历史评论的总结性成果。

清代是中国传统考据学走向鼎盛的时期,在考证、注解、辨伪、辑佚、校勘等方面成就突出。自清初开始产生了一批有功力、有影响的考证学著作,阎若璩《尚书古文疏证》、胡渭《禹贡锥指》、马骕《绎史》、顾栋高《春秋大事表》、崔述《考信录》等都是其中的代表作,其研究的重点领域在上古史。至乾嘉时期,考证学已经扩展至各个领域,对历史的考证已经扩展到清代以前的所有时期,钱大昕《廿二史考异》、王鸣盛《十七史商榷》、赵翼《廿二史札记》是乾嘉学派历史考据学的代表作。三书都以正史为研究对象,钱大昕、王鸣盛着重于个别史实与文字的订正,赵翼着重于一般史实和史法的探讨。三人之中,就考证功力而言,钱大昕居首;就历史评论而言,赵翼见识最深;王鸣盛考史、论史,在钱、赵之间。

在清代乾嘉考据之风盛行之世,章学诚倡导史学经世致用之说,著有《文史通义》。章学诚,字实斋,浙江会稽(今绍兴)人,因学问不合时好,屡试不第,一生颠沛流离,穷困潦倒,以讲学、撰述为业。《文史通义》9 卷,分内篇、外篇,是评论文史的著作,以评论史学为主。章学诚认为,史学应该扶持世教,匡正人心,其要旨在于"纲纪天人,推明大道"(《文史通义·答客问上》),"能持世而救偏"(《文史通义·原学下》)。他在刘知几提出史家才、学、识"三长"基础上,又提出了"史德"说,也就是史家的思想修养,要求史家能够端正心术,对客观的历史不掺杂主观的偏见。章学诚在方志理论上有不少创见,他提出了"志为史体"的观点,并对以往修志作了总结,达到了传统方志理论的最高成就。章学诚《文史通义》是中国传统史学理论总结性的成果,其在刘知几《史通》的基础上,把中国传统史学理论推进到新阶段。

## 第二节　中国传统史学的特点

中国传统史学在长期发展过程中,产生了数量众多的史书,保持了历史记载的连续性;出现了丰富多彩的史书编撰形式,记载的内容翔实丰赡、贯通天人、会通古今,是中国传统文化的重要组成部分。中国历代撰述的史书、史料,是世界上最多的。梁启超说:"中国传下来的书籍,若问哪部分多,还是史部。中国和外国不同。外国史书固不少,但与全部书籍比较,不如中国。中国至少占十之七八。"①中国传统史学不仅著作数量多,还有历史记载的连续性、史书形式的多样性、史书内容的贯通性等特点。

### 一、历史记载的连续性

中国古代重视史书修撰,设立史官修史,逐渐完善史官制度,建立修史机构。中国很早就设立史官,殷商就有多种不同类型的史官负责记录。西周和春秋战国时的诸侯国,也都设有专职的史官。西汉时,以太史令掌管修史。东汉初,以兰台为修史场所。三国时,魏明帝始置著作郎,以当撰述之任。西晋时,增置佐著作郎。北齐时,始置史馆,以宰相领之,称监修国史。唐太宗对修史机构作了改革,以宰相监修国史,成为定制。宋代史馆规模扩大,有史馆、编修院、国史院、实录院等多种修史机构,不同机构承担不同史职。辽、金、元也都设有国史院。明代官方修史机构称史局,由翰林院兼领史职。清代以国史馆、起居注馆、实录馆掌修史。中国历代史官的设置,修史机构的建立,史官制度的完善,为中国不间断的史料整理和史书编撰、保持历史记载的连续性,提供了可靠保证。

除官修史书,中国古代还有大量的史学著作是私家撰述的。通过修史以求不朽是推动私人修史兴盛的重要原因。中国自古就有"三不朽"的思

---

① 梁启超:《中国历史研究法补编》,河北教育出版社 2000 年版,第 327 页。

想，《左传·襄公二十四年》记有穆叔对范宣子说："大上有立德，其次有立功，其次有立言。虽久不废，此之谓不朽。"修史属于立言，可以传名后世而不朽。在中国古代，史学地位很高，史官地位比较尊崇，能够成为史官是许多士人的追求。唐代中书令薛元超说："吾不才富贵过分，平生有三恨：始不以进士擢第、娶五姓女，不得修国史。"（刘餗《隋唐嘉话》）由于史学地位很高，士人们乐意从事修史，这也从另一角度为历史记载的连续性提供了保障。

众多史家深刻的历史意识，为历史记载的连续性提供了思想上的保障。如唐初，令狐德棻向唐高祖李渊建议，"如文史不存，何以贻鉴今古"（《旧唐书·令狐德棻传》），主张修前代所缺正史。元世祖时，大臣王鹗建议修辽、金史，他说："宁可亡人之国，不可亡人之史。"（苏天爵《元名臣事略·内翰王文康公》）像这样鲜明的历史意识，在中国史书中有相当充分的体现。正是这种历史意识，促成了史家不断撰修史书。

### 二、史书形式的多样性

中国古代史学发达，丰富多样的史书记载了中国各个不同时期、不同地域的历史。早在先秦时期，中国就有"左史记言，右史记事"之说，流传至今的《尚书》就属记言类史书，而《春秋》则属记事类史书。刘知几在《史通》中论述中国史书的源流和类别，提出了"六家二体"之说。他综合史书的体裁和内容，提出当时史书之源不出"六家"范围，这"六家"就是《尚书》《春秋》《左传》《国语》《史记》《汉书》。"二体"即编年体和纪传体两种史书体裁，这两种史体代表着刘知几之前史书的主流。

刘知几所言"六家二体"是史学发展之源，他又在《史通·杂述》中提出了偏记、小录、逸事、琐言、郡书、家史、别传、杂记、地理书、都邑簿等 10 种流别。至唐代初期，中国史书形式已经相当丰富多样，《隋书·经籍志》将当时的史书分为正史、古史、杂史、霸史、起居注、旧事、职官、仪注、刑法、杂传、地理、谱系、簿录等 13 类。清乾隆时，编修《四库全书总目》时对史书作了分类，列入史部的史书类型有正史、编年、纪事本末、别史、杂史、诏令奏议、传记、史钞、载记、时令、地理、职官、政书、目录、史评等 15 类。在各种体例的史书中，以纪传体、编年体、典制体、纪事本末体为主要形式。

纪传体是以记载人物活动为中心，也有兼记制度等多方面内容的史书体例。中国古代史书中，纪传体正史的地位最高，故《隋书·经籍志》和《四库全书总目》都列正史为史部之首。司马迁《史记》、班固《汉书》、范晔《后汉书》、陈寿《三国志》，合称"前四史"，在正史中成就最高。清代修《四库全书》时，乾隆帝下诏钦定《史记》《汉书》《后汉书》《三国志》《晋书》《宋书》《南齐书》《梁书》《陈书》《魏书》《北齐书》《周书》《隋书》《南史》《北史》《旧唐书》《新唐书》《旧五代史》《新五代史》《宋史》《辽史》《金史》《元史》《明史》为二十四史。民国时，《清史稿》修成，后人将其列入二十五史之一；又有将民国柯劭忞《新元史》列入正史，合称二十六史。

司马迁发凡起例，开创纪传体的史书体裁方式。《史记》为纪传体通史，分本纪、表、书、世家、列传五体。班固《汉书》断代为史，改"书"为"志"，废去世家，整齐为纪、表、志、传四体。《汉书》以后，表、志或有缺略，但一定有纪有传。本纪，基本上是编年体，以帝王事迹为中心，排比历史大事。列传主要记载各类重要人物的活动，也有民族史传和外国传。表是用谱牒形式，条理历史大事。书志主要记载典章制度的发展过程和有关自然、社会各方面的历史。另外，司马迁还创"太史公曰"的史评形式，历代纪传体史书都加以仿效，刘知几称为"论赞"，实际上是史家对历史人物和历史事件的评论，也是纪传体史书的组成部分。纪传体史书各体相互补充、配合，构成一个完整的体系，能够容纳丰富的历史内容，通观复杂的历史局面，因此成为最流行的史书体裁。

在中国传统史学中，编年体史书常与纪传体史书相提并论。编年体是以时间为中心，依照年月顺序记述史事的史书体例。这种史书体裁将史事和时间紧密结合，以时间为经，以史事为纬，比较容易反映同一时期事件之间的联系。编年体史书记载史事，有时追叙往事，有时附带记述后事，并不绝对按照时间先后顺序，这是其体裁运用上的灵活性之表现。因编年体出现最早，《隋书·经籍志》称之为"古史"。中国历史有确切的纪年是西周共和元年(前841)，此后历代大都有按年记事的编年史。

在唐代以前，编年体、纪传体两种体裁在史书编撰中居于主导地位，典制体史书出现后，突破了这一格局。典制体是以记载典章制度为中心的史书体例，这种体制的史书起源于纪传体史书中的书志，后从纪传体史书中分离出来，成为独立的史书体裁。中国古代史家重视典章制度，《史记》以八"书"记载了当时的各种文物制度，《汉书》改"书"为"志"后，不少纪传体史书也都有"志"。唐代中期，杜佑《通典》开创了典制体史书的编撰方式，分门别类，记载历代典章制度的沿革。《通典》的巨大影响和众多续作，使典制体史书卓然而立，成为中国史书的又一表现形式。南宋郑樵《通志》是纪传体通史巨著，其改"志"为"略"，"二十略"是全书的精华，也是记载古代典章制度的优秀之作。元初，马端临仿效《通典》撰成《文献通考》，作者对史料详加考证，区分类目，排比编纂，发展了典制体史书。

至南宋，出现了新的史书体裁，即纪事本末体。纪事本末体是以历史事件为中心的史书体例，既不同于编年体以纪年为主，也不同于纪传体以记人为主，而是以记事为主，详细记载历史上的大事始末，集中表现其过程。南宋袁枢《通鉴纪事本末》首创纪事本末体，以事为纲，以类编排，将《资治通鉴》中的史事分编为239个题目，每事各详起止，自为标题。在袁枢的影响下，其后有不少效仿之作。

### 三、史书内容的贯通性

司马迁提出了"究天人之际，通古今之变，成一家之言"的史书编撰主旨，章学诚《文史通义》也提出以"纲纪天人，推明大道，所以通古今之变，而成一家之言"为史书编撰要旨。司马迁是中国传统史学的开创者，章学诚为中国传统史学的总结者，二人所述史书编撰都以贯通天人、会通古今为宗旨，这种贯通性也是中国古代史书的鲜明特点。

早在上古时期，中国古人就把人间秩序和道德价值归源于"天"，所谓"天生烝民，有物有则"（《诗经·大雅·烝民》）就是这种观念的表现。汉武帝时，董仲舒提出了"天人感应"学说，用《春秋》中所记载的自然现象来解释社会政治。司马迁就是在董仲舒学说的基础上提出"究天人之际"的主张的。但和董仲舒不同的是，司马迁更多地将"天"作为一种自然之天来看待，《史记》中关于天象变化、自然变迁及其对于人事的影响的记述大多如此。《史记》以后的中国古代史学承继了"究天人之际"的传统，普遍重视用天人合一的思维方式去思考历史。中国古代史书既记载人类社会的活动，也记录天文、地理等自然方面的内容，从中反映了中国古代贯通天人的思想观念，极大地丰富了中国历史记载的内容。总的来看，古代史家所记载的天、人，以及历史中的天人关系，着重从人事、人谋来叙述历史的兴衰。

在中国传统史学中，以"通古今之变"为核心的"会通"思想也有一个逐步形成的过程。《竹书纪年》《世本》是中国目前可知最早的两部通史，其中就有"通古今之变"思想表现。《史记》是中国古代通史里程碑式的著作，明确提出了"通古今之变"的思想。此后，中国传统史学的巨作都具有"会通"

特点,刘知几《史通》、杜佑《通典》、司马光《资治通鉴》、郑樵《通志》、马端临《文献通考》、章学诚《文史通义》被称为"六通"。① 可以说,中国传统史学各种史体的代表作都是通史,《史记》《资治通鉴》《通典》《通鉴纪事本末》《资治通鉴纲目》分别是纪传体、编年体、典制体、纪事本末体、纲目体史书的代表作,这些著作全是通史。

中国古代史书之所以强调会通古今、贯通史事,目的在于考察历史变迁过程中的兴衰之故。司马迁在《史记》中说"原始察终,见盛观衰",对古今历史追溯其原始,察究其终结,注意历史发展过程中的盛衰之变。杜佑《通典》肯定今胜于古,认为制度变更乃"势"所必然,应该"随时立制,遇弊变通"。司马光《资治通鉴》就是希望统治者能从历史发展的变化中,看到治乱兴衰的道理,他明确提出以"鉴前世之兴衰,考当今之得失"为撰述目的。郑樵在《通志》中指出,史家修史要能"极古今之变",马端临在《文献通考》中也说史家应明"会通因仍之道"而推寻"变通张弛之故"。可见,中国传统史家往往都很重视史书编撰的贯通性,以期从历史发展的变通中总结出理乱兴衰之故。

## 第三节　中国史学的优良传统

史学的目的在于求真、求用、求善,求真是史学学术性的根本要求,求用是史学社会性的必然要求,求善是史学评判性的价值要求。在求真、求用、求善三者中,求真是求用的基础,求用是求真的提升,求善是求用的升华。要求真,就须秉笔直书;要求用,就须经世致用;要求善,就须惩恶劝善。基于求真、求用、求善的目的,中国史学发展过程中逐渐形成了秉笔直书、经世致用、惩恶劝善的优良传统。

### 一、秉笔直书的传统

在古代的史学观念中,追求历史记载的真实性居于相当重要的地位。求真是求用和求善的基础,它从根本上决定了史学的价值。由于求真关系到史学价值的能否实现,因而古代史家十分重视记述历史的真实性,力求写

---

① 白寿彝:《说六通》,《史学史研究》1983年第4期,第1-4页。

出信史,秉笔直书遂成为中国史学的优良传统之一。秉笔直书包含以下几个层次的含义:首先需要有不畏权贵、"善恶必书"的勇气,其次需要有心术端正的史德,再次需要有辨别真伪的能力,最后是能正确把握衡量史学作品价值的关键尺度。

在中国史学发展过程中,很早就有秉笔直书的优良传统。春秋时期,晋国太史董狐不畏权势,记载了"赵盾弑其君"一事,孔子称之为"古之良史""书法不隐"。齐国太史兄弟三人与南史不顾生命危险,留下了"崔杼弑其君"的记载。中国古代把董狐、南史作为秉笔直书的典型。不畏权贵、秉笔直书是史书撰述的最高原则。秉笔直书的根本目的是编著信史,要求史书编撰能够忠于历史事实。编著信史而忠于历史事实的

"赵盾弑其君"

"直书",是与故意隐瞒、歪曲、篡改历史事实的"曲笔"相对而言的。曲笔任意歪曲历史,更证明了直书的可贵。

史家修史、著史要坚持"直书"原则,能够做到"善恶必书",而且具有为之献身的勇气,这是史德坚贞高尚的体现。史家只有具备良好的史德,才能写出信史,撰成实录。章学诚明确提出了"史德"论,他认为能否直书、实录是由"史德"即"著书者之心术"决定的。章学诚认为,心术端正是史德的具体表现,他说:"盖欲为良史者,当慎辨于天人之际,尽其天而不益以人也。"(《文史通义·史德》)这里"天"指历史认识的对象,"人"指人的主观认识。就是说,要使人的主观认识尽量符合客观历史实际,即使不能完全达到,也要尽到史家的职责,这是良好史德的表现。

刘勰认为,撰述信史要能"述远"而不"矫诬"(《文心雕龙·史传》),意思是在秉笔直书原则下能够客观认识历史事件,正确地处理历史材料。中国古代史家十分重视对历史材料的考辨,《春秋谷梁传·桓公五年》中也说:"《春秋》之义,信以传信,疑以传疑。"这也成为史家处理历史材料的基本原则。顾炎武认为,撰史要以求信为原则,"信则书之,疑则阙之"(《日知录·所见异辞》)。中国历代史家广泛搜罗史料、严肃考订史实的例证不胜枚举,清代考据学代表了传统历史考辨的最高水平,旨在追求历史真实。

秉笔直书不仅是史书撰述的基本原则,也是衡量史学作品价值的关键尺度。班固在评论司马迁史学成就时,引用刘向和扬雄的话,说他们"皆称迁有良史之材,服其善序事理,辨而不华,质而不俚,其文直,其事核,不虚美,不隐恶,故谓之实录"(《汉书·司马迁传》)。这段话是评论史书的著名

论断,是对秉笔直书"实录"精神的理论概括。"其事核",是指记"事"要求真实。"其文直",是指史"文"准确,要求写事如实。"不虚美,不隐恶",是指史"义"不夸张失实,要揭露真相。事、文、义,是史学的三个基本要素。中国古代优秀的史学作品,大多是史事真实、史文准确、史义如实的结合,能够体现秉笔直书的实录原则。

**二、经世致用的传统**

经世致用是中国史学重要的传统,在中国史学文化中占有重要地位。中国古代统治者和传统史家正是基于史学具有经世致用的功用,而对史学特别重视,以至将"经""史"相提并论。传统史学的经世致用,表现的范围很广,最为突出的是体现在以史为鉴、明道救世、传承文化等方面。

历史是现实的一面镜子,人们总结历史经验,是为了作为现实的借鉴。中国古人以史为鉴的思想出现得很早,至少可以追溯到周初对"殷鉴"的认识。此后,鉴戒思想贯穿了整个古代史学的发展过程。司马迁说:"居今之世,志古之道,所以自镜也。"(《史记·高祖功臣侯年表》)班固撰《汉书》则"究其终始强弱之变,明监戒焉"(《汉书·诸侯王表》)。唐初,梁、陈、周、齐、隋"五代史"撰成,唐太宗劳之曰,"朕睹前代史书,彰善瘅恶,足为将来之戒","欲览前王之得失,为在身之龟镜"(《册府元龟·国史部》)。唐太宗注重"以史为镜",这可代表当时君臣、史家的观念。中国古代的通史著作,会通古今,其主要目的多为经世致用,以古鉴今。杜佑撰述《通典》,明确提出"经邦致用","以为君子致用在乎经邦,经邦在乎立事,立事在乎师古,师古在乎随时"(《通典序》)。这是对经世致用之旨最为简明的阐述。司马光编修《资治通鉴》是为"监前世之兴衰,考当今之得失"(《进〈资治通鉴〉表》),宋神宗因而命其书名为《资治通鉴》。

中国古代史书撰述,特别重视其明道救世的功用。孔子删削《春秋》,开创了史书编撰中明道救世的价值理念。司马迁说:"夫《春秋》,上明三王之道,下辨人事之纪,别嫌疑,明是非,定犹豫,善善恶恶,贤贤贱不肖,存亡国,继绝世,补敝起废,王道之大者也。"(《史记·太史公自序》)《春秋》由于具有明道救世的致用功能而成为儒家重要的经典,后世撰史多继承其宗旨。荀悦在《汉纪》开篇言,著史当"有五志",并将"达道义"置于首位,在他看来,著史首先当明道。顾炎武将史学明道救世的价值发扬光大,他著《日知录》的目的在于"明学术,正人心,拨乱世以兴太平之事"(《初刻〈日知录〉自序》)。

顾炎武晚年总结自己的学术时明确提出:"君子之为学,以明道也,以救世也。徒以诗文而已,所谓'雕虫篆刻',亦何益哉!"(《亭林文集·与人书二十五》)明道救世是中国传统史学重要价值所在,也是中国传统社会重视史学的原因。

文化可以通过多种途径传承,但史书无疑是传承文化最基本、最重要的载体。只有当人们真正认识了历史,才能了解各种文化存在的背景,才有可能自觉传承优秀的传统文化。因此,史学在文化传承方面所发挥的重要作用,更是集中地体现了其经世致用的功能。刘勰说:"居今识古,其载籍乎!"(《文心雕龙·史传》)今人要想认识古代的历史文化,只能依靠流传下来的史书。龚自珍更把史学看作关乎国家文化存亡的大事,他说:"灭人之国,必先去其史。"(《定庵续集·古史钩沉论二》)可见,若一国史书不存,文化传承自然会断,国家才算真正的不复存在。

### 三、惩恶劝善的传统

中国传统史学多以人物为中心,行文中常用是非、褒贬与善恶的价值判断。中国史书记述人物时,一般会有君子、小人之别,而此评价的标准则取决于人之善恶,"惩恶劝善"遂成为传统史家著史的重要传统。《大学》首句曰:"大学之道,在明明德,在亲民,在止于至善。"可见,古代学人治学的归宿在于"求善"。钱穆认为:"整个中国民族一部中国史主要精神主要向往,大可用一'善'字来概括。我们所谓善人善政,善言善行,青史留名,只是此一善。"[1]中国史学的优良传统不仅在于求真和求用,还在于善。

在古人看来,《春秋》为孔子之作,有"惩恶劝善"的功用。孟子说:"孔子成《春秋》,而乱臣贼子惧。"(《孟子·滕文公下》)刘知几也说:"《春秋》之义也,以惩恶劝善为先。"(《史通·忤时》)对于中国古代史学惩恶劝善的传统,唐人殷侑曾指出:"历代史书曾记当时善恶,系以褒贬,垂裕劝戒。其司马迁《史记》,班固、范晔两《汉书》,音义详明,惩恶劝善,亚于《六经》,堪为世教。"(王溥《唐会要·贡举中》)唐高祖在《修五代史诏》中提到,修史"所以裁成义类,惩恶劝善,多识前古,贻鉴将来"(《旧唐书·令狐德棻传》)。司马光撰修《资治通鉴》,专取"善可为法、恶可为戒者"编为一书,以达到"嘉善矜恶"的

---

[1] 钱穆:《中国历史研究法》,生活·读书·新知三联书店2001年版,第91页。

目的(《进〈资治通鉴〉表》)。可见,中国古代的史书多重视发挥史学惩恶劝善的功能。

中国最早的史学理论单篇刘勰《文心雕龙·史传》、史学理论著作刘知几《史通》和章学诚《文史通义》,在总结中国传统史学时,都充分认识并肯定惩恶劝善的传统。刘勰说,"彰善瘅恶,树之风声""奸慝惩戒,实良史之直笔"(《文心雕龙·史传》)。在他看来,史家惩恶劝善与秉笔直书的精神实质具有相通性。刘知几说:"夫人之生也,有贤、不肖焉,若乃其恶可以诫世,其善可以示后,而死之日名无得而闻焉,是谁之过欤? 盖史官之责也。"(《史通·人物》)他认为史官负有惩恶劝善之责。章学诚说:"史之大原,本乎《春秋》。《春秋》之义,昭乎笔削。笔削之义,不仅事具始末,文成规矩已也。以夫子'义则窃取'之旨观之,固将纲纪天人,推明大道。"(《文史通义·答客问上》)由此可知,章学诚把《春秋》视为中国古代史书"义例"编撰的起源,《春秋》之"大道"是通过惩恶劝善的"褒贬义例"来实现的。

中国古代史书,对人物的记载多有善恶之分,恶者鞭挞之,善者颂扬之,后人读之,则受其教化,可提高自我修养。《周易·大畜》曰:"君子多识前言往行,以畜其德。"意思是说,一个人了解历史可以提高道德修养。北宋王令《十七史蒙求》的编撰方法是,"其间圣君、贤相、忠臣、义士、文人、武夫、孝子、烈妇功业事实,以类纂集"(《十七史蒙求·序》),这种方法明显具有道德教化的功用。有名的蒙学读物《三字经》,取材典故不少是历史内容,这也表明历史具有教化功能。古代史书具有道德教化的内容,所以古人很重视以史书教化人们。中国古代史书所具有的道德教化内涵,也是惩恶劝善传统的体现。

基于求真、求用、求善的要求,中国史学所具有的秉笔直书、经世致用、惩恶劝善的优良传统,其精神内涵是基本相通的。

## 本章小结

中国古代史学成就辉煌,不同时期各有史学名著产生。先秦时期,私人历史撰述开始出现,名作有《春秋》《左传》等。秦汉时期,创建了正史编撰体例,名作有《史记》《汉书》等。魏晋南北朝时期,史书种类增多、数量剧增,史学独立成部,名作有《三国志》《后汉书》《水经注》等。隋唐时期,修史制度完善,史学理论总结性著作产生,典制体史书出现,名作有《史通》《通典》等。

宋元时期,史书的体裁、体例都有发展,名作有《资治通鉴》《通志》《文献通考》等。明清时期,考史、论史成就突出,名作有《读通鉴论》《文史通义》《廿二史考异》等。中国传统史学著作数量多,具有历史记载的连续性、史书形式的多样性、史书内容的贯通性等特点,形成了秉笔直书、经世致用、惩恶劝善等优良传统。

小测验

## 思考练习

1. 中国古代有哪些著名史家和史学名著?

2. 中国传统史学有哪些主要特点?

3. 中国传统史学有哪些优良传统?

## 参考书目

章学诚著,叶瑛校注:《文史通义校注》,中华书局 1985 年版。

梁启超:《中国历史研究法》,上海人民出版社 2014 年版。

钱穆:《中国史学名著》,生活·读书·新知三联书店 2004 年版。

金毓黻:《中国史学史》,商务印书馆 2010 年版。

瞿林东:《中国史学史纲》,北京师范大学出版社 2010 年版。

## 经典阅读

### 司马迁《史记》(节选)

太史公曰:"先人有言:'自周公卒五百岁而有孔子。孔子卒后至于今五百岁,有能绍明世,正《易传》,继《春秋》,本《诗》《书》《礼》《乐》之际?'意在斯乎!意在斯乎!小子何敢让焉。"

上大夫壶遂曰:"昔孔子何为而作《春秋》哉?"太史公曰:"余闻董生曰:'周道衰废,孔子为鲁司寇,诸侯害之,大夫壅之。孔子知言之不用,道之不行也,是非二百四十二年之中,以为天下仪表,贬天子,退诸侯,讨大夫,以达王事而已矣。'子曰:'我欲载之空言,不如见之于行事之深切著明也。'夫《春秋》,上明三王之道,下辨人事之纪,别嫌疑,明是非,定犹豫,善善恶恶,贤贤贱不肖,存亡国,继绝世,补敝起废,王道之大者也。《易》著天地、阴阳、四时、五行,故长于变;《礼》经纪人伦,故长于行;《书》记先王之事,故长于政;《诗》记山川、溪谷、禽兽、草木、牝牡、雌雄,故长于风;《乐》乐所以立,故长于和;《春秋》辨是非,故长于治人。是故《礼》以节人,《乐》以发和,《书》以道事,《诗》以达意,《易》以道化,《春秋》以道义。拨乱世反之正,莫近于《春秋》。《春秋》文成数万,其指数千。万物之散聚皆在《春秋》。《春秋》之中,弑君三十六,亡国五十二,诸侯奔走不得保其社稷者不可胜数。察其所以,皆失其本已。故《易》曰'失之豪厘,差以千里'。故曰'臣弑君,子弑父,非一旦一夕之故也,其渐久矣'。故有国者不可以不知《春秋》,前有谗而弗见,后有贼而不知。为人臣者不可以不知《春秋》,守经事而不知其宜,遭变事而不知其权。为人君父而不通于《春秋》之义者,必蒙首恶之名。为人臣子而不通于《春秋》之义者,必陷篡弑之诛,死罪之名。其实皆以为善,为之不知其义,被之空言而不敢辞。夫不通礼义之旨,至于君不君,臣不臣,父不父,子不子。夫君不君则犯,臣不臣则诛,父不父则无道,子不子则不孝。此四行者,天下之大过也。以天下之大过予之,则受而弗敢辞。故《春秋》者,礼义之大宗也。夫礼禁未然之前,法施已然之后;法之所为用者易见,而礼之所为禁者难知。"

……

七年而太史公遭李陵之祸,幽于缧绁。乃喟然而叹曰:"是余之罪也夫!是余之罪也夫!身毁不用矣。"退而深惟曰:"夫《诗》《书》隐约者,欲遂其志之思也。昔西伯拘羑里,演《周易》;孔子厄陈蔡,作《春秋》;屈原放逐,著《离骚》;左丘失明,厥有《国语》;孙子膑脚,而论兵法;不韦迁蜀,世传《吕览》;韩非囚秦,《说难》《孤愤》;《诗》三百篇,大抵贤圣发愤之所为作也。此人皆意有所郁结,不得通其道也,故述往事,思来者。"于是卒述陶唐以来,至于麟止,自黄帝始。

……

自曹参荐盖公言黄老,而贾生、晁错明申、商,公孙弘以儒显,百年之间,天下遗文古事靡不毕集太史公。太史公仍父子相续纂其职。曰:"于戏! 余维先人尝掌斯事,显于唐虞,至于周,复典之,故司马氏世主天官。至于余乎,钦念哉! 钦念哉!"罔罗天下放失旧闻,王迹所兴,原始察终,见盛观衰,论考之行事,略推三代,录秦汉,上记轩辕,下至于兹,著十二本纪,既科条之矣。并时异世,年差不明,作十表。礼乐损益,律历改易,兵权山川鬼神,天人之际,承敝通变,作八书。二十八宿环北辰,三十辐共一毂,运行无穷,辅拂股肱之臣配焉,忠信行道,以奉主上,作三十世家。扶义俶傥,不令己失时,立功名于天下,作七十列传。凡百三十篇,五十二万六千五百字,为《太史公书》。序略,以拾遗补艺,成一家之言,厥协《六经》异传,整齐百家杂语,藏之名山,副在京师,俟后世圣人君子。(《太史公自序》)

司马迁:《史记》,中华书局 1959 年版。

## 刘知几《史通》(节选)

三、五之代,书有典、坟,悠哉邈矣,不可得而详。自唐、虞以下迄于周,是为《古文尚书》。然世犹淳质,文从简略,求诸备体,固以阙如。既而丘明传《春秋》,子长著《史记》,载笔之体,于斯备矣。后来继作,相与因循,假有改张,变其名目,区域有限,孰能逾此! 盖荀悦、张璠,丘明之党也;班固、华峤,子长之流也。惟此二家,各相矜尚。必辨其利害,可得而言之。

夫《春秋》者,系日月而为次,列时岁以相续,中国外夷,同年共世,莫不备载其事,形于目前。理尽一言,语无重出。此其所以为长也。至于贤士贞女,高才俊德,事当冲要者,必盱衡而备言;迹在沉冥者,不枉道而详说。如绛县之老,杞梁之妻,或以酬晋卿而获记,或以对齐君而见录。其有贤如柳惠,仁若颜回,终不得彰其名氏,显其言行。故论其细也,则纤芥无遗;语其粗也,则丘山是弃。此其所以为短也。

《史记》者,纪以包举大端,传以委曲细事,表以谱列年爵,志以总括遗漏,逮于天文、地理、国典、朝章,显隐必该,洪纤靡失。此其所以为长也。若乃同为一事,分在数篇,断续相离,前后屡出,于《高纪》则云语在《项传》,于《项传》则云事具《高纪》。又编次同类,不求年月,后生而擢居首帙,先辈而抑归末章,遂使汉之贾谊将楚屈原同列,鲁之曹沫与燕荆轲并编。此其所以为短也。(《二体》)

刘知几:《史通通释》,浦起龙释,上海古籍出版社 1978 年版。

### 司马光《资治通鉴》(节选)

臣光言：先奉敕编集历代君臣事迹，又奉圣旨赐名《资治通鉴》，今已了毕者。

伏念臣性识愚鲁，学术荒疏，凡百事为，皆出人下。独于前史，粗尝尽心，自幼至老，嗜之不厌。每患迁、固以来，文字繁多，自布衣之士，读之不遍，况于人主，日有万机，何暇周览！臣常不自揆，欲删削冗长，举撮机要，专取关国家盛衰，系生民休戚，善可为法、恶可为戒者，为编年一书，使先后有伦，精粗不杂，私家力薄，无由可成。

……

陛下俯从所欲，曲赐容养，差判西京留司御史台及提举西京嵩山崇福宫，前后六任，仍听以书局自随，给之禄秩，不责职业。臣既无他事，得以研精极虑，穷竭所有，日力不足，继之以夜。遍阅旧史，旁采小说，简牍盈积，浩如烟海，抉摘幽隐，校计豪厘。上起战国，下终五代，凡一千三百六十二年，修成二百九十四卷；又略举事目，年经国纬，以备检寻，为《目录》三十卷；又参考群书，评其同异，俾归一涂，为《考异》三十卷：合三百五十四卷。

……

伏望陛下宽其妄作之诛，察其愿忠之意，以清闲之宴，时赐省览，监前世之兴衰，考当今之得失，嘉善矜恶，取是舍非，足以懋稽古之盛德，跻无前之至治。俾四海群生，咸蒙其福，则臣虽委骨九泉，志愿永毕矣。(《进〈资治通鉴〉表》)

司马光：《资治通鉴》，中华书局1956年版。

### 郑樵《通志》(节选)

百川异趋，必会于海，然后九州无浸淫之患。万国殊途，必通诸夏，然后八荒无壅滞之忧。会通之义大矣哉！自书契以来，立言者虽多，惟仲尼以天纵之圣，故总《诗》《书》《礼》《乐》而会于一手，然后能同天下之文，贯二帝三王而通为一家，然后能极古今之变。是以其道光明百世之上，百世之下不能及。

仲尼既没，百家诸子兴焉，各效《论语》，以空言著书。至于历代实迹，无所纪系。迨汉建元、元封之后，司马氏父子出焉。司马氏世司典籍，工于制作，故能上稽仲尼之意，会《诗》《书》《左传》《国语》《世本》《战国策》《楚汉春秋》之言，通黄帝、尧、舜至于秦、汉之世，勒成一书，分为五体。"本纪"纪年，"世家"传代，"表"以正历，"书"以类事，"传"以著人，使百代而下，史官不能易其法，学者不能舍其书。《六经》之后，惟有此作。故谓："周公五百岁而有孔子，孔子五百岁而在兹乎。"是其所以自待者已不浅。然大著述者必深于博雅，而尽见天下之书，然后无遗恨。当迁之时，挟书之律初除，得书之路未广，亘三千年之史籍，而局蹐于七八种书。所可为迁恨者，博不足也。凡著书者，虽采前人之书，必自成一家言。左氏，楚人也，所见多矣，而其书尽楚人之辞。公羊，齐人也，所闻多矣，而其书皆齐人之语。今迁书全用旧文，闲以俚语，良由采摭未备，笔削不遑。故曰："予不敢堕先人之言，乃述故事，整齐其传，非所谓作也。"刘知几亦讥其多聚旧记，时插杂言。所可为迁恨者，雅不足也。

大抵开基之人不免草创，全属继志之士为之弥缝。晋之《乘》，楚之《梼杌》，鲁之《春秋》，其实一也。《乘》《梼杌》无善后之人，故其书不行。《春秋》得仲尼挽之于前，左氏推之于后，故其书与日月并传。不然，则一卷事目，安能行于世？自《春秋》之后，惟《史记》擅制作之规模，不幸班固非其人，遂失会通之旨，司马氏之门户自此衰矣。班固者，浮华之士也，全无学术，专事剽窃。肃宗问以制礼作乐之事，固对以在京诸儒必能知之，傥臣邻皆如此，则顾问何取焉？及诸儒各有所陈，固惟窃叔孙通十二篇之仪以塞白而已，傥臣邻皆如此，则奏议何取焉？肃宗知其浅陋，故语窦宪曰："公爱班固，而忽崔骃，此叶公之好龙也。"固于当时已有定价，如此人材，将何著述。《史记》一书，功在十《表》，犹衣裳之有冠冕，木水之有本原。班固不通旁行邪上，以古今人物强立差等，且谓汉绍尧运，自当继尧，非迁作《史记》厕于秦、项，此则无稽之谈也。由其断汉为书，是致周、秦不相因，古今成间隔。自高祖至武帝，凡六世之前，尽窃迁书，不以为惭。自昭帝至平帝，凡六世，资于贾逵、刘歆，复不以为耻。况又有曹大家终篇，则固之自为书也几希。往往出固之胸中者，《古今人表》耳，他人无此谬也。后世众手修书，道傍筑室，掠人之文，窃钟掩耳，皆固之作俑也。固之事业如此，后来史家，奔走班固之不暇，何能测其浅深。迁之于固，如龙之于猪，奈何诸史弃迁而用固，刘知几之徒尊班而抑马。（《总序》）

郑樵：《通志·二十略》，中华书局 1995 年版。

### 章学诚《文史通义》（节选）

才、学、识三者，得一不易，而兼三尤难，千古多文人而少良史，职是故也。昔者刘氏子玄，盖以是说谓足尽其理矣。虽然，史所贵者义也，而所具者事也，所凭者文也。孟子曰："其事则齐桓、晋文，其文则史，义则夫子自谓窃取之矣。"非识无以断其义，非才无以善其文，非学无以练其事，三者固各有所近也，其中固有似之而非者也。记诵以为学也，辞采以为才也，击断以为识也，非良史之才、学、识也。虽刘氏之所谓才、学、识，犹未足以尽其理也。夫刘氏以谓有学无识，如愚估操金，不解贸化。推此说以证刘氏之指，不过欲于记诵之间，知所决择，以成文理耳。故曰：古人史取成家，退处士而进奸雄，排死节而饰主阙，亦曰一家之道然也。此犹文士之识，非史识也。能具史识者，必知史德。德者何？谓著书者之心术也。夫秽史者所以自秽，谤书者所以自谤，素行为人所羞，文辞何足取重。魏收之矫诬，沈约之阴恶，读其书者，先不信其人，其患未至于甚也。所患夫心术者，谓其有君子之心，而所养未底于粹也。夫有君子之心，而所养未粹，大贤以下，所不能免也。此而犹患于心术，自非夫子之《春秋》，不足当也。以此责人，不亦难乎？是亦不然也。盖欲为良史者，当慎辨于天人之际，尽其天而不益以人也。尽其天而不益以人，虽未能至，苟允知之，亦足以称著述者之心术矣。而文史之儒，竞言才、学、识，而不知辨心术以议史德，乌乎可哉？（《史德》）

章学诚著，叶瑛校注：《文史通义校注》，中华书局 1985 年版。

# 第七讲
# 多元融合的思想文化

　　思想文化凝聚着民族智慧的精华,经历漫长的积淀与传承,具有广博深厚的内涵,是民族文化的重要内容。中国的思想文化内涵丰富,包含儒家、道家、佛家、法家、墨家、名家等众多流派。一方面,不同的流派表现出不同的世界认知、价值追求和思维方式;另一方面,不同流派间相互影响,相互融合,共同推动了时代的发展,塑造了民族的个性与品格。

## 第一节　儒家思想

　　自孔子创立儒家学派以来,涌现出了众多的儒家学者,他们结合现实,努力求索,继承并发展孔子思想。儒家思想以"仁"为核心,主张士人应当明道弘毅,修身进德,并在条件具备之时治国平天下。在历史的演进中,儒学融合道家、法家、佛家等思想,不断推陈出新,对政治、文化、士人精神、社会发展等产生了深远的影响。

### 一、先秦儒学

　　先秦儒家主要有三位代表人物:孔子、孟子、荀子。他们的思想为后世儒学的发展奠定了基础。三人在中国文化史上地位至尊,冯友兰《中国哲学史》以苏格拉底拟孔子,柏拉图拟孟子(谓其"高明亢爽"),亚里士多德拟荀子(谓其"笃实沈博")。①

---

① 　冯友兰:《中国哲学史》(上册),华东师范大学出版社 2000 年版,第 86 页。

（一）孔子

孔子（前551—前479），名丘，字仲尼，春秋末期鲁国人。孔子是儒家学说的创始人，是"使学术普遍化之第一人"①，是伟大的思想家、教育家。

孔子幼年丧父，生活艰难，青少年时期曾做过委吏（管理仓库的小吏）和乘田（管理畜牧的小吏）等工作。在困苦中，孔子好学不辍，后来习熟典章，精通礼、乐、射、御、书、数六艺。约30岁时，他开始私人讲学，此后，教育成为他一生的主要事业，先后有弟子3000，贤者72。弟子中，"四科十哲"尤为知名："德行：颜渊、闵子骞、冉伯牛、仲弓。言语：宰我、子贡。政事：冉有、季路。文学：子游、子夏。"（《先进》，按：本节中，以下引用《论语》章句，仅注篇名）

热心教育之外，孔子努力寻求出仕机会，希望推行礼乐，实现自己的政治理想。公元前501—前497年，在鲁出仕，先后任中都宰与大司寇，取得了突出的治绩。公元前497年，孔子失意，离开鲁国，此后周游列国十四年，其间充满了坎坷。孔子的一生，充满了不如意与苦楚，但他"发愤忘食，乐以忘忧"（《述而》），培育了杰出的弟子，开创了儒家学派，对中国文化起到至为深远的影响。孔子思想博大精深，主要包括仁爱思想、礼乐思想、中庸思想等。

1.仁是推己及人的爱，是"全德"，忠恕是"仁之方"

在孔子思想中，"仁"是核心概念。"仁"之概念并非孔子首创，但孔子将原来"与'忠''信''敬''义'等其他伦理概念地位平等"②的"仁"提升为人格的至高境界。孔子以为君子应当时刻以仁自励，"君子去仁，恶乎成名"（《里仁》），放弃了仁德，君子便无从成就自己的名声。身处绝境，在苟生与成仁之间要作出坚定的抉择，"无求生以害仁，有杀身以成仁"（《卫灵公》）。

《颜渊》记载，樊迟问仁，孔子回答了极简约的两个字："爱人。"真诚友善地关心他人的处境和内心感受，进而帮助他人，成全他人，这便是仁爱。爱，作为人类的美德与推动社会和谐的重要前提，是先秦诸子思考的重要内容。不同的学派，关于爱的表述各不相同，墨子提倡无差别的爱人如己的"兼爱"，老子主张"不仁"和"慈"。儒家仁爱思想的独特性在于它是有差等的爱，是由近及远、推己及人的爱。关爱他人的生发处在于对父母兄长的"孝

---

① 冯友兰：《中国哲学史》（上册），华东师范大学出版社2000年版，第49页。
② 陈桐生：《〈论语〉十论》，暨南大学出版社2012年版，第77页。

悌","孝"是尊敬父母,"悌"是敬重兄长。子曰:"弟子入则孝,出则弟,谨而信,泛爱众,而亲仁。行有余力,则以学文。"(《学而》)在儒家看来,亲情是培养"仁"的土壤,一个连父母的养育之恩也不回报的人不可能做到"仁",不可能"泛爱众",所以孔子弟子有若说道:"孝弟也者,其为仁之本与!"

父母的培育与兄弟的朝夕相处,使得出于血缘亲情的孝悌观念容易培养,然而,由此出发如何去关爱陌生人,如何去关爱更广大的人群?《论语》中问仁者甚众,孔子针对弟子的性情与具体的情境作出了不同的回答。樊迟问仁,孔子答以先难后获的原则:"仁者先难而后获,可谓仁矣。"(《雍也》)仲弓问仁,孔子答以使民的态度与待人之道:"出门如见大宾,使民如承大祭。己所不欲,勿施于人。在邦无怨,在家无怨。"(《颜渊》)面对多言而急躁的司马牛,孔子告之以慎言:"仁者,其言也讱。""为之难,言之得无讱乎?"(《颜渊》)

在一次回答子贡提出的问题时,孔子谈到了行仁的方法问题。《雍也》记载:"子贡曰:'如有博施于民而能济众,何如? 可谓仁乎?'子曰:'何事于仁! 必也圣乎? 尧舜其犹病诸! 夫仁者,己欲立而立人,己欲达而达人。能近取譬,可谓仁之方也已。'"行仁的方法是"能近取譬",也就是由近处的事实推而广之。推己及人之举,正面言之为忠,即"己欲立而立人,己欲达而达人";反面言之为恕,即"己所不欲,勿施于人"。忠恕是"仁之方",也是仁的主要体现,正如冯友兰所说:"实行忠恕即实行仁。"①

《论语》中的仁,或者作为与智、勇等德行相类的具体德行,或者作为包含众德的至高境界,如冯友兰所说:"仁亦为全德之名,故孔子常以之统摄诸德。"作为具体德行,孔子强调推己及人与自觉的践行,他以为仁道去人不远,"我欲仁,斯仁至矣"(《述而》)。作为至高境界的"全德"②,仁之境界峻伟摩天,难以企及。孔子说,"能行五者于天下者为仁矣"(《阳货》),"五者"指"恭、宽、信、敏、惠";"仁者必有勇"(《宪问》);"克己复礼为仁"(《颜渊》)。这种仁德,自然非常人所可及,孔子称其多数弟子只能"日月至焉而已矣"(《雍也》)。一方面,孔子将简捷可行之忠恕作为"仁之方",勉励世人积极行仁;另一方面,孔子以仁为"全德",鞭策世人修德行道,终身不息。

---

① 冯友兰:《中国哲学史》(上册),华东师范大学出版社2000年版,第61页。
② 关于"全德"之义,参见冯友兰《中国哲学史》(上册),华东师范大学出版社2000年版,第62页。

2.君臣兴礼乐以治世,君子习礼乐以成德

在"仁"的基础上,孔子对礼的阐释便有了鲜活的灵魂,有了"礼之本"。子曰:"人而不仁,如礼何? 人而不仁,如乐何?"(《八佾》)礼和乐应当以仁爱与真情实感为基础,仅剩形式的礼乐无法实现礼乐的真正价值。

礼乐是用以区分亲疏、长幼、贵贱并实现彼此和睦融洽的重要内容,包含制度、伦理道德规范、仪式等方面。孔子以为,以礼齐民可以使百姓"有耻且格":"道之以政,齐之以刑,民免而无耻;道之以德,齐之以礼,有耻且格。"(《为政》)"道"指引导,"齐"指整齐,"免"指免于受罚。用政令和刑罚治国,人民只是免于受罚,但没有耻辱感;以道德和礼教治国,人民不但有耻辱感,而且人心归服。颜渊问治国之道,孔子回答说:"行夏之时,乘殷之辂,服周之冕,乐则《韶》《舞》。放郑声,远佞人。郑声淫,佞人殆。"(《卫灵公》)"时"指历法,"辂"指车子,"冕"指礼帽,《韶》是舜时的乐曲名,《舞》同《武》,是周武王时的乐曲名,"郑声"指郑国的乐曲,"淫"指靡曼不正。用夏朝的历法,便于开展农业生产。坐商朝的车子,戴周朝的礼帽,音乐用《韶》《舞》,都是礼乐方面的内容。钱穆注解此章时说:"颜渊问仁,主在修己。此章问邦,则偏于礼,主在治人。"①可以看出,礼乐是治国的重要方面,礼使世人知长幼尊卑,懂得行为规范,有耻辱感;典雅的音乐可以引导世人向善,促进人际的和谐。

兴礼乐既然是治国的重要途径,君子自然应当勤加修习,以礼自守,以乐成德。礼是君子行事的重要规范,孔子说"不知礼,无以立也"(《尧曰》)。颜渊问仁,子曰:"克己复礼为仁。一日克己复礼,天下归仁焉。"(《颜渊》)约束自己,按照礼的要求行事便是仁,为仁必须"复礼",礼对于修身的重要性由此可见。音乐是美的,其节奏旋律足以动人心,悦性情,进而成就人的德性。孔子重视音乐的教育功能,他说:"兴于诗,立于礼,成于乐。"(《泰伯》)他推崇典雅的音乐,比如《韶》《武》:"子谓《韶》,'尽美矣,又尽善也'。谓《武》,'尽美矣,未尽善也'。"(《八佾》)"美"就形式言,"善"就内容言,《韶》尽善尽美,《武》则在内容方面不够好。勤修于礼可以形成良好的礼节和风度,这是君子修养的重要方面。子曰:"质胜文则野,文胜质则史。文质彬彬,然后君子。"(《雍也》)培育仁义之德可成"善质"(内在品质),修习礼乐可成"美

---

①　钱穆:《论语新解》,生活·读书·新知三联书店 2002 年版,第 405 页。

文"（外在风度），二者都是成就君子不可或缺的方面。

3.过犹不及，君子言行合乎中庸

仁、义、知、勇、忠、信诸德，均由现实中抽象而出，概念性的理解可逐渐得以深化，现实中的践行则显得更为具体、复杂、令人困惑。做事做到何种程度最好？孔子对于这一问题的回答是中庸，也就是恰到好处和平常。

现实中我们常碰到这样的问题：如何行孝，如何持礼，如何爱人助人？有人内心情感炽热，认为在常见的标准基础上更进一步，更能体现自己的真诚与努力。子贡一开始也是这么想的。当听到孔子"师也过，商也不及"的评论后，他问道："然则师愈与？""师"指颛孙师（子张），"商"指卜商（子夏），子贡问："那么，师更强一些吗？"孔子的回答是："过犹不及。"（《先进》）过和不及都不好，因为都不是恰到好处。

"中"是恰当的度，然而这个度往往很难把握，所以孔子说："中庸之为德也，其至矣乎！民鲜久矣。"（《雍也》）"中"即恰到好处的所在，无过无不及；"庸"指平常。杨伯峻以为："孔子拈出这两个字，就表示他的最高道德标准，其实就是折中的和平常的东西。"①因为平常，所以世人皆可行之，时时处处皆可由之；因为是"最高道德标准"，所以难以尽其妙处，应当不懈求之，于历史、人生、社会等方面反复思考与体悟。张立文说："孔子结合'时'与'中'，使传统'尚中'思想由静态单一的结构（'无过无不及'），发展成为一动态变易的系统（'无可无不可'）……并由此直契天人秩序之美，并因此而把'中庸'上升为一种对天人和谐之美的体认与追求。"②学习儒家思想的人，应当以中庸、中和为思维方法与向往之境，笃行仁义，持信循礼，如此则能推动社会的进步与和谐。

（二）孟子

孟子（约前 372—前 289），名轲，战国时期邹国人。战国时期比春秋时期更为动荡混乱，民不聊生，礼义尽毁，世人多为富贵与私利而奔走。面对群雄逐鹿、率兽食人的现实，孟子倡导王道仁政，反对霸道，并以"仁义"游说齐、梁、鲁、滕等国。然而，诸侯国君心思各异，强国志在富国强兵，并吞天下；弱国备受侵凌，欲求自保而不得。由此，阴谋诈术，强取豪夺，无所不用

---

① 杨伯峻：《论语译注》，中华书局 1980 年版，第 64 页。
② 张立文：《中国哲学史新编》，中国人民大学出版社 2012 年版，第 54 页。

其极,孟子的仁政理想付诸一梦。即便如此,孟子颇具思辨色彩的性善学说与性命思想,深得人心的民本思想和仁政主张,使他得到后世的尊崇,被尊为"亚圣",在儒学史上影响卓著。孟子思想主要体现在性善论、仁政思想和认识路线等方面。

1. 主张性善论,提出"四端"之说

孟子主张"性善"论,认为人生来即有向善之心。他认为,"人皆有不忍人之心","今人乍见孺子将入于井,皆有怵惕恻隐之心"(《孟子·公孙丑上》)。恻隐之心为"仁之端",此外,"羞恶之心,义之端也;辞让之心,礼之端也;是非之心,智之端也"(《孟子·公孙丑上》)。此即所谓"四端"之说,"四端"为人所固有,"人之有四端也,犹其有四体也"(《孟子·公孙丑上》)。只要将四端发扬光大,人之德性将充实而有光辉,"凡有四端于我者,知皆扩而充之矣,若火之始然,泉之始达。苟能充之,足以保四海;苟不充之,不足以事父母"(《孟子·公孙丑上》)。孟子以火苗、清泉为喻,说明扩充四端的重要性:努力扩充,足以平定天下;反之,不能孝养父母。

2. 构建了仁政学说

以"性善"论为基础,孟子将孔子的"德治"思想发展为"仁政"学说。政治关系方面,发展了古代的"民本"思想,提出"民为贵,社稷次之,君为轻"(《孟子·尽心下》)的观点,劝诸侯"以德王天下",着眼于争取民心,"保民而王"。他反对霸道,主张王道,认为诸侯之宝有三,"土地、人民、政事"(《孟子·梁惠王上》)。经济关系方面,主张"制民之产",使百姓能够生活下去,以保持小生产的相对稳定性。

孟子主张仁政,反对现实中的战争和横征暴敛。《孟子·离娄上》如此描述战争的残酷:"争地以战,杀人盈野;争城以战,杀人盈城。"他主张以道德服人之心,对于武力扩张深恶痛绝,于是提出:"此所谓率土地而食人肉,罪不容于死。故善战者服上刑,连诸侯者次之,辟草莱、任土地者次之。"善战者、好战者在当时受器重,孟子却主张他们应当接受最重的刑罚,联结诸侯和驱使百姓开荒种植的人都应该受到惩处。这种主张显然不会被当世接受,但表达了孟子鲜明的反战立场,表达了他对和平与王道的期盼。

出于对混乱时局的痛恨,孟子明确提出,当身处国君昏庸残暴、荼毒生灵之世,世人可奋起反抗。齐宣王问卿,孟子说贵戚之卿"君有大过则谏;反覆之而不听,则易位",异姓之卿"君有过则谏;反覆之而不听,则去"

（《孟子·万章下》）。他认为，君臣关系是相互的，臣子无须愚忠，"君之视臣如手足，则臣视君如腹心；君之视臣如犬马，则臣视君如国人；君之视臣如土芥，则臣视君如寇雠"（《孟子·离娄下》）。

孟子与齐宣王

《孟子·梁惠王上》提出了较完整的政治思想，表达了孟子对理想社会的向往：

> 无恒产而有恒心者，惟士为能。若民，则无恒产，因无恒心。苟无恒心，放辟邪侈，无不为已。及陷于罪，然后从而刑之，是罔民也。焉有仁人在位罔民而可为也？是故明君制民之产，必使仰足以事父母，俯足以畜妻子，乐岁终身饱，凶年免于死亡。然后驱而之善，故民之从之也轻。

> ……

> 王欲行之，则盍反其本矣。五亩之宅，树之以桑，五十者可以衣帛矣。鸡豚狗彘之畜，无失其时，七十者可以食肉矣。百亩之田，勿夺其时，八口之家可以无饥矣。谨庠序之教，申之以孝悌之义，颁白者不负戴于道路矣。老者衣帛食肉，黎民不饥不寒，然而不王者，未之有也！

从这些论述看，孟子所阐述的社会理想与孔子的富之、教之的思想具有本质的一致性。孟子认为，要实现社会理想，统治者首先必须"制民之产"，保障老百姓的"恒产"不受侵害，让他们上足以事父母，下足以畜妻子，这样，培养百姓的"恒心"就有了可靠的基础，进而再办好学校教育，大力传播、弘扬孝悌之义，"老者衣帛食肉，黎民不饥不寒"的社会理想才得以实现。

3. 提出了尽心、知性、知天的认识路线

孟子还通过尽心、知性、知天的认识路线，构建"天人合一"的思维模式，把人的主观能动性提高到道德境界，主张积极有为的人生过程。《孟子·尽心上》开篇云："尽其心者，知其性也。知其性，则知天矣。存其心，养其性，所以事天也。夭寿不贰，修身以俟之，所以立命也。"在孟子看来，心、性、天具有内在的联系，它们的统一在认识层面要从尽心、知性开始，进而才能知天；在实践层面要从存心、养性开始，进而才能事天。需要指出的是，孟子这里所说的心，即前面所讲的四心：恻隐之心、羞恶之心、辞让之心、是非之心；而所谓的性，就是"善"。孟子是性善论者，仁、义、礼、智就是性善的具体表现。在孟子看来,天具有仁、义、礼、智的道德属性,人的仁、义、礼、智之善性就是由天赋予的。因此,一个人能尽心知性就能知天,存心养性就可事天,从而进入天人合一的境界。

### (三)荀子

荀子(约前313—前238),名况,字卿,战国末年赵国人。公元前255年,他被楚相春申君任命为兰陵令,春申君死后免官,居兰陵著书授徒,其著作由后人辑为《荀子》32篇。

一般认为,荀子主张"性恶"论,认为"人之性恶,其善者伪也"(《荀子·性恶》)。然而,荀子对于孟子的"性善"论"不是针锋相对的争论",因为他很可能"不曾看到后来所流行的《孟子》一书",所以"对于孟子人性论的内容,可说毫无理解"。① 徐复观以为,荀子和孟子关于欲望的看法有一致之处。他以"生而有好利焉,顺是,故争夺生而辞让亡焉"(《荀子·性恶》)为据,以为其中强调"顺是"的观点与孟子"物交物,则引之而已矣"之说,"实际没有多大出入";"孟子主张寡欲,而荀子主张节欲,对欲的态度更是一致"。②

关于荀子性恶论的内涵,多有令人困惑之处,历来学者多有探讨,并存在两种相反的论点:或者否定性恶论,或者揭示荀子人性论相反相成的两个维度。

其一,性恶论不仅不能成立,而且使荀子思想失去根基,程颐、朱熹、牟宗三、劳思光都由此而批判荀子思想。

其二,荀子性论实为"性朴"与"性恶"之相合。性朴,出自《荀子·礼论》:"性者,本始材朴也;伪者,文理隆盛也。"即荀子认为人性本身无善无恶。唐君毅以为,人性在与礼义之善的对比中,显示出相对之恶。③ 徐复观以为,荀子思维周密,然而其性恶论"并非出于严密地论证",荀子一方面和告子一样,主张"性无定向",一方面从重礼法的角度着意强调人性向恶之趋向。④ 如此,荀子人性论便包含了三个环节,"性者,本始材朴也;恶者,顺性

---

①　徐复观:《中国人性论史(先秦篇)》,上海三联书店2001年版,第208页。
②　徐复观:《中国人性论史(先秦篇)》,上海三联书店2001年版,第209页。
③　唐君毅:《中国哲学原论(原性篇)》,中国社会科学出版社2005年版,第32页。
④　徐复观:《中国人性论史(先秦篇)》,上海三联书店2001年版,第202-209页。

无节也；善者，化性起伪也"①。

认识荀子的人性论，应该从性朴、性恶相结合的角度来看，这样更为全面和妥当。从这样的人性论出发，荀子提出了"礼法"并重的政治思想。他主张"隆礼重法"，认为礼是法的根据和基础，法是礼的体现和确认。如果只讲礼义，不讲法度，只重教化，不重刑罚，便不能维持社会统治秩序。因而，他的思想不局限于个体的仁义孝悌，而且强调集体的礼法纲常，主张礼法并重。

天命观上，荀子提出"天人相分"和"制天命而用之"的思想。《荀子·天论》详细阐述了这一思想，该文开篇写道："天行有常，不为尧存，不为桀亡。"自然界有客观的运行规律，"天不为人之恶寒也辍冬，地不为人之恶辽远也辍广"。星坠、木鸣、日食、月食等都是正常的自然现象，只是罕见而已，"怪之，可也；而畏之，非也"。荀子看到天的运行与人间事物的变迁的不一致，提出"制天命而用之"的思想，充分肯定了人类认识自然规律，运用自然规律的力量，在思想史上具有重要意义。

从孔子到孟子再到荀子，体现了先秦儒学的基本脉络。孔子奠定了儒家学说发展的基础；孟子则揭示了实现"天人合一"的途径，强调通过个体的内在修养，培养完美的君子人格，进而达到"天人合一"的境界；而荀子在天人相分的前提下，主张"隆礼重法"。冯友兰在《中国哲学简史》中称孟子为儒家理想主义流派之代表，荀子为儒家现实主义流派之代表，精辟地揭示了两者的思想特质。儒家至荀子，具有了更强的现实性，其礼法思想既继承了儒家传统的礼治思想，又具有"重法"的特色。荀子也因此是"从儒家到法家的过渡人物"②，他的弟子韩非、李斯后来成为法家的代表人物。

## 二、汉代儒学

汉初，统治者为了恢复生产和安定人心，以杂取儒法阴阳的黄老之学作为政治的主导思想，采取与民休息的政策。经过 60 多年的休养生息，汉朝的经济实力逐渐恢复和增强。为了加强中央集权，适应国家统一的发展形势，积极有为的政治思想成为时代的需要。这一时期最值得注意的儒学思

① 路德斌：《性朴与性恶：荀子言"性"之维度与理路——由"性朴"与"性恶"争论的反思说起》，《孔子研究》2014 年第 1 期，第 59 页。

② 金元浦：《中国文化概论》，中国人民大学出版社 2012 年版，第 140 页。

想家是董仲舒。

董仲舒(前179—前104)，广川(今河北景县西南)人，汉代儒家的代表人物。他把诸子百家中道家、法家和阴阳家等诸家的一些思想糅合到儒家思想中，加以改造，形成了新的儒学体系。董仲舒适应汉武帝加强中央集权的需要，提出"春秋大一统"和"罢黜百家，独尊儒术"的主张。他认为，大一统是天地的常理，国家的需要；要维护政治的统一，必须实行思想上的统一。他提出不在儒家六经范围之内的各家学说都应罢黜。

董仲舒宣扬"君权神授"，提出"天人合一"和"天人感应"学说。他在《春秋繁露》中指出："唯天子受命于天，天下受命于天子。"在他看来，"道之大原出于天，天不变，道亦不变"。从天人感应的思想论出发，董仲舒通过神秘化的阴阳五行学说来说明三纲五常"出于天"，并断定"阳尊阴卑""阳贵阴贱"，并由此推论："天为君而覆露之，地为臣而持载之；阳为夫而生之，阴为妇而助之；春为父而生之，夏为子而养之，秋为死而棺之，冬为痛而丧之。王道之三纲，可求于天。"(《春秋繁露·基义》)。如此，则阳居主导地位，阴居辅助地位，"君为臣纲、父为子纲、夫为妻纲"即为天意。"三纲"出自《韩非子》，"三纲五常"连用出现于东汉《白虎通义》，董仲舒则是引法入儒、实现三纲五常理论化的重要人物。

经过董仲舒的改造，儒学形成了神学化的儒学体系，儒学由先秦时期百家争鸣中的一家而居于"独尊"，从富有自由与批判精神的子学而成为受官方推崇的学说。然而，这仅是表面现象，有两点值得注意：其一，汉代儒学的政治品格与先秦儒家大异其趣，体现出"法家化"的色彩。先秦儒学以为道高于君，"民贵君轻"(孟子)，主张"从道不从君"(荀子)，至汉代被改造为"君为国本"的尊君理论[①]，对后世产生了深远影响。尽管历来多有志在行道、为民请命的儒生，然而朝廷所重乃在法家化的儒学。其二，历代朝廷奉行阳儒阴法之治道。朱熹《答陈同甫书》说："尧、舜、三王、周公、孔子所传之道，未尝一日得行于天地之间也。"谭嗣同《仁学》称："二千年来之政，秦政也，皆大盗也。"可见，主张仁礼结合，"修己以安人""恭、宽、信、敏、惠""亲亲而仁民，仁民而爱物"的儒学并未在国君施政中得到真正贯彻。

---

① 冯达文、郭齐勇主编：《新编中国哲学史(上册)》，人民出版社2004年版，第251页。

### 三、宋明以来的儒学

尽管阳儒阴法,但统治者的大力提倡依然推动了儒学的发展。魏晋南北朝时期,儒学吸收佛教、道教精神,有了新发展。唐朝统治者奉行三教并行政策,即尊道、礼佛、崇儒。佛教和道教的发展,开始挑战儒家的正统地位,韩愈、李翱等人张扬道统,复兴儒学。时至宋朝,复兴儒学蔚然成风,在抨击佛道的同时,融合佛道思想来解释儒家义理,形成了以理为核心的新儒学体系——程朱理学。与程朱理学同时,陆王心学亦产生广泛影响。在理学昌盛的同时,一股具有反传统倾向的启蒙思潮悄然兴起。

(一)程朱理学

程朱理学大体经历了从周敦颐到程颢、程颐兄弟,最后由朱熹集大成的过程。周敦颐援佛道入儒,其《太极图说》以"无极而太极"开篇,文中强调"圣人定之以中正仁义而主静",自注"无欲故静",融合了道家、佛学思想。通过这样的融合,周敦颐"囊括天道与人道,描述了一个宇宙流行、人道确立的过程,建立了一个简明完备的儒家形上学体系,为后世理学家确立了一个统体大纲"①。程氏兄弟提出"天理"观念,认为"天命""义理""性"本为一物,并构建了自己的思想体系,为朱熹的集大成奠定基础。理学以伦理观为核心,注重"穷理尽性",具有强烈的哲理性与思辨性,既注重"内圣",主张立诚存敬,又关怀社会,注重礼乐教化与世风改易。在此着重分析朱熹的思想。

"理"是程朱理学的道德总原则,朱熹对理进行了充分论证。在他看来,理不仅是宇宙的本原、万物的主宰,也是社会道德规范的源泉。朱熹发展了"理一分殊"(张载)思想,以为理在物先。《朱子语类》卷九十五:"形而上者,无形无影是此理。形而下者,有情有状是此器。"冯友兰对此作了解释:"如尚未有舟车之时,舟车之理或舟车之概念已先在。"一事物之理,即"事物之最高的标准;此所谓极也"②。《朱子语类》卷九十四:"事事物物,皆有个极……总天地万物之理,便是太极。"在朱熹思想中,"理"与"道"、"理"与"太极"均属于相同意义范畴。

---

① 张立文:《中国哲学史新编》,中国人民大学出版社 2012 年版,第 262 页。
② 冯友兰:《中国哲学史》(下册),华东师范大学出版社 2000 年版,第 256 页。

既然天理是最高哲学范畴,就应当穷尽天理。朱熹以为:"圣人千言万语,只是教人存天理,灭人欲。"穷理灭欲的途径也是格物致知与克己复礼的过程,是修养的功夫。一方面,如程颐所说"常常存个敬字在这里";另一方面,要格物致知,"今日格一物,明日格一物",以至于"众物之表里精粗无不到,而吾心之主体大用,无不明矣"。

希贤希圣之外,朱熹重视儒学教化,关注社会秩序的重建。此外,他以"理欲之辨"解说历史,提出"王霸之辨"的历史观。

(二)陆王心学

南宋时期,理学家陆九渊把"心"作为宇宙万物的本原,提出"心"就是"理"的主张,认为天地万物都在心中。他认为,穷理不必向外探求,只需反省内心就可得天理。他的学说被称为"心学"。明朝中期以后,专制统治陷入危机。王守仁认为,社会动乱是人心破坏所致,只有通过整治人心,才能挽救统治。王守仁成为心学的集大成者。这一学派也称为"陆王心学"。

王守仁(1472—1529),字伯安,余姚人,因筑室绍兴之阳明洞,世称"阳明先生"。王守仁早年学习朱学,后来怀疑朱学,并提出了以"致良知"和"知行合一"为主要内涵的心学。

"致良知"是王守仁的重要伦理观点之一,是他根据孟子的"良知"和《大学》中"致知"的观点加以综合、发展而创立的学说。《孟子·尽心上》有云:"人之所不学而能者,其良能也;所不虑而知者,其良知也。"《大学》云:"致知在格物。"王守仁对此作了本体方面的发挥,以为吾心之良知,即所谓天理。良知是心之本体,天理的昭明灵觉就是人心之虚明灵觉。他对朱熹反复强调的格物致知进行了一番新的解释,即将"物"解为"事",将"格"解为"正"。这样,"格物"便是在意念发动处的件件事情中为善去恶,致知格物其实就是穷究吾心之良知。

关于对"理"的探求,王守仁认为"万物皆归于吾心",并由此说明进行道德修养只要求之于心,于心上下功夫就够了。他提出"心外无物""心外无理""心外无学"。"心外无物"一说,与佛家的充满禅意的一段对话颇有异曲同工之妙:"风动邪?幡动邪?""非风动,非幡动,心动也。""心学"与佛家渊源之深可见一斑。

"知行合一"是中国古代哲学中认识论和实践论的命题,主要是道德修养、道德实践方面的。"知行合一"观认为:不仅要认识("知"),尤其应当实践("行"),认识事物的道理与实行其事,是密不可分的一回事。只有把"知"和"行"统一起来,才能称得上"善"。明武宗正德三年(1508),王守仁在贵阳文明书院讲学,首次提出"知行合一"说。所谓"知行合一",不是一般的认识和实践的关系,而是相互渗透、相互支撑的关系:一方面,知中有行,行中有知,"知行原是两个字,说一个工夫";另一方面,以知为行,知决定行,"知是行的主意,行是知的工夫;知是行之始,行是知之成"(王守仁《传习录》)。王守仁的"知行合一"观对儒家思想的发展,乃至对整个中国传统思想文化的发展,都具有重大意义。

(三)明清启蒙思潮

明清时期,有识之士感于复古与理学之弊,滋生了反传统倾向,并形成了影响广泛的启蒙思潮。启蒙思潮的主要代表人物为李贽、黄宗羲、顾炎武、王夫之等。

李贽(1527—1602),号卓吾,福建泉州人。他的思想多与正统思想相抵触,被认为是离经叛道的异端。他指出孔子不是天生圣人,儒家经典也不是神圣不可侵犯的理论。他反对以孔子的是非为标准,认为是非标准应依照时代变化而变化。他抨击等级制度,提出"庶人非下,侯王非高",反对男尊女卑,以为女子亦有见解。他提倡个性解放思想,认为人人都应该发挥和施展自己的个性和才能。在文学方面,李贽提出"童心说",以《西厢记》《水浒传》这样遭到封建正统思想贬斥的作品为"至文"。

黄宗羲、顾炎武、王夫之为明末清初三大思想家,思想进步开明。黄宗羲从明亡的历史中看到了封建专制制度的腐朽,尖锐地揭露君主专制是天下之大害。他提出"天下为主,君为客"的民本思想,主张以"天下之法"取代皇帝的"一家之法"。顾炎武重视对实际情况的了解,形成了经世致用的思想。他主张到实践中求真知,力求解决国计民生的现实问题。他经过实地考察写成了巨著《天下郡国利病书》,记述了山川形势、物产风俗、民生利弊,有很高的实用价值。王夫之更为彻底,主张"公天下",反对"以天下私一人"。

# 第二节　道家思想

儒家主张士人以积极有为的心态重建社会秩序,以弘道为己任,张载

"为天地立心,为生民立命,为往圣继绝学,为万世开太平"很好地表达了儒家宏大高远的胸怀。与此不同,道家主张"道法自然",倡导古朴、守柔、无为的境地,追求无己、无功、无名的逍遥境界。道家在中国思想史上代有变迁,先秦时期的老庄学说影响深远,战国末期的黄老之学至汉初成为重要的政治思想,以道家为本的魏晋玄学(冯友兰称为"新道家")体现出浓厚的思辨色彩。唐代以后,就思想体系而言,道家鲜见创新与建树,但其深邃的哲思则成为后代思想家的重要资源与士人人格的重要内涵。

## 一、《老子》

老子,姓李,名耳,字聃,楚苦县(今河南鹿邑东)厉乡曲仁里人,道家学派创始人。《史记·老子韩非列传》记载,孔子"问礼于老子",归谓弟子曰:"鸟,吾知其能飞;鱼,吾知其能游;兽,吾知其能走。走者可以为罔,游者可以为纶,飞者可以为矰。至于龙,吾不能知,其乘风云而上天。吾今日见老子,其犹龙邪!"《老子韩非列传》一文行文飘逸渺漫,充满神奇色彩,多有猜测不详之语,如"老子乃著书上下篇,言道德之意五千余言而去,莫知其所终""盖老子百有六十余岁,或言二百余岁,以其修道而养寿也"。

老子之生平事迹如蒙云雾,《老子》之成书也是学术界难以解开的谜团。李零认为,"老子其人,也许比较早,但书是另一码事,绝不可能在儒、墨前"[①]。《老子》现存三个版本:帛书本、楚简本和传世本。帛书本于1972年出土于长沙马王堆汉墓,抄写年代在西汉初年。楚简本于1993年出土于湖北荆门市郭店村楚墓,此墓下葬年代为战国中期偏晚,即公元前4世纪中叶至前3世纪初。传世本的成书年代则众说纷纭,有春秋末期说、战国末期说、战国前中期说等。

《老子》开篇云:"道可道,非常道。名可名,非常名。""道"高妙玄远,自然无为,是《老子》宇宙观的核心。道化生万物,"道生一,一生二,二生三,三生万物"(《老子》第四十二章,按:本节中,以下引用《老子》原文仅注章数),"有物混成,先天地生。寂兮寥兮,独立而不改,周行而不殆,可以为天下母。吾不知其名,强字之曰'道',强为之名曰'大'"(第二十五章)。自然、无为是道的本性,"道法自然"揭示了整个宇宙的特性,以及生生不息的运行规律。

---

① 李零:《重归古典——兼说冯、胡异同》,《读书》2008年第3期,第29页。

　　道是无为的，个人也应顺应自然，超迈逍遥，把个体的自然存在和精神自由置于一切外在的附加物之上，走出人生的困境。《老子》主张"返璞归真"，认为人的生命存在要与自然沟通，节制和超越物质欲望，自始至终保持自己的自然天性。《老子》提出"致虚极，守静笃"的修道方式，以为得道之人如同"赤子""婴儿"，处于纯真、朴实的状态："众人熙熙，如享太牢、如春登台。我独泊兮其未兆，沌沌兮如婴儿之未孩，傫傫兮若无所归。"（第二十章）"知其雄，守其雌，为天下溪。为天下溪，常德不离，复归于婴儿。"（第二十八章）

　　无为并非不作为，而是以"无为"自然求得"无不为"，即"无为而无不为"。"无为"即顺其自然，不任意妄为，这样就能收到很好的效果，所谓"为无为则无不治"（第三章），"无为而无不为"（第三十七章）。《老子》深入地阐述了无为而治的思想，提出"圣人处无为之事，行不言之教"（第二章），"圣人不仁，以百姓为刍狗"（第五章）等思想。《老子》中有个著名的比喻："治大国，若烹小鲜。"（第六十章）"小鲜"指小鱼，烹煮小鱼不能多次翻动，应当尽量待其自熟，《老子》以"烹小鲜"比喻无为政治。《老子》中，最高境界的治国者，"下知有之"："太上，下知有之；其次，亲而誉之；其次，畏之；其次，侮之。"（第十七章）圣人让百姓自然发展，在取得效果之后不居功，"生而弗有，为而弗恃，功成而弗居"（第二章），"为而不争"（第八十一章）。这种"不恃""不争"也就是以"无为"（顺应自然）的态度来"利万物"、求"功成"，同时做到不争功。

　　在第八十章，《老子》表达了对理想社会的向往：

　　　　小国寡民。使有什伯之器而不用，使民重死而不远徙。虽有舟舆，无所乘之；虽有甲兵，无所陈之。使民复结绳而用之。甘其食，美其服，安其居，乐其俗。邻国相望，鸡犬之声相闻，民至老死不相往来。

　　这就是《老子》描绘的理想社会：国家不大，人口要少。物质丰富，生活安定，社会稳定，民风古朴。人们吃的食物香甜，穿的衣服漂亮，住的地方安适，生活快快乐乐。邻国之间虽然可以彼此相望，鸡鸣狗叫都能听得到，但人民却活到老死也互不来往，一切都能自给自足，也没有任何危险和恐惧。这种单纯、质朴的生活，其实是《老子》对理想化生活的描绘。

《老子》思想内容
评析资料选编

## 二、《庄子》

庄子(约前369—前286),名周,蒙(今河南商丘东北,一说在今安徽蒙城)人。现存《庄子》33篇,其中内篇7篇,外篇15篇,杂篇11篇。一般认为,内篇为庄子自作,外篇和杂篇为庄子后学所作。《内篇》7篇分别为:《逍遥游》《齐物论》《养生主》《人间世》《德充符》《大宗师》《应帝王》。相较于老子而言,庄子更强调人的精神超越,以达到与天地精神合而为一的境界,实现个体的逍遥。庄子思想主要表现在哲学观、逍遥境界和政治思想等方面。

1.哲学观上,庄子视"道"为本体,为宇宙万物的总规律

庄子和老子一样,将"道"看作天地万物的创生者,并以"道"作为宇宙万物的总规律。《庄子·大宗师》(按:以下引用《庄子》原文,仅注篇名)云:"夫道,有情,有信,无为,无形……自本,自根,未有天地,自古以固存。神鬼神帝,生天生地。""道"虽然无形,但早就存在,并产生了天地。道"可传而不可受,可得而不可见",北斗、日月、伏羲、黄帝、西王母均已得"道"。道为宇宙万物的总规律,得之可以长久。庄子以为:"夫道,覆载万物者也,洋洋乎,大哉! 君子不可以不刳心焉"(《天地》),"道者,万物之所由也,庶物失之者死,得之者生;为事逆之则败,顺之则成"(《渔父》)。道虚静恬淡,自然无为,世人当追求无为之境,合乎大道。

2.个人应当追求精神超越,达于逍遥之境

和《老子》相比,《庄子》对社会政治的讨论较少,更关注个人精神境界问题,比如如何保持人的天性,如何在艰难的生存环境下实现解脱等问题。

影响人的自然本性与精神自由的因素有很多,比如物质享受、名誉地位、知识能力、仁义礼乐等。要实现自然本性,就需要摆脱这些束缚。君子对于富贵与寿夭并不在意:"藏金于山,藏珠于渊;不利货财,不近贵富;不乐寿,不哀夭……万物一府,死生同状。"(《天地》)知识能力和仁义礼乐是儒家所注重的,但在庄子看来,皆为害人之具。"名"与"知"都是凶器:"名也者,相轧也;知也者,争之器也。二者凶器,非所以尽行也。"(《人间世》)仁义礼乐会伤害人的本性,因此,"毁道德以为仁义,圣人之过也"(《马蹄》)。由于世间的知识、礼乐等违背了人的本性,违背天道,所以"畸人"便成为顺应天道的人。畸人,郭象注为"方外而不耦于俗者",庄子借孔子之口称赞畸人为"天之君子":"畸人者,畸于人而侔于天。故曰:天之小人,人之君子;天之君子,人之小人也。"(《大宗师》)

　　庄子不但主张摆脱种种束缚,而且在认识论上为世人提供指导。他提出"齐物论",其主要内容为:以"道"观照万物,相对的事物之间其实没有区别;以"道"观照不同的学说,各种学说都是主观的,可以齐同的。这是庄子对老子天道思想的发展,具有重要影响。《齐物论》云:"方生方死,方死方生;方可方不可,方不可方可。因是因非,因非因是。是以圣人不由,而照之于天,亦因是也","莛与楹,厉与西施,恢恑憰怪,道通为一"。"莛"指草茎,"楹"指屋柱。以"道"观之,草茎与屋柱,丑人与西施,各种稀奇怪异的事情,都可以齐同为一。同样,生与死、得与失、贵与贱、是与非等,都可以齐同为一。

　　从"道"的视角出发,修道之人可以齐万物,齐生死,忘却知识与仁义。做到这些,是为了达于逍遥的境界。正如劳思光所说:"形躯不足贵,认知不足重,德性亦无价值,文化活动本身复为一永有罪恶之追求。一切否定,所余者唯有一自在观赏之心灵,此即庄学之结论","自在观赏"也就是"作'逍遥游'"。[①] 逍遥是极高的境界,很难达到。宋荣子是宋国贤者,"定乎内外之分,辨乎荣辱之境","彼其于世,未数数然也"。"数数然"指汲汲然,迫切的样子,尽管宋荣子性情淡泊,能明辨荣辱,然"犹有未树也"。列子御风而行,"彼于致福者,未数数然也",然而"犹有所待者也"。只有"乘天地之正,而御六气之辩,以游无穷者",达到理想境界,即"至人无己,神人无功,圣人无名"(《逍遥游》),才可说是逍遥之境。

　　黄庭坚《〈庄子〉内篇论》说:"彼鹍鹏(按:'鹍鹏'即'鲲鹏')之大,鸠鷃之细,均为有累于物而不能逍遥,唯体道者乃能逍遥耳。"体道方可逍遥,体道不仅需要忘却世间俗务,而且需要恰当的修养方法。庄子提出的主要修养方法为心斋与坐忘。"心斋"见于《人间世》:"无听之以耳而听之以心,无听之以心而听之以气。耳止于听,心止于符。气也者,虚而待物者也。惟道集虚。虚者,心斋也。""听之以气",指"虚而待物",摒弃偏执,以虚静空明的心境体悟达道,"让外物纯客观地进来,纯客观地出去,而不加一点主观上的心知的判断"[②]。"坐忘"见于《大宗师》,颜回自述修炼的三个阶段:忘仁义、忘礼乐、坐忘。"坐忘"即"堕肢体,黜聪明,离形去知,同于大通",在坐忘中可以与大道融为一体。

① 劳思光:《新编中国哲学史》,生活·读书·新知三联书店 2019 年版,第 278 页。
② 徐复观:《中国人性论史(先秦篇)》,上海三联书店 2001 年版,第 340 页。

3.政治思想方面,奉行"无治主义",主张"在宥天下"

《应帝王》篇集中表现了庄子的政治思想,即"无治主义的思想"①。文中,无名人对天根说:"汝游心于淡,合气于漠,顺物自然而无容私焉,而天下治矣。"篇末讲了关于混沌的寓言:中央之帝混沌本无七窍,南海之帝倏和北海之帝忽为报答混沌的款待之情,日为混沌凿一窍,"七日而混沌死"。据梁简文帝注,倏和忽是有为者,混沌是无为者。如此该寓言就包含了丰富的内涵:其一,倏和忽的有为导致了混沌的死亡,"有为"是违背天性的,是极具伤害性的,故当奉行无治主义;其二,浑朴的无为者不被有为者理解,最终被好心的有为者伤害。

庄子心目中理想的君上是无为于天下者:"玄古之君,天下无为也,天德而已矣。"(《天地》)庄子反对治天下,主张"在宥天下":"闻在宥天下,不闻治天下也。在之也者,恐天下之淫其性也;宥之也者,恐天下之迁其德也。天下不淫其性,不迁其德,有治天下者哉!"(《在宥》)"在宥",陈鼓应将其解为"自在宽容"②,意为不干涉民生,顺民之性,也就是"无为"。无为,则万物各葆天性,各得其所,天下治矣。

### 三、《淮南子》

《老子》《庄子》之外,以道家思想为主的著作还有《列子》《黄老帛书》《淮南子》等。在此着重介绍《淮南子》一书。

《淮南子》又名《淮南鸿烈》,是西汉时期淮南王刘安招集门客撰著之书。该书以"太上之道"为宗旨,统合百家之说,将各篇的内容熔铸成一个有机的整体。《淮南子》以"道"为理论体系的最高范畴,主张无为,以为"无为者道之宗"(《淮南子·主术训》)。从这一基本思想出发,《淮南子》在处世方法、治国之道、养生方法等方面展开了论述。

1.深入论述人生问题,以为处世应遵循道的准则,纵志舒节,达观玄览

针对当时社会人们拘于功名富贵、荣辱得失的现状,作者认为真正伟大的人应胸怀凌云之志,以"道"为终极关怀的对象。作者最羡慕的是"性合于道"的真人,认为真人能还本返璞,与道合体,是大道最完满的体现者。

"性合于道",则可参透生死,达观玄览。作者认为生存与死亡、成功与

---

① 陈鼓应:《庄子今注今译》,中华书局1983年版,第210页。
② 陈鼓应:《庄子今注今译》,中华书局1983年版,第268页。

毁坏,都是物质存在的不同形式,对死亡心怀恐惧是不通达的表现。作者主张对死生不应过于介怀,尤其不能将爱憎喜怒加于其间,应懂得生与死都是天地造化的自然流变,是气化的不同环节。

2.探索治国之道,主张无为,追求"至德之世"

政治思想方面,《淮南子》主张无为,反对君王的作为。作者批判了伏羲、神农等帝王的治术,认为伏羲氏"德烦而不能一";神农和黄帝"剖判大宗","治而不能和下",此后的昆吾、夏后之世则世道日下。伏羲氏恩泽广大,神农和黄帝努力经营事务,然而因为他们都未能德合大道,以"无为"化天下,所以不能引社会于治世。圣人深明道术,无为而天下治,"圣人呼吸阴阳之气,而群生莫不颙颙然仰其德以和顺。当此之时,莫之领理决离,隐密而自成"(《淮南子·俶真训》)。圣人只是呼吸阴阳二气,天下太平,百姓安居乐业,此为"至德之世"。

3.发展老庄的养生理论,主张养气与养神相结合

《淮南子》把人看成形、神、气的统一体,"形"指形体五脏,"气"指看不见、摸不着但能感觉到的存在,"神"指精神,其中最重要的是养神。《淮南子·泰族训》:"治身,太上养神,其次养形;治国,太上养化,其次正法。"理想的个人尚无为而崇自然,形神合一;理想的国家大化流行,世人各得其所。

## 第三节　墨、法、兵家思想

中国思想史上流派众多,儒家、道家之外,影响深远者尚有墨家、法家、兵家、阴阳家、农家、杂家等。此节主要介绍主张兼爱、非攻的墨家,重视刑名法术的法家和贵谋尚智的兵家。

**一、墨家思想**

墨家创始者为墨子。《淮南子·要略》介绍,墨子早年出自儒家,曾"学儒者之业,受孔子之术",但对儒家特别看重礼感到不满,"以为其礼烦扰而不悦,厚葬靡财而贫民,服伤生而害事",于是"背周道而用夏政",创立了墨家学派。墨家思想主张兼爱、非攻,强调节用、节葬,具有平民思想

的特点,冯友兰认为"墨子之学说,盖就平民之观点,以主张周制之反面者也"①。

（一）兼相爱,交相利

与儒家有差等的"仁爱"不同,墨家主张无差等的"兼爱"。墨子认为,社会大乱的一个重要原因,就是人与人的不相爱:"天下之人皆不相爱,强必执弱,富必侮贫,贵必敖贱,诈必欺愚。凡天下祸篡怨恨,其所以起者,以不相爱生也。"（《墨子·兼爱中》）墨子主张"兴天下之利,除天下之害"（《墨子·兼爱下》）,兴利除害的重要内容就是"兼相爱、交相利","视人之国若视其国,视人之家若视其家,视人之身若视其身"（《墨子·兼爱中》）。

（二）非攻、救弱

春秋战国之际,战争频仍,人民的生命安全难以保障。墨家主张兼爱,自然反对战争。《非攻》篇中,墨子历数攻伐战争的危害。他指出,"好攻伐之国",动辄兴兵"十万",连年战争,弄得"农夫不暇稼穑,妇人不暇纺绩织纴,则是国家失卒,而百姓易务也"。墨家不但在理论上反对战争,并且研究守城之法,在实践中制止战争。《墨子·公输》《吕氏春秋·爱类》等记载,墨子听说楚国要攻打宋国,他日夜兼程,赶到了楚国首都郢,找到了当时为楚国制造云梯的公输盘说:"吾从北方闻子为梯,将以攻宋。宋何罪之有？荆国有余于地,而不足于民,杀所不足,而争所有余,不可谓智。宋无罪而攻之,不可谓仁。知而不争,不可谓忠。争而不得,不可谓强。义不杀少而杀众,不可谓知类。"（《墨子·公输》）后又说服楚王,制止了一场战争。墨家救危扶弱,不惧艰险,《淮南子·泰族训》说:"墨子服役者百八十人,皆可使赴火蹈刃,死不还踵,化之所致也。"冯友兰不仅以墨子为"武圣",而且以为"墨者之行为,与所谓侠者相同"②。

（三）尚贤、尚同

墨子"尚贤",主张打破贵贱界限,从各阶层中选拔人才。墨子的这一主张意在让平民百姓中的贤良之士也能参与国家管理和社会治理。他说:"古者圣王之为政,列德而尚贤","虽在农与工肆之人,有能则举之。高予之爵,重予之禄,任之以事,断予之令……有能则举之,无能则下之。举公义,辟私

① 冯友兰:《中国哲学史》（上册）,华东师范大学出版社2000年版,第67页。
② 冯友兰:《中国哲学史》（上册）,华东师范大学出版社2000年版,第70页。

怨,此若言之谓也"(《墨子·尚贤上》)。所谓"尚同",就是"一同天下之义",希望人们的意愿逐级统一于推选的首领。他说:"上之所是,必亦是之;上之所非,必亦非之。"(《墨子·尚同中》)

（四）天志、明鬼

天下尚同于天子,天子由谁来约束? 墨子为天子设置了天与鬼神。《墨子·尚同下》:"天子又总天下之义,以尚同于天。"苍天惩恶扬善,"天子为善,天能赏之;天子为暴,天能罚之"(《墨子·天志中》)。墨子强调鬼神之实有,"虽有深溪、博林、幽涧无人之所,施行不可以不董,见有鬼神视之"(《墨子·明鬼下》)。鬼神的惩罚威力巨大,非人力所可抵御,"鬼神之罚,不可为富贵众强、勇力强武、坚甲利兵,鬼神之罚必胜之"。

（五）节用、节葬、非乐

墨家以为天下大患有三:"饥者不得食,寒者不得衣,劳者不得息。"(《墨子·非乐上》)当时物质资料缺乏,民生凋敝,只有节用、节葬、非乐,才能有更多的财富用于改善民生。《墨子·七患》说:"凡五谷者,民之所仰也,君子所以为养也。故民无仰则君无养,民无食则不可事。故食不可不务也,地不可不力也,用不可不节也。"墨子以为厚葬久丧,沉迷舞乐,是奢靡浪费之举,"上考之不中圣王之事,下度之不中万民之利"(《墨子·非乐上》)。

（六）非命

人类多困惑于未来处境与天命有无,或以为命由天定,或以为人谋可胜天。墨子之世,天命之说流行,墨子以为命运思想"上以说王公大人,下以驵百姓之从事,故执有命者不仁"(《墨子·非命上》),于是奋起而非命。墨子以"三表"来辨明天命之虚无,"三表"也就是三个立论的标准:"何谓三表? 子墨子言曰:有本之者,有原之者,有用之者。于何本之? 上本之于古者圣王之事。于何原之? 下原察百姓耳目之实。于何用之? 废以为刑政,观其中国家百姓人民之利。"(《墨子·非命上》)从古代圣王事迹来看,"世未易,民未渝,在于桀纣则天下乱,在于汤武则天下治。岂可谓有命哉!"(《墨子·非命上》)从百姓耳目所及来看,自古及今,未尝有"见命之物,闻命之声者"(《墨子·非命中》)。从是否有利于民生来看,宣扬天命,则"上不听治,下不从事",由此百姓困穷,天下动乱。综合以上三个方面,墨子以为,人之寿夭祸福,国之治乱兴衰,非由天命,实出人谋。忧劳则国富民强,逸豫则政衰民困。考察墨子学说,不难发现,"三表"不仅是论证命运虚无的标准,也是评判真理的重要标准。张立文以为："我们可以说墨子为评判一切树立的是以天志为本兼以'圣王之事''先王之书''百姓耳目之实''国家百姓之利'的综合标准。"①

墨子反对天命论,主张人之"命运"非先天所能决定,这与其"天志""明鬼"的认识不相统一。金元浦以为:"(非命)这种无神论的思想,与'天志''明鬼'的认识相悖谬,而又有机地糅合在一起,去其一,不成其为墨子。"②当然,《墨子》一书前后矛盾可能是因为此书成于众人之手,是墨家学派内部见解不同的反映。

**二、法家思想**

中国古代尊崇儒家思想,然法家思想也在政治中发挥着重要作用,所谓"阳儒阴法""外儒内法"。和儒、墨、道家思想相比,法家思想在政治实践中利于君主统治,在富国强兵、维护稳定方面表现出了实效性。冯友兰认为:"儒墨及《老》庄皆有其政治思想。此数家之政治思想,虽不相同,然皆从人民之观点,以论政治。其专从君主或国家之观点,以论政治者,当时称为法术之士,汉人谓之为法家。"③

法家起源于春秋时的管仲、子产,发展于战国时的商鞅、慎到、申不害,集大成于战国末期的韩非。

(一)法、术、势

商鞅(约前390—前338),姓公孙,先为魏相公叔座的中庶子,后入秦,得到秦孝公的重用,主持秦国变法。商鞅变法的内容涉及政治、经济、军事等诸方面,废井田、开阡陌,推行郡县制,奖励耕织和战斗,实施严刑峻法,推动了秦国的发展。与此同时,商鞅所行之法严酷,"一日临渭而论囚七百余人,渭水尽赤,号哭之声动于天地,畜怨积雠比于丘山"(《史记·商君列传·集解》引刘歆《新序论》)。残酷如此,商鞅变法引起了权贵的不满和百姓的怨愤,商鞅后遭车裂。

申不害,与商鞅同时,以劝君主行"术"而闻名。术,实为君主权术,用以巩固君王统治。"术"的特点是隐蔽,不能令大臣察觉。申不害所描绘的君

---

① 张立文:《中国哲学史新编》,中国人民大学出版社2012年版,第80页。
② 金元浦:《中国文化概论》,中国人民大学出版社2012年版,第194页。
③ 冯友兰:《中国哲学史》(上册),华东师范大学出版社2000年版,第234页。

主形象为"藏于无事，窜端匿迹，示天下无为"（《申子·大体》）。《韩非子·定法篇》曰："术者，因任而授官，循名而责实，操杀生之柄，课群臣之能者也。"申不害强调"术"的重要性，目的是维护君主的权威，加强中央集权。

势，指地位权势。《韩非子·难势篇》引慎到曰："尧为匹夫，不能治三人；而桀为天子，能乱天下。吾以此知势位之足恃而贤智之不足慕也。"慎到重视"势"，主张君主依靠控制"势"而强化君权，并达到强国的目的。

（二）韩非的思想

法、术、势为早期法家三派，"能集此三派之大成，又以《老》学、荀学为根据，而能自成一家之言者，则韩非是也"①。

韩非主张人性恶，认为人是自私自利的，做事情往往从自身的利益出发。韩非指出："人皆挟自利心""故人行事施予，以利之为心，则越人易和；以害之为心，则父子离且怨"（《韩非子·外储说》）。他以舆人与匠人的不同心理为喻，说明人心由自身利益出发来思考问题："舆人成舆，则欲人之富贵；匠人成棺，则欲人之夭死也。非舆人仁而匠人贼也。人不贵则舆不售，人不死则棺不买。"他分析主人善待庸客的动机为"如是，耕者且深，耨者熟耘也"，庸客卖力干活的动机则为"如是，羹且美，钱布且易云也"。

出于对时势的判断，韩非反对复古，主张变法："上古竞于道德，中世逐于智谋，当今争于气力。"他以为，"今欲以先王之政，治当世之民，皆守株之类也"（《五蠹》）。

由性恶论和现实形势出发，韩非子主张法、术、势相互结合。他对商鞅重视的法、申不害重视的术、慎到强调的势均深得要领，并将三方面相互结合，形成自己的学说。以衣、食喻法、术，以为"君无术，则弊于上；臣无法，则乱于下。此不可一无，皆帝王之具也"。君主应当有至高无上的权威，"群臣惧乎下""有功则君有其贤，有过则臣任其罪"。国君之势表现于外者则为赏罚，韩非子称之为二柄："明主之所导制其臣者，二柄而已矣。二柄者，刑、德也。"（《韩非子·二柄》）刑，指刑罚杀戮；德，指奖赏恩惠。韩非子强调赏罚分明，"刑过不避大臣，赏善不遗匹夫"。大臣犯罪，同样量刑治罪；匹夫立功，同样给以奖赏，韩非认为只有做到了赏罚公正，得世人信任，赏罚才能起到其应有的勉励与警诫作用。

---

① 冯友兰：《中国哲学史》（上册），华东师范大学出版社 2000 年版，第 239 页。

### 三、兵家思想

中国文化崇尚中庸,以"和"为贵,反对暴力与冲突,故被称为"无兵的文化"。中原汉族亦因此重文轻武,在军事方面长期处于弱势,在和少数民族的战争中常常失利,即便在经济、文化方面均堪称发达的宋朝在军事方面也屡屡受挫。然而,由于国家的动乱与聚合,残酷的战争依然触发不少志士思考军事问题,由此形成了独特而丰富的兵家思想,并且这一思想在世界上处于先进水平。李零以为:"历史上,中国的兵学最发达,搁到全世界去讲,也一点儿不吹牛。"[1]

中国的兵家思想主要表现于众多的兵书当中,如《孙子兵法》《吴子兵法》《司马法》《孙膑兵法》《六韬》等。其中,《孙子兵法》"是兵书中的经典,不但在中国是经典,在世界上也是经典"[2]。在此,我们选取《孙子兵法》作为阐释文本,对兵家思想作简要介绍。

(一)重战慎战

《孙子》开篇云:"兵者,国之大事,死生之地,存亡之道,不可不察也。"此处的"兵",多数译为"战争",李零翻译为"军事",即古人所讲"兵事"与"军旅之事",这种理解更为确切。包含军队建设、武器改进等在内的军事都是事关存亡的国家大事。战争耗费人力物力,影响经济民生,作为君主应当慎重用战。不得已而发生战争,则当速战,"其用战也贵胜,久则钝兵挫锐,攻城则力屈,久暴师则国用不足。夫钝兵挫锐,屈力殚货,则诸侯乘其弊而起,虽有智者,不能善其后矣。故兵闻拙速,未睹巧之久也。夫兵久而国利者,未之有也"(《孙子·作战》)。

(二)备战充分

以实力作保障,自立于不败之地。《孙子·形》:"昔之善战者,先为不可胜,以待敌之可胜。不可胜在己,可胜在敌。故善战者,能为不可胜,不能使敌之必可胜。故曰:胜可知,而不可为。""不可胜",指形胜。《孙子》第四篇

---

① 李零:《唯一的规则:孙子的斗争哲学》,读书·生活·新知三联书店 2010 年版,第 1 页。
② 李零:《唯一的规则:孙子的斗争哲学》,读书·生活·新知三联书店 2010 年版,第 1 页。

为《形》,第五篇为《势》,古代兵法重"形势"。汉代荀悦以为,"形"是"大体得失之数","势"是"临时进退之机"。李零认为,"'形胜'就是'以形相胜',以实力相胜"[①]。在实力对比上占优势,这样才能立于不败之地,然后等待时机,克敌制胜。《孙子·形》:"古之所谓善战者,胜于易胜者也……故善战者,立于不败之地,而不失敌之败也。是故胜兵先胜而后求战,败兵先战而后求胜。""立于不败之地"即备战充分,取得"形胜"。

(三)贵谋尚诈

《孙子》云,"兵者,诡道也"(《计》),又云"兵以诈立,以利动,以分和为变者也"(《军争》)。"诡"和"诈"意思相同,均指权诈、迷惑,这是《孙子》的重要特点。《孙子》第三篇为《谋攻》,可见对智谋的重视,篇中云:"是故百战百胜,非善之善者也;不战而屈人之兵,善之善者也。故上兵伐谋,其次伐交,其次伐兵,其下攻城。攻城之法,为不得已。"孙子以为,兵家的最高境界并非百战百胜,而是不战而胜,以最小的成本取胜。《孙子》中对于战略、战术多有深入的探讨,如示敌以假象,"能而示之不能,用而示之不用,近而示之远,远而示之近"(《计》);捕捉战机,"攻其无备,出其不意"(《计》);迷惑和引诱敌人,"故善动敌者,形之,敌必从之;予之,敌必取之。以利动之,以卒待之"(《势》);行军重技巧,"以迂为直,以患为利"(《军争》);置之死地而后生,"投之无所往,死且不北。死焉不得,士人尽力"(《九地》);注重实战技巧,如火攻和用间。

(四)对战争参与者提出了要求

君主、将帅与士卒应当具备的品格与素质各自不同。国君要以民为本,心忧国事,"道者,令民与上同意也,故可以与之死,可以与之生,而不畏危";择人善任,无须越俎代庖,否则可能惑乱军心。将军需要具备过硬的综合素质,"将者,智、信、仁、勇、严也"。将军应当"视卒如婴儿",爱而能用。此外,将军还应做到不偏执,避免"五危"(《九变》);"进不求名,退不避罪,唯人是保,而利于主"(《地形》)等。士卒则需具备勇武、训练有素、服从统一指挥等素质。

---

① 李零:《唯一的规则:孙子的斗争哲学》,读书·生活·新知三联书店2010年版,第109页。

## 第四节　古代思想的融合与演进

在漫长的历史长河中,中国古代形成了众多的思想流派,不同流派之间既相互冲突与辩难,又相互补充与融合。正是这样的交流与融合,推动了中国古代思想文化的演进,展现了中国文化的博大与包容。

战国时期是中国古代学术思想的百家争鸣时期,但在争鸣过程中就已有各种学术思想相互影响与吸收的情况出现。事实上,学术思想只要有争鸣就会有相互碰撞中的影响与吸收。如法家的集大成者韩非子,其学说不仅融合了法、术、势三派,也受到道家思想的影响,这在《解老》《喻老》中可见;不仅如此,韩非子师承儒家思想的代表人物荀子,自然也受到儒家思想的影响。一般认为,《吕氏春秋》是杂家之作,杂家于诸子百家中单为一家,其实这里的杂糅百家也是思想融合的一种体现。

黄老道家是起源于战国初期的学术思潮,在西汉初年具有主导地位。该思潮以道家思想为主,兼容儒家、法家、墨家等思想,既肯定礼与法的作用,又主张减少政治上的妄为,希望实现"清静无为"的政治理想。黄老道家的代表作为《黄帝四经》(《经法》《十大经》《称》《道原》四篇)及《尹文子》等。司马谈《论六家要旨》评判了阴阳、儒、墨、名、法五家思想的得失,对道家则予以很高的推崇:"道家使人精神专一,动合无形,赡足万物。其为术也,因阴阳之大顺,采儒墨之善,撮名法之要,与时迁移,应物变化,立俗施事,无所不宜,指约而易操,事少而功多。"这里所说的容纳诸家的道家即指黄老道家。汉惠帝时期的丞相曹参受盖公"治道贵清静而民自定"之教,辅佐汉惠帝,取得良好的成效。"萧规曹随"的典故说明了黄老道家的两个重要方面,既需要法度的建设,又要力行"无为",不轻易更张。《论六家要旨》又曰:"《易大传》:'天下一致而百虑,同归而殊涂。'夫阴阳、儒、墨、名、法、道德,此务为治者也,直所从言之异路,有省不省耳。"由此可见,司马谈的思想虽倾向于道家,但也认识到诸家之百虑虽异路、殊途,相互吸纳后可归于统一的治道。

至西汉中期,战国以来的学术思想的融合进一步加强。一般认为,董仲舒有关"罢黜百家,独尊儒术"的主张使得儒家一家独尊,其他诸家成为潜流或不复存在,实则不然。就董仲舒本人的学说来看,其所谓的"儒"不仅吸收了先秦时期儒家的基本思想,还吸收了阴阳家、法家、道家、墨家等诸家的思想。董仲舒的"天人感应"的思想就与阴阳家阴阳五行说、墨家"天志"说存在渊源,其"天道"观、"道之大原出于天"则源于道家,"三纲"之说和尊君卑臣的主张主要受到法家的影响,"五常"的价值取向和"大一统"的思想都属于儒家思想范畴。

魏晋时期朝政混乱,生灵涂炭,士人有感于朝不保夕的处境,酣饮服药,佯狂怪诞,形成了独特的魏晋风度,崇尚虚无玄远的玄学也诞生于此种背景之下。名教与自然之辨是魏晋玄学的重要命题,这一命题的实质为儒与道的关系问题。魏晋玄学的主流是倡导儒道的融合,但其在不同的历史阶段呈现出不同的形态。王弼主张名教本于自然,以自然无为的方式推行教化,"用不以形,御不以名,故仁义可显,礼敬可彰也"(《老子道德经注校释》)。魏晋之际,曹氏与司马氏之间开展了残酷的政治斗争,引起士人的激愤。阮籍、嵇康等人主张"越名教而任自然",激烈批判统治者之滥施礼法。西晋思想家郭象以《庄子注》知名,提出了名教与自然相合的观点。他以为名教出于人的本性,"夫仁义自是人之情性,但当任之耳"(《骈拇注》),"夫仁义者,人之性也"(《天运注》)。同时,他强调仁义礼法应当"称情而直往",反对"矜乎名声,牵乎形制"(《大宗师注》)。经过不断的探求和对现实的呼应,魏晋玄学在兼综儒道的历程中,形成了丰厚的内涵。时至东晋,玄学又与佛学合流,形成新的理论成果。

兴盛而开放的隋唐时期,儒、道、佛三教并行,相互影响。隋代著名的儒家当数王通,但他主张调和儒、释、道三教,提出"三教于是乎可一"的主张(王通《中说·问易篇》)。韩愈、柳宗元、刘禹锡等思想家以儒学为主,但也采佛、道思想。韩愈辟佛,曾冒死而上《论佛骨表》,但韩子为儒家立道统则受到佛教思想的影响。柳宗元立身行事根基于儒学,然其言"吾自幼好佛,求其道积三十年"(《柳河东集·送巽上人赴中丞叔父召序》),可见柳氏也深受佛教影响,因而有"儒、释兼道,道学纯备"(《柳河东集·送僧浩初序》)之论。刘禹锡则说:"儒以中道御群生,罕言性命,故世衰而浸息;佛以大悲救诸苦,广启因业,故劫浊而益尊。"(《刘宾客文集·袁州萍乡县杨岐山故广禅师碑》)可见,刘氏认识到儒、佛可以互补。白居易《白氏长庆集·三教论衡》载:"夫儒门释教,虽名数则有异同;约义立宗,彼此亦无差别。所谓同出而异名,殊途而同归者也。"可见唐代儒、释、道实现了进一步的交融。

在唐代思想发展的基础上,宋明时期出现了崭新的哲学思潮——理学。宋明理学在宇宙论、本体论、心性论、修养工夫论、思想体系的方法论等方面都吸收了佛老的因素。①　如从宇宙本体论来看,宋明理学不仅接收了《老子》中的"道生万物"的主张,还直接运用了道家的宇宙生成的图式。宋代朱震在《汉上易传表》中说:"濮上陈抟以先天图传种放,放传穆修……修以太极图传周敦颐,敦颐传程颐、程颢。"②周敦颐《太极图说》明显受到道家的影响,而此文又成为宋明理学宇宙本体论的基础。又如程朱理学"理一分殊"说则受到禅宗"一法遍含一切法"的影响,王阳明"致良知"的学说也是对儒、释、道三教进行融合的结果③。宋明理学对佛、道的吸纳,从理学内部的相互批驳及后人对宋明理学的批判也可看出。朱熹、陆九渊虽同为宋明理学的代表人物,但思想观点大有不同,故有"鹅湖之辩",朱熹批陆氏"近禅",而陆九渊将朱氏所宗"无极而太极"归结于"老氏之学"。明末清初潘平格也称"朱子道,陆子禅",就是说陆九渊的儒学近禅,而朱熹的儒学近道。戴震则揭露了宋明理学与佛、道的关系,他说宋明理学是"借阶于老、庄、释氏",又称"宋儒出入于老、释,故杂乎老、释之言以为言"(《孟子字义疏证·理》)。宋明时期的思想家不仅继承了先秦以来的儒家思想,而且大多出入佛、道多年,深受佛教思想(特别是禅宗)和道家思想的影响,故宋明理学是儒、释、道相互融合的新思想。

关注现实是古代哲人的优良传统,往复论辩是思想碰撞与创新的重要途径,融汇众长是中国文化的突出特色。近现代以来,中国哲学又体现出会通中西的气象。在学习和继承传统文化的过程中,我们不但要耐心地精读数种经典,而且要了解众多流派的思想及其融合过程;不但要学习兼容并包、融通百家的气魄,而且要继承关注现实、经世致用的情怀。

# 本章小结

中国思想文化源远流长,广博渊深,包含了儒家、道家、墨家、法家、兵家等众多流派。儒家思想以仁为核心,重视礼乐教化,在历史上不断演进和发展,先秦儒学、汉唐儒学、宋明理学、明清启蒙思想等均对当时的社会现实作

---

① 张立文:《中国哲学史新编》,中国人民大学出版社 2012 年版,第 254 页。

② 朱震:《汉上易传》卷首《汉上易传说》,《文渊阁四库全书》本。

③ 何静:《论王阳明的致良知说对儒释道三教的融合》,《浙江社会科学》2007 年第 3 期,第 120-126 页。

出了回应，有裨于国家的发展与社会的教化。道家思想主张自然无为，《老子》重在探讨治国之道，提出"无为而无不为"的思想；《庄子》重在追求逍遥的境界，主张"离形去知，同于大通"。墨家主张兼爱、非攻，法家重视法、术、势，兵家贵谋尚诈。各种流派形成之后，相互碰撞与影响，思想不断融合，出现了显示这种融合的黄老道家、宋明理学等标志性成果，成就了博大精深的思想文化。

小测验

思考练习

1. 儒家、道家的代表人物各有哪些？他们各自的主要思想是什么？

2. 试析王阳明的心学思想，并分析其在当今的启示意义。

3. 墨家、法家的代表人物各有哪些？他们各自的主要思想是什么？

4. 谈谈你对中国古代思想文化多元融合的理解。

参考书目

杨伯峻：《论语译注》，中华书局 1980 年版。

杨伯峻：《孟子译注》，中华书局 1960 年版。

陈鼓应：《老子注译及评介》，中华书局 1984 年版。

陈鼓应：《庄子今注今译》，中华书局 1983 年版。

陈荣捷：《近思录详注集评》，华东师范大学出版社 2007 年版。

冯友兰：《中国哲学史》，华东师范大学出版社 2000 年版。

张立文：《中国哲学史新编》，中国人民大学出版社 2012 年版。

经典阅读

《孟子》(节选)

梁惠王曰："寡人之于国也,尽心焉耳矣。河内凶,则移其民于河东,移其粟于河内。河东凶亦然。察邻国之政,无如寡人之用心者。邻国之民不加少,寡人之民不加多,何也?"

孟子对曰："王好战,请以战喻。填然鼓之,兵刃既接,弃甲曳兵而走。或百步而后止,或五十步而后止。以五十步笑百步,则何如?"

曰："不可;直不百步耳,是亦走也。"

曰："王如知此,则无望民之多于邻国也。

"不违农时,谷不可胜食也;数罟不入洿池,鱼鳖不可胜食也;斧斤以时入山林,材木不可胜用也。谷与鱼鳖不可胜食,材木不可胜用,是使民养生丧死无憾也。养生丧死无憾,王道之始也。

"五亩之宅,树之以桑,五十者可以衣帛矣。鸡豚狗彘之畜,无失其时,七十者可以食肉矣。百亩之田,勿夺其时,数口之家可以无饥矣。谨庠序之教,申之以孝悌之义,颁白者不负戴于道路矣。七十者衣帛食肉,黎民不饥不寒,然而不王者,未之有也。

"狗彘食人食而不知检,涂有饿莩而不知发;人死,则曰:'非我也,岁也。'是何异于刺人而杀之,曰:'非我也,兵也。'王无罪岁,斯天下之民至焉。"(《梁惠王上》)

(孟子)曰："我知言,我善养吾浩然之气。"

(公孙丑曰:)"敢问何谓浩然之气?"

曰："难言也。其为气也,至大至刚,以直养而无害,则塞于天地之间。其为气也,配义与道;无是,馁也。是集义所生者,非义袭而取之也。行有不慊于心,则馁矣……助之长者,揠苗者也——非徒无益,而又害之。"(《公孙丑上》)

孟子曰："人皆有不忍人之心。先王有不忍人之心,斯有不忍之政矣。以不忍人之心,行不忍人之政,治天下可运之掌上。所以谓人皆有不忍人之心者,今人乍见孺子将入于井,皆有怵惕恻隐之心——非所以内交于孺子之父母也,非所以要誉于乡党朋友也,非恶其声而然也。由是观之,无恻隐之心,非人也;无羞恶之心,非人也;无辞让之心,非人也;无是非之心,非人也。

183

恻隐之心，仁之端也；羞恶之心，义之端也；辞让之心，礼之端也；是非之心，智之端也。人之有是四端也，犹其有四体也。有是四端而自谓不能者，自贼者也；谓其君不能者，贼其君者也。凡有四端于我者，知皆扩而充之矣，若火之始然，泉之始达。苟能充之，足以保四海；苟不充之，不足以事父母。"(《公孙丑上》)

孟子曰："仁，人心也；义，人路也。舍其路而弗由，放其心而不知求，哀哉！人有鸡犬放，则知求之；有放心而不知求。学问之道无他，求其放心而已矣。"(《告子上》)

孟子曰："尽其心者，知其性也。知其性，则知天矣。存其心，养其性，所以事天也。殀寿不贰，修身以俟之，所以立命也。"(《尽心上》)

孟子曰："万物皆备于我矣。反身而诚，乐莫大焉。强恕而行，求仁莫近焉。"(《尽心上》)

孟子曰："民为贵，社稷次之，君为轻。是故得乎丘民而为天子，得乎天子为诸侯，得乎诸侯为大夫。诸侯危社稷，则变置。牺牲既成，粢盛既洁，祭祀以时，然而旱干水溢，则变置社稷。"(《尽心下》)

杨伯峻：《孟子译注》，中华书局 1960 年版。

《荀子》(节选)

天行有常，不为尧存，不为桀亡。应之以治则吉，应之以乱则凶。强本而节用，则天不能贫，养备而动时，则天不能病，修道而不贰，则天不能祸。故水旱不能使之饥渴，寒暑不能使之疾，祆怪不能使之凶……故明于天人之分，则可谓至人矣。(卷十一《天论篇第十七》)

故曰：性者，本始材朴也；伪者，文理隆盛也。无性则伪之无所加，无伪则性不能自美。性伪合，然后圣人之名一，天下之功于是就也。故曰：天地合而万物生，阴阳接而变化起，性伪合而天下治。(卷十三《礼论篇第十九》)

人之性恶，其善者伪也。今人之性，生而有好利焉，顺是，故争夺生而辞让亡焉；生而有疾恶焉，顺是，故残贼生而忠信亡焉；生而有耳目之欲，有好声色焉，顺是，故淫乱生而礼义文理亡焉。然则从人之性，顺人之情，必出于争夺，合于犯分乱理而归于暴。故必将有师法之化，礼义之道，然后出于辞让，合于文理，而归于治。用此观之，然则人之性恶明矣，其善者伪也。(卷十七《性恶篇第二十三》)

王先谦：《荀子集解》，沈啸寰等点校，中华书局 1988 年版。

### 朱熹、吕祖谦《近思录》（节选）

君子主敬以直其内，守义以方其外。敬立而内直，义形而外方。义形于外，非在外也。敬义既立，其德盛矣。不期大而大矣。德不孤也。无所用而不周，无所施而不利。孰为疑乎？（卷二《为学大要（为学）》）

人之学不进，只是不勇。（卷二《为学大要（为学）》）

仁之道，要之只消道一"公"字。公只是仁之理，不可将公便唤做仁。公而以人体之故为仁。只为公则物我兼照。故仁所以能恕，所以能爱。恕则仁之施，爱则仁之用也。（卷二《为学大要（为学）》）

凡一物上有一理。须是穷致其理。穷理亦多端，或读书讲明义理，或论古今人物，别其是非，或应接事物而处其当，皆穷理也。或问格物须物物格之，还只格一物而万理皆知。曰：怎得便会贯通？若只格一物便通众理，虽颜子亦不敢如此道。须是今日格一件，明日又格一件。积习既多，然后脱然自有贯通处。又曰：所务于穷理者，非道尽穷了天下万物之理，又不道是穷得一理便到。只要积累多后自然见去。（卷三《格物穷理（致知）》）

读史须见圣贤所存治乱之机，贤人君子出处进退，便是格物。（卷三《格物穷理（致知）》）

陈荣捷：《近思录详注集评》，华东师范大学出版社2007年版。

### 王守仁《传习录》（节选）

未有知而不行者。知而不行，只是未知。圣贤教人知行，正是安复那本体，不是着你只恁的便罢。故《大学》指个真知行与人看，说"如好好色，如恶恶臭"。见好色属知，好好色属行。只见那好色时已自好了，不是见了后又立个心去好。闻恶臭属知，恶恶臭属行。只闻那恶臭时已自恶了，不是闻了后别立个心去恶。如鼻塞人虽见恶臭在前，鼻中不曾闻得，便亦不甚恶，亦只是不曾知臭。就如称某人知孝、某人知弟，必是其人已曾行孝行弟，方可称他知孝知弟，不成只是晓得说些孝弟的话，便可称为知孝弟。又如知痛，必已自痛了方知痛；知寒，必已自寒了；知饥，必已自饥了：知行如何分得开？此便是知行的本体，不曾有私意隔断的。圣人教人，必要是如此，方可谓之知。不然，只是不曾知。此却是何等紧切着实的工夫！如今苦苦定要说知行做两个，是甚么意？某要说做一个是甚么意？若不知立言宗旨，只管说一个两个，亦有甚用？（卷一《语录一·传习录上》）

知者行之始,行者知之成:圣学只一个功夫,知行不可分作两事。(卷一《语录一·传习录上》)

性无不善,故知无不良,良知即是未发之中,即是廓然大公,寂然不动之本体,人人之所同具者也。但不能不昏蔽于物欲,故须学以去其昏蔽,然于良知之本体,初不能有加损于毫末也。知无不良,而中寂大公未能全者,是昏蔽之未尽去,而存之未纯耳。体即良知之体,用即良知之用,宁复有超然于体用之外者乎?(卷二《语录二·传习录中·答陆原静书》)

夫人者,天地之心。天地万物,本吾一体者也,生民之困苦荼毒,孰非疾痛之切于吾身者乎?不知吾身之疾痛,无是非之心者也。是非之心,不虑而知,不学而能,所谓良知也。良知之在人心,无间于圣愚,天下古今之所同也。世之君子惟务致其良知,则自能公是非,同好恶,视人犹己,视国犹家,而以天地万物为一体,求天下无治,不可得矣。古之人所以能见善不啻若己出,见恶不啻若己入,视民之饥溺犹己之饥溺,而一夫不获,若己推而纳诸沟中者,非故为是而以蕲天下之信己也,务致其良知,求自慊而已矣。(卷二《语录二·传习录中·答聂文蔚》)

王守仁:《王阳明全集》,吴光等编校,上海古籍出版社1992年版。

## 《老子》(节选)

道可道,非常"道";名可名,非常"名"。

"无",名天地之始;"有",名万物之母。

故常"无",欲以观其妙;常"有",欲以观其徼。

此两者,同出而异名,同谓之玄。玄之又玄,众妙之门。(第一章)

不尚贤,使民不争;不贵难得之货,使民不为盗;不见可欲,使民心不乱。

是以圣人之治,虚其心,实其腹,弱其志,强其骨。常使民无知无欲。使夫智者不敢为也。为无为,则无不治。(第三章)

天地不仁,以万物为刍狗;圣人不仁,以百姓为刍狗。

天地之间,其犹橐籥乎!虚而不屈,动而愈出。

多言数穷,不如守中。(第五章)

上善若水。水善利万物而不争,处众人之所恶,故几于道。

居善地,心善渊,与善仁,言善信,政善治,事善能,动善时。

夫唯不争,故无尤。(第八章)

有物混成,先天地生。寂兮寥兮,独立而不改,周行而不殆,可以为天地母。吾不知其名,强字之曰"道",强为之名曰"大"。大曰逝,逝曰远,远曰反。

故"道"大、天大、地大、人亦大。域中有四大,而人居其一焉。

人法地,地法天,天法"道","道"法自然。(第二十五章)

上"德"不德,是以有"德";下"德"不失德,是以无"德"。

上"德"无为而无以为;下"德"无为而有以为。

上仁为之而无以为;上义为之而有以为。

上礼为之而莫之应,则攘臂而扔之。

故失"道"而后"德",失"德"而后仁,失仁而后义,失义而后礼。

夫礼者,忠信之薄,而乱之首。

前识者,"道"之华,而愚之始。是以大丈夫处其厚,不居其薄;处其实,不居其华。故去彼取此。(第三十八章)

治大国,若烹小鲜。

以道莅天下,其鬼不神;非其鬼不神,其神不伤人;非其神不伤人,圣人亦不伤人。夫两不相伤,故德交归焉。(第六十章)

天下莫柔弱于水,而攻坚强者莫之能胜,以其无以易之。

弱之胜强,柔之胜刚,天下莫不知,莫能行。

是以圣人云:"受国之垢,是谓社稷主;受国不祥,是为天下王。"正言若反。(第七十八章)

陈鼓应:《老子注译及评介》,中华书局 1984 年版。

## 《庄子》(节选)

若夫乘天地之正,而御六气之辩,以游无穷者,彼且恶乎待哉!

故曰,至人无己,神人无功,圣人无名。(《内篇·逍遥游》)

惠子谓庄子曰:"吾有大树,人谓之樗。其大本拥肿而不中绳墨,其小枝卷曲而不中规矩,立之涂,匠者不顾。今子之言,大而无用,众所同去也。"

庄子曰:"子独不见狸狌乎?卑身而伏,以候敖者;东西跳梁,不辟高下;中于机辟,死于罔罟。今夫斄牛,其大若垂天之云。此能为大矣,而不能执鼠。今子有大树,患其无用,何不树之于无何有之乡,广莫之野,彷徨乎无为其侧,逍遥乎寝卧其下。不夭斤斧,物无害者,无所可用,安所困苦哉!"(《内篇·逍遥游》)

物无非彼,物无非是。自彼则不见,自是则知之。故曰彼出于是,是亦因彼。彼是方生之说也，虽然，方生方死，方死方生；方可方不可，方不可方可。因是因非，因非因是。是以圣人不由，而照之于天，亦因是也。

是亦彼也，彼亦是也。彼亦一是非，此亦一是非。果且有彼是乎哉？果且无彼是乎哉？彼是莫得其偶，谓之道枢。枢始得其环中，以应无穷。是亦一无穷，非亦一无穷也。故曰莫若以明。

以指喻指之非指，不若以非指喻指之非指也；以马喻马之非马，不若以非马喻马之非马也。

天地一指也，万物一马也。（《内篇·齐物论》）

无为名尸，无为谋府；无为事任，无为知主。体尽无穷，而游无朕；尽其所受乎天，而无见得，亦虚而已。至人之用心若镜，不将不迎，应而不藏，故能胜物而不伤。（《内篇·应帝王》）

芴漠无形，变化无常，死与生与，天地并与，神明往与！芒乎何之，忽乎何适，万物毕罗，莫足以归，古之道术有在于是者。庄周闻其风而悦之。以谬悠之说，荒唐之言，无端崖之辞，时恣纵而不傥，不以觭见之也。以天下为沈浊，不可与庄语，以卮言为曼衍，以重言为真，以寓言为广。独与天地精神往来而不敖倪于万物，不谴是非，以与世俗处。其书虽瑰玮而连犿无伤也。其辞虽参差而**俶诡可观**。（《杂篇·天下》）

陈鼓应：《庄子今注今译》，中华书局 1983 年版。

## 《墨子》（节选）

兼相爱、交相利之法将奈何哉？子墨子言：视人之国若视其国，视人之家若视其家，视人之身若视其身。是故诸侯相爱则不野战……凡天下祸篡怨恨可使毋起者，以相爱生也，是以仁者誉之。（《兼爱中》）

是故古之知者之为天下度也，必顺虑其义，而后为之行。是以动则不疑，速通成得其所欲，而顺天鬼百姓之利，则知者之道也。是故古之仁人有天下者，必反大国之说，一天下之和，总四海之内。焉率天下之百姓，以农臣事上帝山川鬼神。利人多，功故又大，是以天赏之，鬼富之，人誉之，使贵为天子，富有天下，名参乎天地，至今不废。此则知者之道也，先王之所以有天下者也。（《非攻下》）

子墨子言曰：仁之事者，必务求兴天下之利，除天下之害，将以为法乎天下。利人乎，即为；不利人乎，即止。且夫仁者之为天下度也，非为其目之所美，耳之所乐，口之所甘，身体之所安，以此亏夺民衣食之财，仁者弗为也。

是故子墨子之所以非乐者,非以大钟、鸣鼓、琴瑟、竽笙之声以为不乐也……然上考之不中圣王之事,下度之不中万民之利,是故子墨子曰:为乐非也。(《非乐上》)

子墨子言曰:必立仪。言而毋仪,譬犹运钧之上而立朝夕者也,是非利害之辨,不可得而明知也。故言必有三表。何谓三表?子墨子言曰:有本之者,有原之者,有用之者。于何本之?上本之于古者圣王之事。于何原之?下原察百姓耳目之实。于何用之?废以为刑政,观其中国家百姓人民之利。此所谓言有三表也。(《非命上》)

方勇译注:《墨子》,中华书局 2011 年版。

### 《韩非子》(节选)

明主之所导制其臣者,二柄而已矣。二柄者,刑德也。何谓刑德?曰:杀戮之谓刑,庆赏之谓德。为人臣者畏诛罚而利庆赏,故人主自用其刑德,则群臣畏其威而归其利矣。故世之奸臣则不然,所恶,则能得之其主而罪之;所爱,则能得之其主而赏之。今人主非使赏罚之威利出于己也,听其臣而行其赏罚,则一国之人皆畏其臣而易其君,归其臣而去其君矣。此人主失刑德之患也。(《二柄》)

夫能有其国、保其身者,必且体道。体道,则其智深;其智深,则其会远;其会远,众人莫能见其所极。唯夫能令人不见其事极,不见其事极者为保其身、有其国。故曰:"莫知其极。""莫知其极,则可以有国。"(《解老》)

术者,因任而授官,循名而责实,操杀生之柄,课群臣之能者也。此人主之所执也。法者,宪令著于官府,刑罚必于民心,赏存乎慎法,而罚加乎奸令者也。此臣之所师也。君无术则弊于上,臣无法则乱于下,此不可一无,皆帝主之具也。(《定法》)

是故乱国之俗:其学者,则称先王之道以籍仁义,盛容服而饰辩说,以疑当世之法,而贰人主之心。其言谈者,为设诈称,借于外力,以成其私,而遗社稷之利。其带剑者,聚徒属,立节操,以显其名,而犯五官之禁。其患御者,积于私门,尽货赂,而用重人之谒,退汗马之劳。其商工之民,修治苦窳之器,聚弗靡之财,蓄积待时,而侔农夫之利。此五者,邦之蠹也。人主不除此五蠹之民,不养耿介之士,则海内虽有破亡之国,削灭之朝,亦勿怪矣。(《五蠹》)

高华平、王齐洲、张三夕译注:《韩非子》,中华书局 2010 年版。

# 第八讲
# 崇中尚和的审美文化

　　中国传统文化中的审美文化内容丰富,形式多样,不仅有仰韶的彩陶、良渚的玉器、殷商的青铜、汉代的石像、宋代的泥塑、明代的园林、清代的宫殿等,更有《诗经》、楚辞、汉赋、唐诗、宋词、元曲、明清小说等,甚至连中国古人的生活方式也都带有鲜明的审美色彩(中国古代知识分子就要求以琴棋书画修养身心)。这些审美文化体现了古人无穷的审美创造能力,也体现了中国文化的特点。

## 第一节　中国古代审美文化的发展演变

　　审美文化是指具有一定审美特性和价值的文化形态,包括三个部分:一是审美活动的物化产品,即通常意义上的审美文化。它包括各种艺术作品,具有审美属性的其他人工产品(如服饰、建筑、日用工艺品等),经过人力加工的自然景观,以及传播、保存这些审美物化产品的文化设施(如美术馆、影剧院等)。二是审美活动的观念体系,包括社会的审美意识、审美趣味、审美理想、审美价值标准等。三是人的审美行为或审美活动,主要包括审美创造和审美鉴赏,人们正是通过这两种审美行为方式,才不断地将审美观念客体化,又把物化的人工制品主体化,从而形成异彩纷呈的审美世界。

　　审美文化作为具有审美属性的文化产品,其涵盖面极其广泛,它存在于我们生活的各个方面,与人的生活息息相关,文学、音乐、舞蹈、绘画、服饰、陶艺、饮食、装饰、建筑等,都具有特定的审美内涵,都可纳入审美文化范畴。

　　中国古代审美文化与中国古典美学的发展演变息息相关。中国古典美学发展大致可分为以下几个时期:一是先秦时期,为中国美学思想形成和中国审美方式确立时期;二是秦汉至魏晋南北朝时期,为中国美学理论形态产生,特别是中国式审美理论范式形成时期;三是唐宋时期,为中国美学理论形态得以完成的时期,其标志是意境理论的出现和发展;四是元明清时期,为审美新潮出现、审美理论深度开拓的时期,其标志是小说戏曲理论趋向成熟。与此相应,中国古代审美文化的发展演变,也可大致分为四个阶段。

先秦是中国古代审美文化的诞生期。中国文化及哲学、美学思想的许多重要概念均在这一时期提出,如仁与道、阴阳与五行、中和、比兴、诗言志等,尤其是儒家思想奠定了重实用求中和的审美品格,道家思想创造了天人合一的审美范式,这些都为中国审美文化体系奠定了基础。

秦汉至魏晋南北朝是中国审美文化由"自发"走向"自觉"的重要阶段。"大一统"作为秦汉时代的命脉与灵魂,给文化带来了前所未有的激情与活力,在确立文化规则与权威的同时,也建立起了审美文化上的"大美气象"。从表象看,审美文化活动的各种"作品"显现出场面宏大、力度强劲、形式奇伟、物色繁丽等特征,辞藻之华丽,描述之铺张,气魄之恢宏,均给人带来"大美"之感。兵马俑、阿房宫、汉大赋等即是明证。从历史内容和文化意蕴看,审美作品昭示着当时人们渴望向外开拓、积极进取的高远情怀与创造激情。魏晋南北朝时期,个体与社会、情与理的尖锐冲突促使审美文化发生由外而内、由伦理而性情、由名教而自然的转折,表现出某种历史的必然。一方面,是自我人格的本体化,是个体向自我、人性、真情的回归;另一方面,是个体对伦常、名教、礼法、俗规等的疏离、逃避与超越,而这正是当时主流的社会话语、文化姿态与审美风尚。在文学表现上,这种审美文化的转折呈现为将文学从哲学、史学中剥离的努力,曹丕的《典论·论文》、刘勰的《文心雕龙》、陆机的《文赋》、钟嵘的《诗品》等对文学本质规律的认识达到了前所未有的高度,故鲁迅称这一时期为"文学的自觉时代",其实也是中国审美文化的"自觉时代"。

唐宋时期是中国审美文化的成熟期。这一时期,诗歌、辞赋、散文、音乐、舞蹈、书法、绘画、雕塑等审美形态都以成熟的姿态展现于世人面前,艺术流派纷呈,艺术大师辈出,艺术杰作空前。以诗歌而言,唐宋两代是中国古典诗歌创作的黄金时代,中国伟大的诗人有半数以上都出自这一时期,"唐诗宋词"为历代中国人所津津乐道。以散文而言,唐宋八大家的散文堪称巅峰之作,至今仍为人们学习的经典。以审美风格而言,"盛唐气象""晚唐风韵"之说广为流传,影响深远,有人曾将唐代诗歌比作一年四季的变化:初唐如春水,清澈而明丽;盛唐如暑雨,充沛而壮观;中唐若秋草,茂密而摇曳;晚唐如冬雪,含蓄而凄凉。更为重要的是,唐宋时期的诗学理论对中国审美文化的成熟与定型起到了关键作用,意境理论成为唐宋诗学对中国审美文化的重大贡献。皎然的"取境"说,司空图的"味外之味、象外之象、景外之景",梅尧臣的"含不尽之意,见于言外",严羽的"妙悟说"等,都极大地丰富了中国文学审美的内涵与特质。

元明清时期是中国审美文化的新发展期。元代出现了新的审美趋向,其特点有三:一是强烈的叛逆性,体现为对现存秩序的不屈与反抗,对整个封建伦理观念的嘲笑和否定;二是丰富的包容性,各民族之间不同文化因子互相交融、彼此渗透;三是雅俗文化在一定程度上趋向合流。自明中叶起,中国经济出现了前所未有的商品化趋势,这一趋势造就了一个不同于前代、自我意识程度颇高的庞大市民阶层,他们的文化价值与传统的权威文化不甚相符,于是就出现了传统文化的贵族式高雅与新兴文化的平民式俚俗之间的相互竞争、相互冲突,并在相互影响中走向融合的新局面。到了清代,在经历全面的古代审美文化的复兴后,历史之必然趋势与社会矛盾的日益尖锐化,催生了以反省和批判为特征的审美文化。清代中后期,以怪、狂、痴、俗为标志的近代审美文化异军突起,打破了古典主义一统天下的局面,成为现代审美文化的先声。

从中国审美文化的发展、嬗变中我们发现,和思想文化追求精深相比,审美文化更推崇精神自由。然而,由于受到中国文化基质与哲学思想的总体制约,它所推崇的自由,是一种有序的自由、和谐的自由、有节制的自由,与农耕文化、伦理文化、生活文化、思想文化等具有本质上的一致性,我们把它的总体特征概括为"崇中尚和"。

## 第二节　中国古代审美文化的主要形态

审美形态是人类在审美实践活动中创造出来的境界及其在逻辑上的归类和总结。中国古代的审美形态同所有历史文化现象一样,有一个产生、发展和成熟的过程,其中伴随着中国古人的审美经验、审美情趣、文化传统和人生境界的不断积淀。独具中国特色的审美形态和审美范畴主要有中和、刚柔、神妙、气韵、意境等。这里我们选择中和、刚柔、意境等审美形态作一评介。

## 一、中和

中和是中国古代最重要的审美形态。《中庸》这样解释中和:"喜怒哀乐之未发,谓之中;发而皆中节,谓之和。中也者,天下之大本也;和也者,天下之达道也。致中和,天地位焉,万物育焉。"中,是指遵守规矩,"喜怒哀乐之未发"也就是对自我情绪、主观认识的控制和约束;和,是指平衡,稳定,和谐,是不过度;"发而皆中节"是指行止有道有节。"致中和,天地位焉,万物育焉"的意思是,达到了中和,天和地都各得其所,不会错乱,万物都按自身规律蓬勃发展。可见,中和在古人心目中是一种美好的愿望和最高的理想("天下之大本""天下之达道")。

中和作为一种审美形态,可大致分为适中、和谐两个方面。

### (一)适中

适中强调合适的尺度、恰当的分寸,即情感适中,不偏不倚,折中调和,就像《中庸》所说的"喜怒哀乐之未发""发而皆中节"。

先秦思想家大都认为,宇宙中充满对立因素,而事物的发展则要求人自觉认识和正确把握对立因素的特点和变易,努力使之处于适中状态,进而求得统一。怎样才能达到这一理想状态?中国古代思想家发现,人们首先应懂得并能做到节制自己的情,使之处于适中状态,以节制的情感态度对待客观事物、处理各种事务,只有这样才能实现理想目标,这就是中庸之道。现实生活是如此,艺术创作、审美活动尤其如此:只有节制情感才能正确把握艺术创作和审美活动规律,使艺术和审美既起到表达和宣泄情感的作用,又不导致情感失范,从而给人带来宁静、舒畅的愉悦。中和审美形态在情感表现上的一个鲜明特点是含蓄、温润,它通过节制情感而达到,并以适中的方式表达出来。

汉乐府有一首题为《上山采蘼芜》的诗,其中有云:"上山采蘼芜,下山逢故夫。长跪问故夫:新人复何如? 新人虽言好,未若故人姝。颜色类相似,手爪不相如。"这里描写的是一位弃妇与前夫相逢时的情形,从诗中看,这位弃妇貌美又勤劳,也没有什么做得不对之处,却被丈夫抛弃了,看样子回娘家后也没有再嫁。在这种情况下偶遇前夫时,感情应该很激动,言辞也应很激烈。但这位弃妇却不像常人想象的那样怒火中烧,怨气冲天,而是长跪于地,问前夫你后来娶的新人怎么样(显然这问话中有怨气,但她没有以怨恨的方式表现出来）。她把自己被抛弃的委屈强压在心里，以知书达礼的行为和平静的语言对待前夫。其实她在前夫面前表现得越有礼、越平静，就越能让人敬佩。这就是节制情感、以适中的方式表现情感所产生的效果。由此可见，适中的核心是持中而不过度，在情感的过与不及之间择取一个"中"，便可造就情感的适中。

适中的情感不仅是审美的特点，也为人们的日常生活所推崇。人们向往美好的情感生活，并从审美中获得启迪，进而激发对理想生活的追求，这样，审美所创造的中和也就成了人们在日常生活中追求的目标，从而实现审美与生活的紧密结合。应当看到，这种结合是可行的，因为审美本来就是人生实践的重要组成部分，中和也并不为审美所独有，而是整个世界的根本规律，正如《中庸》所言："中也者，天下之大本也；和也者，天下之达道也。"事实说明，一个人若能时时、事事都坚持按中和标准行事，以适中的方式表现情感，便可在自己的日常生活中实现审美化。

（二）和谐

适中强调以不偏不倚、"执两用中"的方式来达到中和，和谐则强调以不同事物之间、不同元素之间的融合来实现中和。应当注意的是，中和是多样性的统一，但多样性的统一并不都是中和，狂风暴雨的景象、雄壮的交响乐等，也是多样性的统一，但不能算中和。中和意义上的和谐，以温和、渐进、平静为主要特征。

古人在论述多样性的统一时，一方面肯定多样性的存在，比如老子所讲的"道生一，一生二，二生三，三生万物"；又如《左传》中讲的"生其六气，用其五行。气为五味，发为五色，章为五声"。所谓六气是指阴、阳、风、雨、晦、明；所谓五色是指白、青、黑、赤、黄；所谓五行是指金、木、水、火、土；所谓五味是指辛、酸、咸、苦、甘；所谓五声是指商、角、羽、徵、宫。另一方面又强调统一性，并且肯定这种统一性是完全可能的，就像《易》中所讲的"两仪""四象""八卦"，它们之所以能统一，是因为都由"太极"所生；同时还肯定多样性的事物只有统一起来才能"生生不已"，才会产生美，就像史伯所说的"声一无听，物一无文，味一无果，物一不讲"（《国语·郑语》），意思是说，单一的声音、物品、滋味不会有听觉、视觉、味觉的美感。总之，中和就是事物多样化的统一，多元取向的殊途同归，是不同的事物处于同感共振的状态。

多样性统一所产生的中和，在中国传统审美文化中有广泛的表现，尤以音乐、烹饪最为突出。中国传统饮食文化所讲的由多样性统一造就的"和"包括多重内涵：一是美食的色、香、味、形、触之和。其中主要涉及原料的色（红、绿、黄、白、黑）、原料的质（坚硬、柔软、爽滑）、原料的形（圆形、椭圆形，整鸡、整鱼等的形状），还有出色的刀工、准确的火候、食物的造型等。二是美食与美器之和。美器指各种食物容器，它们造型别致，或玲珑小巧，或庄重典雅，或富丽堂皇，或精雕细琢，或简洁凝练等；色彩上有幽雅的青花、鲜艳的红釉、洁净的白瓷、斑斓的开片、凝重的黑瓷等等。中国传统饮食文化讲究食物与容器的搭配，不同的食物装在不同的容器中，使之相得益彰。三是美食、美器、美境之和。美境指时、空、人事诸因素的协调一致，如吉日良辰之时、敞厅雅座之所、天伦至亲或好友知己之人等的聚合。

对音乐中由多样性统一造就的中和，古代经典中有不少论述，《左传·昭公二十年》中说："先王之济五味，和五声也，以平其心，成其政也。声亦如味。一气、二体、三类、四物、五声、六律、七音、八风、九歌，以相成也；清浊、小大、短长、疾徐、哀乐、刚柔、迟速、高下、出入、周疏，以相济也。君子听之，以平其心，心平德和。"从这里我们不仅能看到音乐是多样性统一的中和，而且还知道古人论音乐的特点：与烹饪结合起来谈，突出音乐的中和特点；具有鲜明的政治倾向，突出音乐的教化功能，即古人所讲的"乐教"，和谐的音乐有助于使人达到"心平德和"。这就是多样性统一的、具有鲜明中和特征的音乐所产生的巨大功能。古人正是发现了音乐的这一功能，所以常把"乐"与"礼"结合在一起，使"礼"的教化也具有审美性质，把人们的行为引向中和之境。

## 二、刚柔

美学上的刚柔是指阳刚之美与阴柔之美，或称壮美与优美。中国的这一审美形态与西方美学中的崇高与优美审美范畴相似。

阳刚与阴柔最早属于哲学范畴。《周易·说卦》中有这样的话："昔者圣人之作《易》也，将以顺性命之理。是以立天之道曰阴与阳，立地之道曰柔与刚，立人之道曰仁与义。兼三才而两之，故《易》六画而成卦。分阴分阳，迭用柔刚，故《易》六位而成章。"在这里，阴阳成了宇宙构成的最基本元素和宇宙运行的基本规律，宇宙的变化就是阴阳的变化。《周易》六十四卦象就是由阴（﹣﹣）阳（﹣）的变化构成的，其中的乾卦和坤卦在六十四卦中最为特殊，乾卦六爻全阳（是为刚），坤卦六爻全阴（是为柔），其余都是阴阳交错，刚柔相济。

先秦时期,阴阳概念被用来称谓世界上两种最基本的矛盾现象或属性:凡动的、热的、强壮的、明亮的、亢进的、有力的、外向的为"阳";凡静的、冷的、柔弱的、晦暗的、退让的、无力的、内向的为"阴"。天地万物的"正面"和"背面"都可归纳为这两种姿态和倾向。当这种理解用于社会人生时,"阳刚"主要是指光明、正直、刚健、进取和有为,"阴柔"主要是指隐忍、细密、委婉、退守和虚静。

最早将哲学概念的"阴阳"引入中国古代审美理论的是曹丕,他在《典论·论文》中说:"文以气为主,气之清浊有体,不可力强而致。"所谓清气,即清刚之气,与阳刚相应;所谓浊气,即浊柔之气,与阴柔相应。他讲的气是指作者的阴阳二气,认为这阴阳二气在创作中会自然而然地渗透到作品当中,从而影响作品风格,或以清气为主,或以浊气为主,或清浊二气兼有。从此意义上说,曹丕开创了后世以阳刚之美、阴柔之美论文学审美之先河。

刘勰在《文心雕龙·定势》篇里也用"刚""柔"概念来探讨文章的体裁与风格:"然渊乎文者,并总群势;奇正虽反,必兼解以俱通;刚柔虽殊,必随时而适用。"其后,方苞、刘大櫆也有类似阳刚阴柔之说,只不过他们都未能将自己的观点系统化、完整化。较为明确而系统地提出"阳刚阴柔"审美风格论的是姚鼐。他在《复鲁絜非书》中写道:"鼐闻天地之道,阴阳刚柔而已。文者,天地之精英,而阴阳刚柔之发也。""其得于阳与刚之美者,则其文如霆,如电,如长风之出谷,如崇山峻崖,如决大川,如奔骐骥;其光也,如杲日,如火,如金镠铁;其于人也,如凭高视远,如君而朝万众,如鼓万勇士而战之。其得于阴与柔之美者,则其文如升初日,如清风,如云,如霞,如烟,如幽林曲涧,如沦,如漾,如珠玉之辉,如鸿鹄之鸣而入寥廓;其于人也,漻乎其如叹,邈乎其如有思,暖乎其如喜,愀乎其如悲。"在这里,姚鼐首次明确提到阳刚、阴柔之美,把美分为这样两种形态,并生动描述了它们的审美特征。

阳刚与阴柔被视为中国传统审美文化两大基本类型,"骏马西风冀北""杏花春雨江南"便是这两大类型的诗意写照。阳刚的审美特征是雄伟劲直;阴柔的审美特征是温深徐婉。雄浑、壮丽、劲健、豪放、峭拔、奇险、悲壮等艺术美形态,属于阳刚范畴;绮丽、冲淡、飘逸、婉约、含蓄、典雅、凄婉等艺术美形态,属于阴柔范畴。

试比较下面两首诗。乐府民歌《江南》:"江南可采莲,莲叶何田田。鱼戏莲叶间。鱼戏莲叶东,鱼戏莲叶西,鱼戏莲叶南,鱼戏莲叶北。"南北朝民歌《敕勒歌》："敕勒川,阴山下。天似穹庐,笼盖四野。天苍苍,野茫茫,风吹草低见牛羊。"《江南》一诗以轻快的节奏,歌唱了江南人民采莲时的愉快情景:清圆的荷叶一张张挺出水面,饱满劲秀,摇曳多姿,叶上似乎还滚动着晶莹的露珠;鱼儿在荷叶下轻盈地戏游,时东西,时南北。整幅画面,洋溢着一派盎然生意,给人以清新、恬静的美感。《敕勒歌》开头两句交代敕勒川位于高耸云霄的阴山脚下,将草原的背景衬托得十分雄伟;接着两句用"穹庐"作比喻,说天空如蒙古包,盖住了草原的四面八方,以此来形容极目远望,天野相接,无比壮阔的景象,显现出游牧民族博大的胸襟、豪放的性格。

这种阳刚与阴柔之美,在宋词创作中人们常常以豪放与婉约来概括,苏轼、辛弃疾为豪放派,柳永、李清照为婉约派。宋人曾对苏轼与柳永的词作过十分精彩的比较:"柳永词只合十七八女郎,执红牙板,歌'杨柳岸,晓风残月';学士词须关西大汉,铜琵琶,铁绰板,唱'大江东去'。"这一说法将两种审美形态的不同风格揭示无遗。

### 三、意境

#### (一)意境理论的发展

意境是中国古代重要的审美形态,也是中国人审美实践追求的目标。意境的形成经历了一个漫长的发展过程。

"意境"之"境"在《庄子·齐物论》对"自由之境"的论述中出现过。当时还没有"境"字,凡用境字之义处,都写作"竟","振于无竟故寓诸无竟"(《齐物论》)中的"无竟"便是"自由之境"和"无限之境"的意思。

到了唐代,"境"的概念开始用于诗论。王昌龄在《诗格》中首先提出了"意境"概念,他指出:"诗有三境:一曰物境。欲为山水诗,则张泉石云峰之境,极丽绝秀者,神之于心,处身于境,视境于心,莹然掌中,然后用思,了然境象,故得形似。二曰情境。娱乐愁怨,皆张于意而处于身,然后驰思,深得其情。三曰意境。亦张之于意而思之于心,则得其真矣。"在这里,王昌龄从论诗出发,把"境"分为三类:物境、情境、意境。这三种境界中,"物境"是指自然景观所展示的境界;"情境"是指作者融情于物而构成的境界;"意境"是指内心意识的境界。显然他所说的"意境"和我们现在所说的"意境"含义并不完全相同,他所说的"意境"只是"境"的一种,都属于审美客体。而他所说的"境",则与现在意义上的意境较为一致。物境、情境、意境,无论哪一种,都必须有"境",都是作者"思"与"心"的产物。因而,他对"诗三境"的区分,其实就是对意境的三种不同表现形态的划分,对后代的意境理论产生了重大影响。

诗僧皎然在《诗式》中提出了"缘境不尽曰情""取境"等重要命题,进一步发展了意境论。他的另一篇《诗议》认为,"境"具有虚实相生的特点,既是"心外之物",又是"心中之用";既是"象内之实境",又是"象外之虚境",强调了意境创造中客观外物与作者主体情思的融会贯通。换言之,意境就是作者主观"虚境"通过对客体"实境"的投影,将作者心中的感受、体会或情绪,形象化地呈现在读者面前。因而,他的"取境"就是意境创造,指作者通过艺术构思使审美主体的情思与属于客体的物象相互感应交融,完成艺术的表达。

中唐的刘禹锡提出了"境生于象外"的观点,司空图提出了"象外之象""景外之景"的创作见解,都强调意境是融入作者思想感情的多个具体形象的有机结合体。到了清末,王国维对意境论进行了系统总结和阐述,他因此而成为意境理论的集大成者。

王国维在《人间词话》中开宗明义地说:"词以境界为最上。有境界则自成高格,自有名句。"他将"境界"视为衡量词的艺术标准。他对意境论的最大贡献在于以下方面:

一是指出了意境构成的两个基本元素:情与景,意境是情与景的统一。他在《文学小言》中说:"文学中有二原质焉:曰景,曰情。前者以描写自然及人生之事实为主,后者则吾人对此种事实之精神的态度也。"在审美中,这两者是有机地结合在一起的,在《人间词话》中他指出:"境非独谓景物也。喜怒哀乐,亦人心中之一境界。故能写真景物、真感情者,谓之有境界。否则谓之无境界。""昔人论诗词,有景语、情语之别,不知一切景语,皆情语也。"

二是将意境区分为"有我之境"和"无我之境"两大类:"有我之境,以我观物,故物皆着我之色彩。无我之境,以物观物,故不知何者为我,何者为物。"(王国维《人间词话》)通俗地说,"有我之境"是指当作家存有"我"的意志,以情写物,表现出理想化与抒情化倾向,流露着诗人浓郁的情感意绪。"无我之境"是指作者与物、人与天达到一种泯然合一的状态,"我"与"外物"是一种相融相契的关系。

三是揭示了意境创造的两种基本途径与方式:造境和写境。"有造境,有写境,此理想与写实二派之所由分。然二者颇难分别。因大诗人所造之境,必合乎自然,所写之境,亦必邻于理想故也。"(王国维《人间词话》)在王国维看来,"造境"与"写境"主要是由不同的创作方法造成的。"造境"指作家按主观理想用虚构、想象的方法写作而造成的境界,即虚构之境,是理想主义的创作方法;"写境"则是由作家客观摹写形成的境界,即写实之境,是写实主义的创作方法。

总之,意境不只是一种客观物象,而是包含着作者主观情思的,通过形象描写表现出来的境界和情调。

(二)意境的特征

意境的审美特征主要表现在情景交融、虚实相生、韵味无穷三个方面。①

1.情景交融

情景交融是意境的表现特征,它是形成意境的基础,正如王昌龄所说:"诗一向言意,则不清及无味;一向言景,亦无味;事须景与意相兼始好。"(王昌龄《诗格》)情景交融可分为景中藏情、情中藏景、情景并茂等几种。如杜甫《春望》中的"感时花溅泪,恨别鸟惊心",以物拟人,将花鸟人格化,有感于国家的分裂、国事的艰难,长安的花鸟都为之落泪惊心。诗人睹物伤情,情景交融,表达出亡国之悲、离别之悲,属于景中藏情式。陈子昂的《登幽州台歌》:"前不见古人,后不见来者。念天地之悠悠,独怆然而涕下。"此诗并无直接的写景,但情中藏景,我们可以想象诗人给我们描绘的空间:诗人独自一人登上幽州,目视无边的天宇,沉思于历史的长河中,表现出作者壮志难酬、怆然泪下之情状,属于情中见景式。而苏轼的《念奴娇·赤壁怀古》则属于情景并茂式,词中既写景,也抒情,但两者并不相互孤立,而是相互映衬、相互融合,你中有我、我中有你。

2.虚实相生

虚实相生是意境的结构特征,指意境能给人带来广阔的想象空间,既"如在眼前",又"见于言外",正如李渔在《中国画论·神韵》中所言"诗在有字句处,诗之妙在无字句处"。这"无字句处"就是由具体可感的物象所开拓出来的想象空间,有了这种想象的空间就形成了虚实相生的意境。如柳宗元的《江雪》:"千山飞鸟绝,万径人踪灭。孤舟蓑笠翁,独钓寒江雪。"诗人描

---

① 童庆炳主编:《文学理论教程》,高等教育出版社 2015 年版,第 239-243 页。

绘出了一幅大雪飘飞、一叶孤舟、一老翁独坐垂钓于风雪寒江上、四周万籁俱静的景状;然其中却隐藏着作者高洁的情操,孤独的老人是诗人理想的化身。虚实结合使诗产生了绝妙之意境。

3.韵味无穷

韵味无穷是意境的审美特征,是情景交融和虚实相生所带来的咀嚼不尽之意和艺术效果。如王维的《山居秋暝》:"空山新雨后,天气晚来秋。明月松间照,清泉石上流。竹喧归浣女,莲动下渔舟。"此诗描绘的清静、悠远的意境和安宁的氛围令人回味无穷。

## 第三节 中国古代审美文化的主要形式

中国审美文化在长期的发展过程中逐渐形成的中和、刚柔、意境等审美形态不能独立存在,而要通过一定的外在形式(如文学、音乐、绘画、建筑等)才能呈现出来。这里,我们拟通过文学、戏曲、书法、绘画等来探讨中国古代审美文化的形式表现。

### 一、文学

#### (一)中国传统文学的发展概况

中国传统文学既包括现今意义上的文学体裁,也包括非文学体裁。直到"五四"之后,才有真正意义上的文学概念,并有诗歌、小说、散文、戏剧(剧本)等的文学分类。结合我国古代文学发展实际,人们一般认为传统文学主要包括诗、词、曲、赋、散文、小说等样式。

中国文学长河以诗、文为主流,诗歌、散文一直被历代文人奉为正统。与之相比,小说、戏剧则是迟开的花朵,它们真正登上文学殿堂并被世人认可,则是元代之后的事。

诗歌是中国出现最早的文学样式之一。先秦诗歌以《诗经》和"楚辞"为代表。《诗经》是中国第一部诗歌总集,收集自西周初年到春秋中叶305篇诗歌,分风、雅、颂三个部分,艺术手法上主要是赋、比、兴三类。战国时期,在南方的楚国产生了一种具有楚地文化独特风采的新诗体——楚辞(骚体)。楚辞句式参差,以六言、七言为主,想象奇特,语言瑰丽。主要作者屈原是中国第一位伟大的爱国诗人,代表作《离骚》为"发愤以抒情"的政治抒情诗。《诗经》和"楚辞"合称"风骚",是中国古代诗歌的两大源头,分别开创了现实主义和浪漫主义的优秀传统。汉代前期,文人诗坛相对寂寥,民间乐府诗创作颇为活跃。在汉乐府的影响下,文人五言诗逐渐发展成熟,其标志是东汉末年出现的被誉为"五言之冠冕"的《古诗十九首》。魏晋时期的重要诗人是"三曹"(曹操、曹丕、曹植),以及"建安七子"、嵇康、阮籍等人,开创"田园诗"体式的陶渊明独以其清新的诗风为后世所推崇。与陶渊明差不多同时的谢灵运是开创山水诗派的第一人。南北朝时期乐府民歌重新得到发展,北朝诗歌朴素、风骨刚劲,长篇叙事诗《木兰辞》与东汉乐府诗《孔雀东南飞》被誉为"乐府双璧"。到了唐代,中国诗歌进入空前繁荣的全盛时期。唐前期以"初唐四杰"(王勃、杨炯、卢照邻、骆宾王)及陈子昂为最。盛唐出现"诗仙"李白、"诗圣"杜甫等大诗人,王维、孟浩然及高适、岑参等开创"山水田园诗""边塞诗"两大流派。中晚唐代表诗人为白居易、韩愈、李贺、李商隐、杜牧等。与唐诗交相辉映的是宋词,宋词也有众多名家,可分婉约、豪放两大流派,婉约派以柳永、李清照为代表,豪放派以苏轼、辛弃疾等为代表。元代流行一种与唐诗、宋词并称的新诗体"散曲",代表作家有马致远、张养浩等。

散文是一种不讲韵律的自由文体,中国最早出现的散文是历史散文,如《尚书》《左传》《战国策》等。春秋战国时期诸子散文兴起,代表作品有《论语》《孟子》《荀子》《老子》《庄子》《韩非子》《墨子》等,这些散文都各有自己的风采。汉代的《史记》《汉书》代表了那个时代历史散文的最高成就,其中《史记》被鲁迅誉为"史家之绝唱,无韵之离骚"。针对两汉后散文的骈化,唐宋时期出现了反骈、复古运动,这就是由中唐时期韩愈、柳宗元领导的古文运动和由北宋时期欧阳修主盟的古文运动,韩愈、柳宗元、欧阳修、王安石、曾巩、苏轼、苏洵、苏辙被尊称为"唐宋八大家"。

小说的最初形式是神话传说,中国最早的一部神话传说总集是《山海经》。两汉至魏晋南北朝时期的小说被称为笔记小说,主要有志怪、志人两种。唐代小说被称为传奇,是一种在六朝志怪小说基础上发展起来的文言短篇小说。宋代出现话本小说,所谓话本是指说话艺人讲演故事时用的底本。这种小说流行于宋元时期,所以又叫"宋元话本"。当时,说话艺人在特定场所讲故事给人们听,如何吸引听众成为讲故事者的首要任务,所以这类故事的底本特别注重个性鲜明的人物刻画,讲究故事情节的曲折生动,语言上多用白话叙述。明清时期,中国小说进入高峰期,出现了《三国演义》《水浒传》《西游记》《金瓶梅》《儒林外史》《红楼梦》等长篇小说,其中前四部被称为明代"四大奇书"。《红楼梦》是曹雪芹"披阅十载,增删五次"的呕心沥血之作,鲁迅给予了高度评价,认为"自有《红楼梦》出来以后,传统的思想和写法都打破了"(鲁迅《中国小说史略》)。《红楼梦》内涵丰富,思想深刻,艺术精湛,成就卓越,把中国古典小说推向了前所未有的巅峰。

综观中国古代文学的发展,各种样式的文学都呈现不断成熟、发展的态势。但这种发展不是孤立的,文学体裁的演变,也不只是语言形式的演变,而是与一定历史阶段的经济基础、政治生活、社会习俗、文化心理、文学风尚、审美观念等的变化密切相关的。

金圣叹《读第五才子书法》

第一,每一种文学体裁都有它自身的发展规律,发展动力源于创新。以中国诗歌为例,第一部诗歌总集《诗经》的句式以四言为主,分风、雅、颂三个部分,其中的"风"体现了"饥者歌其食,劳者歌其事"的现实主义精神;而赋、比、兴手法的广泛运用,则大大增强了艺术表现力。"楚辞"的句式参差不齐,以六、七言为主,屈原的《离骚》,篇幅宏大,想象丰富,具有强烈的浪漫主义色彩。到了唐代,中国诗歌进入全盛的黄金时期,诗体奇艳,流派纷呈,涌现了一大批优秀的诗人和影响深远的诗歌作品。而到宋代,诗歌创作另辟蹊径,走上有别于唐诗主情、讲情之辞的创作之路,形成了主理、讲气骨的风格;词曾被称为"诗余",但到了宋代其成就却不逊于盛唐诗歌,成为中国诗歌史上的第二座高峰。元代政治生态发生了变化,明代又因城市经济的繁荣和市民阶层的兴起,人们的审美情趣也发生了很大改变,散曲、杂剧、白话小说顺应时代的潮流,得到了极大发展。

第二,各种文学体裁的创新在相互借鉴中推进。纵观中国传统审美文化发展史不难发现,审美形式的演变往往呈现相互渗透、相互交融的状况。一种文学体裁成熟后就渐趋衰落,在这种情况下要想获得新的发展,就得引入其他文体的特点。汉代大赋经过发展,到汉末已趋于凝固,于是就有引入诗歌抒情特点、发展抒情小赋的情况,从而开创了赋体新局面。词发展到北宋中期已日趋成熟,如何进一步发展并保持其生命力,成为许多作家思考的问题,苏轼以诗为词,周邦彦以赋为词,辛弃疾以文为词,由于他们的努力,词的创作呈现出新的特质。

第三,一种新文体往往在民间孕育与文人创作相结合的过程中产生。在中国,一种新的文体往往先在民间流行,继而引起文人的注意、尝试与学

习,然后进行加工改造,成为一种新的富有活力的文体。元曲、杂剧、白话小说等莫不如此。

（二）中国传统文学的审美特征

从中国传统文学的历史发展中可知,无论文学体裁如何发展变化,中国文学所崇尚的中和观念和真善美的价值追求,都是一以贯之的。具体而言,中国文学具有如下审美特征。

1.乐观的精神

中国文学的乐观精神植根于中国古代的哲学思想。《老子》云,"祸兮,福之所倚;福兮,祸之所伏",意即灾祸中包含着幸福的因素。《周易·否》云:"否终则倾,何可长也!"程颐《周易程氏传》注曰:"否终则必倾,岂有长否之理? 极而必反,理之常也。"①物极必反,否极泰来,逆境的极点就是顺境的开始。在这些观念的影响下,文学往往以乐观的精神看待人生,给人带来生的希望和精神的慰藉。

这一点在戏剧文学中表现得最为明显。中国向来缺少古希腊那种令人畏惧和怜悯的悲剧,再悲苦的人生,在中国戏剧中也常常有一个光明的结局,叫大团圆。一桩冤案,最终总能得到昭雪;才子佳人的离别,最终也有重逢或喜庆的结局;公子的落难,也总以及第高中而结束。无论是文人创作的《窦娥冤》《西厢记》,还是民间流传的《梁山伯与祝英台》等,均为上述各种模式的艺术呈现。

在古代小说里,大团圆型的故事也不少见。如唐代白行简的《李娃传》、宋话本《冯玉梅团圆》、明代拟话本《玉堂春落难逢夫》等,写的都是主人公费尽周折最后取得大团圆的故事。这些故事在群众中广泛流传,深得人们喜爱,既符合国人的审美情趣,又给人以生活的安慰。

中国古典诗歌中的乐观精神主要表现为对人生的肯定和对生活的热爱。无论是积极入世的诗歌,还是隐逸出世的诗歌,人们都可以从中感受到乐观豁达的人生态度。出世并不是厌弃人生,只是厌弃世俗社会,厌弃官场仕途,于是转而到大自然中建立一种理想的生活。陶渊明是著名的"隐逸诗人",但他的田园诗绝不是厌世之作,而是洋溢着对大自然的热爱、对田园生活的热爱和肯定。他的诗富有浓郁的生活气息,村舍、鸡犬、豆苗、桑麻等,

---

① 程颢、程颐:《二程集》,王孝鱼点校,中华书局 1981 年版,第 762 页。

这些日常生活中的事物,在他的笔下无不生趣盎然。杜甫作为伟大的现实主义诗人,其诗作大多反映人民疾苦,又常常流露自己的忧愁。不管时局如何艰辛,他个人的遭遇如何不幸,但他对生活从来也没有丧失过信心,从来未曾放弃过自己的人生理想。即使自家茅屋为秋风所破,他仍心系天下,表现出"安得广厦千万间,大庇天下寒士俱欢颜"的博大情怀。他写《北征》的时候,两京还在安史叛军手中,杜甫在路途中,"所遇多被伤,呻吟更流血",他的家人也过着饥寒交迫的生活,可是杜甫并不因此而灰心,他"仰观天色改,坐觉妖氛豁",相信时局不久就会好转,国家将会中兴,"胡命其能久? 皇纲未宜绝",发出了坚强、乐观的声音。杜甫的诗正是由于这种忧愤沉郁而又乐观坚强的精神,深深地打动了人心。

### 2.尚善的态度

善,向来是中国文学的重要价值追求之一。以孔子为代表的儒家传统观点,首先要求的是善。《论语·为政》中说:"《诗》三百,一言以蔽之,曰'思无邪'。""思无邪"就是善的准则之一,同时也是中国古代衡量文学的重要尺度。《论语·八佾》中讲孔子谈到《韶》乐时说"尽美矣,又尽善也";讲到《武》乐时又说"尽美矣,未尽善也"。在他看来,仅仅做到尽美是不够的,还应做到尽善,尽美尽善乃为完满境界。尚善不仅为儒家所奉行,也为道家所遵从。不同的是儒家以"仁"为善,道家以"自然"为善。老子说:"上善若水,水善利万物而不争。"(《老子》第八章)又说:"善行无辙迹。"(《老子》第二十七章)老子认为文学只有符合尚善的要求,才称得上完美。

尚善在文学创作中又常常体现为一种理想主义的品格。追求理想,坚守高尚人格,是中国文学最可贵的一个方面。屈原始终不渝地坚持理想,为了实现理想,"宁溘死以流亡""虽九死其犹未悔"(屈原《离骚》),醒世独立,出淤泥而不染,他的作品贯穿着崇高的理想主义精神和伟大的人格力量。他在《离骚》中写道:"民生各有所乐兮,余独好修以为常。"其对善的追求、对真理的追求,体现了爱国的情感与操守。而诗人李白的理想追求更为雄伟阔大,他常借大鹏、松柏、侠客等意象或形象,抒发自己的济世理想,希望通过个人的才智和勇气济世安民,做一番轰轰烈烈的事业。《上李邕》通过对大鹏形象的刻画与颂扬,表达了李白的凌云壮志和强烈的用世之心,"大鹏一日同风起,扶摇直上九万里。假令风歇时下来,犹能簸却沧溟水。时人见我恒殊调,闻余大言皆冷笑。宣父犹能畏后生,丈夫未可轻年少",表现了李白勇于追求而且自信、不畏流俗的精神。他的这种精神是始终如一的,无论是《赠张相镐》中的"抚剑夜吟啸,雄心日千里",还是《侠客行》中的"纵死侠骨香,不惭世上英",都表现着他的雄心壮志和坚定意志。《古风》中的"松柏本孤直,难为桃李颜",同样也体现了诗人李白壮怀激烈、不事权贵的高贵品质。

尚善还体现为对美好人性、高尚道德的追求。陶渊明的"不为五斗米折腰"、李白的"安能摧眉折腰事权贵,使我不得开心颜"、文天祥的"人生自古谁无死,留取丹心照汗青"等,对善良、正直、勇敢、诚信、责任、仁义等的美好伦理道德的追求与歌颂,向来是我国古代文学作品中的重要主题。蒲松龄的《聊斋志异》塑造了一大批具有人性美与品德美的花妖狐魅形象,他笔下的妖,有不少是善良、仁义、富有斗争精神的典型。《红玉》《封三娘》《小翠》《辛十四娘》等篇中所塑造的婴宁、小翠等形象,不受封建礼教的束缚,敢于反抗邪恶势力,追求自己的幸福生活,让人深深感受到,"有情之鬼"远胜于"无情之人"。这样的描写鲜明地表现着作者对美好人性和生活的关注,对丑恶人性的批判与鞭挞。

3.含蓄的韵味

和西方文学重写实不同,中国文学以抒情写意见长,强调意境与韵味,含蓄因此而成为中国文学的主要审美特征之一。

《文心雕龙》较早提出文学的含蓄问题,其《隐秀篇》中说:"夫隐之为体,义生文外,秘响傍通,伏采潜发。"即是说文学要以语言的暗示性和启发性,唤起读者的联想与想象,让读者自己体会和发现作品隽永深长的意趣。司空图提出"味外之旨""韵外之致""象外之象""景外之景"及"不着一字,尽得风流",宋人梅尧臣提出"含不尽之意见于言外",清代文学家叶燮在《原诗·内篇》中提出"诗之至处,妙在含蓄无垠,思致微渺,其寄托在可言不可言之间,其指归在可解不可解之会;言在此而意在彼,泯端倪而离形象,绝议论而穷思维,引人于冥漠恍惚之境,所以为至也",这些都是对含蓄的强调,都要求诗歌通过有限的语言开掘无穷的想象空间。

从诗歌创作实践看,小中见大、言近意远、含蓄不尽也为诗人所着力追求,并且取得了显著成效。柳宗元的《江雪》:"千山鸟飞绝,万径人踪灭。孤舟蓑笠翁,独钓寒江雪。"前两句并没有明说下雪,只说山上的鸟儿都飞走了,路上行人留下的足迹也不见了。但大地一片白茫茫的雪景却在读者的想象中跃然显现。在这样的背景中,一叶孤舟,一个披着蓑笠的渔翁,一竿在手,悠然垂钓于江雪之上,不为外界的变化所动。一种遗世独立、悠然自得的情趣,蕴含在字里行间,耐人寻味。

在追求含蓄方面,以禅入诗、以禅入文是一种典型表现。禅宗原是中国佛教的一个宗派,它在唐代确立之后,便在士大夫中间产生了广泛的影响,影响到他们的日常生活、思维方式和艺术趣味。中国文学的以禅入诗、以禅入文,不仅是含蓄的要求,也是中国文人在文学创作中的一种思维方式。禅宗的悟道,忘却心机、忘却物我的境界,将意境统一于禅境,从而在诗歌艺术上开创了一个新局面。

中国古代诗人中,禅意表现最为典型的是具有"诗佛"之称的王维。王维的诗集中地表现了淡、空、寂三种境界,而这也正是禅所追求的。在王维的诗中,禅机往往自然流露,臻于化境。如《鹿柴》:"空山不见人,但闻人语响。返景入深林,复照青苔上。"前两句分别从视觉和听觉角度来描写山林的寂静,"不见人"已觉"空山"之寂,远处的人语更是衬托了山的空寂。后两句从视觉和心理感觉上写"空山"的寂静:密林中漏下的一线落日的返照,洒在青苔上。白天也曾有阳光照进密林,现在到了黄昏,它又返照回来了。诗人心境淡泊、虚静,与大自然形成神奇而又微妙的互动,这是一种心的感受与体悟,光对青苔的返照似乎象征着世界万物的生生灭灭,无生无常。而他的《辛夷坞》更是艺术地表现了这种"不悲生死,不永寂灭"的"无生"禅理,该诗写道:"木末芙蓉花,山中发红萼。涧户寂无人,纷纷开且落。"寂静的山涧中,芙蓉花自开自落,无世人知道它的开落,它也不知道人世的变迁。诗人将深奥晦涩的禅意佛理巧妙地、不着痕迹地糅合在山水诗中,并通过寓虚于实的手法将所感之情寄于所见之景中,借山水意象表现内心。禅境与诗境在他的笔下达到了美学上的统一,胡应麟在《诗薮》中评此诗说:"读之身世两忘,万念皆寂。"

## 二、戏曲

戏曲艺术是中国主要的传统审美形式之一,也是中华艺术瑰宝。在世界戏曲艺术中,中国戏曲与希腊悲剧、喜剧和印度梵剧并列,是世界公认的三大古老戏剧文化之一。相比较而言,中国戏曲最具生命力,希腊的悲剧和喜剧早已从舞台上销声匿迹,印度梵剧虽还有些演出,但其态势已经衰微,唯独中国戏曲至今仍活跃在舞台上,还不断走出国门,到世界各地演出。

（一）中国传统戏曲的发展概况

中国戏曲有着漫长的孕育、发展历史，其源头可以追溯到原始仪式，王国维认为中国古代的"巫"（女）"觋"（男）活动就是中国古代戏曲之最初原型（王国维《宋元戏曲考》）。但这种仪式只能说是与戏曲起源有关，不能算戏曲本身。在汉代的"百戏"、唐代的"参军戏""钵头""踏摇娘"等出现之后，到宋代南戏的出现才算有了较为成熟的戏曲。南戏是宋杂剧与中国南方的地方音乐、民间小戏融合而成的戏曲形式，形成于浙江温州，所以又叫"温州杂剧""永嘉杂剧"。说南戏是中国戏曲走向成熟的标志，是因为这种戏曲已将歌唱、舞蹈、念白、动作等结合起来，并有生、旦、外、贴、丑、净、末等角色的区分。现存南戏最早的、完整的戏曲剧本是《张协状元》，被称为南戏顶峰之作的是《琵琶记》。元杂剧的出现把中国戏曲带进一个黄金时期，这时期涌现了一批杰出的剧作家，如关汉卿、王实甫、马致远、白朴等；产生了一批优秀作品，如《窦娥冤》《西厢记》《梧桐雨》《汉宫秋》《赵氏孤儿》等。元杂剧表现了广阔的社会生活，时事、爱情、家庭、历史、风俗等在元杂剧中都有表现；结构上以四折组织剧情，表演上以唱为主。明清传奇的诞生把中国戏曲推入第二个黄金期，昆曲就是在这一时期发展起来的。经过以魏良辅为首的一批民间戏曲音乐家的改造，特别是通过戏曲家梁辰鱼创作的《浣纱记》演出的成功，昆曲风靡剧坛，广为流传。在明清传奇中形成鼎足之势、代表明清传奇辉煌成就的是汤显祖《牡丹亭》、洪昇《长生殿》、孔尚任《桃花扇》。明代戏曲家汤显祖的《牡丹亭》是一部开启一个传奇时代的巨作，作品塑造了光彩照人的女性形象杜丽娘，通过描写她的经历，控诉了封建礼教，表达了作者对爱情自由、婚姻自主的强烈呼唤。清代洪昇的《长生殿》、孔尚任的《桃花扇》形成于康熙年间，是传奇的压卷之作，两位剧作家被并称为"南洪北孔"。《长生殿》主要写唐明皇与杨贵妃的生死爱情，同时也反映了安史之乱前后的社会历史。孔尚任的《桃花扇》以明末复社领袖侯方域与秦淮名妓李香君的悲欢离合为线索，表现了南明王朝灭亡的历史悲剧，也属于"借离合之情，写兴亡之感"的历史传奇。

（二）中国传统戏曲的基本特点

戏曲是一种以唱、念、做、打的综合表演为中心的艺术形式，是一门将语言艺术、造型艺术、表演艺术等融为一体的综合艺术，具有曲词、音乐、美术、表演等多种艺术元素。作为中国传统审美文化有机组成部分，传统戏曲具有以下特点。

1.虚拟写意的表演模式

戏曲表演的节奏性、程式性是生活的变形，它不求"形似"而重"神似"：几个龙套就可代表千军万马，一个圆场表现行千里路，几声更鼓表现夜尽天明，纵马千里、行舟百程、兵发燕赵、阵布吴越等都在大小圆场中完成。这就是戏曲的虚拟性，它通过虚拟手法的大量运用而显现出来。正是这种虚拟性赋予了舞台时间、空间以极大的自由，完全打破了西方戏剧的"三一律"结构形式。戏曲的虚拟手法应用范围很广，除了以上谈到的对地域、空间转换的虚拟，还有对自然环境、对时间的虚拟，即域象、喻象、景象与时象等。喻象是一种象征、比喻之象。昆曲《桃花扇》中用水旗表现人在水中，用马鞭的扬动表示策马前行。《牡丹亭》中用手托额头表示正在熟睡。景象是对景的虚拟。京剧《三岔口》中，两个人物在灯光如昼的舞台上，以摸黑打斗的身段表现当时的时间正处于伸手不见五指的黑夜。戏曲的虚拟有时还运用夸张、变形等手段，以表现人物内心的情绪和心理活动，如昆曲《桃花扇》中侯方域与李香君一见钟情时，观众可以通过演员的表演来体会他们当时喜悦、娇羞的心理。

中国传统戏曲和中国画、中国诗等艺术一样，也具有鲜明的写意特征。这种写意特征，在剧本创作中表现在故事结构、人物安排、唱词处理等方面，在舞台表演上表现为程式化模式。程式是中国戏曲艺术特有的表现形式，其特点是：不把生活的本来面貌原封不动地搬上舞台，而是对生活的自然形态进行艺术加工，使之成为一种规范化的表现形式，比如关门、上马、坐船等，都具有鲜明的节奏和舞蹈化特征，并形成了一套固定程式。例如，旦角出场的提领摸鬓就是从生活中提炼出来的，旧时妇女头上都簪花插翠，佩戴首饰，活动时难免松动，用手按一按是妇女常有的动作，将其用于舞台，久而久之就成了旦角出场时的动作。这就说明，程式化是源于生活，但又是经过美化了的，观众一看便知的动作，这就要求表演者具备细腻的观察力、丰富的想象力，以及娴熟的表现力。传统戏曲中的程式不仅表现在表演中，而且体现在角色行当、音乐唱腔、化妆服装等方面。比如戏曲舞台基本是一桌二椅或它们的变形，锣经如小锣打上、慢长锤、急急风等，表现的是不同情景中不同人物的心态。

2.中和节制的情感表现

中国传统戏曲追求"中和"，演员表演讲究适度、追求和谐，不走极端，举

208

步发音、浓淡简繁无不要求折中合度。戏曲表演中的情感,必须是一种有节制、有限度的情感,要给人带来美感。比如表演悲哀的哭,演员只需眼中噙泪,用水袖把脸一挡就可以了,不必真的涕流满面。表演喜悦的笑也一样,嘴微微一动就行了,略一开合,立刻用手捂住,自然就美了。演员在舞台上的感情要转化为艺术的感情,要做到"乐而不淫,哀而不伤",从而显示出一种温柔敦厚、和谐宁静之美。

3.情景交融的意境之美

中国传统戏曲讲究情与景的交融,具有独特的意境美。

唱作为戏曲表演的主要手段之一,其基本含义是交代情节,揭示人物的内心矛盾,刻画人物性格,所谓"曲也者,达其心而为言者也"(张琦《衡曲麈谭》)。但在中国传统戏曲中,唱不仅具有上述功能,而且其本身也有情景交融的意境美。《牡丹亭·惊梦》中有这样一段唱词:"原来姹紫嫣红开遍,似这般都付与断井颓垣。良辰美景奈何天,赏心乐事谁家院。朝飞暮卷,云霞翠轩。雨丝风片,烟波画船。锦屏人忒看的这韶光贱。"这段杜丽娘的唱词无异于一首情景交融的小诗。姹紫嫣红、云霞翠轩、雨丝风片、烟波画船等表现了春天的美丽景致,而这一切"都付与断井颓垣",无人欣赏。其中包含了杜丽娘内心的孤独与伤感,正值青春年华,却无人共度,怎不令人苦闷?赞春中寄托了对自由、幸福生活的渴望,伤春中寄托了对青春的怜惜,情与景在这里得到了高度的融合。《西厢记·长亭送别》中的一段唱词也很能说明这一特点:"碧云天,黄花地,西风紧,北雁南飞。晓来谁染霜林醉?总是离人泪。"黄花满地、西风萧瑟、大雁南飞的凄凉景象,表现了崔莺莺离别时的愁苦心境。上述两段唱词都以少而精的语言、导向力极强的画面,传达出一种广阔、朦胧、邈远而感伤、愁肠万种的情绪,这就是戏曲情景交融的意境美所产生的魅力。凡情景交融的戏曲作品,总能让观众回味无穷。《牡丹亭》的舞台上,杜丽娘和柳梦梅幽会时,以花神撒花的舞蹈场面表现封建礼教是抑制不住人的正常情感的,体现了《牡丹亭》"情不知所起,一往而深。生者可以死,死可以生"的主题。

4.绚丽丰富的服饰、脸谱

戏曲界把服装叫行头,是各种角色穿戴的总称,包括长袍类、短衣类、铠甲类、盔帽类、靴鞋类,以及附属于服装范畴的辅助性、服饰性的东西。戏衣的色彩还分上五色、下五色。质地上主要有缎、绸、布等。由于色彩、纹样

京剧服装、
脸谱简介

和质地的不同，以及穿戴上的不同搭配，整个戏衣显得丰富多彩又富有表现力。

"脸谱"是中国传统戏曲男演员脸部的彩色化妆。这种脸部化妆主要用于净和丑，在形式、色彩和类型上也有一定的格式。生、旦、净、丑各不相同，人们根据脸谱就能分出角色的好坏善恶。

以上这些特征相互依存、相互制约、相互补充，是一个有机整体，它们在舞台上综合在一起，共同构筑了中国传统戏曲的独特魅力。

### 三、书法

中国书法艺术与汉字密不可分。金开诚先生认为，汉字既是中国书法艺术的材料（就像石头是石雕艺术的材料一样），又是它的题材（就像人物是石雕的题材一样），由汉字加工创作而成的艺术形象，仍然是汉字形象，而不是别的形象，"中国书法艺术是对汉字进行艺术加工，使之成为美学形象的艺术"[1]。当我们这样来理解中国书法艺术的时候，不难获得以下几点认识：一是汉字是世界上独一无二的文字，中国书法艺术也是世界上独一无二的艺术，它之所以能立足于世界艺术之林是因为它的无与伦比的独特性，书法艺术是中国人完全独立创造、最具本土特色、最具民族代表性的艺术；二是中国书法艺术的创作受制于汉字的书写要求，感受书法艺术的美当着眼于汉字书写的笔法、结构布局和人文情怀；三是中国书法艺术与汉字共生，汉字的起源也是书法艺术的起源，并随汉字的形体演变而演变。

（一）中国书法的历史演变

中国的书法可以追溯到商代甲骨文。甲骨文已具备中国书法的基本要素：点画、结体和章法。结体是指汉字书写的间架结构，主要涉及对汉字上下关系、左右关系、上中下关系、左中右关系及内外关系的处理。章法一般是指通篇布局，包括字与字、行与行、线条与墨色、行间留白、正文与落款，以及用印等关系的处理，它要求一幅作品的字里行间有呼应，通篇协调，整体感强。在甲骨文中这些要素虽不那么成熟，但已初步具备。它平直的线条、错落有致的字形、意味深浓的象形，以及"瘦劲有力，清奇秀逸"的风格等等，

---

[1]　王岳川主编：《中外书法名家讲演录》（下），北京大学出版社2008年版，第303页。

都为汉字走向艺术奠定了基础。西周时出现的大篆,其真迹一般认为是石鼓文。石鼓文笔画匀圆,结构整齐,具有遒劲凝重的风格,"石鼓文标志着书法艺术超越了书写的实用目的,它的出现在中国书法史上具有划时代意义"①。秦统一全国后推行的小篆以李斯所写的为代表,他的小篆秀丽和畅,稳重端庄,堪称篆书艺术之祖。汉代盛行隶书,这种字体笔画平直,结构方正,刚劲沉着,具有恢宏古朴之风,它的出现把中国书法艺术带入了一个新的境界,并为楷书奠定了基础,成为书法界所说的"汉隶唐楷"的重要方面。

魏晋南北朝时期是中国书法艺术的成熟期,楷书、行书、草书均已定型。三国曹魏的钟繇创造了楷书,这种书体结体略宽,横画长而直画短。王羲之是秦汉以来书法集大成者,他的书法用笔细腻,结构灵活,刚柔相济,笔势精妙,把汉字书写带入注重技法、讲究情趣的境界,为中国书法艺术作出了开创性的贡献,享有"书圣"之誉。他的草书《十七帖》被称为草书的典范之作,他的行书《兰亭序》被誉为"天下第一行书",明代解缙在《春雨杂述》中评价说:"右军之叙《兰亭》,字既尽美,尤善布置,所谓增一分太长,亏一分太短。"魏晋时期,不仅涌现了众多书法家,而且产生了不少书法理论著作,如崔瑗的《草书势》、蔡邕的《笔论》等。此时期书法家还对书法创作用具提出要求,如卫夫人在《笔阵图》中就说:"笔要取崇山绝仞中兔毫……其砚取前涸新石……其墨取庐山之松烟……纸取东阳鱼卵。"

唐代是中国书法艺术的辉煌时期,各种书体皆备,其中楷书已发展得相当成熟,影响深远的书家众多,最主要的代表人物有欧阳询、颜真卿、柳公权等。欧阳询书法成就以楷书为最,笔力险峻,结构独异,后人称为"欧体",代表作为《九成宫醴泉铭》。颜真卿楷书丰腴雄浑,端庄严整,气势恢宏,突破了自"二王"至初唐 400 年间流美趋逸

赵孟頫
《临兰亭序》

的书风,成为楷书革新定鼎之体,并在此后长盛不衰,代表作有《多宝塔碑》等。柳公权的楷书骨力劲健,棱角分明,方折峻丽,代表作有《玄秘塔碑》等。后世将柳书与颜书并称为"颜筋柳骨"。唐代草书最著名的是张旭、怀素。张旭效法汉代的张芝,其书潇洒磊落,变幻莫测,被称为"草圣"。怀素是一

---

① 田广林主编:《中国传统文化概论》,高等教育出版社 1999 年版,第 221 页。

位在书法史上独领风骚的草书艺术家,他的草书被称为"狂草"。他和张旭齐名,史有"张颠素狂""颠张醉素"之说。宋代在继承唐代书法艺术的基础上,开创了以"意"取胜的一代新风,代表人物有苏轼、黄庭坚、米芾和蔡襄,此四人被称为"宋代书法四大家"。

元代的赵孟頫是当时颇具影响的书法家,代表作有《洛神赋》等,他和鲜于枢一起被称为"元代二妙",又与唐代欧阳询、颜真卿、柳公权并称"楷书四大家"。明代出现了与科举取士密切相关的"台阁体",这是一种规矩刻板的应试书体,缺乏生机,没有个性。明代堪称书法大家的有董其昌、文徵明。清代在顺治、康熙、雍正年间延续明代书法余绪,崇尚帖学,学董其昌之风甚浓。后期碑学盛行,并使篆书、隶书和北魏碑体书法得到一定程度的复兴,且有独到成就。

从以上的简单介绍中可以看出,中国书法艺术一直没有中断,不同的时代有不同的风格:晋代尚韵,卓尔不群;唐代尚法,力透纸背;宋代尚意,注重表现;元明尚态,推崇摹古。

(二)中国书法的鉴赏要点

作为审美对象的中国书法艺术,是供人鉴赏的。因为书法是汉字的艺术造型,所以在鉴赏书法艺术的时候,应当紧扣汉字形体,看看书法家是怎样艺术地构造汉字形体的。一般来说,鉴赏汉字书法艺术当把握"象""变""章""气"四个要点。

1.象

"象"是指图像、视像,是人们依据客观事物描画出来的形象。汉字起源于图画,它依物象形,常常让人以视觉直见其形象,"山"字就像一座山,"水"字就像一股水,"火"字就像一团熊熊烈焰。汉字的这一特点为它走向艺术奠定了基础,提供了条件。北京 2008 年奥运会的会徽是一个"文"字,像一个运动员在向前奔跑。北京 2022 年冬奥会会徽也以汉字为灵感来源,巧妙地用"冬"字作主体,上半部分展现滑冰运动员的造型,下半部分表现滑雪运动员的英姿,中间舞动的线条代表举办地起伏的山峦、赛场、冰雪滑道和节日飘舞的丝带。汉字中的象形字为"书画同源"提供了有力的佐证,汉字从起源时就与艺术保持着天然的联系,并在此后的发展演变中一直不曾中断;同时也以象形之体给人带来了艺术想象的空间,增强了汉字的美感。虽然汉字中的绝大多数都不是象形字,中国书法艺术也不是仅限于象形字,但象形字在汉字书法艺术中的开创性意义,却是应该得到重视的,李泽厚先生在《美的历程》中就提出过这样的看法:"甲骨、金文之所以能开创中国书法艺术独立发展的道路,其秘密正在于它们把象形的图画模拟逐渐变而为纯粹化了(即净化)的抽象的线条和结构。这种净化了的线条——书法美,就不是一般的图案花纹的形式美、装饰美,而是真正意义上的'有意味的形式'。"①象形字在其线条化、笔画化的过程中,启示着非象形文字朝艺术化迈进的方向和方法,在这个过程中,"变""气""章"等因素起着重要作用。

2. 变

"变"是指汉字富于变化,但这种"变"又与"常"相联系,是"变"与"常"的辩证统一。正是这种"变"与"常"的辩证统一造就书法的艺术性。汉字书法的"变"涉及基本笔画、基础构件,以及用笔等多个方面。以基本笔画为例,楷书有点、横、竖、撇、折等基本笔画,每一种笔画都有丰富的变化,比如"点"就有横点、竖点、撇点、捺点等。其他的基本笔画也借助汉字书法的书写工具——毛笔而有不同的变化,并且根据整体和谐的要求加以有机组合。古人在总结书法创作经验时,对基本笔画提出了如下要求:"横"要写得如勒马用缰,"提"要如策马用鞭,"顿"要如高峰坠石,"竖"要如竹笋掠发,"捺"要如崩浪奔雷,"斜钩"要如百钧弩发,"折钩"要如劲弩筋节。这样写,各种笔画的姿态才能在整体中显现出它们的顾盼自如、动静相宜。基础构件是指汉字构形中能够体现意义的最小形体单位,如"人""木""水"等。在汉字书法中,这些基础构件也很灵活,其位置在书法中可以加以改变,这实际上就是一种汉字结构的变化。比如原本左右结构的"鹅",可以根据需要变为上下结构的"鵝",也可以将"我"与"鸟"的位置互换,再加上繁体与简体的不同、隶书与草书等的不同,这个"鹅"字就显得十分生动,有时安然自若,亭亭玉立;有时又昂首长空,栩栩如生。书法中的用笔变化在创作中更为突出,包括毛笔中锋与侧锋的运用,运笔中的刚柔、急缓、轻重、藏露、提按等。王羲之的《兰亭序》中有 20 个"之"字、7 个"不"字、6 个"一"字、3 个"足"字,都绝不雷同,皆因用笔多变而成。

3. 章

"章"是指汉字书法中的章法,书法艺术讲究的章法是一种整体布局,它

---

① 李泽厚:《李泽厚十年集》,安徽文艺出版社 1994 年版,第 48 页。

的总体要求是：上下顾盼、左右贯通、黑白分明、虚实相间、疏密有致。对于书法作品的整体布局，古人有的强调首字的重要性，清代戈守智在《汉溪书法通解》中说："凡作字者，首写一字，其气势便能管束到底，则此一字，便是通篇之领袖矣。"首字的轻重、疏密、大小、体势和意态对全篇都有管束作用。也有的强调"布白"，清代包世臣在《艺舟双楫》中记录了邓石如说过的话："字画疏处可以走马，密处不使透风，常计白以当黑，奇趣乃出。"这"计白以当黑"的意思是，书法中并非只有黑色的字才具有表现力，其中的空白也具有表现力，也应当发挥其表现作用。这与中国古代哲学中所讲的"虚实""有无"是一样的道理。书法中的章法涉及内容相当多，除了讲究布白，还需考虑对各个字的仰、俯、斜、偏、大小、长短，字距、行距的设计，墨的枯、润、浓、淡，等等。

4.气

"气"是指贯穿于书法作品的气势、气韵。构成字的线条有长短、粗细不同，书法家写字时用笔有轻重不同，着墨有浓淡不同，运笔有快慢不同。重笔、粗线、浓墨恰似乐曲中的强音，轻笔、细线、淡墨有如音乐中的弱音，它们的交替就像是"气"的运动，有时悠长婉转，有时急促顿挫。其中渗透着的是书法家的生命情感、精神气质，鉴赏者由此可从书法形象中感悟到其神采飞扬、意气风发、心灵律动的生命活力。也正因为如此，人们往往用"字如其人"来评论书法作品。王羲之一生正直磊落，其作品总能让人感受到"龙跳天门，虎卧凤阁"的气势和"清风出袖，明月入怀"的胸襟。唐代颜真卿 70 多岁时不肯屈从叛将李希烈而慷慨捐躯，他的书法和他的人格一样，端庄伟岸，大气磅礴，浑厚强劲，是书法美与人格美的完美结合。好的书法作品总会给人生气勃勃、韵味无穷之感。古人在评价书法作品时，往往先"观气"，看作品从头至尾的节奏与韵味。而这种节奏和韵味又总跟书法家的精神气质与创作时的情感状态直接相关，正如刘熙载《艺概·书概》所说，只有"胸中具磅礴之气"，才能"腕间赡真实之力"。

书法艺术的美是各种因素的综合，我们只是撮其要者作一简介，以为更好地鉴赏中国独特的书法艺术提供借鉴。

**四、绘画**

绘画是造型艺术中最主要的形式，种类繁多，范围广泛，具有独特的审美价值。中华民族绘画中最主要的形式是中国画，简称国画，在世界美术领域中自成体系,特色鲜明,是东方绘画体系的主流。

(一)中国画的主要类型及其概况

从画法上区分,中国画可分为工笔画和写意画。前者用笔细致工整,结构严谨,无论人物或景物都刻画得具体入微;后者笔墨简练,高度概括,洒脱地表现物象的形神和抒发作者的情感。

从题材上区分,中国画可分为人物画、山水画和花鸟画三大类。古人在这三个方面努力提高技艺,实践绘画之道,取得了杰出的成就。

人物画的历史最为悠久,出现较山水画、花鸟画等为早。《人物龙凤帛画》和《人物御龙帛画》都属现存最早的人物画之列,出土于湖南长沙的战国楚墓。前者画中人物是一发髻后挽、双手合掌的妇女,画面左上方绘有一龙一凤。后者则描绘一贵族男子乘龙升天的情形。顾恺之是东晋画家,其《洛神赋图卷》根据曹植的《洛神赋》而作,表现曹植与宓妃的情感纠葛,其绘画手法精致洗练,色彩鲜艳而典雅,堪称人物画的典范之作。阎立本和吴道子是唐代画家,二人均工人物画。阎立本《历代帝王图》描画了从汉到隋的13位帝王,这些帝王都具有鲜明的个性和不同的气质。"画圣"吴道子的人物宗教画气势恢宏,想象丰富,他的代表作有《送子天王图》。宋代张择端《清明上河图》描绘了清明时节京城汴梁的繁华景象。画中绘有士农工商、医卜僧道、男女老幼550多人,形态各异,精细美观,是绘画史上难得的精品。

山水画出现较晚,魏晋南北朝时期山水树石还只是人物画的配景,到了隋唐时期才有所发展。现存最早的山水画是隋朝展子虔的《游春图》,这幅画大胆采用青绿色彩,由此开创了"青绿山水法",对后世影响很大。李思训父子、王维分别是唐代山水画两个流派的代表人物:前者是青绿山水画派的代表人物,取法前朝

名画鉴赏
(展子虔《游春图》等)

展子虔,喜用重彩,追求繁丽;后者是水墨山水画派的代表,擅用水墨,重在写意。荆浩、董源、郭熙是五代两宋时期的画家,他们的山水画技法成熟,形成了鲜明的画风。赵孟頫是元代画家,因开创元代新画风被称为"元人冠冕"。他的山水画代表作是《鹊华秋色图》,描绘的是济南名山鹊山和华不注山的秋天景色,画中平川洲渚,红树芦荻,渔舟出没,房舍隐现。绿荫丛中,两山突起,山势峻峭,遥遥相对。在此之后,师承赵孟頫的黄公望、吴镇、倪瓒、王蒙合称"元四家",是元代水墨山水画的杰出代表。"元四家"画作之著

名者,黄公望《富春山居图》当居其一。该图表现浙江境内富春江一带的山水风光,图中峰峦起伏,江水杳渺,时见渔舟、亭台,令人览之如在山水间,心旷而神怡。明代画家邹之麟对《富春山居图》推崇备至:"余生平喜画,师子久。每对知者论,子久画,书中右军也,圣矣。至若《富春山图》,笔端变化鼓舞,右军之《兰亭》也,圣而神矣。"①"子久"为黄公望的字,"右军"指王羲之,《富春山图》即《富春山居图》。邹之麟将黄公望的画与王羲之书法相提并论,将《富春山居图》比作王羲之《兰亭序》,盛赞其"圣而神矣"。

　　花鸟画形成最晚。中唐时期,花鸟虫鱼始成为绘画题材,此后,涌现了众多的花鸟画名家。黄筌、徐熙分别是五代花鸟画两大流派的代表人物,他们确立了花鸟画的两种不同风格类型,称为"黄家富贵,徐熙野逸"或"徐黄异体"。黄筌传世的重要作品《写生珍禽图》画有鹡鸰、麻雀、鸠、龟、昆虫等动物24只。画家用细密的线条和浓丽的色彩描绘了大自然中的众多生灵,显示了作者娴熟的造型能力和精湛的笔墨技巧。徐熙作画注重"落墨",用笔不拘于精勾细描,而是信笔抒写,略加色彩。相传他所作的《雪竹图》绘修竹数竿,坚挺茁壮。枝叶上的积雪,不用白粉,都用墨色留白渲染而出。坡上湖石嶙峋,石旁有老树,残叶剥蚀,衬托出竹枝不畏严寒的性格。文同是宋代画家,以画竹著称。他注重体验,主张胸有成竹而后动笔,开创浓墨为面、淡墨为背之法,形成墨竹一派,有"墨竹大师"之称。元代王冕擅画墨梅,他的《墨梅图》画的是横出的一枝梅花,枝干挺秀,穿插有致。画上有作者的题诗:"吾家洗砚池头树,个个花开淡墨痕。不要人夸好颜色,只留清气满乾坤。"诗画相配,表露出画家淡泊名利,不愿与统治者同流合污的高尚情操。明代画家徐渭《墨葡萄图》描绘了一架葡萄,叶片茂盛,藤蔓缠绕,串串葡萄果实饱满,晶莹鲜嫩。画上还题了一首诗,抒发自己对世俗的愤慨:"半生落魄已成翁,独立书斋啸晚风。笔底明珠无处卖,闲抛闲掷野藤中。"此外,清代的朱耷、郑板桥等都是风格独特的花鸟画画家。

　　(二)中国画的主要特点

　　中国画的主要特点体现在技法、构图方法、表现形式、艺术追求等方面。

---

　　① 卞永誉:《式古堂书画汇考》卷四八《画十八·元·黄公望》,《文渊阁四库全书》本。

1.技法

从形式上看,"笔墨"是中国画的主要技法。

在工具与材料的使用上,中国画往往采用中国特制的毛笔、墨或颜料,在宣纸或绢帛上作画,因而"笔墨"成为中国画技法和理论中的重要术语,甚至成为中国画技法的总称。所谓"笔",是指钩、勒、皴、点等运用毛笔的不同技巧和方法,它们的运用给中国画带来变化无穷的线条情趣;所谓"墨",则是指中国画以墨代色,运用烘、染、泼、积等墨法,也就是常讲的"墨分五彩"(指墨色的焦、浓、重、淡、清等五种不同的色度),它们的运用使墨色产生丰富而细微的色度变化,并使以墨代色的中国画具有独特而丰富的艺术表现力。

2.构图方法

在构图方法上,中国画多采用散点透视法。

由于不受焦点透视的束缚,这种构图法使得画面视野更加宽广辽阔,构图更加灵活自由,冲破了时间与空间的局限。如五代后梁画家荆浩的山水名作《匡庐图》,将崇山峻岭、飞瀑流泉、屋宇庭院、行人小船都巧妙地组织在一个完整的画面里,构图上错落有致、变化丰富,形成一个全景山水的壮观图景。中国画的构图,还将不同时间和空间的事物安排在一个画面中,犹如一组运动镜头把不同的场面集中到一起。如北宋画家张择端的著名风俗长卷《清明上河图》,用散点透视法把汴河两岸数十里的繁华景象组成一个完整的画面,通过这种全景式的构图展现了北宋都城汴京从城郊农村到城内街市的热闹情景。中国画在构图方式上的这一特点,植根于情景交融的美学追求和高度概括的表现手法。中国画不受空间和时间的限制,非常自由与灵活,在山水画中可以"以大观小",在花鸟画中可以"以小观大",用简略的笔墨描绘丰富的内容。

3.表现形式

在画面表现形式上,中国画注重多种艺术手段的有机结合。

中国画讲究点、线、面三者的相互配合,以墨线为主体,迅速灵活地捕捉物体的特征,表现画面上的基本形象。而且中国画所使用的水与墨能在宣纸上形成极其丰富的枯湿浓淡之变,既极其丰富复杂,又非常单纯凝练。更为重要的是,中国画非常重视诗、书、画、印等的并用,使之成为一个完美的艺术整体,绘画与诗文、书法、篆刻四者有机地结合在一起,相互补充,交相辉映,使画面丰富而有变化,形成了中国画独特的内容美与形式美。现存的许多传统国画大多有题画诗或款书,将画意、诗情、书法融为一体,是中国传统绘画特有的艺术特色。

4.艺术追求

在艺术追求上,中国画更强调"神"的表达,重视意境的营造。

中国画不拘泥于客观物象的"形",不以简单的"形似"为满足,而是在个体审美观照下通过对客观物象的提炼、加工等艺术手法,表现艺术的真实。晋代画家顾恺之提出的"以形写神",确立了中国艺术神高于形的美学观,即画人不仅仅要形似,更要追求神似,画出人的精神面貌,表现主体的思想感情。这一论见为绘画创作确立了艺术应竭力企求的高度。正是在这一理论指导下,出现了许多传神写照的佳作,"以形写神"也成为指导绘画的一个重要准则。所以在欣赏中国画时,人们不但要用眼看,更要用心想,不只是欣赏画面上的"形",更要欣赏画面中的"神",即画面中所传达出的创作者的情感、思想、志趣等。

意境的情景交融特征,在中国画中表现为讲究笔与墨合、情与景合。现实中有无限丰富的景象,画家有强烈的形象感受力,凭借着这种强烈的感受力,画家比常人更容易激发描绘这些景象的情感,因而也更容易实现情与景在画中的融合。宋代画论家郭熙说:"诗是无形画,画是有形诗。"诗境之美、诗境内涵是中国绘画中的重要命题,诗情的融入则使意境的创作成为中国山水画的灵魂。宋元山水画更是极力提倡诗境之美,画家通过诗意想象,将人物的情态与动势、情境秀丽的山川、幽静而神秘的仙境和隐现的宫阙、楼阁表现得淋漓尽致。

意境又是中国绘画气韵表达的重要手段。中国画的气韵之说,由南朝谢赫在其所著《古画品录》中首先提出,他以"六法"的标准来品评的优劣。"六法者何?一气韵生动是也,二骨法用笔是也,三应物象形是也,四随类赋彩是也,五经营位置是也,六传移模写是也。"气韵被谢赫列为六法之首,可见其地位的重要性。气韵生动意谓艺术作品体现宇宙万物的气势和人的精神气质、风致韵度,达到自然生动,充分显示其生命力和感染力的美学境界。气韵受制于画家的人文艺术修养,也是画家气质、个性、学养、思想的集合体,是人格化的体现。总之,气韵生动既是中国画家所追求的艺术至境,更是鉴赏山水画的主要标准之一。

# 本章小结

　　审美文化存在于现实生活的方方面面,与我们的生活息息相关。中国传统审美文化有着悠久灿烂的历史,它诞生于先秦,"自觉"于秦汉魏晋南北朝,成熟于唐宋,求变于元明清。在漫长的发展过程中,形成了独具中国特色的审美形态和审美范畴,如中和、刚柔、神妙、气韵、意境等。古人尚美好美,创造了形式多样的审美形式,如文学、戏曲、书法、绘画、音乐、舞蹈、雕塑、饮食、茶艺、建筑等。这些审美形式无不体现古人的审美趣味与独创精神。中国传统审美文化丰富了中国人的精神生活,陶冶了中国人的情感,慰藉了中国人的心灵,对中国人的思想、情趣、人格产生了极大的影响,也对当下的生活产生了重要的影响。

小测验

思考练习

　　1.什么是审美文化?

　　2.简述意境的审美特征。

　　3.中国传统文学的审美特征是什么?

　　4.中国书法的鉴赏要点是什么?

　　5.中国画的主要特点有哪些?

参考书目

　　袁行霈:《中国文学概论》,高等教育出版社2017年版。

　　陈炎主编:《中国审美文化史》,山东画报出版社2001年版。

　　彭吉象主编:《艺术学概论》,高等教育出版社2019年版。

　　张法:《中国美学史》,上海人民出版社2000年版。

叶朗:《美学原理》,北京大学出版社 2009 年版。

朱立元:《美学》,高等教育出版社 2016 年版。

## 经典阅读

### 毛苌《毛诗序》(节选)

《关雎》,后妃之德也,风之始也,所以风天下而正夫妇也。故用之乡人焉,用之邦国焉。风,风也,教也;风以动之,教以化之。

诗者,志之所之也,在心为志,发言为诗。情动于中而形于言,言之不足故嗟叹之,嗟叹之不足故永歌之,永歌之不足,不知手之舞之,足之蹈之也。

情发于声,声成文谓之音。治世之音安以乐,其政和;乱世之音怨以怒,其政乖;亡国之音哀以思,其民困。故正得失,动天地,感鬼神,莫近于诗。先王以是经夫妇,成孝敬,厚人伦,美教化,移风俗。

故诗有六义焉:一曰风,二曰赋,三曰比,四曰兴,五曰雅,六曰颂。上以风化下,下以风刺上,主文而谲谏,言之者无罪,闻之者足以戒,故曰风。至于王道衰,礼义废,政教失,国异政,家殊俗,而变风、变雅作矣。国史明乎得失之迹,伤人伦之废,哀刑政之苛,吟咏情性,以风其上,达于事变而怀其旧俗者也。故变风发乎情,止乎礼义。发乎情,民之性也;止乎礼义,先王之泽也。是以一国之事,系一人之本,谓之风;言天下之事,形四方之风,谓之雅。雅者,正也,言王政之所由废兴也。政有小大,故有小雅焉,有大雅焉。颂者,美盛德之形容,以其成功告于神明者也。是谓四始,诗之至也。

郭绍虞:《中国历代文论选(第一册)》,上海古籍出版社 2001 年版。

### 刘勰《文心雕龙》(节选)

古人云:形在江海之上,心存魏阙之下,神思之谓也。文之思也,其神远矣。故寂然凝虑,思接千载;悄焉动容,视通万里;吟咏之间,吐纳珠玉之声;眉睫之前,卷舒风云之色;其思理之致乎。故思理为妙,神与物游。神居胸臆,而志气统其关键;物沿耳目,而辞令管其枢机。枢机方通,则物无隐貌;关键将塞,则神有遁心。是以陶钧文思,贵在虚静,疏瀹五藏,澡雪精神。积学以储宝,酌理以富才,研阅以穷照,驯致以怿辞,然后使玄解之宰,寻声律而定墨;独照之匠,窥意象而运斤,此盖驭文之首术,谋篇之大端。夫神思方运,万涂竞萌,规矩虚位,刻镂无形。登山则情满于山,观海则意溢于海,我才之多少,将与风云而并驱矣。方其搦翰,气倍辞前,暨乎篇成,半折心始。何则?意翻空而易奇,言徵实而难巧也。是以意授于思,言授于意,密则无际,疏则千里。或理在方寸而求之域表,或义在咫尺而思隔山河。是以秉心养术,无务苦虑;含章司契,不必劳情也。(《神思》)

郭绍虞:《中国历代文论选(第一册)》,上海古籍出版社 2001 年版。

### 孙过庭《书谱》(节选)

夫心之所达,不易尽于名言;言之所通,尚难行于纸墨。粗可仿佛其状,纲纪其辞,冀酌希夷,取会佳境。阙而未逮,请俟将来。今撰执、使、转、用之由,以祛未悟。执,谓深浅长短之类是也;使,谓纵横牵掣之类是也;转,谓钩镮盘纡之类是也;用,谓点画向背之类是也。方复会其数法,归于一途,编列众工,错综群妙,举前贤之未及,启后学于成规……然今之所陈,务裨学者。但右军之书,代多称习,良可据为宗匠,取立指归。岂惟会古通今,亦乃情深调合。致使摹拓日广,研习岁滋,先后著名,多从散落,历代孤绍,非其效欤?试言其由,略陈数意。止如《乐毅论》《黄庭经》《东方朔画赞》《太师箴》《兰亭集序》《告誓文》,斯并代俗所传,真行绝致者也。写《乐毅》则情多怫郁,书《画赞》则意涉瑰奇,《黄庭经》则怡怿虚无,《太师箴》又纵横争折。暨乎兰亭兴集,思逸神超;私门诫誓,情拘志惨。所谓涉乐方笑,言哀已叹。岂惟驻想流波,将贻啴嗳之奏,驰神睢涣,方思藻绘之文。虽其目击道存,尚或心迷义舛,莫不强名为体,共习分区。岂知情动形言,取会风骚之意;阳舒阴惨,本乎天地之心。既失其情,理乖其实,原夫所致,安有体哉!夫运用之方,虽由己出,规模所设,信属目前……若运用尽于精熟,规矩暗于胸襟,自然容与徘徊,意先笔后,潇洒流落,翰逸神飞。亦犹弘羊之心,预乎无际;庖丁之目,不见全牛。

肖占鹏主编:《隋唐五代文艺理论汇编评注(下册)》,南开大学出版社 2002 年版。

### 郭熙《林泉高致》(节选)

君子之所以爱夫山水者,其旨安在?丘园养素,所常处也;泉石啸傲,所常乐也;渔樵隐逸,所常适也;猿鹤飞鸣,所常观也;尘嚣缰锁,此人情所常厌也;烟霞仙圣,此人情所常愿而不得见也。直以太平盛日,君亲之心两隆,苟洁一身,出处节义斯系,岂仁人高蹈远引,为离世绝俗之行,而必与箕颖埒素,黄绮同芳哉!《白驹》之诗,《紫芝》之咏,皆不得已而长往者也。然则林泉之志,烟霞之侣,梦寐在焉,耳目断绝,今得妙手郁然出之,不下堂筵,坐穷泉壑,猿声鸟啼,依约在耳,山光水色,滉漾夺目,此岂不快人意,实获我心哉!此世之所以贵夫画山水之本意也。不此之主而轻心临之,岂不芜杂神观,溷浊清风也哉!(《山水训》)

山以水为血脉,以草木为毛发,以烟云为神采,故山得水而活,得草木而华,得烟云而秀媚。水以山为面,以亭榭为眉目,以渔钓为精神,故水得山而媚,得亭榭而明快,得渔钓而旷落。此山水之布置也。(《山水训》)

郭熙:《林泉高致》,周远斌校注,山东画报出版社 2010 年版。

### 李渔《闲情偶记》(节选)

古人作文一篇,定有一篇之主脑。主脑非他,即作者立言之本意也。传奇亦然。一本戏中,有无数人名,究竟俱属陪宾;原其初心,止为一人而设。即此一人之身,自始至终,离合悲欢,中具无限情由,无穷关目,究竟具属衍文;原其初心,又止为一事而设。此一人一事,即作传奇之主脑也。然必此一人一事,果然奇特,实在可传,而后传之,则不愧传奇之目,而其人其事与作者姓名,皆千古矣。如一部《琵琶》,止为蔡伯喈一人;而蔡伯喈一人,又止为重婚牛府一事。其余枝节,皆从此一事而生——二亲之遭凶,五娘之尽孝,拐儿之骗财匿书,张大公之疏财仗义,皆由于此。是"重婚牛府"四字,即作《琵琶记》之主脑也。一部《西厢》止为张君瑞一人;而张君瑞一人,又止为白马解围一事。其余枝节,皆从此一事而生……是"白马解围"四字,即作《西厢记》之主脑也。余剧皆然,不能悉指。后人作传奇,但知为一人而作,不知为一事而作,尽此一人所行之事,逐节铺陈,有如散金碎玉。以作零出则可,谓之全本,则为断线之珠,无梁之屋,作者茫然无绪,观者寂然无声,无怪乎有识梨园望之而却走也。此语未经提破,故犯者孔多。而今而后,吾知鲜矣。(《词曲部·结构第一》)

郭绍虞:《中国历代文论选(第三册)》,上海古籍出版社 2001 年版。

### 关汉卿《窦娥冤》(节选)

(窦娥被押上刑场,她和婆婆诀别后,发下三桩誓愿,来表明自己的冤屈)

〔正旦云〕窦娥告监斩大人,有一事肯依窦娥,便死而无怨。〔监斩官云〕

222

你有什么事？你说。〔正旦云〕要一领净席，等我窦娥站立，又要丈二白练，挂在旗枪上。若是我窦娥委实冤枉，刀过处头落，一腔热血休半点儿沾在地下，都飞在白练上者。〔监斩官云〕这个就依你，打甚么不紧。〔刽子做取席，站科，又取白练挂旗上科〕〔正旦唱〕

【耍孩儿】不是我窦娥罚下这等无头愿，委实的冤情不浅。若没些儿灵圣与世人传，也不见得湛湛青天。我不要半星热血红尘洒，都只在八尺旗枪素练悬。等他四下里皆瞧见，这就是咱苌弘化碧，望帝啼鹃。

〔刽子云〕你还有甚的说话，此时不对监斩大人说，几时说那？〔正旦再跪科，云〕大人，如今是三伏天道，若窦娥委实冤枉，身死之后，天降三尺瑞雪，遮掩了窦娥尸首。〔监斩官云〕这等三伏天道，你便有冲天的怨气，也召不得一片雪来，可不胡说！〔正旦唱〕

【二煞】你道是暑气暄，不是那下雪天；岂不闻飞霜六月因邹衍？若果有一腔怨气喷如火，定要感的六出冰花滚似绵，免着我尸骸现；要什么素车白马，断送出古陌荒阡？

〔正旦再跪科，云〕大人，我窦娥死的委实冤枉，从今以后，着这楚州亢旱三年。〔监斩官云〕打嘴！那有这等说话！〔正旦唱〕

【一煞】你道是天公不可期，人心不可怜，不知皇天也肯从人愿。做甚么三年不见甘霖降？也只为东海曾经孝妇冤。如今轮到你山阳县。这都是官吏每无心正法，使百姓有口难言。

〔刽子做磨旗科，云〕怎么这一会儿天色阴了也？〔内做风科，刽子云〕好冷风也！〔正旦唱〕

【煞尾】浮云为我阴，悲风为我旋，三桩儿誓愿明题遍。〔做哭科，云〕婆婆也，直等待雪飞六月，亢旱三年呵，〔唱〕那其间才把你个屈死的冤魂这窦娥显。

〔刽子做开刀，正旦倒科〕〔监斩官惊云〕呀，真个下雪了，有这等异事！〔刽子云〕我也道平日杀人，满地都是鲜血，这个窦娥的血，都飞在那丈二白练上，并无半点落地，委实奇怪。〔监斩官云〕这死罪必有冤枉，早两桩儿应验了，不知亢旱三年的说话，准也不准？且看后来如何。左右，也不必等待雪晴，便与我抬他尸首，还了那蔡婆婆去罢。〔众应科，抬尸下〕（第三折）

王季思主编：《中国十大古典悲剧集》，上海文艺出版社1982年版。

223

### 汤显祖《牡丹亭》(节选)

【步步娇】〔旦〕袅晴丝吹来闲庭院,摇漾春如线。停半晌整花钿,没揣菱花,偷人半面,迤逗的彩云偏。〔行介〕步香闺怎便把全身现?

〔贴〕今日穿插的好。

【醉扶归】〔旦〕你道翠生生出落的裙衫儿茜,艳晶晶花簪八宝填,可知我常一生儿爱好是天然?恰三春好处无人见,不堤防沉鱼落雁鸟惊喧,则怕的羞花闭月花愁颤。

〔贴〕早茶时了,请行。〔行介〕你看:画廊金粉半零星,池馆苍苔一片青。踏草怕泥新绣袜,惜花疼煞小金铃。〔旦〕不到园林,怎知春色如许?

【皂罗袍】原来姹紫嫣红开遍,似这般都付与断井颓垣。良辰美景奈何天,赏心乐事谁家院。恁般景致,我老爷和奶奶再不提起。〔合〕朝飞暮卷,云霞翠轩。雨丝风片,烟波画船。锦屏人忒看的这韶光贱。(第十出《惊梦》)

汤显祖:《汤显祖戏曲集》,钱南扬校点,上海古籍出版社 1978 年版。

# 第九讲
# 辩证求中的思维方式

　　思维与认知活动紧密相连,两者都始终与一定对象相伴随,并以反映对象状貌、揭示对象的外部与内部联系、把握对象本质为目的,进而指导、支配人的实践。人们在思维活动中,逐渐形成多种思维方法,进而形成特定的思维方式。中国传统思维重视"象数"运用,重视直觉和体悟,方法多样,特征鲜明,对古代的政治、思想、科技、社会生活等产生了广泛的影响,值得今人深入探究。

## 第一节　思维与思维方式

　　思维和思维方式是有联系的两个概念。思维是一种理性认识活动。思维方式是指认识活动的形式,具有稳定性、模式化特征。思维方式形成于人们的实践活动,又会反过来决定人们看待问题和进行实践的方式。

**一、思维及其作用**

　　思维在人的实践活动中起着重要作用。人就是在与对象的相互作用中成长起来的。人通过与对象的相互作用,形成对象性活动。在对象性活动中,人依据一定目标,运用自己拥有的知识、能力等,创造出属于人自身的对象世界,走向理想的生存境界。

　　幼儿会去"抓"摆在眼前的东西,并通过"抓"的动作来感知对象。这种感知就是初级思维,人们给它起了一个名字,叫直觉动作思维。这种离不开实际物体和具体动作的思维虽属思维的初级形态,却陪伴着人的一生。随着思维的成熟,人的思想行为受思维的支配越来越直接、越来越自觉,也越来越突出。可以说,人要是没有思维就不会有各种各样的行为,有什么样的思维就有什么样的行为及其结果。"司马光砸缸"的故事中,有一小孩不小心掉进了大水缸,七岁的司马光想到了一个办法,他找来一块石头,用力把水缸砸破,缸里的水流了出来,小孩得救了。大家知道,水里救人的关键是要让人水分离。一般的做法是将人拖离出水,这对年仅七岁的司马光来说是无法做到的。司马光的过人之处在于,他用砸缸泄水的方法,实现人水分离,救出落水小孩。正是这种超出常人的思维方式所产生的正确方法,成就了一段流传千古、家喻户晓的佳话。"守株待兔"的故事中,农夫的行为是受某种思维方式支配的结果。在他看来,既然有一只兔子会撞死在树上,其他兔子也会如此,他把这一偶然当成了必然。但绝大多数人都不会这样去想问题,一般人都认为,兔子撞死在树上的概率很低,偶尔碰到这样的事是运气,不能靠这种方式来维持生存。

既然思维决定着人的思想和行为,那么它也就决定着文化,因为文化说到底是人类的实践活动及其成果。蒙培元说:"思维方式是一切文化的主体设计者和承担者。任何文化现象(不管是物质的还是精神的),都是从事文化活动的社会主体创造的,传统的文化价值观,也是由社会文化主体的需要所决定的。在我们这个民族的长期发展中,既然有一个被称为文化传统或传统文化的东西,那么,这个社会的文化主体又是用什么方式创造和评价一切文化的?要解决这个问题,就不能不从思维方式问题开始。正是从这个意义上说,传统思维决定了传统文化。"①从蒙先生的话中,我们不难看出思维方式对文化的决定作用,发挥这一决定作用的是社会文化主体,其轨迹大致如下:需要→思维→文化。其中,需要是文化创造的前提和动力,思维是文化创造的关键和保证。

思维的这种决定作用也得到了心理学研究的证实。人生活在与环境的相互作用中,并通过相互作用获得发展和提高。在人与环境的相互作用中,人先有一个感觉周围环境的过程,然后形成知觉,进而形成记忆。在感觉、知觉和记忆等心理活动的基础上,一种更复杂、更高级、更具概括性和间接性特点的心理活动开始形成,这就是思维。

思维是认识的高级形式,"它能揭示事物的本质特征和内部联系,并主

---

① 蒙培元:《论中国传统思维方式的基本特征》,《哲学研究》1988 年第 7 期,第53 页。

要表现在概念形成和问题解决的活动中"①。概念是人脑对客观事物本质的认识，概念的形成说明人已经把握住了某一事物区别于其他事物的本质特征，"人们掌握了概念，认识就能超越感知的范围，透过事物的表面现象，认识事物的本质"②。更为重要的是，人们掌握了概念，就能进行推理，从一个个具体事物中归纳出一般规律，或者根据一般原理推出某一事物运动的新结论。但对人来说，得出一般规律或新的结论并不是目的，目的是解决问题。问题存在于客观世界中，要解决它，就需要根据一定目标，运用已经掌握的知识和能力，合乎规律地进行一番系统操作，从而使存在的问题得以解决。当人们从各种旧方法中整合出一种新的方法来解决问题，并产生具有新价值的结果时，人的创造性也就得到了体现。这就是思维的功能，以及思维所要达到的境界。

从以上的简述中还可以看出，一方面，人的思维并非凭空产生，而是源于人的实践，人与环境的相互作用就是人的实践。人的实践培育了人的思维，在实践过程中，环境不同，人的实践方式自然不同（对比一下海洋、游牧、农耕民族的生存环境与生存方式，即可明了这一点），人的思维也会有所区别。另一方面，思维一旦形成，就以其概括性和间接性（借助媒介和知识经验认识客观事物，而不是像婴儿那样以直觉性的动作认识事物）与现实拉开距离，支配、指导人的实践（即不是以机械重复原来的做法来认识新事物，而是从本质上认识新事物），正如李世明所说："思维是人类社会得以发展和进步的灵魂。人的思维发展，对推动人类社会的一切文明起着决定性的作用。"③从根源上讲，思维取决于实践；从发展上讲，思维支配着实践。思维与实践的这种关系，使得人们在某种情况下可以直接把两者等同起来：思维即实践，实践即思维；思维隐于内，实践显于外。

**二、思维方式**

思维和思维方式是有联系的两个概念。一般来说，思维是一种理性认识活动；思维方式是指认识活动的形式，具有稳定性、模式化特征。换言之，如果说思维是运用概念进行判断、推理的活动，那么，思维方式就是运用概

---

① 彭聃龄：《普通心理学》，北京师范大学出版社 2001 年版，第 240 页。
② 彭聃龄：《普通心理学》，北京师范大学出版社 2001 年版，第 255 页。
③ 李世明：《思维方式论》，中国大地出版社 2004 年版，第 2 页。

念进行判断、推理的不同方式。比如在天人关系上,中西方的思维方式就存在明显区别。在中国古人看来,天人相类相通,故以天人合一的思维方式对待万事万物,运用阴阳、五行、八卦、内省、体悟等概念思考处理各种社会、人生问题,追求天人合一、社会大同的境界。西方则不同,他们把天视为与人完全不同、与人对立的存在,孜孜不倦地研究如何利用、控制自然,由此形成的精神、自我、主体、必然、矛盾、客观、主观等概念和知识,主要用于人能从自然中攫取对自己有用的东西(而非人与自然的和谐共处)。

当我们把思维和思维方式并列在一起时,思维侧重于内容,属于内在方面;思维方式侧重于样态,属于外在方面。若给思维方式作个界定的话,我们可以这样说:思维方式是主体依据自身需要和一定目的认识、把握客体的思维活动样式或模式,主要表现在看事物、做事情的方式上。人们正是凭着一个人看与做的方式来判断他的思维方式的。任何一种思维方式大致都包括知识(经验)、价值、观念、语言、情感和方法等因素,可以说思维方式是一个综合性很强的概念。唯因如此,它才具有极其重要的功能,对人们如何看待问题、如何开展社会文化实践起决定作用。

当我们在"思维方式"前加上"中国传统"的限定词后,它指的是中国自古形成的、长期稳定支配中国人认识事物、思考问题、开展实践的思维习惯。中国传统思维方式内化在中华民族中的文化积淀中,是中国传统文化的核心因素。把握中国传统思维方式的内涵、特点,对我们认识中国传统文化,弘扬中华优秀传统文化,促进中华民族的伟大复兴具有重要意义。

## 第二节　中国传统思维方式及其特点

关于中国传统的思维方式,学术界探讨甚广,对直觉思维、象数思维、整体思维、类比思维、辩证思维、经学思维、中和思维、八卦思维等都作过论述,提出的观点都能从中国传统文化中找到实例,让人信服而愿意接受。从中国人的社会实践看,上述几种思维方式确为人们所常用,其中整体思维、类比思维等至今仍被广泛运用,以至于"日用而不觉"。中国传统思维方式具有中国的文化特征,如果将其与西方思维方式进行比较,其中所体现的求中、尚和等特征会显得更加鲜明。这种比较有助于我们更好地认识传统思维方式,也有助于我们更自觉地运用传统思维方式。

**一、中国主要的传统思维方式**

中国古代社会,生产方式以农耕为主,文化方面儒家文化具有重要影响,由此而形成的多种思维方式中,象数思维、直觉思维、整体思维的应用十分普遍。

(一)象数思维

象数思维是指用感性直观的象(物象、符号等)和数字来认识事物、认识世界本质的思维方式,其特点是,以简洁的形式(如卦象、五行生克等)表现丰富的内容,由浅近的象推论出事物的本质与深刻的哲理。

在中国传统文化中,称为"象"的对象很广,如山川风物、日月星辰,乃至人的气色脉息等等。这些"象"大致可分三种:一是物象,指客观事物表露于外的形象,包括实物的空间形态、色彩、声音、气味等能为人的感官所直接感知的形象,比如天象、景象等;二是意象,指表意之象,这类象是表达意义的载体、工具,如太极、阴阳、五行、卦象、河图、洛书等;三是道象,指反映事物本质和规律的象,比如阴阳相互转化之象、五行相生相克之象、六十四卦推演之象等。①

"数"在中国传统文化中包括定量与定性两类,象数思维中的"数"以定性之数的运用居多。这种"数"其实是一种特殊的"象",可称为表象之数,比如阳九阴六数(九为阳之极,六为阴之极)、阴阳奇偶数(奇数为阳,偶数为阴)、五行之数(水一火二木三金四土五)、八卦次序数(乾一兑二离三震四巽五坎六艮七坤八)等等。

象与数的结合是中国古代象数思维的重要特点,古人通过对"象"的观察、数的推算进行思考,发现事物规律,体悟世间各种道理,这成为古代重要的思维方式。高晨阳以为:"借助于象数符号以表现对象世界,相对于其他民族的文化形态来说,无疑是一种特殊的思维方式。"②

世间万"象"纷呈,古人因象以悟,发现事物的内在特征和运行规律,体悟安身立命、治国安邦等方面的道理。远古先民通过观察物候和天象,逐渐掌握四季的运行规律,形成时间的概念,并以其指导生产和生活。医生运用

---

① 孙广仁主编:《中国古代哲学与中医学》,人民卫生出版社 2009 年版,第 240-243 页。

② 高晨阳:《中国传统思维方式研究》,科学出版社 2012 年版,第 153 页。

望闻问切四诊法,考察病人的身体之象(如舌象、脉象等),辨析病人的身体状态,实行有针对性的治疗。思想家细致观察各种物象,领悟哲理,并以取象的方式阐述哲理,比如:"天行健,君子以自强不息"(《周易·乾》),"上善若水。水善利万物而不争,处众人之所恶,故几于道"(《老子》第八章),"夫兵形象水。水之形避高而趋下,兵之形避实而击虚;水因地而制流,兵因敌而制胜。故兵无常势,水无常形"(《孙子兵法·虚实》),等等。

相比于具体的物象,古人创造的意象和道象具有高度的概括性,人们可以将其与具体的人、事相联系,从中获得深刻启示。在意象与道象中,卦象、阴阳、五行相生相克之象包含了丰富的内涵,这些象又与"数"相结合,成为具有众多阐释可能性的思维对象,对古代的思想、科技、社会生活等均产生了深远的影响。

卦象包含八经卦和六十四别卦之象,这些卦象具有高度抽象性,可以象征天地间的纷繁物象,"弥纶天地之道"(《周易·系辞上》)。《周易·系辞上》云:"圣人有以见天下之赜,而拟诸其形容,象其物宜,是故谓之象。"圣人为了表现深刻幽微的道理,(用卦爻)比拟事物的形态,象征事物相宜的意义,所以将卦爻称为"象",也就是卦象。卦象和"数"相联系,成为人们思维的对象,具有观象悟理、"极数知来"等多方面的认识价值。卦象传递着宇宙的奥秘、事物的内在之"理",人们通过观"象"而悟其"理"。"极数知来"出自《周易·系辞上》,其意为:穷极卦爻数以预知未来。在古代,借助《易经》的象与数进行占卜,预测吉凶是常见的活动。时至今日,《周易》卦象主要是人们借以悟道明理的媒介,仍然具有深远的启示意义。

阴阳五行学说是关于世界构成与万物相互关系的理论,是由阴阳思想与五行思想相结合而形成的理论。阴阳思想产生较早,"阴阳在春秋时期达到了程度较高的抽象","战国时期阴阳学说大发展"。[①] 五行思想产生于战国时期,最早的文献记载见于《尚书·洪范》:"五行:一曰水,二曰火,三曰木,四曰金,五曰土。水曰润下,火曰炎上,木曰曲直,金曰从革,土爰稼穑。"战国时期,阴阳、五行思想开始相互结合,这一过程"显然到汉代前期才完成"[②]。董仲舒是阴阳五行思想发展历程中的重要人物,其阴阳五行思想堪

① 武占江:《中国古代思维方式的形成及特点》,陕西人民出版社2001年版,第103-104页。
② 刘起钎:《古史续辨》,中国社会科学出版社1991年版,第207页。

称完备,对后代影响深远。董仲舒采用了不同于《尚书》的五行排序,他在《春秋繁露》中写道:"天有五行:一曰木,二曰火,三曰土,四曰金,五曰水。木,五行之始也;水,五行之终也;土,五行之中也。此其天次之序也。"(《五行之义第四十二》)他明确提出了五行排序所蕴含的五行生胜关系:"五行者,五官也,比相生而间相胜也。"(《五行相生第五十八》)这里包含了五行之间的两种相互关系:比相生、间相胜。"比相生"指某"行"生发后一"行":木生火,火生土,土生金,金生水,水生木。"间相胜"指某"行"胜(克)后边与之间隔的"行":木胜土,土胜水,水胜火,火胜金,金胜木。

董仲舒阴阳五行思想简介

　　五行之象与"数"密切相关,这在河图、洛书中有明显的体现。传说伏羲氏时,有一次黄河发大水,河面上出现龙马,马背上的星点构成了天然的数字图案,伏羲看河图受启发,画成先天八卦。有一次洛河发大水,水面上浮一大龟,龟背上负有星点图案,黄帝据此画出后天八卦。这就是龙图出河、龟书出洛的来历。《尚书·顾命》中有"大玉、夷玉、天球、河图,在东序"的记载,《管子·小匡》中也有"昔人之受命者,龙龟假,河出图,洛出书,地出乘黄"的说法。河图由一至十自然数定位排序而成,对应五行。宋初学者陈抟认为五行产生于河图。朱熹如此陈述五行生化与数字的关系:"一变生水,而六化成之;二化生火,而七变成之;三变生木,而八化成之;四化生金,而九变成之;五变生土,而十化成之。"(朱熹《周易本义·系辞上传》)阳变生,阴化合,阴阳交合,万物得以生成。洛书由一至九自然数定位排序而成,分别为:一与六、七与二、九与四、三与八,中间是五,省略了十。马保平以为:"河图按'天道左旋'即顺时针旋转,反映的是五行相生。洛书按'地道右转'即逆时针方向旋转,反映的是五行相克。"①这样的数字排列,并非抽象之数的表达,而是构成了数形结合之象。

　　阴阳五行思想产生之后,逐渐成为重要的思维方式,被运用于思想、政治、医学、天文学、历史学等众多领域。比如:政治方面,统治者应用阴阳五行学说进行改制,开展政治活动,加强政权的神圣性("受命于天");中医学以五行与人体五脏、五官相对应,用阴阳和五行分析人体生理功能,指导疾病治疗。

---

① 马保平:《古方术研究导引》,甘肃人民出版社 2009 年版,第 119 页。

（二）直觉思维

直觉思维是无法言说的直接领悟式思维方法，它借助冥想与体悟直接洞察事物本质，直接得出规律性的认识与问题的结论。李宗桂以为，直觉思维与分析思维相对应，直觉思维"不受逻辑规则约束"，"没有经过严密的逻辑推理，它直接得出结论，主体不能明确地意识它的进程，不能用语言将该过程和得出该结论的原因清楚地表达出来"。①

中国古代哲学重视对道、"理"的体悟，儒家、道家、佛家等学派（宗教）均重视直觉思维。在古人看来，通过体认、"听之以气"、觉悟之类的直觉思维可以直达事物本质，臻于极高境地。

先秦儒家代表人物中，孟子思想便具有鲜明的直觉思维的意味。孟子曰："尽其心者，知其性也。知其性，则知天矣。存其心，养其性，所以事天也。夭寿不贰，修身以俟之，所以立命也。"（《孟子·尽心上》）东汉学者赵岐注云："人能尽极其心，以思行善，则可谓知其性矣。知其性，则知天道之贵善者也。""尽其心"即充分体认内心的善，由此可知性之善，可知天道贵善，可安身立命。这样的过程，包含了直觉思维。孟子的这种认识路线对后代学者产生了重要影响。至宋明理学家汲取禅宗思想，直觉思维在体悟天理中发挥了重要作用。朱熹提出，学者应当"即凡天下之物，莫不因其已知之理而益穷之，以求至乎其极"，如此用功日久，"一旦豁然贯通焉，则众物之表里精粗无不到，而吾心之全体大用无不明矣"（《大学章句》）。明代学者陈献章说自己通过静坐达到了高明的境界："见吾此心之体隐然呈露，常若有物。日用间种种应酬，随吾所欲，如马之御衔勒也。"此后，有人来学，陈献章"辄教之静坐"（《复赵提学佥宪》其一）②。王阳明是明代心学宗师，"良知说"是其学说的重要组成部分，该学说"就是主张专凭直觉，人即可以知道善知道恶"，"人见一善底行为，不待思考，而即感觉其是善；见一恶底行为，不待思考而即感觉其是恶"。③ 朱熹所说的"豁然贯通"，陈献章静坐所臻之境，王阳明以"良知""知善知恶"，其思维过程均非分析思维，只可意会不可言传，甚至于"不待思考"，具有直觉思维的基本特征。

道家主张体悟"道"和循道而行（自然无为），要实现这一理想需要借助

---

① 李宗桂：《中国文化导论》，广东人民出版社 2002 年版，第 302 页。

② 陈献章：《陈献章集》，孙通海点校，中华书局 1987 年版，第 145 页。

③ 冯友兰：《三松堂全集》（第 5 卷），河南人民出版社 2001 年版，第 417-418 页。

直觉思维。《老子》和《庄子》是先秦道家的代表著作,阐述了道的特点,提出了体道的方法。《老子》提出"妙"这一概念时,把它和"无"联系在一起,以揭示"道"的性质和特征。他指出:"无,名天地之始;有,名万物之母。故常无,欲以观其妙;常有,欲以观其徼。此两者,同出而异名,同谓之玄。玄之又玄,众妙之门。"(《老子》第一章)从这段话来看,"妙"与"无"是密切相关的,"无"使"妙"显现出虚幻性、无限性、生成性,就像道一样,周而复始,生生不息。庄子主张无为,无为能"齐物",进而能进入"逍遥游"之境。"逍遥游"是一种以"出入六合,游于九州"(《庄子·在宥》)为空间广度、以"八千岁为春,八千岁为秋"(《庄子·逍遥游》)的游,也是一种"游心于淡,合气于漠,顺物自然而无容私焉"(《庄子·应帝王》)的恬静无为的心灵之游。人要实现这样的自由之游,具体方法是"心斋"与"坐忘"。对于"心斋",庄子解释说:"无听之以耳而听之以心,无听之以心而听之以气。耳止于听,心止于符。气也者,虚而待物者也。惟道集虚。虚者,心斋也。"(《庄子·人间世》)在这里,庄子通过对耳听、心听、气听的比较,充分肯定"气听"在把握对象过程中的特殊作用。因为"气"具有"虚而待物"的特性,能排除心中固有的种种成见、偏见和功利追求,故能容纳整个宇宙,把握万物之本的"道",达到"无为而无不为"的境界,亦即虚的境界。对"坐忘",庄子借颜回之口将其解释为"堕肢体,黜聪明,离形去知,同于大通"(《庄子·大宗师》)。这里的"堕肢体",意思是摆脱感性生命对人的束缚,"黜聪明"是指摆脱知识(亦即理性)对人的束缚。观道之"妙",需要体悟,而庄子提出的心斋和坐忘则是悟道之法,属于直觉思维。直觉思维是主体对对象的体验和感悟,具有鲜明的情感性、人文性和整体性(对象始终都以整体面貌呈现,由此形成的思维自然具有整体性)。

直觉思维不仅在哲学思考中得到广泛应用,而且在文艺创作与鉴赏方面也得到了高度重视。创作方面,借助直觉思维建立内心与外在世界的联系,寻找灵感,完成艺术构思。诗人借助直觉思维实现情感与景物的融合,进而创造独特的意境。画家在体悟描绘对象神韵的基础上"以形写神"(顾恺之《论画》),借助对形体的描画表现对象的神韵。音乐、舞蹈、书法等艺术门类也需要通过细致的感悟和精心的运思,才能创作出内涵深厚、境界高妙的作品。中国人追求作品的"妙""趣""气韵",这些审美特征的形成与创作者内心深沉的感悟密不可分。宋代画家黄休复说:"画之于人,各有本性,笔精墨妙,不知所然。若投刃于解牛,类运斤于斫鼻,自心付手,曲尽玄微,故目之曰妙格尔。"(《益州名画录》)在这里,黄休复将"妙"的特点概括为"笔精墨妙"的精微性、"运斤于斫鼻"的神奇性、"自心付手"的自然性、"曲尽玄微"的空灵性等四点,这样的"妙"不仅代表着最高的美,也体现着最深的悟。文艺鉴赏方面,主张以澄澈虚静之心面对文艺作品,反复诵读与欣赏,体味作品内在的气韵,领悟其神理、妙趣、"味外之旨"、"不尽之意"。司空图《与李生论诗书》提出,"辨于味,而后可以言诗也",诗歌以有"味外之旨"为高。梅尧臣以为,"状难写之景如在目前,含不尽之意见于言外"方为诗家至境。创作如此,文艺欣赏也重视对诗歌"不尽之意"的体悟,欣赏者在对"味外之旨""不尽之意"进行领略与感悟的过程中,享受深层次的审美愉悦,文艺鉴赏逐渐走向深入。

(三)整体思维

整体思维强调从整体出发,认识多事物之间的联系和某一事物的内在结构,从而在整体上把握事物,理解客观世界。天地万物被看作相互贯通的系统整体,每个组成部分、每个构成要素都处于整体中,它们相互联系、相互作用,共同构筑、巩固统一的整体。

中国传统的整体思维首先表现在对"万物一体"的认识上。在中国古人看来,天地万物之间存在普遍联系,就像人一样,是一个富有生命的整体,是"大同":"天地万物,一人之身也,此之谓大同。"(《吕氏春秋·有始》)人之所以应该"爱万物",也因万物与人是一体的:"泛爱万物,天地一体也。"(《庄子·天下》)这些论述中虽然没有直接用"万物一体"这样的词,但意思仍然是很明确的。到了魏晋时期,阮籍就把这一意思明确地表述为"万物一体"(《达庄论》)。中国古代哲学中的"大""全""一"等概念,也是对"万物一体"的精练概括。万物一体的观念不是对各种具体对象的忽视或否定,而是要求在整体中理解和规定各种具体对象,强调整个宇宙、整个社会构成的有机性,既可分又可合,在可合的前提下分,分后能重归于合,于是就出现了这样的情况:往下分,整个宇宙和社会可以很细微;往上推,细微的东西可以结合成宏大的整体。这也就是邵雍所讲的"合一衍万",即万物合则为一体,分则为万物:"十分为百,百分为千,千分为万,犹根之有干,干之有枝,枝之有叶,愈大则愈少,愈细则愈繁,合之斯为一,衍之斯为万。"(《观物外篇》)万物一体强调整体构成要素之间联系与作用的相关性,这在中医对五行思想的运用中也有明显的体现。五行是中国古代先哲在观察自然万物中概括出来的五种最基本的物质,五行不仅各有各的独特作用,而且存在相互作用的关系。根据这一原理,中医直接把人体的五脏(肝、心、脾、肺、肾)同五行(木、火、土、金、水)一一对应起来,进而又与五时(春、夏、长夏、秋、冬)对应起来,进行中医诊治和保养实践。这样,不仅自然事物之间是相互联系、相互作用的,而且与人也是相互联系、相互作用的,从而深刻而又生动地说明了"万物一体"的道理。在中国传统文化中,中医是如此,农业生产、军事斗争、社会治理,乃至老百姓的日常生活莫不如此。

中国传统的整体思维集中地表现在对"天人合一"的理解与实践上。关于天人关系,古人提出了不同观点,荀子以为"天行有常,不为尧存,不为桀亡"(《荀子·天论》);刘禹锡主张天人交胜,天和人各有自己的长处,人不能改变四季,天不能制定礼仪,天人不能相互代替;然而影响更大、更持久的则是"天人合一"观。"天人合一"主张从人与自然的关系角度思考问题,强调自然与人为、天道与人道的内在统一性。

"天人合一"的思想在先秦时期便产生了。《郭店楚简·语丛一》云"《易》,所以会天道、人道也",意思是《周易》是阐明天道和人道会通道理的书。《周易·说卦》云:"立天之道曰阴与阳,立地之道曰柔与刚,立人之道曰仁与义,兼三才而两之。"可见,中国人很早就认识到天道、人道可相通。对于天、人的一致性,东汉王充从"气"的角度加以论述,他说:"夫天地合气,人偶自生也。"(《论衡·物势》)人"禀气而生,含气而长"(《论衡·命义》),"用气为性,性成命定"(《论衡·无形》)。意思是说,人和人的"性"都由"气"决定,人与天在此没有区别,完全可以合一。天人不仅具有一致性,而且在古人看来,人道是本于天道的。《庄子·达生》曾言:"天地者,万物之父母也。"人虽是万物之灵,也是本于天地而生成。周敦颐在《太极图说》中进一步提出,"太极本无极也","无极之真,二五之精,妙合而凝。乾道成男,坤道成女。二气交感,化生万物。万物生生而变化无穷焉。惟人也,得其秀而最灵,形既生矣,神发知矣,五性感动而善恶分,万事出矣"。这就从宇宙本体、万物生成的角度深入阐明了人道源于天道。

既然人道本于天道,人们在思考如何治理国家、修身养性等问题时,也从整体上考虑天人之间的关系,以求顺应天道,达到天人合一。比如,在国家治理方面,春秋时期郑国的子产提出了"守礼合天"的观点,他指出:"夫礼,天之经也,地之义也,民之行也。天地之经,而民实则之。"(《左传·昭公二十五年》)在他看来,人间的"礼"就是天经地义的自然法则,按照"礼"去行事,就是遵循自然法则,因而也就能达到天人合一。又如,在心性修养方面,孟子提出了"尽心知天"的主张:"尽其心者,知其性也。知其性,则知天矣。存其心,养其性,所以事天也。"(《孟子·尽心上》)在他看来,一个人只要能够尽心养性,就能知天、事天,与天相合。正因为天人具有内在的一致性,且人道本天道,所以古人会从天人合一角度去思考问题、展开实践,这也是整体思维的具体表现。

中国传统的整体思维还表现在对家国关系的理解和把握上。家国同构是中国传统社会的显著特点,其思想基础是家族本位的伦理观念,在形态上表现为氏族宗法制(嫡长子继位),核心是血缘关系。对于家国同构的社会形态可作这样的描述:由家庭到国家、国家混合在家庭里,家庭的扩大就成了国家,国家的缩小就成了家庭。孟子所讲的"天下之本在国,国之本在家,家之本在身"(《孟子·离娄上》),就是对"家国一体"社会结构的高度概括。《礼记·大学》指出:"古之欲明明德于天下者,先治其国。欲治其国者,先齐其家。欲齐其家者,先修其身……身修而后家齐,家齐而后国治,国治而后天下平。"这里所讲的"修齐治平"也是从"家国一体"的社会政治结构角度所提出的主体修养问题:修身是为了治国,治国必须先修身。应当看到,这种在农耕文明发展过程中形成的社会政治结构,其影响相当深远,并且成为中国古人思考处理问题的思维方式,直接支配着人们的社会实践。无论是守孝还是尽忠,无论是行仁还是践礼,三纲也好,五常也好,或者在国家治理上追求"政通人和",在人际交往中要求"和气致祥",在家庭关系中强调"家和万事兴",在商贸经营中讲究"和气生财",都与家国同构的社会政治结构有直接关系。由此而引发的势必是整体主义,因为家国的整体利益直接关系到每个成员的切身利益,个人的社会地位也由家族地位所决定。这样,人们就会很自然地把整体利益置于首位。

象数思维、直觉思维、整体思维之外,中国古人还应用了类比思维、经学思维等思维方式。类比思维也就是类推的方法,即"根据两个(或两类)对象之间在某些方面的相似或相同,推出它们的其他方面的相似或相同的一种逻辑方法"①。《大学》所说的"齐家、治国、平天下"是古代士人的理想,这种理想将家、国、天下看作具有相同结构的"类",治家、治国、平天下之基本原

---

① 李宗桂:《中国文化导论》,广东人民出版社 2002 年版,第 304 页。

则相通。《庄子·人间世》将栎社树因"无所可用"而长寿、亢鼻之猪和有痔疮的人因缺陷而避免被用来祭祀河神、支离疏因为相貌畸形而得以保全自身、人在世间的生存状态等现象进行类比,阐述无用可以全身的道理。这种类比思维是中国古人常用的思维方式,常被运用于说理析道。经学思维是崇拜经典,以为经典无所不包,强调从经典中寻求问题答案的思维方式,这在儒家学者的研究中表现最为鲜明。经学思维包含了两方面内容:"一是将以传统为权威的崇古与复古意识作为内在的观念内容;二是以经学方法作为外在的形式",经学方法(模式)表现为"以经为学、以师承家传为法、以述为作"三种形式。① 这种思维方式使得古代经学研究存在烦琐、空疏、保守的问题,是不可取的。然而,经学思维所包含的从经典中寻求答案的思路在今天仍然具有启发性,只是我们不能迷信经典。不容否认的是,在经学思维的影响下,中国古代产生了很多重要的经典注疏类著作,这些著作对我们学习经典、继承传统具有重要意义。

**二、中国传统思维的特点**

从中国传统的主要思维方式出发,考察古代的思维成果(物质文化成果和精神文化成果)及其中反映的思维过程,我们认为,中国传统思维方式不同于西方的总体特征是辩证求中。辩证求中在逻辑上表现为,"求中"是目的,"辩证"是"求中"的途径、方法和保证。

(一)求中

《中庸》云:"中也者,天下之大本也。"这句话赋予"中"极重要的意义,它是天下的根本。在儒家思想中,中(中庸、中道)是最高的道德,是行事的根本原则,并且是难以达到的境界。

对于"中",中国古代典籍中有不少解释,其中,朱熹的《中庸章句》所作的解释简洁明了,影响深远,那里面对"中"作了这样的解释:"中者,不偏不倚,无过不及之名。""中"的这一含义在《论语》中也多有表述,只是它没有直接针对"中"而发。比如《论语·雍也》在论述"文"与"质"的关系时就反对偏于一方,要求将两者统一起来:"质胜文则野,文胜质则史。文质彬彬,然后君子。"在《论语·雍也》中孔子还提出了"中庸之德":"中庸之为德也,其至

---

① 高晨阳:《中国传统思维方式研究》,科学出版社 2012 年版,第 172、181 页。

矣乎！民鲜久矣。"所谓"其至矣乎"是说它(中庸)是最高的。《中庸》里的"中"，则指人的内在情感之"中"。《近思录》引用程颐对"中"的解释是："喜怒哀乐之未发，谓之中。中也者，言寂然不动者也。"董仲舒对《中庸》此句作了进一步的发挥，认为"中"不仅指人的各种情感处于未发之状，而且也指人的已发之情能保持在无过、无不及的状态。总之，从中国古代典籍的有关论述看，"中"是指事物存在的一种理想状态，其内涵可以概括为"适中""恰到好处"。

问题是如何才能达到"适中""恰到好处"的"中"？古人提出并运用的方法是"执两用中"，即在一种事物的两端取其中间部分，或在两种事物中取其中间状态的部分，或使矛盾对立的事物得到统一，如果能够这样做，那就可以达到"适度""适中"的要求。"执两用中"的观念在《尚书》中就存在，《尚书·大禹谟》有"允执厥中"之说。孔子视"执两用中"为方法，他说："吾有知乎哉？无知也。有鄙夫问于我，空空如也。我叩其两端而竭焉。"(《论语·子罕》)所谓"叩其两端而竭"，意思是从问题的正反两个方面去探问，以穷尽问题的全部内容，从而把握事物的要害，达到解决问题的目的。任何一个人所掌握的知识总是有限的，但如果掌握了科学方法，就能解决未知问题。孔子在这里就表达了一个很重要的观点：在一定条件下，方法比知识更重要，"叩其两端"的方法能帮助人们获取知识。但要注意的是，"执两用中"更重要的意义在于保持事物的平衡稳定之状态，孔子把这一方法称为"中行"："不得中行而与之，必也狂狷乎！"(《论语·子路》)这里所谓的"中行"是指行为合乎中庸，一个人如果不能和行为合乎中庸的人在一起，那么他的行为不是"狂"(过于激进)就是"狷"(过于拘谨)，或者说不是"过"就是"不及"。相对于"狂"或"狷"来讲，"中"是最好的。更为重要的是，"中道"也是一种治国之道，《论语·尧曰》记述了尧传位于舜时的一番嘱咐，他说："尔舜！天之历数在尔躬，允执其中。四海困穷，天禄永终。"尧的意思是说，天命已经落在了你身上，你要认认真真地保持中道，如果天下百姓都陷于困苦贫穷，那么上天赐给你的君禄也就永远终止了，你也不可能再在天子之位坐下去。让老百姓摆脱困苦，走上幸福之路，是君王的天职。后来，舜传位于禹时，也说了同样的话，要禹在治国中恪守中道。"执两用中"还有"时中"之意，"时中"强调事物之"中"并不固定在某一地或某一点上，人们应当根据具体情况把握事物之"中"，这就是《中庸》引孔子的话所说的"君子而时中"，与此相反的则是"小人而无忌惮"，在孔子看来，能不能做到"时中"，是君子与小人的区别之一。

从上述介绍看,"执两用中"的"中"有多重含义:或取事物的中间部分,或事物、问题两个方面之中,或行为之中,或方法之中。作为把握事物之方法的"执两用中",它要求通过对事物矛盾关系的全面考察与比较,用一种适当的、恰到好处的方法来处理,这样就能为事物的发展提供保证。

（二）尚和

有一个很值得注意的现象是,古人在论述"中"时,总喜欢将其与"和"紧密联系在一起,形成了独具中国特色的"中和"之论。

"中"与"和"都是事物存在与发展的理想状态,两者相辅相成,互为表里。但若细加分辨的话,又可发现两者有不同的侧重点:"和"是指不同事物相互联系、相互作用而达到的融合之状,具有"动态生成"之义;而"中"则指事物的无过与不及、不偏不倚的状态,具有"度"（事物理想状态的衡量标准）的作用,正如董仲舒在《春秋繁露·循天之道》所指出的:"中者,天地之所终始也……道莫正于中。""道莫正于中"的意思是:在道理原则之中,没有比适中更为端正的。"中"是最端正的"道",是最高的标准。

对于"和"的含义,中国古籍中有不少精辟论述,从中可以看出中国古人的思维特点。

西周末期的史伯较早对"和"作了论述,他认为"和"的本质是对立的统一,用他自己的话说就是"以他平他谓之和",这种"和"之所以应当得到充分肯定,是因为它能使物"丰长",相反,如果是"以同裨同",即相同事物的简单相加,其结果必将是"尽乃弃矣"。晚于史伯的齐国大夫晏婴对"和"也提出了自己的看法,但和史伯的对立统一之"和"不同,他强调的是多样统一之"和",在他看来,"和如羹焉,水、火、醯、醢、盐、梅,以烹鱼肉,燀之以薪,宰夫和之,齐之以味,济其不及,以泄其过。君子食之,以平其心"（《左传·昭公二十年》）。"和"的达成,既要"济其不及",也要"以泄其过",这样才能成就一种"恰到好处"的"和"。

和史伯、晏婴比起来,孔子对"和"的阐述更为全面,实践指向更加明确。统观他在《论语》中所谈之"和",其内容大致可概括为四个方面:一是"和"的人际关系。这种"和"以"孝弟"（《论语·学而》）为基础,通过伦理情感这一纽带,由家人之和向外推衍,达到国人之和,进而实现天下人之和。二是"和"的教育。"和"的教育内容上注重"文、行、忠、信"并举（《论语·述而》）,

方法上讲究学思并重(《论语·为政》),只有这样,才能为培养"志于道,据于德,依于仁,游于艺"(《论语·述而》)的人提供保证。三是"和"的艺术。孔子所推崇的"和"的艺术以"文质彬彬"(《论语·雍也》)、"乐而不淫,哀而不伤"(《论语·八佾》)、"尽善尽美"(《论语·八佾》)为标准。这样的艺术之所以值得推崇,是因为它在引导人养成君子人格方面具有独特的功能。四是"和"的制度。"和"的制度充分体现着"礼之用,和为贵"(《论语·学而》)的精神,依据这样的制度要求,治国者当注重"身正"(《论语·子路》),努力做到"为政以德"(《论语·为政》),用人上坚持"举直错诸枉"(《论语·为政》)。"和"的制度不仅涉及统治者,也涉及每个社会成员,每个社会成员都应当依据"和"的制度,摆正自己的位置,做到"君君,臣臣,父父,子子"(《论语·颜渊》)。综上来看,孔子所论之"和"也是一种多样性统一之"和",追求这样的统一,目的是实现社会和谐、天下大同。这里特别需要提醒注意的是,孔子在认识和践行"和"的时候,既有明确的起点,也有重要的保证。这就是以"孝弟"为起点,由家人之和向外拓展,直至和谐社会的实现;以"爱"为保证,孔子所说的"爱",是从"仁"的根基上生发出来的"爱",直接表现着"仁"的精神,"爱"和"仁"的统一必将创造"和",把人带入和谐之境。

儒家的另一位代表人物荀子也对"和"作过论述,但他思考"和"的方法与孔子有所不同,他强调天地纲常和人伦礼仪对"和"的作用。他在《天论》中指出:"列星随旋,日月递炤,四时代御,阴阳大化,风雨博施,万物各得其和以生,各得其养以成。"天地万物的生存与发展之所以能呈现"和",是因为"神"在起作用:"天之所覆,地之所载,莫不尽其美,致其用,上以饰贤良,下以养百姓而安乐之。夫是之谓大神。"(《荀子·王制》)那么,人世间的"和"又该如何实现?荀子认为要靠"礼"去实现(人间的"礼"相当于自然界的"神")。因为"礼"能"分",所以能定。他分析指出:"然则从人之欲,则势不能容,物不能赡也。故先王案为之制礼义以分之,使有贵贱之等,长幼之差,知愚、能不能之分,皆使人载其事,而各得其宜。然后使谷禄多少厚薄之称,是夫群居和一之道也。"(《荀子·荣辱》)在荀子看来,"礼"把各种等级、各种类型都规定好了,每个人"各得其宜",社会自然和谐。可见,荀子是把"礼"作为和的基础和保证来对待的。但"礼"是外在于人的,要让人知礼守序求和,就须对人进行教育。荀子论"和"的基本思路表现为:通过教育,使人知礼守礼,最终达到社会和谐。强调以教育为达"和"的起点,是荀子思想中最具光彩的表现之一,也是其思维的独特性之表现。

《礼记·乐记》则主张把"礼"和"乐"结合起来,突出音乐对人心调和、性情陶冶的作用:"乐也者,动于内者也;礼也者,动于外者也。乐极和,礼极顺,内和而外顺,则民瞻其颜色而弗与争也,望其容貌而民不生易慢焉。故德辉动于内而民莫不承听,理发诸外而民莫不承顺。故曰致礼乐之道,举而错之,天下无难矣。"可以说,《乐记》的这一观点,更充分地体现着儒家所追求的理想之和。

和儒家立足于人世、社会求"和"不同,道家从自然之道角度求"和",这一特点首先体现在老子身上。他指出:"道生一,一生二,二生三,三生万物。万物负阴而抱阳,冲气以为和。"(《老子》第四十二章)老子所说的"道生一"的"一",是指道本身,它是独一无二的存在,是宇宙的本源。"二"指阴阳二气,它们是万物生成的基本元素;"三"是指阴阳二气的相互作用而产生的和谐状态,万物就是在阴阳二气相互作用的和谐状态中生成的。在老子看来,没有阴阳二气的相互作用,不能生成万物;阴阳二气的相互作用如果达不到和谐状态,也就不能生成万物。据此,老子提出了"万物负阴而抱阳,冲气以为和"的命题。所谓"冲气以为和",就是指阴阳二气相互作用而生成新的和谐体。在这里,老子没有去分析"和"的构成因素,而是揭示了"和"的生成机制:和谐是经由对立的相互作用而生成的,是自然万物的生长规律。由此可以看出他与孔子在思考"和"的问题上的思维差异。

道家的另一位代表人物庄子也基于自然之道论"和",但和老子基于自然本身论"和"有所不同,他强调通过人对自然的顺从来求"和"。在庄子看来,至道"齑万物而不为义,泽及万世而不为仁,长于上古而不为老,覆载天地、刻雕众形而不为巧"(《庄子·大宗师》)。只有像至道那样无私、无为,才能达到最根本的、境界最高的"和"。庄子所说的"无为"就是顺从自然、融入自然,人与自然和谐共生。为此,庄子提出了"天地与我并生,而万物与我为一"(《庄子·齐物论》)的境界。从他对"梦蝶"所作的描述看,人要是有了齐物的观念,就能比较容易地进入与他物融为一体的"逍遥游"境界。这种境界是一种合于道、融于道的自由境界,而自由是"和"达到最高程度的标志。

从以上所作的粗略介绍看,中国历史上不同学派都重视"和"、追求"和",但论"和"求"和"的方法又各有不同,也就是说,中国古代思想家们的思维内容具有共通性,但思维方法各有特点,正是这些不同带来了思维方法上的互补性,并对中华民族的思想认识和社会实践产生了深远影响。儒家由人性到礼制再到社会大同的"和",体现着积极的入世精神,在他们看来,追求和谐是每个人的心性表现和社会责任,实现和谐是一件需要从自身做起的事。道家则着意探索从自然大道到人融入自然而形成的"和",体现着积极的超越精神,在他们那里,"和"是一种天人合一的自由境界。如果说道家倡导的超越之和是一种精神追求,那么,儒家践行的人世之和就是一项伟大的事业。以超越的精神去做人世间的事业,必将升华人间事业的境界,也必然使超越的精神避免走向虚幻之境。中国文化之所以绵延流长,充满人情而又富有睿智,与儒道互补是分不开的。而且,儒道互补又说明中国文化本身就是一种"和"文化。

西方思想家关于"和"的论述

### (三)辩证

辩证思维是一种以对立统一的概念或范畴来反映事物本质的思维方式,与"和"的多样统一、对立统一具有本质上的一致性。辩证思维以世间万物相互联系为基础,强调以动态发展的眼光看问题。相互联系、对立统一、动态发展是辩证思维的几个主要因素。中国古代的整体思维注重从认识对象的整体性上把握客体,强调事物的普遍联系与相互作用,直觉思维等思维方式也具有整体性特征,这使得传统思维具有鲜明的辩证性特征。

在长期的观察中,中国古人发现,世间万物往往以两两相对的形式存在:天地、动静、刚柔、阴阳、寒暑、男女、生死、祸福、大小、有无、贵贱等。这一发现意味着我们的祖先已经认识到事物并非单一、孤立的存在,而是多种事物相互联系的存在,"两两相对"就是事物之间相互联系的一种表现形式,古人称之为"无对不成物"。意思是说,每一种事物都以对方的存在为自身存在的条件和前提,无此即无彼,有彼才有此。董仲舒就这样说过,"凡物必有合""而合各有阴阳"(《春秋繁露·基义》)。朱熹说得更具体:"东之与西,上之与下,以至于寒暑昼夜生死,皆是相反而相对也。天地间物未尝无相对者。"①这种现象用我们今天的哲学话语来说就叫相互依存。

与西方人的思维方式不同,中国古人没有把两两相对的事物分开来看,而是看到了它们之间的必然联系,认为它们是一个整体。在中国古人看来,两两相对的事物往往相互包容,呈现着此中有彼、彼中有此之状,就像老子

---

① 黎靖德编:《朱子语类》卷六二《中庸一》,王星贤点校,中华书局 1986 年版,第 1481 页。

所说的"祸兮,福之所倚;福兮,祸之所伏"(《老子》第五十八章),祸福是如此相互包摄。阴阳也是如此,朱熹就说过:阴阳虽为两端,但实际情况往往是"阴中自分阴阳,阳中亦有阴阳","男虽属阳,而不可谓其无阴;女虽属阴,亦不可谓其无阳。人身气属阳,而气有阴阳;血属阴,而血有阴阳"。[①] 我们认为,这种对事物之间相互包容关系的揭示,说明了中国古人对事物整体性的充分肯定。

中国古人不仅认识到了事物存在的两两相对特点,还认识到它们能在相互作用中实现相互转化的特点:此可以转化为彼,彼也可以转化为此;有可以转化为无,无也可以转化为有;阴可以转化为阳,阳也可以转化为阴;等等。对此,中国古籍中有不少论述。《周易·丰卦》指出,"日中则昃,月盈则食","昃"指太阳偏西,"食"在这里是亏缺、不完整的意思。古人用这种人人皆知的自然现象来说明事物的转化,让人很容易理解和接受。老子的"物壮则老"(《老子》第五十五章)、《战国策·秦策》的"物盛则衰"、程颐的"物极必反"(《程氏遗书》卷十五)、王夫之的"动极而静,静极而动"(《船山思问录·外篇》),等等,都是对事物相互转化的高度概括。这种相互转化的结果,或者是新一轮周而复始的开始,比如阴阳、日月的运行;或者是新事物的产生,因为对立双方的转化,必然意味着失去自身而转化为他物,就像对立的事物经过相互作用达到平衡状态时而产生新事物的"和实生物"那样。无论哪一种情况,都没有脱离整体,都是整体所呈现的一种变化过程,一种动态发展的状态。

以上我们从两两相对的事物相互依存、相互包容、相互转化方面介绍了中国传统的辩证思维。传统思维的辩证性与尚中、求和的思维特点相结合,便形成了中国传统思维的基本特点——辩证求中。这种思维注重从整体上认识事物,强调事物间的对立统一与相互平衡,使得事物的发展保持恰当(中)的状态,最终实现"和"的境界。

## 第三节　中国传统思维方式的成因和影响

思维与实践的辩证关系告诉我们,思维的形成须以实践为基础,否则思

---

[①]　黎靖德编:《朱子语类》卷九四《周子之书》,王星贤点校,中华书局1986年版,第2374页。

维便成空中楼阁,且无以显现;实践的推进有赖于思维的指导,否则便漫无轨迹,陷入混乱。但要看到,作为思维之基础和目的的实践,又不可避免地要受制于特定的环境。根据这样的思考,我们对中国传统思维方式的形成原因作如下概括:河谷地貌为农耕生产实践提供了充分的条件,农耕生产实践孕育了中国人的思维方式。下面,我们就根据这样的思路来分析传统思维方式的成因。

### 一、中国传统思维方式的成因

大家知道,农耕生产的具体活动是从农作物的种子入土开始的。农作物种子的发育、生长、成熟,并非仅靠自身完成,而是种子、土壤、水、气温、阳光,尤其是人等因素共同作用的结果。正是在这样的农耕活动中,中国古人认识到了事物与事物之间相互联系、相互作用的特性。不仅如此,人们还在农耕生产中认识到,农业收成的好坏取决于两个关键性的因素:"人"和"天"。"人勤地生宝,人懒地生草"等民间谚语强调的是人的因素之重要性,深耕技术、播种技术、排灌技术等在农耕生产中所起的积极作用(增产增收),同样也是对人的因素的肯定,因为这些技术都由人发明,也由人去应用。但谁也无法否认,在农耕生产中光有人的因素是远远不够的。人的作用再大也不可能在石头上、在江河里大面积种植农作物;人的能力再强,误了季节或遇上洪水、干旱,也难有收成。伏羲作八卦,就用三画来表示天地人三才,天地人三才的有机结合才能创造人间奇迹。当然,这种结合也主要由人去实现。人在实现这种结合的过程中,顺应天时,选择并开发土地,进而才能实现人与自然的和谐,即实现天人合一,才能保证农业生产丰收。这显然也是天地人等因素综合的结果。这个结果的出现及定型经历了一个漫长的过程,其间伴随着人们长期不间断的观察、实践和总结。独具中国特色(即农耕特色)的辩证思维方式就是这样形成的。当人们将这一成果应用于实践(包括生产实践、社会实践、精神实践)中,同样也取得屡试不爽的效果时,辩证求中的思维方式就会因此而得以巩固,并且成为我们这个民族的思维定式,人们无论做什么事,都习惯于从整体、从相互作用和相互转化角度去思考和处理。由此可以得出这样的结论,农耕实践是形成中国传统思维方式的主要原因。

在农耕实践基础上形成的中国传统思维方式,在其发展过程中也受其他因素的影响。道理很简单,中国古代以农耕为基础的实践是多方面、全方位的,就像阴阳五行一样,它们都生于太极,但是,当它们从太极中生出来之后,又都不可能各自孤立存在,而是你影响我、我影响你,处于相互作用、相互转化之中。中国传统的辩证求中思维方式也一样,它在农耕实践的基础上形成之后,同样不可避免地要受其他因素的影响,相比较而言,宗法制的社会制度和儒家思想文化,对中国传统思维方式的影响更直接,也更大。

中国传统思维方式受宗法制的影响和制约十分明显,有学者指出:"中国传统思维方式归根结底是宗法的思维方式,它是几千年封建宗法社会结构在思维中的内化。"①宗法制是一种以血缘关系为中心、以嫡长子继位为特征的世袭统治制度。牟宗三在讲中国哲学时谈到周公所制之礼中有"尊尊之等"的说法,意思是尊其所应该尊的,但又有等级区别。比如,王、公、侯、伯、子、男这一系列,属于政权方面,可以世袭,父亲死了,由长子继位;公、卿、大夫、士这一系列,属于治权方面,不可以世袭。② 不仅政治领域是如此,家庭、家族方面也如此,"亲亲之杀"讲的就是这方面的事:"亲亲之礼有亲疏,叫做亲亲之杀,从自己往上追溯:自己、父亲、祖父、曾祖、高祖,就是这五世,所谓五服。"③亲亲和尊尊原本属于两个不同的方面,但在周公那里,却将其结合了起来,牟宗三指出:"顺着亲亲、尊尊下来,这'礼仪三百、威仪三千,非天降也,非地出也',不是天上掉下来的,也不是从地里出来的,而是皆本于人性,本于人情的。"④就这样,家国同构的宗法制成了一种制约人们各方面生活行为的普泛性制度,个人的社会地位、责任和义务也都以此来确定。人的地位不同,他所承担的责任和义务也不同,父慈、子孝、兄友、弟恭、夫义、妇贤等就是对这种情况的高度概括。这在今天广大的农村地区仍然存在,重血缘、崇祖先、讲正统等观念依然很重。由于制度是对人行为的直接约束,长期的制度规范使人自然而然地形成一种思维定式,习惯性地按照制度要求去实践,去评价别人的行为和社会现象。而当人们都这样去做的时候,以血缘为基础的宗法制度,就内化为人们的一种价值观念。从史料来看,中国传统社会实行宗法制的历史十分长久,从大禹废除"禅让制",传

①　陈志良:《论中国传统思维方式的基本特点》,《社会科学战线》1992 年第 1 期,第 74 页。

②　牟宗三:《中国哲学十九讲》,上海古籍出版社 2005 年版,第 46 页。

③　牟宗三:《中国哲学十九讲》,上海古籍出版社 2005 年版,第 46 页。

④　牟宗三:《中国哲学十九讲》,上海古籍出版社 2005 年版,第 48 页。

位于子就开启了"世袭制"，其后随着"分封制""郡县制"的推行和中央集权的强化，以"血缘""世袭"为关键词的宗法制不断巩固，并且贯穿于社会政治、经济、思想文化、人际交往、礼仪行为、传统习俗之中。由于这种制度本来就形成于农耕实践、顺应农耕实践、以农业生产丰收和农民安居幸福为目的，因而能给辩证求中的传统思维方式带来直接影响，表现为它特别强调整体性、统一性和稳定性。而之所以特别强调这一点，乃因人们在生活的各方面往往有各不相同的诉求，如果不加以规范，就很容易导致混乱和分裂。站在中国古人的立场看，宗法制所追求的整体性、统一性和稳定性，就是针对多样性、对立面并存的现实而提出来的，这种对整体性、统一性和稳定性的追求，既是辩证求中思维方式的形成基础，又是辩证求中思维方式的产物。

儒家思想对中国传统思维方式的影响更为直接，我们在上文的分析中，有很多经典论述都直接引自儒家先哲的著述。可以这样说，"在中国长达几千年的封建社会里，儒家思想深深地影响和渗透在中国古代社会生活的各个方面，后经历代哲人和思想家们的阐释、补缀和完善，成为中国两千多年封建社会赖以存在和缓慢进化的精神支柱。正是这种哲学思想，通过潜移默化的形式沉积在人们的思想深处，不断地规范和固化人们的行为，影响着中国传统思维方式的形成"①。比如像天下为公、修身正心、仁爱孝悌等思想观念，就长期影响着中国人的思想，规范和固化着中国人的行为，并且成为人们的思维定式和评判标准。

### 二、中国传统思维方式的影响

辩证求中的传统思维方式，对中国产生了极为广泛而深远的影响。这里我们从自然、社会、人生等三个方面，来谈谈中国传统辩证求中思维方式的影响。

在如何对待自然的问题上，传统辩证求中思维方式的影响主要表现为"万物一体""天人合一"思想的确立和践行。从前面所作的分析来看，"万物一体""天人合一"是辩证求中思维的内容之一。任何一种思维方式都是人的实践的直接产物，都对人的实践起着直接的指导和支配作用。中国古人

---

① 代杰：《中国传统思维方式的特征及形成原因》，《哈尔滨学院学报》2004 年第 25 卷第 8 期，第 43 页。

在长期的实践中认识到,天与人、天道与人道、天性与人性相通,因为一切都由天所生:"天者何也? 天之为言镇也。居高理下,为人镇也。地者,易也,言养万物怀任交易变化也。始起之天,始起,先有太初,后有太始,形兆既成,名曰太素。混沌相连,视之不见,听之不闻,然后剖判,清浊既分,精出曜布,度物施生。精者,为三光;号者,为五行。行生情,情生汁中。汁中生神明,神明生道德,道德生文章。"(《白虎通·天地》)天不仅生万物,而且生出了人类,包括道德、文章。这是中国古人从起源上认识到的人与天、与万物的相通性。从运行状态看,其同样也具有相通性,《白虎通·五行》就这样指出:"五行者,何谓也? 谓金木水火土也。言行者,欲言为天行气之义也。地之承天,犹妻之事夫,臣之事君也。谓其位卑,卑者亲视事,故自周于一行,尊于天也。"也就是说,自然运行和社会人事有着同样的原理。古人以为天之德至为广大,人应当效法天,其中的一个重要内容是效法天的刚健品德:"天行健,君子以自强不息。"(《周易·乾》)这就是中国古人对人与天、人道与天道、人性与天性相通相连的看法,或者说,中国古代先哲在看待宇宙自然人生时,总是从相通相连角度去认识和把握的,因而也更容易走向天人合一、人与自然和谐相处的境界。从中国历史来看,我们的古人正是这样做的,他们视万物如己,"民胞物与""与天为一";自觉遵循自然规律,因时而耕,因地制宜;至诚尽性,赞天地之化育;克制欲望,不贪婪攫取,"钓而不纲,弋不射宿""数罟不入洿池""斧斤以时入山林",与万物和谐相处。中国古人在对待自然问题上的思维方式,为人类的可持续发展提供了宝贵的经验和有益的借鉴。

在如何对待社会的问题上,辩证求中思维方式的影响主要表现为"天下为公"的价值追求。中华民族有浓重的"天下"观念,且视天下为"公"的天下,即世间所有人的天下,容纳万事万物的天下。天下是全局,是整体,而且是最大的全局和整体,对此,中国古代哲学用"大""全""一"等概念来表现。我们认为,"天下为公"是辩证求中思维方式的目标和结果,要实现"天下为公",人们必须有辩证求中的思维方式,只有具备和运用辩证求中的思维方式,才能保证社会实践朝着"天下为公"的目标推进。大家知道,在中国传统文化中,"中"即中庸、中和。《中庸》对"中""和""中和"的作用是这样说的:"中也者,天下之大本也;和也者,天下之达道也。致中和,天地位焉,万物育焉。"《礼记·礼运》中又说:"大道之行也,天下为公,选贤与能,讲信修睦。故人不独亲其亲,不独子其子,使老有所终,壮有所用,幼有所长,矜寡孤独废疾者，皆有所养；男有分，女有归；货恶其弃于地也，不必藏于己；力恶其不出于身也，不必为己。是故谋闭而不兴，盗窃乱贼而不作，故外户而不闭，是谓大同。""天下为公"是"大道之行"，"中""和"与"天下为公"有同样的功能，共同的本质。大同世界是人们理想中的世界，它的实现要以"天下为公"为前提和保证。从思维与实践的关系看，大同世界的创造者须有辩证求中的思维方式，这样才能保证其实践不走向片面，更不走向反面。

《礼记》中的
"大同"与"小康"

　　在对待人生问题上，传统辩证求中思维方式的影响主要表现为对"自强不息"精神的推崇。辩证求中的思维方式不仅肯定和促进多样并存事物、事物多因素之间的相互联系和相互作用，而且也肯定和促进对立面的相互转化，走向统一。这种相互作用、相互转化是一个持续推进、永不止息的过程，就像天的运行，始终都那么刚健有为，自强不息。在几千年的文明发展中，中华民族所表现出来的自强不息精神十分鲜明，无论是社会成员还是整个民族，都强调、倡导自强不息、奋发向上、积极进取的精神，赞美不为物欲所诱、不为外境所移的坚贞品格。处于太平顺境之时，他们"安而不忘危，存而不忘亡，治而不忘乱"（《周易·系辞下》），反对贪图安逸、醉生梦死，主张居安思危、积极有为。处于民族危亡之时，无数仁人志士慷慨激昂，为国捐躯，以自我牺牲之精神名垂青史，激励后人。正是在这种精神的激励下，中华民族历经磨难而不倒，屡遭危亡而不断，始终屹立在世界民族之林。即使在太平的日子里，古代先哲也积极倡导并自觉践行刚健有为、自强不息的精神。孔子一生奔波，为了实现以周礼匡扶乱世之宏愿，他"知其不可而为之""食无求饱，居无求安"，甚至"发愤忘食"。孟子力倡"浩然之气"，喊出"富贵不能淫，贫贱不能移，威武不能屈"这样气贯长虹的豪言壮语。这里所举的虽为先哲言行的例子，但其中所表现出来的精神已经成为中华民族集体的生活准则和价值追求。不可否认，给中华民族个体带来影响的还有老子所倡导的"贵柔""无为"主张。老子说过"不敢为天下先"（《老子》第六十七章）、"知其雄，守其雌"（《老子》第二十八章）这样带有保守退避、安于现状等消极意义的话。但同样不可否认的是，老子的这些观点是基于"柔弱胜刚强"而提出来的，"作为斗争策略，退是为了进，柔是为了强；作为治世方略，'无为'是为了'有为'，或说通过'无为'的手段，达到'有为'、平天下的目标等。因此,不可完全忽视这一观念在历史上的积极意义"①。总之,无论是儒家所推行的积极进取的自强不息精神,还是道家所倡导的尚柔主静、涵虚无为的主张,都体现着辩证求中的思维特点。由于形成辩证求中思维的社会环境、实践方式与当今已有很大不同,因此我们应当以批判的眼光对待这种思维方式。

中国传统辩证求中的思维方式对中华民族的影响是全面而深刻的,我们只是从其中一个角度作了一些初步的介绍和粗浅的分析,旨在为人们认识中国传统辩证求中思维的独特功能提供一种视角。

## 本章小结

中国古代以农耕为主要的生产活动,以宗法制度作为维护社会秩序的重要制度,以及在文化方面具有重要影响的儒家思想,这些社会文化背景使中国古人形成了多种思维方式。他们经常运用象数思维、直觉思维、整体思维、类比思维等思维方式,这些思维方式缘于古人的实践,又推动了古人在思想、政治、科技、社会生活等方面的实践。传统思维具有鲜明的辩证性特征,努力追求"中",并以"和"为理想境界。辩证求中的思维方式促进了"天人合一"思想的形成与实践,有助于实现"天下为公"的理想,推崇自强不息的精神,对中国社会的进步与文化的发展将继续发挥重要价值。

小测验

思考练习

1.思维有何作用? 什么是思维方式?

2.简述中国传统思维的特点。

3.中国传统思维的具体方法主要有哪些?

4.简述中国传统思维方式所产生的影响。

---

①　高晨阳:《中国传统思维方式研究》,科学出版社 2012 年版,第 79 页。

参考书目

牟宗三:《中国哲学十九讲》,上海古籍出版社 2005 年版。

高晨阳:《中国传统思维方式研究》,科学出版社 2012 年版。

蒙培元:《中国哲学主体思维》,人民出版社 1993 年版。

经典阅读

### 《中庸》(节选)

天命之谓性,率性之谓道,修道之谓教。道也者,不可须臾离也,可离非道也。是故君子戒慎乎其所不睹,恐惧乎其所不闻。莫见乎隐,莫显乎微,故君子慎其独也。喜怒哀乐之未发,谓之中;发而皆中节,谓之和。中也者,天下之大本也;和也者,天下之达道也。致中和,天地位焉,万物育焉。(第一章)

哀公问政。子曰:"文武之政,布在方策。其人存,则其政举;其人亡,则其政息。人道敏政,地道敏树。夫政也者,蒲卢也。故为政在人,取人以身,修身以道,修道以仁。仁者,人也,亲亲为大。义者,宜也,尊贤为大。亲亲之杀,尊贤之等,礼所生也。(在下位不获乎上,民不可得而治矣。)故君子不可以不修身。思修身,不可以不事亲;思事亲,不可以不知人;思知人,不可以不知天。"(第二十章)

在下位不获乎上,民不可得而治矣。获乎上有道:不信乎朋友,不获乎上矣。信乎朋友有道:不顺乎亲,不信乎朋友矣。顺乎亲有道:反诸身不诚,不顺乎亲矣。诚身有道:不明乎善,不诚乎身矣。

诚者,天之道也;诚之者,人之道也。诚者,不勉而中,不思而得,从容中道,圣人也。诚之者,择善而固执之者也。博学之,审问之,慎思之,明辨之,笃行之。有弗学,学之弗能弗措也;有弗问,问之弗知弗措也;有弗思,思之弗得弗措也;有弗辨,辨之弗明弗措也;有弗行,行之弗笃弗措也。人一能之,己百之;人十能之,己千之。果能此道矣,虽愚必明,虽柔必强。(第二十章)

自诚明,谓之性;自明诚,谓之教。诚则明矣,明则诚矣。(第二十一章)

唯天下至诚,为能尽其性;能尽其性,则能尽人之性;能尽人之性,则能

尽物之性;能尽物之性,则可以赞天地之化育;可以赞天地之化育,则可以与天地参矣。(第二十二章)

王国轩译注:《大学·中庸》,中华书局 2006 年版。

### 《老子》(节选)

天下皆知美之为美,斯恶已;皆知善之为善,斯不善已。

有无相生,难易相成,长短相形,高下相盈,音声相和,前后相随,恒也。

是以圣人处无为之事,行不言之教;万物作而弗始,生而弗有,为而弗恃,功成而弗居。夫唯弗居,是以不去。(第二章)

其政闷闷,其民淳淳;其政察察,其民缺缺。

祸兮,福之所倚;福兮,祸之所伏。孰知其极?其无正也。正复为奇,善复为妖。人之迷,其日固久。

是以圣人方而不割,廉而不刿,直而不肆,光而不耀。(第五十八章)

陈鼓应:《老子注译及评介》,中华书局 1984 年版。

### 《庄子》(节选)

天下莫大于秋豪之末,而大山为小;莫寿于殇子,而彭祖为夭。天地与我并生,而万物与我为一。既已为一矣,且得有言乎?既已谓之一矣,且得无言乎?一与言为二,二与一为三。自此以往,巧历不能得,而况其凡乎!故自无适有,以至于三,而况自有适有乎!无适焉,因是已。(《内篇·齐物论》)

陈鼓应:《庄子今注今译》,中华书局 1983 年版。

### 《国语》(节选)

夫和实生物,同则不继。以他平他谓之和,故能丰长而物归之,若以同裨同,尽乃弃矣。故先王以土与金木水火杂,以成百物。是以和五味以调口,刚四支以卫体,和六律以聪耳,正七体以役心,平八索以成人,建九纪以立纯德,合十数以训百体。出千品,具万方,计亿事,材兆物,收经入,行姟极。故王者居九畡之田,收经入以食兆民,周训而能用之,和乐如一。夫如是,和之至也。于是乎先王聘后于异姓,求财于有方,择臣取谏工,而讲以多物,务和同也。声一无听,色一无文,味一无果,物一不讲。(卷十六《郑语·桓公为司徒》)

徐元诰:《国语集解》,王树民、沈长云点校,中华书局 2002 年版。

# 第十讲
# 务实致用的科技文化

中国文化重视对"道"的领悟,注重现实人生和经世致用,对具体事物的探求往往是为了领会人生哲理与社会规范。致知的方法中,以直觉思维为多,少见逻辑推导与系统分析。在这样的文化背景下,中国古代科技经历了由萌芽到成熟的过程,取得了辉煌的成就。同样是由于文化背景的影响,中国古代科技 15 世纪以后逐渐落伍,直到近现代以来,科技逐步复兴,并最终实现了快速发展。如今,我们再来思考中国古代科技文化的特点,思考中国科技史上的曲折,具有重要的启示意义。

## 第一节　四大发明

指南针、造纸术、印刷术和火药被称作"四大发明",是中国人引以为豪的伟大发明。古人创造四大发明以后,对其进行技术革新,扩大发明的应用领域,体现了不断创新的精神。

### 一、指南针

《诗经》中可见关于星辰的诗句,如"定之方中,作于楚宫"(《定之方中》),"维南有箕,不可以簸扬"(《大东》)等。这表明,周代时,人们已能够识别一些星辰,并能借助星辰识别方向。观察星辰之外,古人也通过观察日月、草木等识别方向。然而,这些方法存在很大的局限性,比如阴雨天就无法借助日月星辰辨识方向,指南针的发明则为人们提供了简便而可靠的识别方向的工具。

传统观点认为,指南针的雏形是司南,司南为战国时期发明的磁性指向器。《韩非子·有度》云"先王立司南以端朝夕","朝夕"指东和西,司南可以指明方向,此处以司南比喻法度。王充《论衡·是应篇》写道:"司南之杓,投之于地,其柢指南。""杓"即勺,"柢"即柄,把司南之勺放在地上,勺柄指向南方。司南由勺和杙组成,勺以磁铁制成,杙又称罗经,是放置勺的载体。杙的外边是方形木盘,称地盘,中间是圆形的盘,称天盘,天盘用木或者铜等制成。把司南之勺放在天盘上转动,勺停下时,柄指向南方。

近年的研究表明,战国时期出现磁性指向器的说法缺乏充足证据。孙机以为,"宋代以前,我国古文献中完全不曾提到过磁石的指极性……所以宋代以前的人,无从产生制作磁体指南仪的想法",《韩非子》《论衡》中的"司南"指司南车,一种利用机械原理指引方向的车子。① 刘亦未等也提出,"在宋代以前从未见到任何文献提到司南、指南二词与磁性有关以及磁性与指向的关系",但认为《论衡》中的"司南"指北斗。② 我们以为,孙机的论证是合理的,汉代并未发明磁性指向器。

宋人制作指南针的技术已经基本成熟,但其发源时间难以确考。成书于庆历四年(1044)的《武经总要》是中国历史上第一部大型官修综合性兵书,该书记载了指南鱼的制作方法:将薄铁片制成鱼形,放炭火中烧至通红后

科学家沈括简介

夹出,"以尾正对子位,蘸水盆中没尾数分则止,以密器收之"③。用时,在无风处,将鱼放在水中,鱼头指向南方。北宋科学家沈括研究领域广泛,被李约瑟称为"可能是中国整部科学史中最卓越的人物了"④。沈括注重实践,制作过指南针,在《梦溪笔谈·杂志一》中记载了指南针的制作和装置方法:"方家以磁石磨针锋则能指南",但指南针并非都指向正南,"然常微偏东,不全南也"。装置方法有四种:水浮、放指甲上、放在碗的边沿、缕悬。指南针发明以后,在堪舆和航海等领域得到了广泛的应用。朱彧《萍洲可谈》记载船夫识别方向的方法时说:"夜则观星,昼则观日,阴晦观指南针。"

指南针之外,古人还发明了利用机械原理指引方向的指南车,又称司南

---

① 孙机:《中国古代物质文化》,中华书局 2014 年版,第 418 页。

② 刘亦未、刘亦丰、刘秉正:《中国古文献中的司南是磁性指南器吗?》,《自然辩证法通讯》2022 年第 1 期,第 57-68 页。

③ 曾公亮:《武经总要》前集卷一五《乡导》,《文渊阁四库全书》本。

④ 李约瑟:《中国科学技术史·导论》,科学出版社、上海古籍出版社 1990 年版,第140 页。

车。三国时期的马钧、后赵时的解飞等人都曾制造过指南车,可惜方法失传了。最早见诸文献记载的制造方法是宋人的方法。《宋史·舆服志》记载了燕肃和吴德仁制造指南车之事,二人制造时间分别是天圣五年(1027)和大观元年(1107),书中详细记载了指南车的构造,包含车身、车轮等的尺寸与装配方法。近现代以来,中外不少学者根据古籍记载进行指南车的设计,"目前共有 20 多种指南车设计方案,都运用了齿轮传动"①。这表明,中国古代指南车的设计原理具有科学性与可行性。

## 二、造纸术

汉代以前,人们日常学习和生活中用以书写的载体主要是简牍和缣帛,然而简牍沉重,缣帛昂贵,二者均不是理想的载体。随着汉代的统一和社会的发展,人们希望制造一种轻便、便宜、易于普及的文字载体。

班固《汉书·外戚传》中出现了"赫蹄",赫蹄用于书写,易被认为是纸,然而"实是作丝绵的副产品,还算不得纸","是近似布质纸的缣帛"②。一般认为造纸术的发明者是东汉时期的蔡伦,但应注意的是,蔡伦之前已经有纸。20 世纪,在新疆罗布淖尔、甘肃居延和天水、陕西扶风等地出土了西汉时期的麻纸。麻纸以破旧的麻絮、麻布等制成,多数较为粗糙,"但西汉也有质量较好的纸","这时的纸无疑已作为书写材料进入社会"③。

东汉时期,蔡伦在前人基础上,对造纸技术进行了改进,纸得到了普及。范晔《后汉书·蔡伦传》记载:"伦乃造意,用树肤、麻头及敝布、鱼网以为纸。元兴元年奏上之,帝善其能,自是莫不从用焉,故天下咸称'蔡侯纸'。"蔡伦运用树皮、破布等多种原料造纸,并于元兴元年(105)献纸,奏报造纸方法。人们都使用这种纸,并称其为"蔡侯纸",当是因为其原料易得、成本低廉、纸质优良。

蔡伦之后,人们不断地对造纸法进行改进,产生了草纸、网纸、竹纸等多种纸张,分别用稻草、旧渔网、竹子制作而成。晋代时,浙江境内出现了藤纸,以剡溪沿岸的藤本植物制成,古称"剡藤",至唐代成为名纸。

---

① 刘钊、杨牧寒、马凯悦等:《中国古代指南车的复原与改善》,《机械传动》2018 年第 42 卷第 10 期,第 175 页。

② 钱伟长:《中国历史上的科学发明:插图本》,北京出版社 2020 年版,第 83 页。

③ 孙机:《中国古代物质文化》,中华书局 2014 年版,第 318 页。

唐宋时期,造纸业繁荣,涌现了众多的品种。李肇《唐国史补》(卷下)记载:"纸则有越之剡藤、苔笺,蜀之麻面、屑末、滑石、金花、长麻、鱼子、十色笺,扬之六合笺……临川之滑薄。又宋、亳间有织成界道绢素,谓之乌丝栏、朱丝栏,又有茧纸。"苏易简《文房四谱·纸谱》记载了各地造纸情况:"黟、歙间多良纸,有凝霜、澄心之号","蜀中多以麻为纸,有玉屑、屑骨之号。江、浙间多以嫩竹为纸,北土以桑皮为纸,剡溪以藤为纸,海人以苔为纸"。此外,还有如今声名赫赫的宣纸。宣纸始造于唐初,因产地宣州(治今安徽宣城)泾县得名。宣纸以楮皮或檀皮为原料,清代时加入稻草浆,经过蒸煮、漂洗、制作纸浆、捞纸、压榨、焙纸、打磨等复杂的工序制成,洁净柔韧,可存之久远。

元代以来,江南造纸业发展迅速,江西、安徽、浙江、福建等地成为知名的纸产地。清代时,竹纸工艺进一步提升,福建出现了毛边、连史等著名竹纸。

### 三、印刷术

古代印刷术包含雕版印刷术和活字印刷术,二者分别发明于唐代和宋代,长期共存,推动了信息传播和文化发展。

#### (一)雕版印刷术

胡应麟《少室山房笔丛·经籍会通四》陈述雕版印刷的发展历程时说:"雕本肇自隋时,行于唐世,扩于五代,精于宋人。"雕版印刷始于隋朝的说法代表了古今一些学者的观点,当代有学者以为隋朝说并不可靠,张秀民提出了贞观说,黄永年提出雕版始于725年左右。黄永年认为,雕版印刷的发明时间"还可上推至公元725年左右即盛唐玄宗时候","但如推得更早,再上推一世纪多即唐初甚至隋代,则时间似乎太长,有点不合情理了"[①]。

雕版印刷,也就是以经过雕刻的木板为底进行印刷,要经过木板制作、写样、上版、雕刻、刷印等工序。木板一般选用枣木和梨木,经过浸泡或水煮、刨光等工序,才可用于贴写样。写样,即在纸上写下印刷的内容。上版,即把写好的纸贴在木板上,用棕毛刷刷数遍,揭下纸后,木板上便有了字(反

---

① 黄永年:《古籍版本学》,江苏教育出版社2009年版,第45页。

向的字）。接下来，刻工进行雕刻，把没有笔画的空白处凿去，剩下一个个凸出的字，木板便成了可用于刷印的版片。在版片上均匀地刷墨，铺上纸，然后用棕毛刷刷纸背，字就印到了白纸上。整个过程中，要进行三次校对，发现错误及时改正。

唐代的雕版印刷多用于印制民间日用品和宗教读物。现存唐代雕版印刷品极为罕见，其中影响最大的是敦煌所出的《金刚经》，卷轴装，前边有精美的插图，卷末注明："咸通九年四月十五日王玠为二亲敬造普施。"咸通九年，即 868 年。该经卷长 487.7 厘米，高 24.4 厘米，历经千年，保存完好，字迹依然清晰，曾藏于大英博物馆，现藏于大英图书馆。五代时期，雕版印刷逐渐用于刊刻经书、文人别集和总集等。宋代以来，雕版印刷刊刻领域不断扩大，涉及经史子集、戏本、话本等，技术日益精湛，注重校勘，产生了众多的精品。

（二）活字印刷术

雕版印刷加快了书籍的传播，但存在雕刻版片耗时长久、保存版片需要大的空间、版片可能受损等问题。古人为了解决这些问题，发明了活字印刷术。

活字印刷的发明者是北宋人毕昇。沈括《梦溪笔谈·技艺》详细记载了毕昇所创活字印刷的基本方法，包含制作活字、施药、布字、火炀、按压版面、刷印等工序。活字用胶泥刻成，"薄如钱唇，每字为一印，火烧令坚"。设一铁板，盖上一层以松脂、蜡、纸灰之类制成的"药"（材料），放上一个铁范，在铁范内排列活字。一版排就，拿到火上烤，待"药"稍微熔化，用平板按压版面，"则字平如砥"，如此则可付诸刷印。只要合理安排工序，印刷效率很高，"常作二铁板，一板印刷，一板已自布字，此印者才毕，则第二板已具，更互用之，瞬息可就"。不用时，活字按韵部排列，存放在木架上。

元代时，王祯应用了木活字印刷术，并发明了轮盘排字架。他在《农书·杂录》部分记录了造活字印书法、写韵刻字法、造轮法等内容。制作木活字的方法颇为简便，在木板上刻字，用锯子按字锯开，然后用小刀对每个活字进行修整，保持大小一致。轮盘排字架上，有很多字格，布字时转动轮盘以取字，提高了效率。泥活字和木活字之外，还有锡活字、铜活字、铅活字等。

活字印刷具有成本低、效率高的优点，常用于印刷大型丛书、类书、家谱，如明代再版之《太平御览》《唐诗类苑》，清代刊刻的《古今图书集成》

《武英殿聚珍版丛书》等。其中,《武英殿聚珍版丛书》共138种,乾隆三十八年(1773)用雕版印刷刻印了4种,同年十月以后,改用枣木活字刻印了134种。

### 四、火药

火药的发明源于炼丹术。炼丹家为了炼制丹药或者金银,需要运用各种金石药物,尝试各种配方进行烧炼实践。在漫长的实践中,他们发现一些药物混合后会剧烈燃烧,引发祸事。

成书于中晚唐时期的《真元妙道要略》记载,有人以硫黄、雄黄和硝石共同烧炼,引起火灾,烧及手面和房屋。硫黄和硝石都是黑火药的主要成分,这表明火药配方的雏形已经出现。此后,《诸家神品丹法》所载"伏火硫黄法"也可看作火药方面的配方,然而配方产生时间难以考订。

随着炼丹家配方的传播,人们开始将火药应用于军事。北宋时期,都城东京便有官方专门制造火药的作坊。曾公亮等《武经总要》记载了引火毬、毒药烟毬、蒺藜火毬三种火药的配方。其中,毒药烟毬重五斤,成分中包含毒性药物,"用硫黄一十五两,草乌头五两,焰硝一斤十四两,芭豆五两,狼毒五两,桐油二两半……麻茹一两一分,捣合为毬。贯之以麻绳一条,长一丈二尺,重半斤,为弦子。更以故纸一十二两半,麻皮十两,沥青二两半,黄蜡二两半,黄丹一两一分,炭末半斤,捣合涂傅于外"。毒药烟毬以炮发射,"若其气熏人,则口鼻血出"。12、13世纪,南宋、金、元都在研制和应用爆炸性武器方面取得成就。《金史·赤盏合喜传》记载,蒙古兵畏惧两种武器:震天雷和飞火枪。震天雷是金兵守城用的火炮,"铁罐盛药,以火点之,炮起火发,其声如雷,闻百里外,所爇围半亩之上,火点著甲铁皆透"。1232年,蒙古兵攻打金南京(今河南省开封市)时,借助"牛皮洞"攻城,情势危急,金兵用了震天雷,蒙古兵"人与牛皮皆碎迸无迹"。此外,霹雳炮、铁火炮等都是当时战场上重要的爆炸性武器。

元明以来,火器种类快速增长,火器的杀伤力得到了提升。明代学者茅元仪编写的《武备志》论述了大量的火器,涉及炮、火球、铳、火箭等类型。火箭类包含了飞枪箭、神火飞鸦、四十九矢飞廉箭、火龙出水等。这些火箭都有自身的优势与使用范围,但其中也有设计方面存在不足者,典型的如火龙出水。火龙出水是形状如龙的火箭,在五尺长的竹子内装神机火箭、火箭筒。龙腹内装数支神机火箭,龙首和龙尾各装两个半斤重的火箭筒。该火器"水战可离水三四尺燃火,即飞水面二三里去远,如火龙出于江面。筒药将完,腹内火箭飞出,人船俱焚,水陆并用"(《武备志·火器图说十二》)。然而,火龙出水的实际效用不强,当代学者江穹慧等运用计算机流体力学软件对火龙出水进行了研究,认为火龙出水"在模拟实验中展示的性能确实难以达到人们对实战火器的预期,很可能仅仅是时人的一种设计。这也与其缺乏生产、使用、装备记录是相吻合的"①。

军事之外,古人也将火药技术应用到日常生活中,如爆仗与烟花。施宿等编纂的(嘉泰)《会稽志》(卷一三)写道:"除夕爆竹相闻,亦或以硫黄作爆药,声尤震厉,谓之爆仗。"南宋人吴自牧《梦粱录》(卷六)写道,十二月,"其各坊巷叫卖苍术、小枣不绝,又有市爆仗、成架烟火之类"。不难看出,南宋时期,爆仗、烟花已十分常见。

四大发明是中国古人的伟大创造,是影响深远的重大发明。马克思在《1861—1863年经济学手稿》中对中国"三大发明"有一段经典论述:"火药、指南针、印刷术——这是预告资产阶级社会到来的三大发明。火药把骑士阶层炸得粉碎,指南针打开世界市场并建立殖民地,而印刷术变成新教的工具。""三大发明"再加上造纸术,在世界范围内得到广泛的传播,方便了远行,推动了文化的普及、军事的发展和社会的革命,为历史的发展作出了巨大的贡献。

## 第二节 中国古代的工艺技术

中国古代有很多的能工巧匠,他们在不同的工艺领域进行摸索和实践,反复雕琢,精益求精,推动了工艺技术的提高。在实践中,古人融入了自身的信仰、心愿和审美观点,制作了无数富有文化意蕴,技艺卓绝的工艺精品。

### 一、陶瓷制造

陶、瓷常连用,然而陶器和瓷器有着不同的制作手法、审美特征和发展历程。

---

① 江穹慧、石云里:《关于明代火箭"火龙出水"稳定性的初步分析》,《广西民族大学学报》(自然科学版)2018年第24卷第3期,第22页。

（一）陶器制造

新石器时代，古人初步掌握了制陶技术，他们用红土、黑土等作为原料制造器物，并露天或在窑炉中烧制器物。陶器成型的方法主要有手工捏塑法、泥条盘筑法等，发明了应用陶轮进行加工的方法。陶器有黑陶、白陶、红陶、彩陶、红褐陶、灰黄陶等。黑陶见于山东龙山文化、湖北屈家岭文化等，造型端庄，少有装饰。蛋壳黑陶杯是龙山文化的标志性陶器，制造中应用了轮制法，令人称奇的是，杯壁最薄处不到 0.5 毫米。白陶见于浙江罗家角文化、山东大汶口文化等，较为罕见，大多有精美的纹饰。彩陶分布广泛，在我国南北很多处文化遗址中均有发现，以仰韶文化最为丰富。仰韶文化的彩陶风格绚烂，图案丰富，包含几何图形、动植物和人物形象等，代表性陶器有彩陶人面鱼纹盆、彩陶鹳鱼石斧瓮、彩陶鲵鱼纹瓶。

商周时期，窑炉结构得到改进，出现了圆窑、龙窑，陶器的使用范围逐渐扩大。秦汉时期，陶俑制造成为重要的文化现象。秦兵马俑为该时期的杰作，7000 多尊士兵俑，众多陶制车马，以真人真马尺寸进行塑造，刻画细致，群塑气势恢宏壮大，让人感受到秦国强大的国力。汉景帝阳陵、江苏徐州狮子山楚王陵等陵墓中也出土了大量的兵马俑。兵马俑之外，汉代的仕女俑、百戏俑等也都栩栩如生，著名者如出土于四川的击鼓说唱陶俑，该陶俑诙谐生动，具有巴蜀文化色彩。

东汉时期，瓷器出现了，并逐渐成为陶瓷业的主流，但新型的代表性陶器仍在不断地产生，名声尤著者当推唐三彩和宜兴紫砂壶。唐三彩造型多样，色彩绚丽，具有浓厚的异域色彩，展现了豪迈奔放、博大包容的盛唐气象。宜兴紫砂壶明代时已享有盛名，文震亨《长物志·茶壶》以为"茶壶以砂者为上，盖既不夺香，又无熟汤气"，文中还对供春、时大彬两位宜兴制壶名家的作品进行了点评。

（二）瓷器制造

瓷器是在漫长的陶器制造实践基础上产生的，商代出现了原始瓷器，东汉晚期出现了真正意义上的瓷器。瓷器和陶器的不同体现在多个方面，瓷器需要 1200 ℃ 左右的温度才能烧成，"外观坚实致密……薄层微透光。在性能上具有较高的强度，气孔率和吸水率都非常小"[1]。具有这些优良品质

---

[1]　李家治：《中国科学技术史：陶瓷卷》，科学出版社 1998 年版，第 4 页。

的瓷器,逐渐成为广受欢迎的器物。

东汉晚期,浙江的上虞、宁波等地均有青瓷窑场,主要生产壶、罐、盘、碟、熏炉等生活器具。魏晋时期,南方的江西、福建等地出现了众多窑场,浙江成为当时著名的青瓷产地。北方的瓷器制造出现稍晚,约始于北魏时期,起初烧制酱褐釉瓷、青瓷,北齐时期成功烧制了白瓷。南方和北方制瓷工艺各异,唐代时形成了"南青北白"的格局,"南青"指南方以生产青瓷为主,越窑为其代表,"北白"指北方以生产白瓷为主,邢窑为其代表。越窑青瓷青翠如玉,陆羽《茶经》说"越瓷类玉","越瓷青而茶色绿"。河北内丘是邢瓷产地,所产器物种类多样,受到世人青睐,其中的白瓷瓯"天下无贵贱通用之"(李肇《唐国史补》卷下)。

宋代涌现了众多的窑场,瓷器烧制进入高峰期。各地窑场在原料制作、造型、施釉、烧窑等方面寻求突破,提高了制瓷技艺,比如:运用"火照"检查窑温和器坯,运用覆烧法进行烧制,采用多次施釉技艺等。

在相互竞争和取长补短的过程中,各地窑场逐渐形成了自身的技术优势与瓷器风格,技艺精湛的窑场脱颖而出,其中的汝窑、官窑、哥窑、钧窑、定窑尤负盛名,称为"宋代五大名窑"。汝窑位于汝州,今河南省宝丰县有烧制宫廷用瓷的窑址。汝瓷釉色有天青、卵白等,风格含蓄深沉,深得世人推崇,宋人叶寘《坦斋笔衡》有"汝窑为魁"之说。明代学者高濂对见过的汝瓷印象深刻,称赞说:"其色卵白,汁水莹厚如堆脂然。"(《遵生八笺·论官哥窑器》)官窑即朝廷控制的窑场,北宋官窑位于汴京(今河南省开封市),南宋官窑位于临安(今浙江省杭州市)。官窑釉色古朴,常见开片,晚期产品多次施釉,时有窑变,形成厚重古雅的风格。哥窑窑址未有定说,或云在今浙江省龙泉市。哥窑釉面呈乳浊状,以开片为装饰,"蟹爪纹""金丝铁线"都是著名的开片类型,形成拙朴简洁的风格,富有沧桑感。钧窑位于今河南省禹州市,禹州古属钧州。钧窑用氧化铜、钴等作为着色剂,在窑变中创造了玫瑰紫、海棠红、胭脂红、梅子色等众多色彩,呈现出绚丽灿烂的风格,一改此前青瓷、白瓷之类的纯色瓷风格。定窑中心窑场位于今河北省曲阳县,曲阳县在宋代属定州。南宋时,江西境内有些瓷器与定瓷相似,称"南定",与北方烧制者("北定")相对应。定瓷以白瓷闻名,兼烧黑釉器、绿釉器等。定瓷温润典雅,釉面有流淌痕迹(人称"泪痕")者尤佳。古人认为,定瓷以北宋政和(1111—1118)、宣和(1119—1125)年间所造为最佳,高濂评价其"色白质薄,土色如玉"(《遵生八笺·论定窑》)。

宋代,除了五大名窑,耀窑、龙泉窑、景德镇窑等也产生了很大影响。其中,景德镇以生产青白瓷闻名,不断创新烧制技艺,元代以来逐渐成为全国瓷业中心,至今不衰,有"瓷都"之誉。景德镇青花瓷大量地行销海外,元代时便成功地烧制了釉里红瓷和其他品种。明清时期,一道釉瓷和彩瓷得到快速发展,各窑场生产了众多绚烂多姿、新颖别致的瓷器,瓷业发展达到鼎盛。

### 二、青铜铸造

青铜是以铜为主的合金,常见的是铜锡合金,还有铜铅合金,铜、锡、铅合金等。青铜的本色多为金黄色,现在看到的青铜器表面的青绿色是腐蚀、生锈的结果。

二里头文化(约前 20 世纪至前 16 世纪)遗址中,已发现了青铜铸造的礼器和兵器。同时代的夏家店下层文化、齐家文化等遗址中,也都有青铜器的发现。该时期所应用的铸造方法为范铸法,即在范(由外范和内范组合形成的空腔器)内浇注青铜熔液。

商周时期,青铜器铸造技艺发展迅速。范铸法得到广泛应用,技术更为成熟。铸范有多种,如石范、泥范、金属范等。范铸法包含多个工艺流程(以泥范铸造为例):用泥料制作器物实心模型,刻镂或模印纹饰;将泥土包裹在模型上,翻制出若干外范;在实心模型表面按照设计的器壁厚度削去一层,剩下的便是内范(也可用其他方法制作内范);将外范和内范进行组合,形成空腔,空腔内加芯撑,然后阴干;烧制范,温度为 600～800 ℃;将青铜熔液浇注入范,冷却后,将范去除,对铸件作最后的加工。春秋时期,中国出现了失蜡法,这种方法可以更好地铸造具有立体透雕效果的复杂器物。失蜡法的基本工艺流程为:用砂性黏土制作器物模型,即内范;用蜂蜡、松香等合成的材料制作蜡料,将蜡料贴在内范上,模印纹饰,形成蜡模(也可用其他方法制作蜡模),蜡模厚度与器壁厚度相同;在蜡模上浇淋泥浆,再裹上防火材料,形成外范;内范和外范干燥后,用

《天工开物》所载铸铜钟之法

火烘烤,蜡料熔化流出,形成空腔;将青铜熔液浇注入空腔,冷却后,将范去除,对铸件作最后的加工。失蜡法出现后,得到广泛应用,战国曾侯乙尊和曾侯乙盘的透空附饰,汉代长信宫灯、明浑仪等都以此法铸成。

铸造技艺的发展,造就了辉煌的青铜文化。青铜器大量铸造,主要为礼

器、兵器和生产工具等,礼器包含鼎、簋、甗、鬲、爵、尊、觚等,兵器包含戈、矛、刀、箭镞等,生产工具包含锯、斧、锛、钻等。器形多样,不乏体形巨大者,纹饰夸张而神秘,体现了极为精湛的铸造技术。后母戊鼎是商代晚期青铜器,出土于河南安阳,是商王文丁为祭祀母亲戊而作的。该鼎形体巨大,口长1.10米,宽0.79米,高1.33米,重832.84千克,是先秦时期最重的青铜器。四羊方尊也是商代晚期的青铜器,出土于湖南宁乡,巧妙地将四只羊与方尊融为一体,羊栩栩如生,羊头朝向器外,整体器物呈现出灵动、典雅的风格。利簋是西周武王时期的青铜器,出土于陕西临潼,采用上圆下方的形制,稳重庄严,铭文记载了武王伐纣这一重大事件。湖北随州出土的曾侯乙编钟代表了战国时期高水平的青铜铸造技术,编钟共64件,外加一件镈,65件乐器构成一套完美的组合,至今依然可以演奏乐曲。四川广汉三星堆遗址出土了大批青铜器,青铜立人像、纵目人面像、青铜神树等表现出诡谲怪异的风格,令人惊叹。

由于地缘因素的影响,商周时期形成了三大青铜艺术:中原青铜艺术,厚重而精巧,长江流域的青铜艺术具有自身特点,但也受到了中原青铜艺术的影响;长城一带的青铜艺术,"具有许多与南西伯利亚乃至于黑海之滨青铜艺术相似的特点,具有浓郁的草原气息";云贵高原和岭南地区的青铜艺术,"风格与东南亚诸国有许多相似之处"。①

战国中晚期,铁器得到广泛应用,铁制的兵器和工具逐渐取代了相应的青铜器物,青铜文化的影响逐渐减小。尽管如此,青铜铸造的技术仍在不断改进,装饰艺术日益丰富。秦汉以来,涌现了不少制作精良的器物,如:秦始皇陵铜车马,汉代长信宫灯,汉唐铜镜,宋代大晟编钟,明代的永乐大钟、宣德炉,清代的乾隆年制凤鸟尊、鎏金錾花爵等。

### 三、玉器制造

在中国文化中,玉具有神圣性和美好的品德,常被用来比喻人,如"言念君子,温其如玉"(《诗经·小戎》)。古人爱玉,佩玉成为风习,"古之君子必佩玉","君子无故玉不去身"(《礼记·玉藻》)。制玉因此成为重要的工艺,代代相传,产生了无数引人称叹的玉器。

① 严文明等:《中华文明史(精装本)(第一卷)》,北京大学出版社2006年版,第196页。

新石器时代,制玉工艺已经出现。距今约 8000 年的内蒙古敖汉旗兴隆洼文化墓葬曾出土一对玉玦,这是目前发现最早的玉器之一。龙山文化、大汶口文化、马家浜文化、崧泽文化的先民均生产玉器,并形成了两个技术发达的玉文化系统:一个是东北玉文化系统,以红山文化为代表,典型器物有玉猪龙、勾云形器;另一个是南方玉文化系统,以崧泽——良渚文化为代表,典型器物有琮、钺、柱形器。该时期,玉器制作要经过选材、设计、开料、雕琢、施纹、磨光等流程。切割玉石的主要方法是线切割,以麻绳或皮条配上解玉砂进行切割。解玉砂是用硬度高于玉的矿物磨成的砂粒,在传统制玉中发挥重要作用。工具如此简陋,制玉过程自然极为漫长。

商周时期,玉器制造工艺已经成熟,大量利用硬度较高的和田玉。玉用于制造礼器、工具、装饰品等,礼器有簋、璜、戈、环、钺等。殷商与西周时期,玉器为极珍贵的器物,使用者主要为国君和上层贵族。玉器的制造中心为都城及其附近地区,即商代的殷墟,西周的陕豫地区。春秋时期,出现了砣具,即金属制成的圆盘状工具,配上解玉砂可对玉料进行切割、钻孔、打磨等。杨伯达《古玉史论》、吴棠海《中国古代玉器》认为砣具出现于新石器时代晚期。杨建芳则以为砣具出现于春秋时期,这和“当时玉器的使用和流通范围进一步扩大、玉器成为商品”[①]等因素有关。应用砣具之后,制玉的效率和玉器的质量都得到了提高,生产了众多精美的玉器,如春秋时期的龙形玉饰(安徽蔡侯墓出土)、战国时期的多节龙凤纹玉佩(随州曾侯乙墓出土)和双凤玉璧(河北省平山县中山国一号墓出土)等。

汉代是中国玉器制造史上的高峰期,礼仪用玉和丧葬用玉大量存在,出现装饰用玉和鉴赏用玉,并且都达到了很高的工艺水平。制玉技艺方面,圆雕、透雕、镂空、双钩碾法等技艺的应用更为广泛,其中双钩碾法常为人称道,高濂以为:“汉人琢磨,妙在双钩碾法,宛转流动,细入秋毫,更无疏密不匀。交接断续,俨若游丝白描,曾无滞迹。”(《遵生八笺·论古玉器》)玉器风格简洁朴雅,“无意肖形而物趣自具,尚存三代遗风”(《遵生八笺·论古玉器》)。汉代玉器中最为人熟知的是丧葬用玉,如玉衣、玉棺、玉九窍塞等。玉衣有金缕玉衣、银缕羽衣、铜缕玉衣等多种,河北满城中山王刘胜与王后窦绾的墓中、徐州狮子山楚王墓中均发现了金缕玉衣。一套金缕玉衣由

---

① 杨建芳:《关于线切割、砣切割和砣刻——兼论始用砣具的年代》,《文物》2009年第 7 期,第 53-67 页。

2000 多片玉片组成,加工玉片和用金缕编缀玉片都是极耗人力、物力的,其中也体现了玉器制作的高超技艺。

魏晋时期,玉器制造业发展缓慢。此后,玉器制造业进入了长期的繁荣发展期,至元明清而臻于鼎盛。唐代玉器的纹饰出现了新的题材,如飞天、花鸟等,积极吸收中亚、西亚地区的文化元素,表现出明显的外来意趣。宋、辽、金的玉器注重雕刻的真实细致,"着力表现了对象的内心世界,而且能够准确地进行细部的刻划"①。元明清时期,不仅官方设立的专门机构大大推动了玉器生产,而且不少地方玉雕制造业繁荣,形成了自身的琢玉传统与风格。各朝都城以外,苏州、扬州、杭州等地都是著名的玉雕产地。元代的大都皇家玉作聚集了众多的杰出玉工,渎山大玉海便是其代表作。《元史·世祖本纪》记载,至元二年(1265)十二月,"渎山大玉海成,敕置广寒殿"。渎山大玉海是椭圆形的玉制酒瓮,为中国现存最早的特大型玉器,口径 1.35～1.82 米,高 0.7 米,重约 3.5 吨。雕刻方面,以波浪和云彩为背景,塑造了飞骏马、蛟龙、海猪、海豚、蟾蜍等动物形象,表现出壮观、豪放、神奇的风格。此后的元代玉雕继承了此种风格,具有广阔的空间表现,风格豪放。明代时,苏州玉器制造工艺精湛,居于全国一流水平,正如宋应星《天工开物》所说:"良玉虽集京师,工巧则推苏郡。"苏州杰出玉工当推陆子刚(或作"陆子冈"),陆子刚为太仓州人,定居苏州,其所作玉器水仙簪、白玉辟邪皆为人称赏。张岱在《陶庵梦忆》中提出,"陆子冈之治玉"与"鲍天成之治犀、周柱之治嵌镶"等都是吴中绝技,称赞其"盖技也而进乎道也"。清代时,"清宫的'造办处'、苏州和扬州是全国碾琢玉器的三大中心"②。三大中心产地之外,天津、伊犁、南京、杭州、广州等地的玉雕产业也得到了较大发展,全国形成了规模巨大的玉器制造业。清代出现了不少将玉雕和绘画相结合的大型玉器,如大禹治水图玉山、会昌九老图玉山等。

除了青铜器、陶瓷制品、玉器,中国古人在建筑技术、冶铁技术、金银器制造、象牙器制造、纺织技术等领域也都取得了突出成就,值得我们去认识,并继承其中的优秀传统。

---

① 杨伯达:《中国古代玉器发展历程》(下),《东南文化》1989 年第 1 期,第 127 页。
② 卢兆荫:《古玉史话》,社会科学文献出版社 2011 年版,第 163 页。

## 第三节　中国古代的农业科技、天文学与数学

农学、天文学与数学是中国古代的重要学科,古人刻苦钻研,推动了这些学科的发展。他们立足实际展开研究,解决了很多现实问题,改善了人们的生活。在此基础上,古人对一些艰深的问题进行探讨,并在世界上率先取得了突破。

### 一、农业科技

为了解决温饱问题,古人在从事农业生产的过程中,观天时、尽人力,并在多个方面积累经验,努力创新,形成了众多的科技成果。这些成果可以分为技术成果和理论成果两类。

(一)技术成果

技术方面的成果包含精耕细作技术、开荒造田技术、灌溉技术、农具革新、作物品种选育技术、制肥施肥技术、植物嫁接技术、病虫害防治技术、鱼类分层混养技术等。

精耕细作是中国传统农业的重要特点,其表现之一便是耕作制度方面的发展,从休耕制到连作制、轮作复种制,再到间作套种制。与此同时,综合利用水塘、堤岸、水田等进行种植养殖的方式也不断创新。汉代便已出现陂塘水田模式,此后又有陂塘与高田结合等模式。元代以来,桑基鱼塘、蔗基鱼塘、农桑鱼畜相结合等模式得到了广泛应用。桑基鱼塘在江南、岭南等地常见,综合了多种农业活动,形成良性循环:水塘养鱼→塘基种桑→桑叶喂蚕→蚕沙喂鱼。

种子直接决定作物的质量与产量,古人重视种子的选育工作,创造了穗选法、建立留种田、粒选法、单株穗选等技术。建立留种田可以很好地培育良种,贾思勰《齐民要术》已经对相关经验进行了总结。粒选法见载于明代人耿荫楼《国脉民天》,该法强调仔细选种,"颗颗粒粒皆要仔细拣肥实光润者",耕种时"比别地粪力、耕锄俱加数倍",下次于所结之实内再进行粒选,"如此三年三番后,则谷大如黍矣"。单株穗选,即以变异单株进行培育的方法。康熙《几暇格物编·白粟米》记载了一个单株穗选的成功案例,"乌喇地方,树孔中忽生白粟一科",当地人以其种进行培育,此种白粟米"味既甘美,

性复柔和"。

(二)理论成果

理论成果是指农学著作。这些著作是古代农业科学家在查阅资料、访谈、亲身实践等基础上形成的，包含了丰富的农业经验与理论、农业思想、政治思想，直至今日仍具有广泛的启示意义。

汉代的《氾胜之书》主要论述黄河流域农业生产经验和耕作技术。北魏贾思勰的《齐民要术》是我国现存最早、最完整的综合性农书，内容涉及农耕和牧养技术、食品加工、农家生活等，如其自序所说，"起自耕农，终于醯醢，资生之业，靡不毕书"。书中记载的种豆时"美田欲稀，薄田欲稠"，水稻种植中"决去水，曝根令坚"的方法，扦插、嫁接等果树繁殖技术等都是生产经验的总结，部分内容反映了先进的农业技术。

南宋陈旉的《农书》提出了"地力常新壮"理论，对南方水稻精耕细作技术作了综合性论述。元代初年问世的《农桑辑要》是我国第一部官修农书，主要论述北方地区的农桑技术，《四库全书总目提要》评价说："详而不芜，简而有要，于农家最为善本。"元代王祯的《农书》构建了比较完整的中国传统农学体系。全书分为农桑通诀、百谷谱、农器图谱三个部分，农桑通诀为农业总论，百谷谱论述各种农作物的种植和加工技术，农器图谱介绍农具。农器图谱包含插图 300 多幅，"是我国现存最古、最全的农器图谱"[1]。

明代农学家徐光启编著的《农政全书》是一部具有宏观视野，包含政治思想的综合性农书。徐光启"身任天下，讲求治道"，《农政全书》为其"经纶之一种"(张溥《〈农政全书〉序》)。该书共 60 卷，50 多万字，分为农本、田制、水利、农器、种植、制造、荒政等 12 个门类。开篇为农本三卷，旁征博引，并录冯应京《国朝重农考》，体现了鲜明的以农为本的思想。农事门中，载录了徐光启自作《垦田疏》，文中提出了"均浙、直之民于江淮、齐鲁，均八闽之民于两广"等思路，并提出垦田方面的激励政策。荒政门 18 卷，为书中卷数最多的门类，引录了丰富的防灾、救荒方面的文献，又录朱橚《救荒本草》和王磐《野菜谱》。这些地方都体现了徐光启的农政思想，体现了《农政全书》的独特性。

---

① 屈宝坤：《中国古代著名科学典籍》，中国国际广播出版社 2009 年版，第 99 页。

### 二、天文学

历法是古代天文学的重要成果。商代的甲骨卜辞证明,当时已经开始应用阴阳合历。阴历,即太阴历,是以朔望月为周期的历法。朔望月就是月球(太阴)圆缺变化的周期,约 29.5 天。历法不可能设半天,因此阴历的大月 30 天,小月 29 天,一年 12 个月,共 354 或 355 天。中国的很多传统节日都是在阴历的日期,礼乐活动、宗教活动、民俗活动等也都是在阴历的日期。阳历,即太阳历,是以回归年为周期的历法。回归年是太阳连续两次通过任何一个分至点(如春分点、冬至点)的间隔时间。现代测定的回归年长度是 365.242217 日,因此阳历的闰年为 366 日,平年为 365 日。阳历反映气候冷暖变化,便于农业生产。阴历和阳历满足了古人不同的需求,然而太阴年比太阳年短,进度不统一。为了更好地应用阴阳合历,就需要在阴历中设置闰月。殷历已开始设置阴历闰月,春秋时期在每 19 年中设置 7 个闰月。此后学者又提出了更科学的置闰方法,置闰实现了阴历与阳历的基本平衡。

回归年的测定是制订历法的前提,古人在这方面努力寻求更精确的答案。春秋时期,已应用四分历,回归年的长度为 365.25 日。南朝学者祖冲之测定的数据是 365.2428 日,与真值的误差仅 52 秒。明代末年,邢云路测定的数据是 365.242190 日,与现代推算的真值误差仅 2.3 秒。

自创制历法以来,天文学家对其进行不断改进,制定了 90 多种历法。古代历法之创见丰富者,主要有邓平、落下闳《太初历》,僧一行《大衍历》,沈括《十二气历》,郭守敬《授时历》。《太初历》颁行于汉武帝太初元年(前104),在五星运行周期的测定等方面取得很大进步。《大衍历》结构合理,分为步气朔、步发敛等七个部分,创立了数种天文学领域的计算方法。《十二气历》提出以节气定月份,"直以立春之日为孟春之一日,惊蛰为仲春之一日,大尽三十一日,小尽三十日,岁岁齐尽,永无闰余",月亮的圆缺"寓之历间可也"(沈括《补笔谈》卷上)。《十二气历》属于纯阳历,这在以阴阳合历为传统的古代堪称惊世骇俗之历。郭守敬强调实测,其《授时历》"所用天文数据几乎都是世界上最先进的","自颁行以后一直使用到明末,时间长达 360 年之久,是中国古历中行用时间最久的历法"。①

---

① 冯时:《天文学史话》,社会科学文献出版社 2011 年版,第 145 页。

节气是中国历法的重要内容，一年分二十四节气，以之阐明物候，指导生产。最早出现的节气是春分、秋分、夏至、冬至，此后出现了立春、立夏、立秋、立冬。《尚书·尧典》云："日中星鸟，以殷仲春。"其中的"日中"即指春分。《吕氏春秋》出现了立春、立夏、立秋、立冬、夏至、冬至的名称，记载了二月（仲春）和八月（仲秋）"日夜分"的情形，"日夜分"即昼夜等分，是春分、秋分的情形。《吕氏春秋》还提出了相关节气的礼制设计，如"立春之日，天子亲率三公、九卿、诸侯、大夫以迎春于东郊。还，乃赏公卿、诸侯、大夫于朝。命相布德和令，行庆施惠，下及兆民"，"立秋之日，天子亲率三公、九卿、诸侯、大夫以迎秋于西郊……天子乃命将帅，选士厉兵，简练桀俊"等。西汉时期，节气体系逐渐完善，《淮南子》记载了二十四节气的完整名称和确定方法，将二十四节气与十二律进行对应："斗指子则冬至，音比黄钟。加十五日指癸则小寒，音比应钟……加十五日指壬则大雪，音比应钟。"二十四节气属于阳历系统，如春分是 3 月 20 日或 21 日，秋分是 9 月 22、23 日或 24 日，这两天昼夜平分；夏至是 6 月 21 日或 22 日，北半球全年中白昼最长的一天，此后白昼慢慢变短；冬至是 12 月 21 日、22 日或 23 日，北半球全年中黑夜最长的一天，此后黑夜慢慢变短。古人仔细地观察物候，总结了每个节气的物候，形成了七十二候。《逸周书·时训解》记载了七十二候，如："立春之日东风解冻，又五日蛰虫始振，又五日鱼上冰"，"雨水之日獭祭鱼，又五日鸿雁来，又五日草木萌动"。在农业生产中，古人总结了数量众多的和节气相关的谚语，如"清明前后，种瓜点豆"，"清明高粱谷雨花，立夏谷子小满薯"，"到了立夏乱种田"，"小暑连大暑，锄草防涝莫踟蹰"，"白露早，寒露迟，秋分种麦正当时"。再结合立春日咬春，清明扫墓、踏青，立夏

七十二候

称重、饯春，夏至吃面，立秋贴秋膘、咬秋，冬至吃饺子、数九、画九等众多习俗，我们不难看出，节气与中国人的生活有着极为密切的关系，节气当中蕴含了丰富的文化内涵。

编订历法之外，中国古代的天文学家还开展了广泛的天文观测与计算，兹举数例以说明。恒星观测方面，对三垣二十八宿的观测历史十分悠久。《史记·天官书》分五宫记载星辰，中宫位于北极附近，有天极星、北斗等，其他四宫分别有名：东宫又名苍龙（亦称"青龙"），西宫又名咸池（亦称"白虎"），南宫又名朱鸟（亦称"朱雀"），北宫又名玄武。中宫后来分为"三垣"：紫微垣、太微垣、天市垣。行星会合周期的观测方面，战国时期已掌握了观

测方法,南北朝时期的祖冲之所得出会合周期的误差不到 0.0022 日。北极高度和夏至正午日影长度的测量也是古人关注的方面,僧一行开展了相关测量,并得出结论:"大率三百五十一里八十步,而极差一度。"(《新唐书·天文志》)351 里 80 步相当于 129.22 千米,这便是子午线一度的长度,尽管数据不够精确,但这是世界上首次测定子午线长度的科学活动。

### 三、数学

中国古人在数学方面的探究源起于久远的年代,商代已出现了十进制,商周时期掌握了四则运算,春秋时期出现了乘法口诀"九九歌"。这些创造都具有极深远的意义。

由于日常生活的需求,数学在多方面得到应用与发展,东汉时期出现了数学经典著作《九章算术》。该书分为九章,收录了 246 道数学题。第一章"方田"讲解方形、梯形、圆形、环形等形状的田亩面积的计算。第二章"粟米"讲解粮食交易问题。第三章"衰分"讲解按比例分配的问题。第四章"少广"讲解已知面积求边长、周长的问题。第五章"商功"讲解体积的计算问题,与土木工程关系密切。第六章"均输"讲解按照距离进行徭役分派的问题。第七章"盈不足"讲解进行盈余和不足假设的问题,如:"今有共买鸡,人出九,盈一十一,人出六,不足十六。问:人数、鸡价各几何?"第八章"方程"和第九章"勾股"分别讲解方程组的计算问题、几何问题。

《九章算术》解决的数学问题众多,其中提出的勾股定理和圆田计算方法至今日影响尤巨。勾股定理揭示了直角三角形三条边的关系问题。《周髀算经》记载,商高在回答周公提问时,提到"勾广三,股修四,径隅五"。这实际上是举出了勾股定理的特例,即"勾三股四弦五"。曲安京《〈周髀算经〉新议》以为,该内容所属的"商高问答"的"完成时间应该在西周初期"。《九章算术》明确提出了勾股定理:"勾股各自乘,并而开方除之,即弦。"汉末三国时期的数学家赵爽用科学的方法对勾股定理进行了证明。圆田计算的关键是圆周率的推算。赵爽注《周髀算经》时写道:"圆径一而周三",此以 3 作为圆周率。魏晋时期数学家刘徽为圆周率推算作出了重要贡献,他在《九章算术注》中创立了割圆术。割圆术,是在圆内作内接正六边形,不断倍增多边形的边数,并计算多边形面积,当边数达到极限时,多边形与圆形的面积相等。用此方法,他由圆内接正 192 边形推算出圆周率为 3.14(157/50),并进一步推算,得出圆周率为 3.1416(3927/1250)。南北朝时期,祖冲之在刘徽的推算基础上更进一步,提出圆周率介于 3.1415926 与 3.1415927 之间,该数值领先世界约 1000 年。

东汉以来,数学家继承《九章算术》的优良传统,努力解决与农业生产和现实生活相关的数学问题。随着研究的深入,他们开始对抽象的高深问题不懈钻研。因为有着孜孜以求的精神,他们"在高深的数学领域,如高次方程解法(增乘开方法)、一次同余方程组解法(大衍总数术)、列方程(天元术)和联立高次方程组解法(四元术)、高阶等差级数求和(垛积术)和招差法等方面取得超前其他文化传统几个世纪的重大成就"①。这方面的研究成果中,杨辉三角至今仍得到广泛的应用。杨辉在《详解九章算法》中绘有一幅"开方作法本源图",该图数字呈三角形排列,故被称作"杨辉三角"。杨辉三角分多行,第一行为"1",第二行为"1、1",第三行起,两腰均为 1,中间的每个数字是两肩数字之和。该图实际上是二项式定理系数表,应用该图可以计算$(a+b)^2$、$(a+b)^3$、$(a+b)^4$、$(a+b)^5$ 等。杨辉说明该图"出《释锁算书》,贾宪用此术",所以该图又被称作"贾宪三角"。

## 第四节　中国古代科技文化的特点

"李约瑟之问"是个著名问题,其内容为:"从公元前 1 世纪到公元 15 世纪的漫长岁月中,中国人在应用自然知识满足人的需要方面,曾经胜过欧洲人,那么为什么近代科学革命没有在中国发生呢?"江晓原认为该问题是伪问题,但"李约瑟之问"可以引发我们思考这样的问题:中国曾经有过很多重大发明和创造,为何在 16—20 世纪科技处于长期落后局面? 很多学者对此进行了探讨,综合这些观点,我们认为可以从中国古代科技的特点出发进行探讨。

### 一、重视实际应用

中国古人注重研究现实问题,在日常生产生活、器物制造等方面努力寻求技术的突破。农学主要是总结农业经验,研究农业技术、水利、荒政等问题。医学重在防病、治病救人,研究草药、人体功能活动、医疗技术等。数学、地理学、天文学等学科也都表现出明显的注重现实应用的特点,注重有

---

① 《中国大百科全书》普及版编委会:《天人合一:中国古代科技简史》,中国大百科全书出版社 2018 年版,第 37 页。

益于国计民生的问题探究。

现代数学是抽象的学科,注重以符号进行演算,以公理为基础,具有严密的演绎体系。中国传统数学多研究与现实相关的计算,注重数学的应用价值。《九章算术》中的问题多与社会生活相关,后来的数学著作多具备这种特征。宋元时期,数学领域取得了杰出成就,出现了"宋元四大数学家":秦九韶、李冶、杨辉、朱世杰,他们都重视数学的应用性。秦九韶著有《数书九章》,他在该书的序言中阐述了数学的功用:"大则可以通神明,顺性命;小则可以经世务,类万物。"《数书九章》列了81题数学题,分为九类,其中的田域、测望、赋役、钱谷、营建等类均有助于"经世务"。李冶以为:"术数虽居六艺之末,而施之人事,则最为切务。"(《〈益古演段〉自序》)杨辉著有《日用算法》,该书是一部实用的数学著作。朱世杰《算学启蒙》涉及了利息和税收、田亩面积、粮仓容积、建筑工程、商业等多方面的问题,书中社会经济相关问题的数据"大多来源于生活实际"①。

中国古代地理学成果丰硕,主要包含正史地理志、地理总志、地方志、地理学专著、游记等,研究对象包含疆域、山川、物候、气候、动物、植物、物产、经济、文化等。这些研究既包含地理环境变迁、地形地貌、气候规律、河流水汛等自然地理方面的考察,也包含了很多以经世致用为目的的研究。在古人意识中,地理学附属于史学,故其也具有"通古今之变",为治世提供借鉴的学科使命。南宋时人郑兴裔以为:"郡之有志,犹国之有史,所以察民风、验土俗,使前有所稽,后有所鉴,甚重典也。"②郑兴裔此语虽论郡志,以之论古代的很多地理学著作都是基本恰当的。明末清初,以顾炎武、顾祖禹等人为代表的学者,以经世致用为治学宗旨,从事地理学研究。顾炎武著有《天下郡国利病书》《肇域志》,全祖望《亭林先生神道表》陈述顾炎武著书过程说:"历览《二十一史》、《十三朝实录》、天下图经、前辈文编、说部,以至公移、邸抄之类,有关于民生之利害者,随录之,旁推互证,务质之今日所可行,而不为泥古之空言,曰《天下郡国利病书》。"③顾祖禹是著名的历史地理学家,

---

① 周瀚光等:《刘徽评传(附李冶、秦九韶、杨辉、朱世杰评传)》,南京大学出版社1994年版,第293页。

② 郑兴裔:《郑忠肃奏议遗集》卷下《〈广陵志〉序》,《文渊阁四库全书》本。

③ 全祖望撰,朱铸禹汇校集注:《全祖望集汇校集注》,上海古籍出版社2018年版,第227页。

其著作《读史方舆纪要》内容宏富，论析精辟，为清代重要的地理学著作。该书包含历代州域形势、分省地理、川渎、天文地理，附刊《舆图要览》，其主体部分（分省地理）分 114 卷，分析了两京十三布政使司及所属府州县的地理方位、建置沿革、境内山川、营寨要隘。顾祖禹尤重山川地理与战争、兴亡之间关系的考察，"其书言山川险易，古今用兵战守攻取之宜，兴亡成败得失之迹所可见，而景物游览之胜不录焉"（魏禧《〈读史方舆纪要〉叙》），如此著书自是希望此书有裨于治世、用兵。地理学在事生产、除饥寒方面也意义重大，《淮南子·泰族训》云："俯视地理，以制度量，察陵陆水泽肥墽高下之宜，立事生财，以除饥寒之患。"此外，地理学常和天文学相结合，在城市规划，宫殿、民宅的建造，水利建设等方面发挥重要作用。

## 二、轻视理论的探讨与学科体系的建构

重视实际应用推动了中国古代科技的进步，然而，当科技达到一定水平，理论研究的不足便制约了科技的继续发展。中国古代有众多的技术发明与伟大创造，李约瑟列举了 26 种"中国传到西方的机械和其他技术"，如：龙骨车、弓弩、铸铁术、火药、磁罗盘、纸和印刷术、瓷器等，而且"还有许多例子甚至还有重要的例子可以列举"。[①] 与之相比，高深的理论探讨与严密的学科体系建构显得不足。

在中国古代科技类学科中，若论体系的完备、理论的丰富，以及在当今的影响力，医学为突出代表。中医理论包含了丰富的内涵，天人学说阐述天地四时对人的影响，阴阳五行学说、脏象经络学说、气血津液学说揭示脏腑功能及其相关关系、人体生理机能、病理变化等，病因方面归纳为六淫、饮食不节、劳累、情绪等，病机理论包含阴阳、寒热、虚实、表里等内容。中医尤重阴阳，以阴阳阐述人体组织结构和病理变化，认为阴阳失调便会生病，比如："阴胜则阳病，阳胜则阴病。阳胜则热，阴胜则寒。重寒则热，重热则寒。"（《黄帝内经·素问》）诊断疾病时，当"先别阴阳"（《黄帝内经·素问》），治病便是通过调理实现人体的阴阳平衡。此外，治未病、三因制宜原则等都是中医理论的重要内容。中医理论博大精深，但也存在自身的不足。王琦指出了中医理论的如下问题："理论体系不完善，如病因病

---

① 李约瑟：《中国科学技术史·导论》，科学出版社、上海古籍出版社 1990 年版，第 252-253 页。

机未包含物理因素、化学因素、生物因素;中医理论的一些基本概念外延广泛,一词多义和易地而变;中医理论的发展滞后于临床实践。"①此外,调节阴阳、脏象经络学说等都是高度抽象的理论,医生要深刻领悟并灵活应用存在不小的难度。

中国古代地理学的成果十分庞大,其中包含了一些自然地理方面的考察与研究。范成大考察了桂林的洞穴。明代学者杨慎提出了水汽循环的概念。明代学者徐霞客是古代杰出地理学家,他从事地理考察30余年,撰写了《徐霞客游记》。他提出了河流基准面的概念,在岩溶地貌、流水地貌、植物地理等方面均作出了突出成绩,开创了地理学研究的新方向。清代在植被分布、流水地貌发育理论、潮汐规律等方面均提出了科学的观点。然而,这些研究成果多产生于明清时期,在整个地理学研究成果中所占的比重很小。对于地理学研究中轻视自然规律的探讨,清初学者刘献廷进行了反思:"方舆之书所纪者,惟疆域建置沿革、山川古迹、城池形势、风俗职官、名宦人物诸条耳,此皆人事,于天地之故,概乎未之有闻也。"②刘献廷以为此前的著作并未探究"天地之故",也就是自然界的规律(如地理环境的形成与变迁、气候等),此后应当于此着力。此实为卓越见识,可惜并未产生明显影响,如梁启超所说,刘献廷为地理学"树立崭新的观念","惜乎清儒佞古成癖,风气非一人能挽,而三百年来之大地理学家,竟仅以专长考古闻也"。③

中国古代数学重视实际应用,擅长解决田亩面积、粮仓容积、建筑工程等方面的计算问题,并能解决方程组解法、招差法等高深的问题。然而,古代数学在提出概念,形成公理、公式,进而开展抽象的计算与演绎方面存在明显不足。还有些学者故意将解题方法弄得玄妙难懂,如李冶所说:"今之为算者,未必有刘李之工,而褊心局见,不肯晓然示人。惟务隐互错糅,故为溟涬黯黮,惟恐学者得窥其仿佛云云。"(《〈益古演段〉自序》)在这种情况下,数学在抽象性、简明性、理论性方面存在问题,学科的系统化便无从谈起。

不仅在地理学、数学领域,古人轻视理论的探讨和学科的建构,在其他多个领域也存在同样情形。他们作出了非凡的成就,但很少进行规律性的

---

① 王琦:《中医文化与医学散论》,中国中医药出版社2012年版,第56页。
② 刘献廷:《广阳杂记》,汪北平等点校,中华书局1957年版,第150页。
③ 梁启超:《中国近三百年学术史》,见汤志钧、汤仁泽编:《梁启超全集》第十二集,中国人民大学出版社2018年版,第581页。

探讨、真理的探求和学科的系统化建构。中国古代天文学家进行大量的天象观测,其主要目的不是研究宇宙的起源、构成宇宙的天体及其运行规律,而是探求天意,预测天下局势,因此中国古代天文学是"天文解释学、政治占星术"①。古人发明了指南针,但没有深入探索指南针的原理。古人建造了都江堰、灵渠等著名水利工程,在长江中的礁石上建造了(鄂州)观音阁,这些建筑都符合物理学原理,体现了杰出的建筑技术,但古人没有进行原理性的归纳。

由于轻视理论的归纳和学科体系的建构,再加上中国古代的专制制度和重道轻器思想的影响等因素,一些学科在发展的高峰之后陷于停滞状态,没能形成体系完备的现代学科并不断取得突破。其中突出的例子有:天文学在明清时期总体发展缓慢,数学在明代进入低谷期,在清代才有了较明显的发展。

### 三、体现了"天人合一"的思想

"天人合一"是中国古代重要思想,主要内涵包含了两个方面:其一,人是自然的一部分,人与自然要和谐相处;其二,人道即天道,人应当体悟天道,遵循天道,"与天地合其德"(《周易·乾》),有生生、仁爱之心,有助人、安人之行。此种思想对古人的思想观念、行为方式、生产生活产生了深远的影响,对中国古代的医学、建筑、农学、器物制造等也产生了深远的影响。

中医重视自然环境对人体的影响,强调顺应自然,顺应规律。《黄帝内经·素问》云:"阴阳四时者,万物之终始也,死生之本也。逆之则灾害生,从之则苛疾不起,是谓得道。""阴阳四时"也就是"天"(季节和阴阳变化)的因素,顺应气候变化,才能保持健康。在治疗和养生方面,考虑环境因素,提出三因制宜原则,即因时、因地、因人制宜。时间不同,地域不同,气候(如湿燥、冷暖)也不同,治疗和养生方案也应有差异。《黄帝内经》提出了不同季节调理形神的方法,比如:夏季,"夜卧早起,无厌于日。使志无怒,使华英成秀。使气得泄,若所爱在外";冬季,"早卧晚起,必待日光。使志若伏若匿,若有私意……无泄皮肤,使气亟夺"。夏季夜卧早起,并使阳气得以疏泄,冬

---

① 吴国盛:《科学与礼学:希腊与中国的天文学》,《北京大学学报》(哲学社会科学版)2015 年第 4 期,第 139 页。

季则要早卧晚起，不要让皮肤出汗，以免频繁地损耗阳气。金代医学家张从正在《儒门事亲》中写道："凡解利伤寒时气疫疾，当先推天地寒暑之理，以人参之。南陲之地多热，宜辛凉之剂解之；朔方之地多寒，宜辛温之剂解之。午未之月多暑，宜辛凉解之；子丑之月多冻，宜辛温解之。少壮气实之人，宜辛凉解之；老耆气衰之人，宜辛温解之。"①"天地寒暑之理"，包含了时间与地域因素，书中提出的用药原则体现了"三因制宜"原则。

中国古代建筑自成体系，风格鲜明，宫殿、坛庙、园林、民宅、佛寺、宫观、水利工程等类型均有建树。古人兴建土木，重视选址，设计与施工顺应地势，利用环境，体现了鲜明的天人合一思想。园林是古代建筑的重要类型，兴建者精心选址，巧运匠思，努力追求"虽由人作，宛自天开"②的境界。明代造园艺术家计成撰写了《园冶》一书，该书是中国第一部造园艺术专著，对明代造园艺术进行了总结。园林设计者应当根据园基自然条件进行设计，《园冶》专设"相地"一节，下分山林地、城市地、村庄地、郊野地、傍宅地、江湖地，分析了依据不同园基进行园林设计和建造的基本方法。书中将造园诀窍归纳为因、借、体、宜四个字："园林巧于'因'、'借'，精在'体'、'宜'……因者：随基势高下，体形之端正，碍木删桠，泉流石注，互相借资；宜亭斯亭，宜榭斯榭，不妨偏径，顿置婉转，斯谓'精而合宜'者也……极目所至，俗则屏之，嘉则收之，不分町疃，尽为烟景，斯所谓'巧而得体'者也。"③为了成就旷远幽静的园林，古人灵活运用因借之法，并创造了多方面的建筑技术，比如：叠山理水之法，漏窗的制作技术，楼阁台榭、鸳鸯厅、曲槛回廊的建造技术。因地制宜的思想在建筑实践中得到了广泛的运用。各处名山之上，佛寺、道观、亭台、桥梁等，隐现于林木间，无不借势而作，与山林浑然一体。依崖而建的悬空寺在山西恒山、河北苍岩山、浙江建德大慈岩等处均有分布，险峻悬空之姿令人称奇，其中体现了对自然环境的巧妙利用与高超的建筑技术。

水利工程是关系农业生产和日常生活的重要事业。古人在漫长的治水史中，逐渐认知自然地理，在治水中顺应自然，除患兴利。西汉时期，黄河水患频发，危害百姓生活。王莽时，征召众多善治河者进行商议，张戎以为，百姓以黄河水灌溉田地，河水浅而流速缓，进而泥沙堆积，雨多则河

---

① 张从正：《儒门事亲》卷一《立诸时气解利禁忌式三》，《文渊阁四库全书》本。
② 张国栋主编：《园冶新解》，化学工业出版社 2009 年版，第 15 页。
③ 张国栋主编：《园冶新解》，化学工业出版社 2009 年版，第 11 页。

水成灾。张戎的这一认识十分可贵，他提出了科学的策略："各顺从其性，毋复灌溉，则百川流行，水道自利，无溢决之害矣。"后代的一些水利工程师汲取了张戎的思想，并逐渐总结出治水的重要原则——借助水势泄沙。明代时，潘季驯《河防一览》明确提出了"筑堤束水，以水攻沙"的思想。古人兴建水利工程时，重视建设前的勘察和选址。四川境内的都江堰兴建于战国时期，广西境内的灵渠兴建于秦代，这两处工程建设之初，先对自然环境进行了周密勘察，然后开展施工，因地制宜，建成了价值巨大的水利工程。

古人关于天人关系的探究，既产生了"天人合一"的思想，也产生了天象表现吉凶的思想。《周易·系辞上》云："天垂象，见吉凶。"这种思想给科技带来了消极的影响。古代天文学在天文观测方面取得了很大成就，但也存在不科学的、迷信的因素，比如对日食、"荧惑守心"等天象的解释。再比如堪舆学，以相地、相宅、相墓之法为主要内容，关注点即在环境的优劣（吉凶），其中包含了神秘主义的、迷信的内容。

中国古代科技特点鲜明，其影响有积极的一面，也有消极的一面，明清时期科技的落后与这些特点之间存在联系。我们应当重新认识这些特点，汲取其中的优良传统，推动科技的长远发展。

## 本章小结

中国古代创造了辉煌的科技成就，"四大发明"为其中的重要代表，陶瓷制造、青铜器铸造、玉器制作等工艺技术精湛，"古代科技四大学科"（农学、医学、天文学、算学）也取得了突出成就。受中国文化的影响，古代科技形成了鲜明的特点，其中关注现实应用、讲求"天人合一"等传统直至今日仍具有启示意义。

小测验

思考练习

1."四大发明"对世界产生了哪些影响?

2.请谈谈儒家思想对中国古代科技发展所产生的影响。

3.许倬云《中国古代文化的特质》提出:"明清的工艺一直直线向上,而科学的进展都停顿了,代替的是考证的史学及内观的形而上学。"造成这种现象的原因有哪些?

4.以节气、工艺技术为例,说明古代科技在我们当代生活中的影响。

参考书目

钱伟长:《中国历史上的科学发明》,北京出版社 2020 年版。

孙机:《中国古代物质文化》,中华书局 2014 年版。

吴国盛:《什么是科学》,广东人民出版社 2016 年版。

国家图书馆(国家古籍保护中心)、中国科学院自然科学史研究所编:《格致·考工·源流:中国古代科技发明创造》,北京大学出版社 2020 年版。

杜石然、范楚玉、陈美东等:《中国科学技术史稿》,北京大学出版社 2012 年版。

《中国大百科全书》普及版编委会:《天人合一:中国古代科技简史》,中国大百科全书出版社 2018 年版。

经典选读

### 刘徽《九章算术注》(节选)

昔在包牺氏始画八卦,以通神明之德,以类万物之情,作九九之术,以合六爻之变……按周公制礼而有九数,九数之流,则《九章》是矣。

往者暴秦焚书,经术散坏。自时厥后,汉北平侯张苍、大司农中丞耿寿昌皆以善算命世。苍等因旧文之遗残,各称删补。故校其目则与古或异,而所论者多近语也。

徽幼习《九章》,长再详览。观阴阳之割裂,总算术之根源,探赜之暇,遂悟其意。是以敢竭顽鲁,采其所见,为之作注……且算在六艺,古者以宾兴贤能,教习国子。虽曰九数,其能穷纤入微,探测无方。至于以法相传,亦犹规矩度量可得而共,非特难为也。当今好之者寡,故世虽多通才达学,而未必能综于此耳。

《周官·大司徒职》,夏至日中立八尺之表,其景尺有五寸,谓之地中。说云:"南戴日下万五千里。"夫云尔者,以术推之……虽夫圆穹之象犹曰可度,又况泰山之高与江海之广哉。徽以为今之史籍且略举天地之物,考论厥数,载之于志,以阐世术之美。辄造《重差》,并为注解,以究古人之意,缀于勾股之下。度高者重表;测深者累矩;孤离者三望;离而又旁求者四望。触类而长之,则虽幽遐诡伏,靡所不入。博物君子,详而览焉。(刘徽《〈九章算术注〉原序》)

李继闵:《〈九章算术〉导读与译注》,陕西科学技术出版社1998年版。

## 贾思勰《齐民要术》(节选)

插法:用棠杜。棠,梨大而细理;杜次之;桑,梨大恶;枣、石榴上插得者,为上梨,虽治十,收得一二也。杜如臂已上皆任插。当先种杜,经年后,插之。主客俱下亦得。然俱下者,杜死则不生也。

杜树大者,插五枝;小者,或三或二。

梨叶微动为上时,将欲开莩为下时。

先作麻纫汝珍反,缠十许匝;以锯截杜,令去地五六寸。不缠,恐插时皮披。留杜高者,梨枝叶茂,遇大风则披。其高留杜者,梨树早成;然宜高作蒿篱盛杜,以土筑之令没;风时,以笼盛梨,则免披耳。

斜攕竹为签,刺皮木之际,令深一寸许。

折取其美梨枝,(阳中者!)阴中枝则实少。长五六寸,亦斜攕之,令过心;大小长短与签等。

……

插讫,以绵冒杜头,封熟泥于上。以土培覆,令梨枝仅得出头。以土壅四畔。当梨上沃水,水尽,以土覆之,勿令坚涸。百不失一。梨枝甚脆,培土时宜慎之。勿使掌拨,掌拨则折。(卷四《插梨·第三十七》)

造酒法:全饼曲,晒经五日许。日三过以炊帚刷治之,绝令使净,若遇好日,可三日晒。

然后细锉,布杷,盛高屋厨上,晒经一日,莫使风土秽污。

乃平量曲一斗，臼中捣令碎。若浸曲，一斗，与五升水。

浸曲三日，如鱼眼汤沸，酘米。

其米，绝令精细，淘米可二十遍。酒饭，人狗不令啖。

淘米，及炊釜中水，为酒之具有所洗浣者，悉用河水佳也。

若作秫黍米酒：一斗曲，杀米二石一斗。第一酘，米三斗。停一宿，酘米五斗。又停再宿，酘米一石。又停三宿，酘米三斗。

其酒饭，欲得弱炊，炊如食饭法。舒使极冷，然后纳之。

若作糯米酒：一斗曲，杀米一石八斗。唯三过酘米毕。

其炊饭法，直下馈，不须报蒸。

其下馈法：出馈瓮中，取釜下沸汤浇之，仅没饭便止。此元仆射家法。（卷七《造神曲并酒等·第六十四》）

贾思勰：《齐民要术》，石声汉译注，石定枎、谭光万补注，中华书局 2015 年版。

### 苏易简等《文房四谱》（节选）

汉初已有幡纸代简，成帝时有赫蹄书诏。应劭曰："赫蹄，薄小纸也。"至后汉和帝元兴中，常侍蔡伦剉故布及鱼网树皮而作之弥工，如蒙恬已前已有笔之谓也。又枣阳县南有蔡伦故宅，故彼士（按：疑作"土"）人多能作纸。

……

黟、歙间多良纸，有凝霜、澄心之号。复有长者，可五十尺为一幅。盖歙民数日理其楮，然后于长船中以浸之，数十夫举抄以抄之，傍一夫以鼓而节之，于是以大熏笼周而焙之，不上于墙壁也。由是自首至尾，匀薄如一。

……

蜀人造十色笺，凡十幅为一榻。每幅之尾，必以竹夹夹之，和十色水逐榻以染。当染之际，弃置捶埋，堆盈左右，不胜其委顿。逮干，则光彩相宣，不可名也。然逐幅于方版之上研之，则隐起花木麟鸾，千状万态。又以细布，先以面浆胶令劲挺隐出其文者，谓之"鱼子笺"，又谓之"罗笺"。今剡溪亦有焉。

苏易简等：《文房四谱：外十七种》，朱学博整理校点，上海书店出版社 2015 年版。

### 沈括《梦溪笔谈》（节选）

阳燧照物皆倒，中间有碍故也，算家谓之格术。如人摇橹，臬为之碍故也。若鸢飞空中，其影随鸢而移，或中间为窗隙所束，则影与鸢遂相违，鸢东则影西,鸢西则影东。又如窗隙中楼塔之影,中间为窗所束,亦皆倒垂,与阳燧一也。阳燧面洼,以一指迫而照之则正,渐远则无所见,过此遂倒。其无所见处,正如窗隙、橹臬、腰鼓碍之,本末相格,遂成摇橹之势。故举手则影愈下,下手则影愈上,此其可见。(阳燧面洼,向日照之,光皆聚向内。离镜一二寸,光聚为一点,大如麻、菽,著物则火发,此则腰鼓最细处也。)岂特物为然,人亦如是,中间不为物碍者鲜矣。小则利害相易,是非相反;大则以己为物,以物为己。不求去碍,而欲见不颠倒,难矣哉!(《酉阳杂俎》谓"海翻则塔影倒",此妄说也。影入窗隙则倒。乃其常理。)(卷三《辨证一·阳燧照物》)

予尝考古今历法,五星行度,唯留逆之际最多差。自内而进者,其退必向外;自外而进者,其退必由内。其迹如循柳叶,两末锐,中间往还之道相去甚远。故两末星行成度稍迟,以其斜行故也;中间行度稍速,以其径绝故也。历家但知行道有迟速,不知道径又有斜直之异。熙宁中,予领太史令,卫朴造历,气朔已正,但五星未有候簿可验。前世修历,多只增损旧历而已,未曾实考天度。其法须测验每夜昏、晓、夜半月及五星所在度秒,置簿录之,满五年,其间剔去云阴及昼见日数外,可得三年实行,然后以算术缀之,古所谓"缀术"者此也。是时司天历官皆承世族,隶名食禄,本无知历者,恶朴之术过己,群沮之,屡起大狱;虽终不能摇朴,而候簿至今不成。《奉元历》五星步术,但增损旧历,正其甚谬处十得五六而已。朴之历术,今古未有,为群历人所沮,不能尽其艺,惜哉!(卷八《象数二·五星行度》)

历法见于经者,唯《尧典》言"以闰月定四时成岁"。置闰之法,以尧时始有,太古以前又未知如何。置闰之法,先圣王所遗,固不当议,然事固有古人所未至而俟后世者。如岁差之类,方出于近世,此固无古今之嫌也。凡日一出没,谓之一日;月一亏盈,谓之一月……是空名之正,二、三、四反为实。而生杀之实反为寓,而又生闰月之赘疣,此殆古人未之思也。今为术,莫若用十二气为一年,更不用十二月,直以立春之日为孟春之一日,惊蛰为仲春之一日,大尽三十一日,小尽三十日,岁岁齐尽,永无闰余。十二月常一大一小相间,纵两小相并,一岁不过一次。如此,则四时之气常正,岁政不相陵夺,日月五星亦自从之,不须改旧法。惟月之盈亏,事虽有系之者,如海、胎育之类,不预岁时寒暑之节,寓之历间可也……如此,历术岂不简易端平,上符天运,无补缀之劳?予先验天百刻,有余有不足,人已疑其说;又谓十二次斗建当随岁差迁徙,人愈骇之。今此历论,尤当取怪怒攻骂,然异时必有用予之

280

说者。(《补笔谈》卷二《十二气历》)

沈括:《梦溪笔谈》,张富祥译注,中华书局 2009 年版。

### 高濂《遵生八笺》(节选)

高子曰:论窑器必曰柴、汝、官、哥,然柴则余未之见,且论制不一,有云"青如天,明如镜,薄如纸,声如磬",是薄磁也。而曹明仲则曰:"柴窑足多黄土。"何相悬也?汝窑,余尝见之,其色卵白,汁水莹厚如堆脂然,汁中棕眼,隐若蟹爪,底有芝麻花细小挣钉。余藏一蒲芦大壶,圆底,光若僧首,圆处密排细小挣钉数十,上如吹埙收起,嘴若笔帽,仅二寸,直槊向天,壶口径四寸许,上加罩盖,腹大径尺,制亦奇矣。又见碟子大小数枚,圆浅瓮腹,磬口,泐足底有细钉。以官窑较之,质制滋润。官窑品格,大率与哥窑相同。色取粉青为上,淡白次之,油灰色,色之下也。纹取冰裂鳝血为上,梅花片墨纹次之,细碎纹,纹之下也。论制如商庚鼎、纯素鼎、葱管空足冲耳乳炉、商贯耳弓壶、大兽面花纹周贯耳壶、汉耳环壶、父己尊、祖丁尊,皆法古图式进呈物也。俗人凡见两耳壶式,不论式之美恶,咸指曰:"茄袋瓶也。"孰知有等短矮肥腹无矩度者,似亦俗恶。若上五制,与欲姬壶样,深得古人铜铸体式,当为官窑第一妙品,岂可概以茄袋言之?(《燕闲清赏笺上·论官哥窑器》)

高子曰:定窑者,乃宋北定州造也。其色白,间有紫,有黑,然俱白骨,加以泐水,有如泪痕者为最。故苏长公诗云:"定州花磁琢如玉。"其纹有画花,有绣花,有印花纹三种,多用牡丹、萱草、飞凤时制。其所造器皿,式多工巧,至佳者,如兽面彝炉、子父鼎炉、兽头云板脚桶炉、胆瓶、花尊、花觚,皆略似古制,多用己意,此为定之上品。余如盒子,有内子口者,有内替盘者,自三四寸以至寸许,式亦多甚。枕有长三尺者,制甚可头……式类数多,莫可名状,诸窑无与比胜。虽然,但制出一时工巧,殊无古人遗意。以巧惑今则可,以制胜古则未也。如宣和政和年者,时为官造,色白质薄,土色如玉,物价甚高。(《燕闲清赏笺上·论定窑》)

高濂:《遵生八笺》,王大淳校点,巴蜀书社 1992 年版。

### 宋应星《天工开物》(节选)

天覆地载,物数号万,而事亦因之,曲成而不遗,岂人力也哉?事物而既万矣,必待口授目成而后识之,其与几何?万事万物之中,其无益生人与有益者,各载其半。世有聪明博物者,稠人推焉。乃枣梨之花未赏,而臆度楚萍;釜鬵之范鲜经,而侈谈莒鼎;画工好图鬼魅而恶犬马,即郑侨、晋华,岂足为烈哉?

幸生圣明极盛之世,滇南车马纵贯辽阳,岭徼宦商衡游蓟北。为方万里中,何事何物不可见见闻闻?若为士而生东晋之初、南宋之季,其视燕、秦、晋、豫方物已成夷产,从互市而得裘帽,何殊肃慎之矢也。且夫王孙帝子生长深宫,御厨玉粒正香而欲观耒耜,尚宫锦衣方剪而想像机丝。当斯时也,披图一观,如获重宝矣。

年来著书一种,名曰《天工开物卷》。伤哉贫也!欲购奇考证,而乏洛下之资;欲招致同人商略赝真,而缺陈思之馆。随其孤陋见闻,藏诸方寸而写之,岂有当哉……

卷分前后,乃贵五谷而贱金玉之义,《观象》《乐律》二卷,其道太精,自揣非吾事,故临梓删去。丐大业文人弃掷案头,此书于功名进取毫不相关也。

时崇祯丁丑孟夏月,奉新宋应星书于家食之问堂。(卷首《〈天工开物卷〉序》)

凡稻妨旱藉水,独甚五谷。厥土沙泥、硗腻,随方不一。有三日即干者,有半月后干者。天泽不降,则人力挽水以济。凡河滨有制筒车者,堰陂障流,绕于车下,激轮使转,挽水入筒,一一倾于枧内,流入亩中。昼夜不息,百亩无忧。不用水时,拴木碍止,使轮不转动。其湖池不流水,或以牛力转盘,或聚数人踏转。车身长者二丈,短者半之。其内用龙骨拴串板,关水逆流而上。大抵一人竟日之力灌田五亩,而牛则倍之。

其浅池、小浍不载长车者,则数尺之车,一人两手疾转,竟日之功可灌二亩而已。扬郡以风帆数扇,俟风转车,风息则止。此车为救潦,欲去泽水以便栽种。盖去水非取水也,不适济旱。用桔槔、辘轳,功劳又甚细已。(卷一《乃粒·水利》)

凡治丝先制丝车,其尺寸、器具开载后图。锅煎极沸汤,丝粗细视投茧多寡。穷日之力一人可取三十两……断绝之时,寻绪丢上,不必绕接。其丝排匀不堆积者,全在送丝干与磨不之上。川蜀丝车制稍异,其法架横锅上,引四五绪而上,两人对寻锅中绪,然终不若湖制之尽善也。

凡供治丝薪,取极燥无烟湿者,则宝色不损。丝美之法有六字:一曰"出口干",即结茧时用炭火烘;一曰"出水干",则治丝登车时,用炭火四五两盆盛,去车关五寸许,运转如风时,转转火意照干,是曰"出水干"也。若晴光又风色,则不用火。(卷二《乃服·治丝》)

　　万人敌　凡外郡小邑乘城却敌，有炮力不具者，即有空悬火炮而痴重难使者，则万人敌近制随宜可用，不必拘执一方也。盖消、黄火力所射，千军万马立时糜烂。其法：用宿干空中泥团，上留小眼筑实消黄火药，参入毒火、神火，由人变通增损。贯药安信而后，外以木架匡围，或有即用木桶而塑泥实其内郭者，其义亦同。若泥团必用木匡，所以妨掷投先碎也。敌攻城时，燃灼引信，抛掷城下。火力出腾，八面旋转。旋向内时，则城墙抵住，不伤我兵；旋向外时，则敌人马皆无幸。此为守城第一器。而能通火药之性、火器之方者，聪明由人。作者不上十年，守土者留心可也。（卷一五《佳兵·火器》）

宋应星：《天工开物》，明崇祯十年刻本。

# 附
# 孔氏南宗文化

　　孔氏家族堪称中国历史上影响最为悠久而深远的家族,不仅谱系严明、支派清晰,而且文化深厚,英杰辈出。南宋初年,孔子第 48 世嫡长孙、衍圣公孔端友与其叔父孔传率部分族人扈跸南渡,寓居衢州,后来成为孔氏南宗。孔氏南宗肇基于动荡时期,元初让爵于曲阜,家族史充满曲折与坎坷。艰难的岁月中,孔氏南宗族人奋发有为,主动融入民间社会,在汲取江南文化的同时,通过教育活动、出仕任职、开展文化交流等,推动了地方社会的演进与文化的发展。

## 第一节　孔氏南宗家世

　　自春秋以来,孔氏家族在曲阜生活繁衍,逐渐形成了宏阔而庄严的孔庙、孔府、孔林,形成了源远流长、内涵深厚的家族文化。南宋初年,天下动荡,孔氏家族从宋廷南迁,随着历史的演进而形成孔氏南宗,与曲阜北宗遥相瞻望。

### 一、大宗南渡

　　由于孔子的"至圣"地位,古代朝廷优待孔氏后人,封孔子嫡长孙为关内侯、褒成侯、文宣公、衍圣公等。宋徽宗崇宁三年(1104),孔子第 48 世宗子孔端友被封为衍圣公,衍圣公的主要职责是主持孔子祭祀和统领孔氏家族。孔端友(1078—1132),字子交,孔若蒙长子,谙熟经史,工于书画。建炎二年(1128)十一月,宋高宗在扬州举行祀天大典,孔端友奉旨陪祀,此后孔端友回到曲阜。不久,军事形势大变,金兵发动对山东的全面进攻。面临危急的

284

局势,孔氏族人商议,决定由孔端友与其叔父孔传率部分族人南渡,孔端友胞弟孔端操等人留守曲阜林庙。从扬州祀天到金兵攻占兖州,其间相隔仅21天。在这短短的21天,孔端友由扬州返回曲阜,召集族人商议后,率族人南渡,其仓皇与艰难可想而知。

　　孔氏族人南渡之时,带上了重要的家族文物,如孔子与亓官夫人楷木圣像、吴道子作的孔子像、孔道辅击蛇笏、古本孔氏族谱等。孔子与亓官夫人楷木圣像,相传为子贡所刻,木质坚硬苍老,雕刻古朴而生动,备受世人瞩目。1930年,学者余绍宋为楷木圣像题词:"今观两像,木

孔道辅击蛇笏

理坚结几化石质,而雕刻又极古朴、浑穆,虽不敢必其出于子贡,要为汉以前人之制作则无可疑。木质而能流存至今,世间更无其偶,况属圣容,尤堪称重。"吴道子绘孔子像由孔氏族人世代珍藏,孔氏南渡以后,孔氏族人以吴道子所绘孔子像为底本作先圣遗像碑,该碑今存衢州孔氏家庙思鲁阁。

　　建炎三年(1129)二月十三日,宋高宗抵达杭州,孔氏族人也随后到达。二月十七日,宋高宗召见群臣,孔传、孔端友率族人朝拜,宋高宗赐孔氏族人居于衢州。由此,孔氏族人离开杭州,来到衢州居住。

　　孔氏大宗南渡居衢,传习礼乐,弘扬儒学,成为推动衢州文化发展的重要力量。不仅如此,孔氏族人南渡以后,支分派衍,分布于江南各地,而各支无不以衢州孔氏宗子为"南宗子家大人",以衢州孔氏家庙为圣地,并且经常赴衢州拜庙、会族。在历史的演进中,孔氏家族以衢州孔氏宗子为统领,形成了孔氏南宗,而居于曲阜者则称为孔氏北宗。

　　衍圣公孔端友被称为"南渡祖",他和叔父孔传一起为孔氏南宗的发展奠定了坚实的基础。孔端友之后,其子孙于南宋一朝"皆袭封,主祀事"(《宋史》)。南宋时期,孔氏南宗共有六代衍圣公:孔端友、孔玠、孔搢、孔文远、孔万春、孔洙。其中,孔洙是南宗最后一代衍圣公,字景清,一字思鲁,号存斋,孔子第53世孙,淳祐元年(1241)袭封衍圣公。

### 二、孔洙让爵

　　孔洙关注孔氏家族事务,在他和衢州知州孙子秀等人的努力下,宝祐二年(1254)建成了第一座孔氏南宗家庙——菱湖家庙。菱湖家庙于宋末元初被毁,他又组织兴建城南家庙。孔洙不但勤于族务,而且学行优异,才干杰出。著述方面,著有《承斋集》;任职方面,曾任衢州、平江、信州等地通判,治

绩突出。孔洙以其品行与才干受到世人的敬重,《元史·程钜夫列传》中记载的一件事足以说明孔洙在当时的影响:时任翰林集贤直学士的程钜夫奉诏至江南求贤,后来荐举的20余人中便有孔洙。

尽管孔洙在担任地方官与家族事务中均有诸多作为,但影响最大的当数让爵一事。元世祖忽必烈平定天下之后,意欲择孔氏宗子受爵,以示尊孔崇儒之意,然而"疑所立"(商辂《续资治通鉴纲目》)。由于时局初定,忽必烈对于孔氏承袭之人尚不确定,召大臣商议,有人指出寓居衢州的孔洙为宗子,于是召孔洙赶赴京城。至元十九年(1282),孔洙奉旨北上,同行者有衢州孔氏族长孔应祥、族弟孔演等人。至京城,孔洙称"庙墓在衢,不忍舍去",让爵于曲阜孔氏族人。元世祖嘉赞孔洙说:"宁违荣而不违道,真圣人后也。"

有意味的是,孔洙让爵是在元世祖至元十九年,而北宗的孔治承袭爵位却在14年后。1295年,元成宗登基,当年下诏,由孔治承袭衍圣公。

### 三、孔彦绳复爵

孔洙让爵对孔氏南宗的影响是不言而喻的,不仅维修家庙、组织祭祀、开展礼仪活动的经费难有着落,而且族人的日常生活都存在困难。更不幸的是,洪武十九年(1386),孔氏南宗五顷祭田因事抄没入官。时隔59年,正统十年(1445),这五顷祭田才拨还孔氏。在爵位失去与祭田一度被抄没的情况下,孔氏南宗努力地维持宗族的延续。在这种艰难困苦中,钟鼓玉帛式的礼仪活动难以实现,谢迁《博士记》这样形容孔氏南宗当时的情形:"址存派紊,租税之入无以计其虚盈,时祭之行无以考其官称,祠墓圮(按:当为'圮')毁而莫之理,赐田埋没而莫之究,子孙繁衍旁正混淆,同衣冠于流俗,而与阙里相霄壤。"

孔氏南宗的境遇引起了地方官员与儒士学者的注意,弘治十八年(1505),衢州知府沈杰奏请授衢州孔氏子孙一人以翰林院五经博士。正德元年(1506),授孔彦绳为五经博士,子孙世袭,孔氏南宗由此恢复爵位。

失爵期间(前后达224年),孔氏南宗族人自然度日艰难。恢复爵位以后,孔氏南宗逐渐振兴,但也远远称不上富贵。《明史·职官志二》云:"翰林院世袭五经博士,正八品,孔氏二人。"孔氏二人,一为衢州宗子,主衢州家庙祭祀;一为孔氏北宗族人,"奉子思庙祀"。天启《衢州府志》之《吏治志》记载,衢州五经博士薪俸微薄,仅靠此无法改善宗族状况。朝廷所赐的祀产,除了祭祀、修葺家庙的费用,所剩无几。

自复爵以来,孔氏南宗先后有 15 代五经博士。他们注重孔氏家庙修葺,虔诚主持祭祀,不懈地继承和发展孔氏家族文化。

**四、民国时期世袭南宗奉祀官**

民国时期,孔氏南宗宗子爵位改称为"南宗奉祀官"。孔氏南宗先后有三代民国奉祀官:孔庆仪、孔繁豪和孔祥楷。

（一）从孔庆仪到孔繁豪

孔庆仪(1864—1924),字寿笺,号肖铿,孔子第 73 世孙,衢州末任翰林院五经博士。确定由孔庆仪袭爵之时,他才出生五个月,他袭爵之前孔氏南宗多位待袭爵族人早逝,此实属不幸,而孔庆仪袭爵之前也发生了不小的周折。同治三年(1864),孔氏家族内产生两种意见:其一,认为应由孔庆元承袭;其二,认为应由当年出生的孔宪型之子孔庆仪承袭。当时,闽浙总督左宗棠正指挥清军镇压太平天国军队,路经衢州。左宗棠闻知孔氏南宗选嫡的情况之后,亲自介入了选嫡事宜,并于同治三年十一月初十,作了两个签,分别写上"庆元""庆仪",在孔庙抽签,结果为孔庆仪。由此,孔庆仪成为翰林院五经博士的继承人。

孔庆仪锐意革新,于宗族事务、地方发展多有贡献。1914 年,北洋政府颁布《崇圣典例》,自此,孔庆仪所袭世职由翰林院五经博士改为"南宗奉祀官"。

孔庆仪之子为孔繁豪,字孟雄,1924 年承袭南宗奉祀官,1935 年改称"大成至圣先师南宗奉祀官"。抗战期间,孔繁豪为保护家族文物(孔子与亓官夫人楷木圣像)作出了不小的贡献。

（二）孔祥楷

孔祥楷(1938—2021),字子摹,孔子第 75 世孙,孔氏南宗末代奉祀官。

孔祥楷少年时在衢州成长和学习,后在西安读大学。1961 年毕业于西安建筑工程学院,所学专业为工业与民用建筑专业。1965 年至河北唐山市迁西县金厂峪金矿工作。在金矿工作 20 余载,从技术员到基建科副科长,后来担任副矿长、矿长。担任矿长期间,异常关心职工生活,广泛开展文化活动,深受敬爱与拥戴。1989 年,调任沈阳黄金学院副院长,领导编制学校发展规划,成立校理事会,组建校交响乐团,推动了学校的发展。

1993年春,孔祥楷回到故乡衢州,此时他已在他乡工作近40年。返乡之后,先后担任衢州市人民政府市长助理、中共衢州市委统战部部长、衢州市政协副主席等职。2000年以后,专任孔氏南宗家庙管委会主任,衍圣弘道,勤勉不息,他在继承传统的基础上开拓创新,家庙各项工作取得卓越成效,孔氏南宗声名远播。2004年,衢州孔庙举行新中国成立后首次祭孔,此后的18年中,衢州祭孔体现出鲜明的"当代人祭孔"、平民化祭孔的特色,并于2011年列入国家级"非物质文化遗产"目录。主持祭孔典礼之外,孔祥楷尽心竭力地传播孔子思想,极大地丰富了当地大中小学的校园文化内涵,有力地提升了校园文化建设水平。在孔氏南宗家庙管委会、衢州市教育局等单位的共同努力下,衢州开展了形式多样的《论语》学习与普及活动。2004年,衢州市举办首届"尼山杯"中小学生《论语》学习系列大赛,至2022年成功举办19届。2006年9月至2011年7月,在衢州学院开设"文化漫谈"课,课程内容以文艺创作与人生修养为中心,包含散文、小说、话剧、篆刻、雕塑、音乐、孔子思想、即席讲话、思辨能力等。2008年,衢州市举办首届儒学校园剧创作展演活动,此后两年举办一届。2018年,举办中小学生《论语》背诵活动,后改称"《论语》背诵争章活动",每年举办。

孔祥楷爱好广泛,兼工众艺,其文艺创作体现出内在的学养与独特的艺术领悟。2006年,《孔祥楷文稿》由人民文学出版社出版。《孔祥楷文稿》收录小说、散文、话剧剧本、乐曲等。2015年,《文化漫谈》(课堂讲稿)由华东师范大学出版社出版,该讲稿讲解了不同文艺形式的创作方法,探讨了企业管理、《论语》普及等话题,其中融入了人生感悟与深远哲思,多有隽言妙语,富有启发意义。2019年,散文集《融》由浙江人民美术出版社出版,该书讲述了作者任金厂峪金矿矿长时期的经历,其中体现出的管理艺术、处事方法、仁爱之心无不令人敬重,发人思考。

## 第二节　孔氏南宗家庙

南渡以来,孔氏族人传承诗礼,重视家族祭祀。由于社会动乱和祭祀需要等原因,孔氏南宗先后建设了三座家庙:菱湖家庙、城南家庙和新桥街家庙。衢州是孔氏南宗圣地,衢州孔氏家庙也备受孔氏族人与历代官府、士人的关注,具有崇高的地位。李之芳《清康熙衢州重修孔氏家庙碑记》开篇写道:"自唐开元后,郡邑皆立孔子庙,有司岁时奉祠,至于今不废,而为孔氏之家庙者,惟曲阜与衢州耳。"①这段话揭示了衢州孔氏家庙的独特地位,一则有别于各地的学庙,二则是全国仅有的两座孔氏家庙之一。

## 一、菱湖孔氏家庙

建炎三年(1129)初,孔氏族人来到衢州。孔传、孔端友等人既要安顿族人生活,又时刻关注着时局,希望为国效力,还要为孔氏家族在衢州的生存与发展等问题而忧虑,可谓千头万绪。身处此种情形,祭孔之礼依然诚敬,只是仪节与祭品不得已而从简。

弘治《衢州府志》等文献记载,绍兴六年(1136)"诏权以衢州学为家庙"。先以州学为家庙,只是权宜之计,但在此后的很长一段时间内,朝廷并未考虑在衢州兴建孔氏家庙。南宋时期,朝廷与民间均有强大的主战力量,努力推动北伐,希望收复中原。建炎(1127—1130)、绍兴年间(1131—1162)岳飞等人的抗金斗争,隆兴元年(1163)的张浚北伐,开禧年间(1205—1207)的韩侂胄北伐,端平元年(1234)的出师北上等军事行动,都是收复志向的体现。在此背景下兴建孔庙显然不可取。

孔氏南渡100多年后的宝祐元年(1253),朝廷批准衢州知州孙子秀兴建孔氏南宗家庙的奏请,并下拨相关款项。同年,在衍圣公孔洙和族长孔璋的指示下,由孔氏南宗名贤孔元龙等具体负责,在衢州城东北菱湖兴建家庙,次年春天即告落成。

菱湖孔氏家庙之建造仿照曲阜家庙的规制,格局庄严阔大,共有房屋225楹。家庙正中为玄圣殿,祭祀孔子,西边为祭祀孔子父亲叔梁纥与母亲颜徵在之所,后边为祭祀孔子妻子亓官氏之所。在东西两庑祭祀孔子的儿子孔鲤与孙子孔伋,并以专祠祭祀袭封者。此外,菱湖家庙有思鲁堂,为孔氏族人讲学之地;有咏春亭,为拜谒家庙的士人休息之所。

## 二、城南孔氏家庙

菱湖孔氏家庙的建立无疑是孔氏南宗族人和衢州士人期盼多年的梦想,其建成在当时产生了广泛的影响。令人痛心的是,22年之后,在南宋末

---

① (康熙)《衢州府志》卷七《圣庙·清康熙衢州重修孔氏家庙碑记(李之芳撰)》。

年的战火中,菱湖家庙被毁于一旦。此时的衍圣公为孔洙,生灵涂炭令他寝食难安,家庙被毁令他痛彻心扉。在痛心之余,他先是"以家为庙","接着,他又在南渡孔子后裔聚居的城南鲁儒坊择地建庙。不久,以阖族之力而建的庙修成。这就是所谓的'城南家庙'。当然,此庙规模不大……然而,在那个改朝换代之际,靠衍圣公一人集聚族属之力建成一座祭祀孔子的庙堂,实属不易。可以说,在把修治孔庙作为国事的两千多年间,是前无古人、后无来者的"。①

孔洙倡建城南家庙历尽艰辛,然而,当他于至元十九年(1282)让爵之后回到衢州时,城南家庙已经毁坏严重。此后,在元末管理衢州军民事务的王恺、明代礼部尚书胡濙、吏部郎中周木的指示下,城南家庙历经三次修葺。

### 三、新桥街孔氏家庙

孔氏南宗于正德元年(1506)再受封爵,地位得到提高。正德十五年(1520),在孔子第60世孙、翰林院五经博士孔承美的请求和巡按御史唐凤仪、布政使何天衢等官员的努力下,朝廷批准孔氏南宗重建家庙,并拨与银两。同年十一月动工兴建,次年四月落成。

新桥街孔氏家庙的规模与格局均非此前的城南家庙可比拟,分为中轴线、东轴线和西轴线。中轴线有大成殿、思鲁阁等,东轴线有恩官祠、启圣祠等,西轴线有袭封祠、六代公爵祠,西轴线的西侧是五经博士官署,亦称孔府,后有孔府花园。这种东为家庙、西为孔府的格局延续至今。

家庙建成后,为之作碑记者有谢迁和方豪。谢迁,字于乔,浙江余姚人,成化十一年(1475)状元,曾任左庶子、兵部尚书兼东阁大学士等职,《明史》称其"仪观俊伟,秉节直亮","天下称贤相"。方豪,衢州开化人,字思道,号棠陵,著有《性理集解》《养余录》《棠陵集》等。谢迁和方豪的碑记均对孔氏家庙的规模与功用称赏不已。方豪称孔氏家庙"地位崇广,规制壮严,遐瞻阙里,实相辉映",认为衢州孔庙与曲阜孔庙遥相辉映,并且称道孔氏家庙的功用完备:"展奠有地,博士有居,斋宿牲庖,燕集弦诵之所,无弗备者。"②谢迁在碑记中表达了相近的意思。

时至清代,新桥街家庙经历了多次修葺。完备的家庙与孔氏南宗的家

---

① 崔铭先:《孔夫子的嫡长孙们》,浙江人民出版社2009年版,第136页。

② (民国)《衢县志》卷十六《碑碣志一·家庙·明正德衢州孔氏家庙碑(方豪撰)》。

族文化吸引了众多士人,如清代兵部侍郎、浙江巡抚帅承瀛《清道光重修衢州孔氏家庙记》所说:"衢之庙为博士子孙所世守,家法常存,式凭如在,与阙里之堂南北并峙,四方观礼而至止者,不啻溯洙泗而跻凫峄也。"①我们今天见到的孔氏家庙的基本格局便是在清代奠定的,《衢州孔氏南宗家庙志》称"建筑空间基本为清道光年间大规模修建后的格局,现存建筑多数为晚清遗构"②。如今孔庙建筑的风格依然庄严古朴,只是建筑物名称有了一些变化,比如西轴线建筑依次为贵宾堂、扈跸厅、荣道堂,孔府花园原大中堂改称"有朋堂"。

孔氏南宗家庙

# 第三节　南宗祭孔

在古代,不但孔子后裔祭祀圣祖,而且帝王、官员、天下士人等均祭祀"大成至圣文宣王""至圣先师"。前者为家祭,后者为官祭,两者在性质、功能、祀期、礼仪方面均存在差异。孔氏南宗祭孔,"是孔子后裔行'孝道',又是历代帝王行尊圣之礼的一项隆重活动"③,兼具家祭与官祭的功能。南宗祭孔,兴起于南宋,初极简省,后渐隆盛,代有因革,至清代而臻于庄严隆重。时至当代,融入时代内涵,公祭与学祭相结合,体现出平民化祭孔和"当代人祭孔"的鲜明特色。

## 一、古代祭孔简说

《左传·成公十三年》载:"国之大事,在祀与戎,祀有执膰,戎有受脤,神之大节也。"祭祀在古代社会具有崇高地位,上自帝王,下至百姓均有众多的祭祀活动,祭祀对象包含昊天上帝、日月星辰、社稷、五岳、祖先等。在名目繁多的祭祀中,祭孔与祭黄帝、祭祖等直至今日仍影响深远。祭孔的巨大影

---

① （民国）《衢县志》卷十六《碑碣志一·家庙·清道光重修衢州孔氏家庙记（帅承瀛撰）》。

② 《衢州孔氏南宗家庙志》编委会:《衢州孔氏南宗家庙志》,浙江人民出版社 2001 年版,第 31 页。

③ 《衢州孔氏南宗家庙志》编委会:《衢州孔氏南宗家庙志》,浙江人民出版社 2001 年版,第 82 页。

响力,既与祖先崇拜和宗族文化密切相关,又与孔子、孔氏家族、儒家思想在中国文化中的至高地位密不可分。

(一)古代祭孔基本类型

古代祭孔分家祭和官祭。家祭指孔子后裔在孔氏家庙或祠堂祭祀祖先(以各自的夫人配食),每年举行各种形式的祭祀仪式。官祭有多种形式,一为帝王本人或派遣官员赴曲阜祭孔,二为国子监和各地州学、县学组织的祭祀,其他如释褐礼、官学的朔望行礼等。东汉时期,汉明帝、汉章帝和汉安帝均亲至曲阜祭祀孔子与 72 弟子,而且"祭孔开始成为国家祭祀的有机组成部分"①。贞观四年(630),唐太宗诏令各地州学、县学皆立孔庙。唐宋以来,祭孔规格不断提升。

高建军《孔子家族全书·家规礼仪》记载了家庙祭祀的多种形式:四大丁祭、四孟月上戊日祭、八小祭、忌日祭、朔望祭、二十四节气祭等。孔府祭祀活动众多,"难免有一天遇几个祭礼的时候,此时不可相互代替,有几种便要祭几次"②。

在各种祭孔活动中,最为隆重的是四大丁祭。古代以干支纪年、纪日、纪时。"干"即十天干,分别为甲、乙、丙、丁、戊、己、庚、辛、壬、癸;"支"即十二地支,分别为子、丑、寅、卯、辰、巳、午、未、申、酉、戌、亥。天干与地支相配合,依此组合成六十个单位,如"甲子""乙丑"等,每个单位代表一天。古代纪日,"有时只记天干不记地支","这种情况在甲骨文时代也已经有了"③。四大丁祭,指在春夏秋冬每个季度第二个月的第一个丁日举行的祭孔典礼。丁日,五行属火,象征文明,故以丁日祭孔。明代李之藻如此解释:"祭必用丁,盖丙丁属火,文明之象,而丁其明之盛,丙其明之初,故祠令用丁不用丙。"④

孔元措《孔氏祖庭广记》卷五《历代崇重》记载了丁祭之礼:"政和间,赐祭服。四时遇仲月吉日,祭先圣则衍圣公。前期排办,祭料名物视州县释奠之数。祭之前一日,族中长幼应预祭者各致斋。其日五更,请从上尊长二人与衍圣公为三献,各服其服行礼。别请近上族人分奠十哲、七十二贤、二十

① 董喜宁:《孔庙祭祀研究》,湖南大学博士学位论文,2011 年。
② 高建军:《孔子家族全书·家规礼仪》,辽海出版社 1998 年版,第 187 页。
③ 王力主编:《中国古代文化常识》,世界图书出版公司 2008 年版,第 35 页。
④ 李之藻:《頖宫礼乐疏》卷三《祭时诂》,《文渊阁四库全书》本。

六先儒、文中子。凡执事、作乐之人皆陪位。礼毕,焚币,三献官易常服。迟明,家长以下皆诣齐国公、鲁国夫人、郓国夫人、泗水侯、沂水侯殿,各具蔬果、常羞,酌献三奠讫,彻乐。"

(二)衢州古代祭孔

南宋以来,孔氏族人祭孔诚敬,历代相传。南宋初年,祭祀于州学;菱湖家庙建成后,祭于家庙。宋元时期,孔氏南宗祭礼简省,明清以来逐渐兴盛,至清代臻于极盛。孔氏南宗的祭祀主要包括四大祭、四仲丁、八小祭、节气祭、朔望祭拜及特别祭等。

四大祭又叫作"四大丁祭",这是古代祭孔中最为隆重的祭祀。四大丁祭是孔氏南宗宗子、族长的重要职责,也是孔氏南宗的重要活动。大祭前十天,考核、确定乐舞生、礼生,合格后集中操练祭礼。大祭前五天,整理和洗刷祭器。大祭前三天,翰林院五经博士及各执事官、乐舞生、礼生进入家庙居住,沐浴,习礼。大祭前一天,准备祭品,至子时一切就绪。子时正,孔氏家庙内钟鼓共作,灯火齐明。至丑时前再检查一遍,确认无误。寅卯相交之时(五时),钟鼓三鸣,祭祀开始。参加祭祀人员各就其位,乐舞生起舞,礼生赞礼。祭祀中包含三献礼,即初献、亚献和终献。主祭由东阶而上,进至大成殿神位前,献帛、献爵、诵祝文,行三跪九叩之礼,从西阶而下复位。三献之后,再行九叩之礼。除了在大成殿进行祭奠,崇圣祠、六代公爵祠、袭封祠、五支祠、报功祠也要派人进行祭奠。礼毕,参加祭祀人员依次退出。

四仲丁是在丁祭后的第十天举行的祭祀活动,规格明显低于四大祭。

八小祭是指孔氏南宗在八个时间段举行的祭祀活动,这些时间段分别是每年的清明、端午、中秋、除夕、正月初一、十月初一、孔子生辰、孔子忌日。祭祀中不祀太牢(古代祭祀中用的牺牲,牛、羊、猪三牲具备的称太牢)而祀以少牢(古代祭祀中用的牺牲,用羊、猪二牲的称少牢),所以叫作小祭。

节气祭和朔望祭拜形式简洁。节气祭是在每年的二十四个节气时举行的祭祀活动,不邀宾客、族众,不祀太牢、少牢,只设祭品于祭器中,行三叩首礼。朔望祭拜是每月初一、十五举行的祭拜活动,仪式更为简洁,不设祭品,只需行三叩首礼。

特别祭是在特殊的时刻举行的祭祀。在孔子生辰和忌日逢十、逢百周年之时,都会举行特别祭。此外,适逢对于国家或家族具有特别意义的重大事件的时候,也会举行特别祭以示庆祝,如在清初平定三藩叛乱、道光三年(1823)拓建家庙、抗战胜利后迎接圣像回衢等重要时间,孔氏南宗都曾举行特别祭。

### 二、衢州当代祭孔

1984 年,曲阜孔庙恢复民间祭孔,从那以后,中国的祭孔活动走向正常化。21 世纪以来,衢州及各地孔氏族人,各地的学庙、书院等纷纷举行祭孔活动。衢州当代祭孔始于 2004 年,并且从一开始便体现了鲜明的"当代人祭孔"、平民化祭孔的特色。

从主祭人、陪祭人、参祭人来看,南宗祭孔参与面广。政府代表、高校与中等专业学校校长等均担任过主祭人。参祭人涉及孔氏族人、儒学爱好者、学生、"最美衢州人"、环卫工人、留学生代表、孔子学院代表等。

从祭祀仪式上看,以当代人的方式祭祀孔子。衢州祭孔逐渐形成一套独特的体系与礼仪,采用五年"三祭"轮换:五年一次的社会各界公祭、孔子文化节祭与学祭轮流举行。祭祀过程形成了严谨的形式,全过程约 40 分钟,包含礼启、献礼、颂礼、礼成。"礼启"含奏乐,撞钟,主祭人、陪祭人就位和全体参祭人员向孔子像行鞠躬礼。"献礼"含礼生进香、献五谷,主祭人、陪祭人进香和敬酒,社会团体敬献花篮,主祭人诵读《祭孔子文》。"颂礼"含中学生集体诵读《伟大的孔子》,参祭代表分组诵读《论语》章句。"礼成"为最后一个环节,全体合唱《大同颂》。祭文分公祭和学祭两种,由衢州文人崔铭先创作。《大同颂》歌词出自《礼记》,是《礼运篇》中的一段:"大道之行也,天下为公,选贤与能,讲信修睦……故外户而不闭,是谓大同。"《大同颂》曲由孔祥楷先生谱写,词曲慷慨激越、抑扬顿挫,表达了对大道流行、"天下为公"的大同境界之深切向往。祭孔典礼之中,诵读祭文,合唱《大同颂》,庄严而肃穆,引人念往昔而追来者,兴起追思孔子、传承儒学、移易风俗之志愿。

衢州祭孔取得了广泛的社会关注和良好的反响。2004 年 10 月 4 日,香港城市大学邓立光博士在《星岛日报》上发表题为《从衢州祭孔看中国的文化发展》的文章,认为"衢州祭孔迸发出的文化能量","显示了复兴传统文化的气魄与划时代意义"。"南宗祭孔""南孔祭典"于 2005 年和 2011 年先后被列入省级与国家级"非物质文化遗产"目录。

## 第四节　孔氏南宗的文化传承

自建炎南渡以来,孔氏南宗已有近 900 年的历史。在这近 900 年中,岁月沧桑,时势变迁,孔氏南宗于其中生存、前行与发展,家族制度有因有革,文化观念有继承也有新变。在江南文化的怀抱中,在孔氏族人的坚持与探寻中,孔氏南宗形成了积淀深厚、特色鲜明的家族文化,并对江南社会文化的发展起到了积极的推动作用。

### 一、完善的家族形态

清代学者纪昀对孔氏南宗十分推崇,所谓"宋金间南渡之宗炳炳然",这其实也是古代众多学者的共同看法。从宗族规制、祭祀活动、宗族管理等方面来说,孔氏南宗堪称典范;从家族人物来说,孔氏南宗人才辈出,作出了多方面的贡献。孔氏南宗以其家族文化与族人的作为赢得了世人的仰望,也对当地社会文化发展起到了推动作用。

在古代宗族的管理与发展中,家谱修订为一基本而关键之事务。孔氏家族向来注重谱牒之修订,以为其关系甚大。孔瑞六世孙孔以立说:"君子尊祖敬宗之道,必修其谱牒,俾脉络之分明,上下之布列,一披图之际,知千百人之身本于一人之身,孝弟之心油然而生。"①孔子第 64 世孙孔尚萃为建德支孔氏族人,明末宰辅孔贞运之子,他为《句容孔巷孔氏家谱》作序时写道:"谱系不修则源流莫辨……甚矣,谱之宜修。"②可见,孔氏南宗族人普遍注重家谱编修,并以为其可收到辨源流、序昭穆、敬宗收族之功效。

孔传作《东家杂记》为孔氏族人编修谱牒和记载家族事务开创了良好的风气。南宋时期,孔端朝、孔应得等人都为孔氏南宗家谱的续修和考订作出了贡献。至于元朝,孔涛与孔氏北宗族人共修《阙里谱系》,后孔思朴又对其进行重修。明清时期,孔氏南宗的修谱活动更为频繁,孔思模、孔承美、孔闻音等人都对孔氏南宗宗谱进行了续修。由于孔氏族人不断地以严谨的态度

---

① 《(江西)圣裔孔氏宗谱》卷首《旧序·五十四世三举乡试以立公叙》,乾隆四年(1739)续修本。

② (光绪)《句容孔巷孔氏家谱》卷首《旧序·句容孔巷孔氏家谱序(孔尚萃撰)》,光绪九年(1883)刻本。

修订家谱,孔氏南宗世系分明,史实信而有征。

　　孔氏南宗有着严密的家族管理体系,宗子身先督率,和族长、举事等共同商讨宗族事务,推动宗族发展。从记载来看,孔氏族长(家长)之名,出现于北宋时期。崇宁二年(1103),"诏文宣王家选亲族一名,判司簿尉事,即以家长承继。此家长之名所从来也。至于举事,则佐家长督理林庙,绳愆子孙者"(孔贞丛《阙里志》卷二《世家志》)。为了更好地规范族人行为,孔氏南宗制定了详细的家规家训。家规重在规诫,具有鲜明的强制性。家训重在劝勉,主要目的在于树立典型,示所向往。明朝正德元年(1506),衢州知府沈杰制定《钦定孔氏家规》,上奏朝廷得到钦准后刊行。长期以来,孔氏南宗以《钦定孔氏家规》为纲领性家规,并以其为基础制定了专门性家规和支派家训,如永康山西孔村孔氏的《家规》、句容孔氏的《庙墓祭规》、孔贞运的《家训》、四明慈水孔氏的《祠规》《家训》等。这些家规家训包含了规诫、劝勉等方面内容。一方面,家规家训对不合规范的行为提出惩罚措施:"三五成群,赌钱饮酒,为非为恶,生事害人"等行为,"轻则以从博士家规教戒,重则移明官府,律法断问,削除家谱姓名"(《钦定孔氏家规》)[1];"如有事关伦纪通族体面者,祠尊为之处分,大则责治,小则罚银,不得过三五两,限即日付出"[2]。另一方面,家规家训对族人行为进行劝勉:"处世莫善于和敬",待人要"孚以真情实意,不容一毫虚假"[3];"以诗礼之后,须首务读书,以后如子孙中有立志愤发而贫不能自给及进学而贫不能办礼者,公堂贴其膏火束修之费以示劝"[4]。家规家训的制定、完善与施行,对于约束族人行为,促进族人奋发有为,具有重要意义。

　　孔氏南宗始终不断的修谱活动、完善的家族管理体系,再加上经常的会族活动、祭祀活动,起到了良好的收族效果,推动了宗族的发展,并且对其他宗族起到示范作用。

《衢州知府沈杰为条陈孔氏家规以彰圣教事》(节选)

---

　　① 中国社会科学院历史研究所:《曲阜孔府档案史料选编》(第二编),齐鲁书社1980 年版,第 16 页。

　　② (光绪)《句容孔巷孔氏家谱》卷九《艺文集·庙墓祭规》,光绪九年(1883)刊本。

　　③ 孔广鼐:《四明慈水孔氏宗谱》卷一《家训》,民国二十四年(1935)木活字本。

　　④ (光绪)《句容孔巷孔氏家谱》卷九《艺文集·庙墓祭规》,光绪九年(1883)刊本。

### 二、经世济民的族学

南渡以来,孔氏南宗族人父子相授,言传身教,兄弟问学,切磋论道,在家族内部形成了良好的家族教育的传统。经过宋元时期的发展,孔氏家塾兴盛于明代,深得时人称誉。嘉靖二十年(1541),孔氏族人与翰林学士邹守益相见。邹守益,字谦之,时称"东廓先生","王学"代表人物,《明史》称其"天资纯粹",又称其讲学影响甚大。1541 年,邹守益自南京的国子监南归时路经衢州。受孔氏族人之请,邹守益作《衢州孔氏家塾记》,文中记载了孔氏家塾的建筑格局。孔氏家塾有正堂、东序、西序、照厅等,"为东序者三,以迪成材;为西序者三,以训幼稚"①。此后,孔氏族学继续发展,至晚清时期,孔庆仪将孔氏家塾改为孔氏中学校,后来先后改为两等小学堂、孔氏完全小学校等。该校就是现在的尼山小学的前身,对衢州教育的近代化起到了推动作用。

经世济民是儒者的理想,孔氏南宗族人秉承这一理想,注重实学,强调学以致用。孔行可为衢州孔氏族人,孔子第 49 世孙,性好读书,《孔氏南宗考略》称其"至如稗官杂志,运气太乙等书,凡有资于世用者无不贯通"。孔行可之子孔元龙从学于当时名儒真德秀,泛观博览,学识突出,景定三年(1262)任衢州柯山精舍山长。衍圣公孔洙学识卓异,受时人推重。孔子第 55 世孙孔克仁受朱元璋之命为诸子授经。孔子第 63 世孙孔贞时、孔贞运兄弟均强调学习具体事务,建立现实事功。正是孔氏南宗强调致用的族学传统,培育了众多英才,他们在政治、教育、文化等领域作出了贡献,推动了社会的进步。

由于有着深厚的家族文化,古代士人乐于与孔氏南宗士人交游,在与孔氏族人切磋论道的同时,观瞻孔氏家族文化。孔氏南宗的交游对象,多有名士贤达,诸如真德秀、许衡、许谦、黄溍、胡翰、宋濂、方孝孺、杨士奇、杨荣、朱彝尊、王英、"易堂九子"、朱珪、杜堮、张际亮等人。他们学术淹贯、名震天下,或为硕儒名士,或为诗文大家,堪为当时士林楷模。他们与孔氏南宗士人交游密切,谈诗论道,感情笃厚,并且对孔氏南宗士人的品行、学识、才干等方面多有称述,对孔氏南宗文化甚为推崇。

---

① (康熙)《衢州府志》卷七《家塾·衢州孔氏家塾记(邹守益撰)》。

从孔氏南宗的交游对象与历代学者对孔氏南宗的评价中,我们既可看出孔氏族人之乐学尚友,又可看出孔氏文化与世并迁,孔氏族人意欲有所作为的志愿与其影响。诚如徐寿昌所说,孔氏南宗"以古今流变不居之义,随着时代的变迁、儒家思想的发展而不断演进,从宋元的程朱理学、明朝的陆王心学,至于清前期的实学和晚清的新学"①。

**三、依仁由义的文化精神**

孔氏族人自觉地继承儒家思想,表现出依仁由义的文化精神。一方面,严于修身,表现出崇高的道德风范;另一方面,志在经世,或担任教职,培育了众多英才,或出仕为官,仁政爱民,改善当地风俗与民众生活。

从事教育方面,孔氏南宗不乏才学优长、悉心从教、门生众多之士。孔思模曾任西安儒学教谕、国子监学正等职。孔毓芝、孔传曾父子孜孜于学,才思通敏,将心血与精力付之于教育,为士子所尊敬。桐乡孔氏族人孔自洙之才学得刘宗周之欣赏,曾任剑南参藩、福建学政等职。此外,孔克安、孔克谦、孔宪采等人亦皆熟读经史,涵养深厚,言行莫不合乎仁义,在教育中言传身教,不仅培育了众多人才,而且于地方风气之转移也起到了积极作用。

担任官职方面,孔氏南宗不乏身居要职、政绩突出、为同僚与士民交口称赞者。明初,孔克仁与宋濂共侍明太祖。孔克准在明初任工部都水司主事、太常博士、太常丞,其人品为时人推崇。建德支孔氏族人孔贞时、孔贞运兄弟二人在晚明身居高位,孔贞时任翰林院检讨,孔贞运曾任翰林院编修、国子监祭酒、礼部尚书等职,官至首辅,兄弟二人殚精竭虑,为国尽心,其品行、才学与政绩皆为当世所称。孔庆仪在晚清时期"得风气之先",为地方的教育、经济、水利等方面作出不小的贡献。

# 本章小结

徐映璞《〈孔氏南宗考略〉序目》写道:"盖孔子为万古圣人,南宗为孔子嫡裔,声名文物弁冕中华,非特地方志乘所必登,抑亦金匮石渠所必载。"孔

---

① 衢州市政协文史资料委员会编:《南孔研究》,中国戏剧出版社 2001 年版,第 120 页。

氏南渡寓衢以来,家世坎坷,然诗礼相传,蔚为大族。南宋以来,涌现了孔端友、孔传、孔元龙、孔洙、孔涛、孔思模、孔克准、孔彦绳、孔庆仪、孔祥楷等众多人物。南宗族人以弘扬家学为己任,他们修庙祀祖,昌明礼乐,身行仁义,弘扬文化,推动了家族的发展与社会的进步。孔氏南宗族人身上所体现的文化精神,值得继承与发扬;他们传承文化的态度,也在启示着我们思考如下问题:如何看待传统、继承传统?

小测验　　　　　　　　衢州传承孔子思想的形式
之衢州学院论语大会

## 思考练习

1.试析孔氏家庙、学庙、国庙的内涵、外延与庙制。

2.孔洙让爵对孔氏南宗与孔氏家族分别产生了怎样的影响?

3.如何理解孔氏南宗对衢州文化与社会的影响?

4.南宗当代祭孔具有什么特色? 结合各地的祭孔进行分析,并分析祭孔在当代的意义。

5.你的家乡是否有孔氏族人聚居地? 请了解该地孔氏族人的迁徙过程、历史人物与家族文化。

## 参考书目

《衢州孔氏南宗家庙志》编委会:《衢州孔氏南宗家庙志》,浙江人民出版社 2001 年版。

王霄冰:《南宗祭孔》,浙江人民出版社 2008 年版。

郭学焕:《孔子后裔在浙江》,浙江人民出版社 2013 年版。

吴锡标、刘小成、张俊岭等:《孔氏南宗研究》,国家图书馆出版社 2015 年版。

## 文献阅读

### 孔传《东家杂记》(节选)

先圣没,逮今一千五百余年,传世五十。或问其姓,则内求而不得;或审其家,则舌举而不下。为之后者,得无愧乎?传窃尝推原谱牒,参考载籍,则知郑有孔张,出于子孔;卫有孔达,出于姬姓,盖本非子氏之后,而徙居于鲁者,皆非吾族。若乃历代褒崇之典,累朝班赉之恩,宠数便蕃,固可以枚陈而列数。以至验祖壁之遗书,访阙里之陈迹,荒墟废址,沦没于春芜秋草之中者,鲁尚多有之,故老世传之。将使闻见之所未常者,如接于耳目之近,于是纂其轶事,缀所旧闻,题曰《东家杂记》,好古君子得以览观焉。时巨宋绍兴甲寅三月辛亥,四十七代孙、右朝议大夫、知抚州军州事兼管内劝农使、仙源县开国男、食邑三伯户、借紫金鱼袋孔传谨序。(卷首《序》)

孔传:《东家杂记》,《丛书集成初编》本。

按:孔元措《孔氏祖庭广记》(《丛书集成初编》本)卷首载有《〈祖庭杂记〉旧引》,《〈祖庭杂记〉旧引》与《〈东家杂记〉序》大同而小异。其异处如:"或问其姓"作"或问其族",篇末云"时宋宣和六年,岁次甲辰,三月戊午,曲阜燕居申申堂记"。

### 沈杰《三衢孔氏家庙志》(节选)

#### 南渡家庙碑记(赵汝腾撰)

夫子与太极合德,故其祀遍于天下,此非其子孙所得而私也。然遍庙郡国,缺庙于家,此其子孙之责,亦郡刺史之任,有天下者尤当惓惓也。盖神莫萃于庙,庙于郡国,所以尊夫子于天下,尊之者以道之所在也;庙于家,所以亲夫子于家庭,亲之者以气之所自也。盖夫子鲁人也,殁于阙里,门人以其所居堂而庙焉,藏其衣冠琴书。至汉,高祖、光武、明帝皆亲至而祀焉。当是时,郡国犹未有庙。至磨(按:据《东家杂记·附录》,当作"唐")开元,始正夫子南面之位,门人为配,于郡国遍有庙,然曲阜家庙自若也。国朝真宗皇帝銮辂至鲁,谒祠登塚,封夫子之父于齐,母颜氏于鲁,妻并官氏于郓,鲁庙于是益光矣。厥后,又侯其子鲤、孙伋于沂、泗,褒崇之典备毕。

高皇帝驻跸吴会,其裔孙五人,传、端友、端木、瓒、琯,扈六飞南渡,寓三衢,因家焉。朝命权以家庙寓学宫,春秋舍奠,袭封奉祀者率族拜跪踟蹰,献不与焉。退修鱼菽之祭,喧嚣湫隘,甚非所以崇素王也,盖百有三十年于兹。料院孙侯子秀至,曰,"其子孙之责,与郡刺史之任",毅然请于朝。玉音赐俞奉常定制,得地于城之东北陬浮屠屠氏废庐,彻而宫之。枕平湖以象洙泗,面龟峰以想东山。对庙门而中为元圣殿,西则齐、鲁,后则郓国,祠沂、泗二侯于庑之东、西。又别为室,以祠袭封之得祀者。后为堂,曰"思鲁",俾之合族讲学,且以志不忘阙里之旧也。堂之东亭曰"咏春",以憩四方之士仰止高山低回而不能去者。为屋二百二十有五楹。经始于宝祐癸丑仲夏,落成于次年仲春朔。董其役者,其裔孙元龙等,郡都曹钱绅。

汝腾窃惟夫子之圣,于昭于天,奚假于庙,然洋乎其上,如在左右,非庙莫著。仲丁牲牢,虽遍方国,家庭之际,烝袷无所,为圣者子孙得不怛然乎?前乎因循,冀鲁疆之复,曲阜之庙可修,岁月滋久,遂成缺典,此亦有天下国家褒崇元圣者之责。今天子圣明,慨然从请,即其子孙所寓之区,仿曲阜之制,追鲁庙之遗,栋宇巍然,丹碧一新,岂独使承祭者裸献尽礼,视瞻如在,暨今过者,如式宫墙,入者如升丝竹之堂,息者如风乎舞雩,水光涟漪,上接天碧,林薄蔽亏,远映城市,鱼鸟飞跃,道体森然,春沂杏坛,气象可想,不亦伟乎?

汝腾尝谓夫子多贤子孙,百圣所不能及。鲤知诗礼,伋著《中庸》,犹曰逮事夫子也,若白、若穿、若武、若襄、若鲋、若僖、若融、若歆、若道辅,大儒则若安国,若颖达,何其彬彬然盛也。此固夫子仪刑之不坠,亦道德之感应然也。今兹庙成,名孙霬霬,其将必有达者出焉。舍菜之日,侯讲夫子"上律天时"一章,词旨粹明,启迪来者多矣。方将请于上,锡云章以揭庙颜,与斯庙、斯道相为不朽。亟走介书请汝腾记本末,汝腾智不足以知圣人,于是祠,嘉其有补于世教之大,不敢不执笔。侯有文学政事,以常丞召。见家长奉岳祠璋,见袭封通守洙皆得附书。

宝祐二年二月甲子,汝腾谨记。

沈杰:《三衢孔氏家庙志》,明嘉靖六年(1527)刻本。

## 胡翰《胡仲子集》(节选)
### 卷六《孔氏家庙碑》

先圣孔子生于鲁,实襄公之二十一年,至哀公十一年(按:孔子卒于鲁哀公十六年)而薨。门人会葬,明年即其故宅为庙祀之,藏衣冠、琴瑟、车书庙中。汉高皇帝、世祖皇帝、明帝、章帝、安帝皆亲幸阙里，祠以太牢之礼。虽魏晋南北用兵，文帝黄初、武帝太始，皆诏修庙祀，给洒扫守卫，历宋、齐、梁及拓跋魏、高齐之有国，遂缵承为令典。方是时，天下未有庙也。至唐武德而后，国子监有庙；至开元而后，郡邑有庙，天下通祀之，而家庙则惟鲁存焉。乾封以还，车驾东巡者，悉修汉故事。周太祖平兖州，以人主之尊伸北面之拜如弟子礼。情文崇极，徽号屡加，常以宗子一人袭封爵，四时飨祀，在宋曰衍圣公。

靖康之难，衍圣公友端（按：当作"端友"）扈跸南渡，与其从父传，俱家于衢，袭封如故，而庙祀阙焉。宝祐初，郡守孙子秀请于朝，始赐田五顷，建宫墙于郡东北菱湖之上，广至二百余楹，事具庸斋赵汝腾记。后毁于寇，乃徙城南。宋亡，元氏改物，至元间，曲阜之宗子斩其后，以端友之孙洙当袭爵，降旨征之，洙入朝，固让，特授国子祭酒，归守江南庙祜。庙故书楼，其制非宝祐之旧，会兵革，益圮坏不治。

己亥秋，王师取衢州，制以分省郎中姑孰王恺董郡军民事。公读书通达治体，至即明法令，布恩信，与百姓更始，谒拜庙庭，以为水木本原所系，不可无以示衢人，命有司葺而新之。告成之日，族之长者、少者衣服冠而趋，旅牲币于庭，敬共将事，愿纪成丽牲之碑，用侈公之赐。翰惟孔子之道，如天之高，地之厚，日月之明，四时之运，有不得而赞者。取其故实书之，以见诗书仁义之泽罔有穷极。所以立生民之命，开太平之治者，帝王赖之，咸致尊礼，非他享祀可例。由春秋以来，传绪五十有三世。庙于鲁者，礼也；舍鲁而南者，宗子去国，以庙从焉，亦礼也。礼之所在，君子慎之，况其子若孙，人将曰"此圣人之后也"，将以圣人望之，崇德象贤，异时太平，修复旧制，是宜有引无替。

昔周有《清庙》，鲁有《閟宫》，至今歌咏不足，使人想见盛德之美。翰虽不敏，敢缘古义，再拜而系之诗曰：

奕奕新庙，有严孝祀。谁其尸之，文宣孙子。缵绪鲁邦，世载厥美。作庙于南，会通之礼。皇祖在上，监无遐迩。大夫师长，百工庶士。保有天常，实受王祉。矧兹具瞻，俾就倾圮。显允王公，载振而起。聿来孙子，于时率履。弁冕裳衣，陟降庭阯。黍稷鱐脯，荐则有体。亦有旨酒，式燕以喜。盛德百世，表是南纪。匪南纪是表，鲁邦是启。惟圣是嗣，孙焉及子，言念伊始。

胡翰：《胡仲子集》，《文渊阁四库全书》本。

# 再版后记

　　《中国传统文化概论》第1版于2017年出版,至今已近六年。六年来,我们一直用此教材从事传统文化教学,并研究教材中的相关内容。在教学和研究中,我们对不少问题有了新的思考,并发现本教材存在一些问题,有待修改和完善。不仅如此,浙江大学出版社也提出本教材需要修订,并给出具体指导意见。我们多次商讨教材修订事宜,确定了本教材需要修订的基本内容和体例。

　　本次修订,我们对许多章节、段落作了不同程度的调整。新教材新增第三讲"因革损益的制度文化"和第十讲"务实致用的科技文化",删去旧教材原第九讲"天下为公的价值取向"。新教材对其他章节内容也有不同程度的调整,新增第四讲第三节"中国古代生活的文化特征";整节删去的有:第一讲原第四节"中国农耕文化的特点",第二讲原第二节"中国传统伦理思想的发展历程",第五讲(原第四讲)原第四节"汉字的艺术价值"。不仅章节有调整,有些段落也作了删削和增补。如"和而不同的生活文化"一讲有关"居住"部分,删去了1000多字,新增了600多字。某些章节之所以删去,是因与其他章节内容存在不同程度的重复。如"中国传统伦理思想的发展历程"一节,因与"多元融合的思想文化"一讲内容有一定重复,故删去。有些删去的内容,被调整至另外一些章节。如"汉字的艺术价值"一节,被调整至"崇中尚和的审美文化"一讲第三节"中国古代审美文化的主要形式",作为其中一部分。也有些段落作为知识拓展内容,移入二维码中。如"和而不同的生活文化"一讲有关中国各地区居住习俗的内容,"辩证求中的思维方式"一讲西方思想家关于"和"的论述方面的内容,我们将其放入二维码中。此外,各讲的语言表述也有不同程度的修改和完善,个别错别字得到了改正。

　　随着教材形态的改进,我们按照新形态教材的规范,在各讲插入了相关链接。首先,各讲之后都插入习题和习题答案的链接,便于学生课后巩固所

303

学知识。其次，各讲都增添了相关知识拓展的内容，进一步补充和丰富教材内容。最后，不少章节中插入网址链接和图片、视频等，便于学生掌握教材之外的知识，可以更加直观、多样化地理解传统文化。

本教材在修订过程中，得到了原主编、衢州学院原副校长叶碧教授的大力支持和指导。刘小成、魏俊杰负责全书的统稿。本教材此次编写和修订的具体分工如下：

第一讲、第五讲：张　铉

第二讲、第三讲、第六讲：魏俊杰

第四讲：徐裕敏

第七讲、第九讲、第十讲：刘小成

第八讲：赵言领

附：刘小成

在本教材出版之际，我们衷心感谢衢州学院教务处处长林峰教授的支持，真诚感谢浙江大学出版社陈丽勋编辑的支持和指导。同时，我们殷切希望各位同人为本教材多提宝贵意见，以助于我们今后的学习和教学。

刘小成　魏俊杰　叶　碧<br>2023 年 5 月

# 初版后记

　　这本《中国传统文化概论》教材,是专门为本科生学习中华优秀传统文化而编写的。

　　2014 年 3 月,教育部印发《完善中华优秀传统文化教育指导纲要》,其中明确要求"在师范院校开设中华优秀传统文化课程",同时提出要"鼓励有条件的高等学校统一开设中华优秀传统文化必修课"。衢州学院是一所以工为主的应用型本科院校,但也承担着师范教育任务,拥有小学教育、学前教育等六个本科师范专业,理应开设中华优秀传统文化教育课程。事实上,衢州学院的优秀传统文化教育课程早已有之,只是一直都以选修课的方式开设,且覆盖面也不大。2014 年 12 月,学校党委书记胡建新主持召开推进中华优秀传统文化教育座谈会,与会者从人才培养的应然要求、现实需要和学校已具备的条件等角度,畅谈自己的看法,并建议学校在全面推进优秀传统文化教育的过程中,将"中国传统文化概论"设为必修课,先在六个师范专业中开设,积累一定经验后,再逐步向全校各专业推广。编写一本适用的教材由此而成为这门课程开设的首要任务。

　　但是,编写一本适合大学生阅读的中国传统文化教材并非易事。中国传统文化博大精深,如何取舍编排实为难题。我们曾为此讨论多次,最后聚焦在"源远流长、博大精深"上,围绕"源"在何处、如何流传、"博大"与"精深"的具体表现是什么等,取舍内容、编排顺序。有关章节及其关系,我们在代序中已作阐述。

　　参加本教材编写的都是衢州学院教师,具体分工如下:

　　第一讲、第八讲:叶　碧

　　第二讲、第五讲:魏俊杰

　　第三讲:徐裕敏

　　第四讲:郑红梅　叶　碧

第六讲:沈茂生　刘小成　马丽敏

第七讲:贵志浩

第九讲:刘小成

附:刘小成

　　本教材在出版之前,以讲义的形式在两届学生中应用过。根据讲义使用过程中发现的问题,我们作了全面修改,最后由叶碧、魏俊杰、刘小成分别对全书进行审改。由于我们的学识和能力有限,本教材仍存在语言风格不尽一致,内容交叉重复和深浅程度不一等问题。但对我们来说,编写这本教材的过程,也是一次很好的学习过程。通过教材编写,我们提高了对中国传统文化系统性和丰富性的认识,增强了把握优秀传统文化与社会主义核心价值观内在联系的自觉性。

　　在本教材付梓之际,我们内心充满感激之情。衷心感谢衢州学院胡建新教授的大力支持,有了他的支持,才有本教材的编撰;衷心感谢浙江师范大学陈国灿教授的精心指导,有了他的指导,我们才厘清了思路,把握住了教材编写的整体框架。我们还要感谢学校同行的关心,感谢学界同道的研究成果给我们的启示,感谢浙江大学出版社李玲如编审的支持和指导。我们将在中华优秀传统文化教育的园地一如既往地辛勤耕耘,回报大家的关心、支持和指导。

叶　碧　魏俊杰　刘小成

2017 年 3 月